シリーズ・織豊大名の研究 14

豊臣秀長

柴 裕之 編著

戎光祥出版

序にかえて

羽柴（豊臣）秀長は、織田信長の家臣となった兄の羽柴秀吉に従い、織田家に仕えて活動する。天正十年（一五八二）六月に起こった本能寺の変後、秀吉が織田家に代わり天下人へとあゆみだすと彼を支え、豊臣政権の成立、そして同政権のもとでの国内諸勢力の統合である「天下一統」の達成に貢献を果たした人物である。その一方で、大和郡山城（奈良県大和郡山市）を居城として、大和・紀伊両国と和泉・伊賀両国の所領を統治した「豊臣一門大名」（豊臣政権下における羽柴家一門衆の領国大名）として活躍したことで知られる。こうした秀長の存在は、一般にも秀吉が天下人に登り詰めていくのに欠かせなかった「補佐役」として注目され、その人間像について興味関心が持たれている状況にある。

羽柴秀吉についての研究は、その立場や活動、また社会に与えた影響からいうまでもなく、日本中近世移行期の時代・社会像を知るうえで欠かすことはできない。そのため、これまでにも「天下一統」の過程、公武関係、大名統制、宗教対策、太閤検地や刀狩りをはじめとした政策、「唐入り」を中心とした外交などの実態や展開の追究が積み重ねられてきて、多くの成果を得ている。また、秀吉が発給した七〇〇〇点にもおよぶ膨大な文書が、名古屋市博物館編『豊臣秀吉文書集』（吉川弘文館刊）としてまとめられ、全九巻の発刊が完結したことによって、今後研究がさらに本格的に進んでいくことは間違いないであろう。

しかしながら、天下人の秀吉を主宰者とした豊臣政権に注目すると、政権運営に携わる秀吉の後継当主（秀次、秀頼）や政権末期の「五奉行」につながる側近についての研究は進んできてはいるが、その潮流は秀吉の後継当主と側近という政権中枢に注目されがちで、時期も豊臣政権が盛期と解体にあった文禄・慶長年間（一五九二～一六一五）に重点が置かれている。そのため政権成立から「天下一統」に至る段階については、まだ検討の余地が残されており、それをふまえての豊臣政権についての全容を描いていくことが求められる研究現状にある。

そのために注目すべきなのが、当主の血縁者で時には分身的役割を果たした一門の存在である。特にその筆頭の立場にあった羽柴秀長は、秀吉を補佐し、時には彼の「名代」（代行者）を務め、諸大名との交渉や軍事活動をおこなうなど豊臣政権の支柱としての役割を果たした人物として評価されている。しかし、その研究は彼の知名度に比べて必ずしも進んでいるとは言い難い。また、秀長を知るには、彼個人に注目するだけでなく、彼を支えた家族や家臣についても注目する必要がある。そのうえで秀長の立場や役割、領国支配の全体像についてより明らかにしていき、秀長の実像にせまっていくことが求められよう。

そこで本書は、そうした現在の秀吉および豊臣政権研究の現況をふまえたうえで、羽柴秀長についていま明らかになっている研究成果を確認し、研究の進展を図るべく編集した。編集にあたり、これまでに著書や論文集などに収められていない一八本の重要論考を、羽柴秀長自身の立場や活動に注目した第1部「羽柴秀長の立場と活動」、豊臣一門大名としての領国支配、彼の後継者となった養嗣子の秀保と彼を支えた家臣についての研究である第2部「豊臣一門大名秀長の領国支配と一族・家臣」の構成のもとに、それぞれ収載した。このほか本書の編集において是非とも掲載をお願いしたかった論考もあったが、残念ながら諸事情のため掲載することが適わなかったものもある。それでも秀長研究の成果を確認するうえで重要な論考は、本書に収録できたことは本書刊行の意義を果たすことができたと自負している。これも、執筆者の方々に御理解を賜ったうえ、論考の再録を御快諾いただいたおかげであって、厚く御礼を申し上げたい。

そのうえで、研究成果をふまえ、編者の私見を交えた総論として「総論　羽柴（豊臣）秀長の研究」を配した。本書収録の諸論文と合わせて、いま確認できる秀長のあゆみと立場、活動、家族、そして領国支配について秀長の研究における成果の現況を確認するとともに、今後の研究がより一層発展を期すように心がけた。

なお、秀長自身は亡くなる三ヵ月前の天正十八年（一五九〇）十月吉曜日付の羽柴秀長都状（「奈良国立博物館所蔵文書」）で、自身を「羽柴大納言豊臣朝臣秀長」として記載していることから、改めて秀長が終生「羽柴秀長」であったことが確認される。したがって、本来は書名を「羽柴秀長」とすべきではあるが、一般には「豊臣秀長」との認識が強いことを考慮し、本書では書名を「豊臣秀長」とした。ご了承いただきたい。

本書の刊行によって今後、羽柴秀長の研究がより一層進み、羽柴家一門衆・豊臣一門大名としての研究はもとより、豊臣政権の全容の解明、さらには中近世移行期権力・社会論の進展にも寄与できたならば、編者としては本書を刊行した意義を果たしたことになり望外の喜びである。いまは何よりも今後の研究の発展を切に願う。

二〇二四年九月

柴　裕之

目　次

第2部　豊臣一門大名秀長の領国支配と一族・家臣

豊臣秀長

総論　羽柴（豊臣）秀長の研究

柴 裕之

はじめに

織田家の重臣から天下人へと飛躍した羽柴（豊臣）秀吉は、自身を主宰者とした豊臣政権のもとに国内諸勢力の統合（「天下一統」）を成し遂げて体制を構築、さらには対外にもその勢威を示すべく軍勢を出兵させた。その影響は、日本歴史上の「変革期」とされる中近世移行期の時代・社会をみていくうえで欠かすことができないことはいうまでもない。そのため秀吉および豊臣政権についての研究は、これまでに史料の蒐集と検討のうえで、「天下一統」の過程、公武関係、大名統制、宗教対策、太閤検地や刀狩りを始めとした政策、「唐入り」を中心とした外交などの実態や展開の追究が積み重ねられてきている。(1)

また、政権運営に携わる秀吉の後継当主（秀次、秀頼）や政権末期の「五奉行」につながる側近についての研究は進んできている。(2)ただ、その潮流は秀吉の後継当主と側近という政権中枢に注目され、時期も豊臣政権が盛期と解体にあった文禄・慶長期（一五九二〜一六一五）に重点が置かれている現況にあることは否めない。今後、秀吉および豊臣政権の実像を明らかにしていくには、政権成立前から視野を置きつつ、当主の血縁者で時には分身的役割を果たす一門、当主を支える親類（徳川家康、前田利家、宇喜多秀家ら）、譜代家臣それぞれの立場・役割の実態や推移（変化）について検討をより積み上げていき、その成果による総体のもとにみていく必要が依然として課題にある。

そのなかで、豊臣一門大名（豊臣政権における羽柴家一門衆の領国大名）に注目するならば、まず重要な人物は一門筆頭の立場に位置した羽柴（豊臣）秀長である。秀長は、秀吉の弟（異父弟または実弟）で、秀吉を補佐し、時には彼の「名代」（代行者）を務め、諸大名との交渉や軍事活動をおこなうなど豊臣政権の支柱としてあった人物とみられている。その一方で、羽柴家一門衆として、豊臣政権の基盤としてあった畿内の南部に位置した大和・紀伊両国と和泉・伊賀両国にも所領を分与されて統治する領国大名（豊臣一門大名）でもあった。こうした役割を果たした秀長について、渡辺世祐氏は「温厚の資を持ってよく太閤を助け、その偉業をなさしめた」、また「寛仁大度の人で、よく太閤の欠点を補った」と評している[3]。

秀長については、人物伝のほかに、播磨良紀・小竹文生両氏をはじめ豊臣政権下での立場と役割、発給文書、領国支配についての研究成果がある[4]。しかし、家族については、養嗣子となった秀保以外はみられない[5]。また、家臣団についても播磨良紀・寺沢光世・北堀光信の各氏によって、桑山重晴、横浜良慶（一晏法印。以下、「横浜良慶」とする）、吉川平助ら個々の家臣の事績は明らかにされてきているが[6]、引き続き検討が必要である。したがって、秀長自身はもちろんのこと、家族や家臣団も含めての検討を積み重ね、秀長の立場や役割、領国支配の全体像についてより明らかにし、秀長の実像にせまっていくことが今後求められよう。

本書では、そうした研究現状をふまえ、いま明らかとなっている研究成果を確認すべく羽柴秀長について、これまでに著書や論文集などに収められていない、重要な論考をとりまとめた。もちろん、本書に収録できなかった研究もあり、また研究は現在進行形で進んでいる[7]。そこで本稿では、秀長の発給・受給文書や『多聞院日記』（『増補続史料大成　多聞院日記』。以下『多聞院日記』は同書を使用する）などの記録からうかがえた私見を交えながら、これまでの秀長研究で明らかになったことを確認し、今後における研究の発展を図るようにしたい。

なお、羽柴秀吉および一門は、のちに氏姓を「豊臣」に改姓するが、名字は終生「羽柴」のままである。[8] そこで本稿では、秀吉のほか、秀長、秀次、秀保ら一門の人物を羽柴名字で表記する。ただし、天下人秀吉を主宰者とした中央政権、さらには国内諸勢力の統合による「天下一統」の進展に伴っての全国政権については「豊臣政権」、その従属下の大名については、「豊臣大名」とする。

一、羽柴秀長の立場と役割

はじめに羽柴秀長の生涯の概略を確認しつつ、彼の立場と役割を確認していきたい。

(1) 出生と父母きょうだい

羽柴秀長は、江戸時代末期に編纂された『系図纂要』(国立公文書館蔵)一〇三所収の系譜(『系図纂要』第15冊下 号外(6)、四五一~四五七頁)によれば、天文九年(一五四〇)三月二日に生まれたとされる。天正十九年(一五九一)正月二十二日に死去した秀長の享年が「五十二」と江戸時代に編纂された諸書でもみることができるので、それに従えば生年は逆算により天文九年であることは間違いない。しかし、大和興福寺(奈良市)の塔頭・多聞院の僧侶であった長実房英俊が記した『多聞院日記』では、享年は「五十一」である。同時代史料、また秀長が豊臣一門大名として治めていた大和国でみられる記述ということであれば、『多聞院日記』の記述が重視されよう。

ところが、奈良国立博物館の所蔵文書で、天正十八年十月吉曜日付の羽柴秀長都状がある。[9] この都状は、重病の状況にあった秀長の平癒を期し作成されたもので、秀長が「羽柴大納言豊臣朝臣秀長」として記載されるなど、同時代のものと判断される。なお、「羽柴大納言豊臣朝臣秀長」の記述からも、改めて秀長が終生「羽柴秀長」であったことが確認できる。さらに、同都状には「秀長五十一」との記述がみられる。都状の史料的性格からして、この部分は自著で記すところであるので、この記述は本人または本人の確認を得たものであり、事実とみなすことができる。したがって、翌年正月に死去した秀長の年齢は、当時の年齢の数え方に基づくと五十二であり、通説の通り、その逆算から生年を天文九年として問題ない。

一方、三月二日の誕生というのは、『系図纂要』のみに確認される情報である。信頼できる情報なのかもしれないが、ほかに史料がないので、判断をくだすことはできない。ここでは一説としてあつかう。

秀長は、尾張国愛知郡中村（名古屋市中村区）で父は筑阿弥（または竹阿弥。本稿では筑阿弥とする）、母は天瑞寺殿（実名は不明）[10]との間に生まれた。筑阿弥は、織田大和守家、または織田信秀に仕えていたが、病気のため郷里の中村に戻り天瑞寺殿と夫婦となったという（『太閤記』『太閤素生記』）。姉には天文元年生まれで三位法印常閑の妻で羽柴秀次らの母であった瑞龍院殿日秀（実名は「とも（智）」といわれるが、確かな史料で確認はできない。以下、「瑞龍院殿」とする）、兄に天文六年二月六日生まれの秀吉、妹には天文十二年生まれで最初は副田甚兵衛尉[11]、次いで徳川家康に嫁いだ南明院殿（実名は「旭（朝日）」とされる。以下、「南明院殿」とする）がいる。

『太閤素生記』によれば、瑞龍院殿と秀吉は織田信秀に足軽として仕え、負傷のため中村で百姓として生活していた木下弥右衛門（おそらく木下の名字は名乗っていなかったと思われるが、同書の記述に従い記す）の子とされ、弥右衛門の死後に筑阿弥との再婚で生まれたという秀長と南明院殿とは父を異にする。しかしながら、同書によると木下弥右衛門の死は、「秀吉八歳ノ時」、同書は秀吉の生年を天文五年正月朔日とするので、それに従えば天文十二年のことになる。実際、渡辺世祐『豊太閤の私的生活』が「京都瑞龍寺書き出しの木下家系図」（同書三六頁）として引用する『瑞龍寺差出』（『大日本史料』第十二編之五、一八頁）における秀吉の姉・瑞龍院殿について記載のなかで、父として法名「妙雲院殿栄本」を名乗る人物がみられ、その没年は「天文十二年癸卯一月二日逝去」とある。この法名「妙雲院殿栄本」を名乗る人物が『太閤素生記』のいう木下弥右衛門にあたるのか、筑阿弥にあたるのか、果ては両人が同一人物なのか、定かではない。ただ、天文十二年に死去と記載があることから、桑田忠親・小和田哲男両氏は秀長と南明院殿も瑞龍院殿と秀吉の同父の子であったとするが、(12) この記載が正しければそれは間違いない。

ちなみに、秀吉は『太閤記』によると、父の筑阿弥は尾張清須城（愛知県清須市）の織田大和守家に仕えたことから、織田信長へ仕官したと描かれている。一方、『太閤素生記』が記す木下弥右衛門は織田信秀に仕えたとする。しかし、瑞龍院殿や秀吉が生まれた頃の織田弾正忠家の居城は勝幡城（愛知県稲沢市・愛西市）であり、(13) 信秀に仕えたというのは考えがたい。瑞龍院殿、秀吉の父は織田大和守家に仕えていた在郷被官クラスであったとみるのが妥当であろう。

いずれにせよ重要なことは、秀長は秀吉の信頼を得た〝弟〟であったという事実である。(14) 秀吉の信頼を得た〝弟〟という立場こそが、彼の人生と役割を規定していくことになるのである。

なお、秀長の幼名として、小竹が知られる。これは、『太閤素生記』によると、「竹阿弥子タルニ依リテ小竹ト云シ」と記されているように、筑阿弥の子であったことから呼ばれていたらしい。しかし、この名は秀吉もまた筑阿弥の子として「小竹」と呼ばれていたことが『太閤記』、『太閤素生記』にみえる。また、尊経閣文庫所蔵の『太閤素生記』では、(15) 秀長が幼少の時に「小竹」と呼ばれていたことについて、「是ハアダ名也」と記す。したがって、「小竹」は渾名であって、幼名ではない。秀長の幼名については不明である。

（2）織田家臣としての活動

秀長が織田信長に仕えるようになったのには、織田家の家臣となった兄の秀吉との関係が考えられよう。秀吉は、幼少の時分に貧困であったため、早くに家を出て放浪したのち、織田信長に仕えたとされる。その時期については、『太閤記』は永禄元年（一五五八）九月、『太閤素生記』は天文二十二、二十三年のこととする。その後、秀吉は信長のもとで活躍し信頼を得て、織田家内部で頭角を現してくるが、秀長がいつ兄の秀吉に連れられ織田家に仕えるようになったのか、その時期はわからない。

織田家に仕えることとなった秀長は、名字は木下、通称（仮名）は小一郎を称し、実名は「長秀」を名乗っていた（以下、煩雑を避けるため史料名を除いて、記述は秀長とする）。「長」は、主君の信長からの偏諱で、織田家への仕官に際して与えられたのであろう。そして、「木下小一郎長秀」を名乗る秀長の活動が史料にみられる初見は、天正元年（一五七三）かと年次が比定される八月十六日に近江国伊香郡黒田郷（滋賀県長浜市、旧木之本町）の惣百姓中に発給した書状（「西村文書」『近江国古文書志 第1巻 東浅井郡編』一三一頁）である[16]。この長秀書状で、織田勢と江北浅井家との戦闘によって村を逐われていた百姓に還住を促し、軍勢の乱妨狼藉行為に対しての取り締まりを保証している。また、この年の七月二十四日には、秀吉は木下名字ではなく羽柴名字を名乗っている（「離宮八幡宮文書」『秀吉』五九）。秀長は、この書状で木下名字でみられるので、羽柴への名字改姓はこの段階では秀吉個人に止まっていて、秀長には及んでいないことが確認される。

翌天正二年七月、秀長は信長による伊勢長島一向一揆の攻撃に、「先陣」を務める一人として参陣している（『信長公記』[17]）。その際にも「木下小一郎」としてみられるので、まだ木下名字であったことがわかる。

一方、秀吉は天正元年九月の江北浅井家の滅亡後、信長から同家の領国を宛行われ統治を任され、居城として長浜城（滋賀県長浜市）を築いて、自身の判断のもとに管轄領域（長浜領）の支配をおこなっていく(18)。そのなかの天正三年十一月十一日には、秀長が古橋村の土豪・淡路らに給分として二五〇石を与え、以前からの通り「政所」に任命している（「古橋村高橋家文書(19)」）。秀長は、以前から「政所」として代官的な務めを果たしてきた彼らを通じて、古橋村からの年貢を確保していたのである。この内容から、同村は秀長の所領にあったかと推察される。また、年未詳二月二十日付の黒田村名主・百姓中に宛てた判物（「西村文書」『近江国古文書志』第1巻 東浅井郡編、一三二頁）では、四十五人分の夫丸を賦課していて、同村も所領であったと判断される。古橋・黒田両村は、いずれも近江国伊香郡内である。同郡には、秀長の所領がまとまって展開していたのであろう。

このほか、天正三年十一月十一日の秀長判物で注目すべきは、彼が「羽（羽柴）小一郎長秀」と羽柴名字でみられることである。秀長は、この時までには羽柴名字に改姓していて、秀吉と名字をともにする一門として活動がより求められる立場にあったのである。なお、天正五年に年次が比定できる丑年十一月付の知善院（滋賀県長浜市）に性空作の三尊仏を所蔵することを認めた判物で、秀長は「木下小一郎長秀」とみられる（「知善院文書」『近江長濱町志』第一巻 本編上、八六頁）。しかし、小竹文生氏も指摘するように(20)、知善院に伝来する秀長の発給文書は他の文書にはみられない花押が記され、木下名字についても天正三年十一月十一日の秀長判物で羽柴名字でみられることから検討を要する。

さて、この頃、信長は大坂本願寺、甲斐武田家ら反織田方勢力に対し優位な立場にあり、足利将軍家に代わる天下人への道をあゆみ始めていた。ところが、翌天正四年になると、安芸の毛利輝元、越後の上杉謙信が織田家の勢力拡大により領国が接することとなり、政治的・軍事的境界（「境目」）に緊張関係が生じ、そのうえ室町幕府将軍足利義昭と大坂本願寺の働きもあって敵対の姿勢を示した[21]。この結果、信長は将軍義昭のもとに再結成された反織田連合に属した彼らとの戦いに追われていく。そのなか、かつて毛利家との交渉役（取次）を務めていたことから、毛利方勢力の攻略を任されたのが、羽柴秀吉であった[22]。

秀吉は、天正五年十月に信長の指示を受け播磨国へ出陣、播磨国衆・小寺家の重臣であった小寺（黒田）孝高から提供を受けた姫路城（兵庫県姫路市）を拠点として、播磨国内の国衆を従わせて、同国の平定を進めていった。その一方、織田・毛利両家の対立の中で家中が分裂していた山名家が治める但馬国へも侵攻し[23]、岩洲・竹田両城（いずれも兵庫県朝来市）を攻略、竹田城に秀長を「城代」として配置した（『信長公記』）。しかし、翌天正六年二月に、秀吉は播磨国衆で三木城（兵庫県三木市）の城主であった別所長治と対立、同国の国衆の多くも応じ、織田家を離反して秀吉に敵対の姿勢を示しだした。このため三月以降は、一旦は織田家のもとにまとまりかけていた播磨国の平定に一転して追われることになってしまう。

その後、秀吉は三木城攻略に努め[24]、その最中には荒木村重の織田家からの離反による対応に追われることもあったが、長期にわたる包囲戦で天正八年正月に三木城の攻略を遂げた。そして、秀吉は四月から五月にかけて播磨国、続いて秀長を将として但馬国を平定、播磨姫路城を居城に定めて、播磨（赤穂・佐用両郡は備前国岡山〈岡山市〉の国衆・宇喜多直家が織田家に従属に伴い譲渡）・但馬両国の領国支配を始めた。このうち播磨国は、信長から行政・軍事のほぼ全権を委ねられた姫路城主（織田大名）となった秀吉による裁量のもとに城破、「国中検地」の実施による家臣への所領給与、寺領寄進がおこなわれた。その一方但馬国では、秀吉の上位支配のもとで、秀長と宮部継潤らがそれぞれ「城代」として任された管轄領域を支配し、国衆は秀長・継潤に従って活動する与力に軍事編制された。その後、毛利方に奪還されてしまった因幡鳥取城（鳥取市）を攻略すべく、秀吉は天正九年六月に因幡へ侵攻、十月には毛利方部将の吉川経家が守衛する鳥取城を攻略したうえで、宮部継潤を「城代」として配置し、因幡国支配を開始した。ここに、秀吉が治める「筑前守殿御分国」（「佐伯文書」『兵庫県史』資料編中世九、三三六頁。以下『兵庫県史』史料編からの引用は、『兵庫』と略記のうえ各巻―頁数で表記する）と呼ばれた領国は、播磨、但馬、因幡の各国に拡大し、備前・美作・伯耆各国の従属国衆に対しては軍事指揮と政治的後見にあたる「指南」を務める〝織田政権下の有力譜代大名〟となり、その勢威のもとで毛利方勢力の攻略を引き続き進めていく。(25)

そのなかで秀長は、但馬竹田城を居城に但馬国内で委ねられた管轄領域の支配を進めていく。秀長に任された但馬国内の領域について、『武功夜話』巻八（『兵庫』近世一―四）は養父・朝来・出石・城崎・七美・気多・美含の七郡をあげ、宮部継潤が二方郡を与えられたとする。しかしながら、美含郡は因幡国が平定され、鳥取城代となった後も天正十年までは宮部継潤に任されているので（「間島文書」『秀吉』三五一）、秀長の管轄領域には含まれない。城崎郡は、宮部継潤の居城である豊岡城（兵庫県豊岡市）があったことから、因幡平定後もしばらくは同様に継潤の管轄領域にあった可能性がある。出石郡に関しては、天正九年三月九日に一宮惣持寺（兵庫県豊岡市）へ木下昌利が秀吉の認可を前提としたうえで夫丸・諸役を免許した書状（「惣持寺文書」『兵庫』中世三―五六二）がみられ、木下昌利が支配を担ったと思われる。(26)七美郡は小代（兵庫県香美町）を中心に一揆が起き、その制圧に天正九年七月に秀吉自身も出陣する（「正木直彦氏所蔵文書」『秀吉』三二七）という状況であったが、制圧後は秀長の管轄する領域となったようである。以上のことから、養父・朝来・七美・気多の四郡が秀長の管轄領域であったとみられる。

この時期の秀長の文書をみると、これらの領域に判物の発給によって、知行宛行（「上坂文書」『兵庫』近世一―五）治安維持（「山口文書」『兵庫』中世三―七二五）、諸役賦課・免許（「田中文書」『兵庫』中世三―六一五）、鮎漁の特権保証（「加藤文書」『兵庫』中世三―五九四）をおこなっていることが確認できる。小竹文生氏も指摘するように、(27)秀吉による但馬国支配がみられるのは、与力となった諸将への知行宛行、但馬生野銀山の管轄（「北村文書」、「藤本文書」『兵庫』中世三―五九五、七〇七）に限られる。このように、竹田城代・秀長のもとで但馬国内における管轄領域の経営がおこなわれていて、なおかつ軍事的にも但馬諸将の多くは秀長の軍事指揮下にある。これらのことから、この時期の秀長は、秀吉による領国支配・軍事活動の一翼を担う織田譜代大名羽柴家の執政者であったことは間違いない。もちろん、秀吉の信頼を得た〝弟〟ということが大きな要因ではあるが、それに応える「力量」をもち、役割を果たし得ていたことにもよろう。

天正十年三月、秀吉が毛利方勢力との戦いに出陣すると、秀長は五〇〇〇人の軍勢を率いて参陣（「国立国会図書館所蔵一柳文書」『秀吉』九七六）[28]、四月には備前国岡山町（岡山市）での売買、軍勢諸将の統率について秀吉より指示を受けている（『諸名将古案』『秀吉』四一〇）。そして秀吉に従い備中方面で交戦、六月には毛利方の備中高松城（岡山市北区）を水攻めで攻囲するなか、本能寺の変が起こる。

（3）本能寺の変後の政局と播磨・但馬両国の統治者へ

天正十年（一五八二）六月二日に本能寺の変が起きると、天下人・織田信長とその後継者の信忠を討った、惟任（明智）光秀の討伐に織田家諸将は追われ、備中高松城の攻撃で毛利輝元と対峙していた羽柴秀吉もその報を知ると、急ぎ毛利家との和睦を締結させたうえ、光秀を討つべく畿内へ進軍を始めた。そして、畿内の織田信孝のもとに結集した惟住（丹羽）長秀・摂津衆らの軍勢と合流し、六月十三日に山城国山崎（京都府大山崎町）の地にて光秀が率いる惟任軍を撃ち破る。この一連の過程には、秀吉のもとで羽柴秀長も行動を共にしており、山崎合戦では天王山方面に陣した「山之手」の部隊として活動した（「金井文書」『秀吉』五一二）。戦後は丹波国の平定にあたったことが、同国内における禁制の発給から確認される（「小島文書」『兵庫』中世三―四一九）。

一方、信孝・秀吉らは近江・美濃両国をはじめとする惟任方勢力を鎮めたうえ、戦後処理と今後の織田政権の運営を定めるべく、信長の嫡孫である三法師（のちの織田秀信）がいる尾張清須城に向かう。清須城での談合（清須会議）によって、秀吉・柴田勝家ら宿老は、信長の子息で三法師の叔父にあたる信雄・信孝兄弟のいずれも「名代」（代行当主）に据えることはせず、幼少の三法師を当主として秀吉・柴田勝家・惟住長秀・池田恒興が支えながら政権運営をおこなっていくことに決した。また、この際の領知配分によって、秀吉は新たに山城国・丹波国・河内国東部を得た。この報を聞いた英俊は、その日記に「丹波一円」が秀長に与えられたとするが（『多聞院日記』）、実際は同国福知山領（京都府福知山市）のみであったことが、小竹文生氏の研究で明らかになっている。[29]小竹氏が指摘するように、秀吉の但馬国から京都へ至る山陰路の管理、それによる物資輸送・情報伝達に意図を含んでの給与であろう。秀長は、秀吉の給与意図をふまえて、近江国以来の家臣であった上坂意信らを福知山城に配置し同領の経営を進めていく。

その一方、幼少の三法師を当主に秀吉・柴田勝家ら宿老による政治運営のもとで再動した織田政権であったが、程なくして織田信雄・信孝の兄弟、宿老の柴田勝家と羽柴秀吉との対立が起き、近江安土城（滋賀県近江八幡市）が再建中につき美濃岐阜城（岐阜市）に入った三法師を掌中に置く信孝、彼と手を組んだ勝家に対抗するために、同じく信孝と対立する織田信雄を三法師の「名代」としての当主に擁立する。[30]この結果織田政権は、三法師を掌中にして織田家を主導しようとした信孝と、三法師の「名代」としての当主に信雄を擁立し、その補佐のもとに政治運営を進めようとする秀吉らとに分裂し、それぞれを支持する勢力が分かれ、やがて対立を始めていった。そして十二月、信雄は自身の陣営につき信孝に敵対した諸将の救援、また秀吉も三法師の奪還と信雄を近江安土城に迎え入れるために、美濃国へ出陣する。この信雄・秀吉勢の攻勢を前にして、柴田勝家が深雪により動けないなど、不利な情勢を悟った信孝は信雄・秀吉らに降伏した。この時、秀長は近江佐和山城（滋賀県彦根市）にて備えに努めていることが確認される（「小早川文書」『秀吉』五四三）。

十二月二十一日、信孝のもとから奪還された三法師とともに、三法師の「名代」としての当主である織田信雄が近江安土城に入城した[31]。その後、信雄は尾張清須城に戻るが（「『大西源一氏収集写真帳』所収文書」『愛知県史』資料編12織豊2、七五号史料。以下、『愛知県史』資料編からの引用については、『愛知』資料編巻数―史料番号と略記する）、翌天正十一年正月末日に安土城に再入城し、閏正月に諸将らより御礼を受けて、三法師「名代」としての家督相続を認められ、信雄を補佐する秀吉・惟住長秀・池田恒興によって織田政権の運営が進められていくことになる。

しかし、柴田勝家と滝川一益が信雄と秀吉らの政権運営に不服従の姿勢を示したため、二月に秀吉は討伐に動く。そして近江長浜城の勝家の甥・柴田勝豊を従えた後、一益討伐のため北伊勢へ向かい、一益の居城であった長島城（三重県桑名市）の近所を放火したうえ、亀山（同亀山市）・峯（同前）・国府（同鈴鹿市）の三城を攻撃、同月二十八日には信雄も加わった（「近藤文書」『秀吉』六〇〇）。

その後、秀吉の軍勢は三月二日に亀山・国府両城を落城させ、信雄の軍勢に峯城攻略を委ねたうえで、越前国から出陣してきた柴田勝家勢の動きに備えて江北に向かい、近江国柳瀬（滋賀県長浜市余呉町）に陣した柴田勢と木之本（同木之本町）に陣取り対峙した。注目したいのは、三月晦日に秀長が受領名の「美濃守」でみられることである（「長浜城歴史博物館所蔵文書」『秀吉』六二〇）。二月二十八日の時点では、「小一郎」としてみえるので（「近藤文書」『秀吉』六〇〇）、その間に美濃守を名乗ったことになる。時期からして、北伊勢攻め、または江北での働きを賞されてのことであろうか。これ以降、「羽柴美濃守長秀」として史料にみえる。

四月になると、織田信孝が再起をかけ挙兵、秀吉は信孝を討つため、美濃大垣城（岐阜県大垣市）へと向かった。

その際に、秀長は木之本陣の守衛を任されたが、秀吉不在の間隙を縫った柴田方の将・佐久間盛政の攻撃を受け、中川清秀らを討死させてしまうが守り抜き、大垣から急ぎ戻った秀吉のもとで四月二十一日の賤ヶ岳合戦で柴田軍を撃ち破った（『柴田退治記』〔『続群書類従』第二十輯下〕）。その後、さらに勝利した秀吉が柴田軍を追撃して、勝家の居城であった越前北庄城（福井市）を攻略、秀長も丸岡城（福井県坂井市）を攻め落城させた（『高山公実録』[32]）。また、信雄によって信孝は討滅させられ、程なくして滝川一益も降った。これによって、信雄・秀吉は反勢力を討ち果たし、織田政権の運営は当主の信雄を、宿老の秀吉が万事を補佐して、進められることになった（「石坂孫四郎文書」『愛知』12―二四六）。

そして、秀吉は戦後処理を自ら主導し、そのなかで秀長はそれまで秀吉の居城であった播磨姫路城で播磨・但馬両国の支配を委ねられることになった（『柴田退治記』）。これに伴い、丹波国福知山領は返還となったのだろうか。同年九月以降は、秀長による経営がみられなくなる。播磨・但馬両国についても、秀長に一国そのものが与えられたわけではない。播磨国では、三木城には前野長康、龍野城には蜂須賀正勝、広瀬城（兵庫県宍粟市）には神子田正治、但馬国では豊岡城に木下助兵衛尉、出石城には青木重吉が、秀吉によって配置されている（『柴田退治記』）。また但馬国二方郡は、その後も宮部継潤の管轄領域としてみられる（「宮部文書」『秀吉』一―八三九）。これの諸将のうち、青木重吉は秀吉・秀長兄弟の親類にあり、秀長が紀伊国へ移封された際にともに移るので、秀吉から付けられた与力であったと判断されるが、その他は特段の関係はみられない。したがって、秀長の管轄領域は、播磨国では小竹文生氏が明らかにしたように[33]、発給文書や家臣の小堀正次の活動から飾東郡・多可郡・加東郡といった姫路城の周辺地域＝姫路領に限られ、但馬国では本能寺の変以前からの竹田領を引き続き統治したというのが実際のところであった。

その後、秀吉は次第に織田家に代わって、摂津大坂城（大阪市中央区）を居城に天下人への道をあゆみだすが、この事態に天下人の立場を逐われた織田信雄は、徳川家康らを味方につけ蜂起、天正十二年三月から小牧・長久手合戦が始まる。この合戦に、秀長は伊勢方面から羽柴次秀勝らとともに「先陣」として同国の攻略を進めながら進軍（「野坂文書」『愛知』12―三三三）、四月八日に松ヶ島城（三重県松阪市）を攻略したうえ、同十一日までには筒井順慶らとともに尾張国楽田（愛知県犬山市）に陣していた秀吉のもとへ「着陣」している（「亀子文書」『秀吉』一〇三一）。この時の秀長が率いる軍勢は、秀吉の発給した陣立書より七〇〇〇人であったことがわかる（『尾張国遺存豊臣秀吉史料写真集』『秀吉』一二九三ほか）。秀長は、五月初旬までは犬山（愛知県犬山市）周辺に在陣していたが（「寂光院文書」『愛知』12―四六二）、尾張加賀野井・竹鼻両城（いずれも岐阜県羽島市）の攻略を進める秀吉のもとに赴いた後、六月八日には近江国土山（滋賀県甲賀市）で秀吉の帰陣に際しての停泊所の普請にあたっていたことが確認される（「村松藹氏所蔵文書」『愛知』12―五二三）。

この後、秀吉は一旦大坂へ戻るが、翌七月に秀長は秀吉の再出陣に備え美濃国池尻（岐阜県大垣市）に在陣、八月末に秀吉が尾張国へ侵攻した後も同地に在陣したようであり、九月十六日には西順寺（同北方町）に自身の軍勢による乱妨狼藉などを取り締まった禁制を発給している（「西順寺文書」『岐阜県史』史料編古代・中世一、六〇五頁）。注目したいのは、この禁制で実名が「秀長」とみられることである。管見の限り、実名「長秀」の終見が六月十日なので（「石川文書」『大日本史料』第十一編之七、三七〇頁）、その間における改名となる。甥の羽柴秀次も、同時期に実名を「信吉」から「秀次」へ改名している[34]。このことから、同時期に秀吉一門として実名の改名がなされたことがわかる。その背景は、秀吉再出陣による織田・徳川両勢の討伐と、その後を見据えた天下人としての秀吉の政治構想に基づいておこなわれたものであろう。

再出陣後における小牧・長久手合戦の戦況は、秀吉の優位に進んだ。十一月には織田信雄の居城である伊勢長島城の近辺にまで進軍した事態に、信雄が秀吉の陣所へ自ら願い出て、十二日に講和が成立（実質的には信雄の降伏承認）、また徳川家康とも直後に講和を遂げ、秀吉の勝利で幕を閉じる。そのうえで十一月二十八日に、秀吉は朝廷からも天下人の立場を認められ、従三位権大納言となり、正五位下左近衛中将にあった織田信雄を凌駕し、名実ともに天下人としての立場を固めた。それに伴い秀長は、天下人秀吉の一門を代表する〝弟〟として、以後あゆむことを求められていく。

（4）大和・紀伊両国等を統治する豊臣一門大名へ

小牧・長久手合戦に勝利し、織田家に代わって天下人の立場を名実ともに得た羽柴秀吉であったが、その立場を確固とするためには旧主であった織田信雄に臣従を明確に示させることが求められた。羽柴秀長は、天正十三年（一五八五）正月に秀吉の意向を受け、「名代」として信雄の居城・伊勢長島城に赴き交渉した（「根岸文書」『秀吉』一三二四）。それを受けて、二月二十二日に信雄は摂津大坂城の秀吉のもとへ出頭し（『貝塚御座所日記』〔『大系真宗史料　文書記録編14　東西分派』所収〕）、秀吉への臣従を世間に示した。

翌三月になると、秀吉は小牧・長久手合戦時から対立していた紀伊根来寺・粉河寺、和泉国や紀伊国雑賀の一揆の討伐を始める。三月二十日に羽柴秀次が先陣、翌二十一日に秀吉が大軍を率いて出陣し、和泉国内の敵方の城々を攻略、この時、積善寺・沢両城（いずれも大阪府貝塚市）の降伏にあたり、参戦していた秀長は助命を約束している（「大田家文書」「森家文書」『和歌山市史』第四巻　古代・中世史料、五六七・五六八号史料。以下、同書からの史料引用は、『和歌山』＋史料番号で略記する）。和泉国を制圧した秀吉は、同月二十三日には紀伊根来寺（和歌山県岩出市）へ進軍し、同寺また粉河寺（同紀の川市）を放火したうえ、雑賀（和歌山市）へ軍を進め一揆の討伐を進めた（「小早川文書」

『秀吉』一三六五ほか）。さらに紀南地方の攻略を進める一方、籠城し抵抗を続ける太田城（和歌山市）に攻撃にあたり、四月に水攻めで開城に追い込んで、紀伊国の平定をほぼ成し遂げ、宗教勢力の高野山も秀吉への服従を示すことになった。

この間、秀長は和泉・紀伊の地域や寺社に禁制を発給（「殺屋寺文書」、「藤田家文書」ほか『大日本史料』第十一編之十四、三九二・三九三頁ほか）するほかに、積善寺城の破却と籠城衆の処置（『貝塚御座所日記』）にあたりながら、太田城の攻撃に参戦していたこと（「大田家文書」『和歌山』五八九ほか）が確認される。そして太田開城後は、秀吉より紀伊・和泉両国の統治を任され、一万人の軍勢を配置されるとともに、居城として岡山（直後に和歌山に改名）[35]、和歌山市）に城普請を命じられた（「三好文書」『秀吉』一四七六）。なお、紀伊・和泉両国とその直後に加わる大和国における領国支配については、第三節でみる。

紀伊・和泉両国の敵対勢力をほぼ平定した秀吉は大坂へ帰還し、続いて四国への対応にあたる[36]。この秀吉の姿勢に敵対していた長宗我部元親は、秀吉に和議を求め、阿波・讃岐両国の返上意向のうえに人質を差し出し、臣従を願い出ていた。しかし秀吉は、二月に安芸毛利家と中国地方の国分交渉を確定させた際、伊予国を毛利一族である小早川隆景の要望を受け与えることを約束していた。そのため長宗我部元親が引き続き和議を求め続けたが、秀吉は六月三日の出陣を示す。これを受け、秀長は紀伊・和泉両国の諸士へ自身に従い参陣することを求めるとともに、諸浦へは出陣に際し紀の浦に舟を集結させるよう指示した（『藩中古文書』、『高山公実録』『和歌山』五九八・六〇〇）。

六月十六日、秀長は先勢を率いる大将として出陣（『貝塚御座所日記』）、そのうえで同月二十日に秀吉は秀長へ自身の翌月三日に出馬予定の意向を伝えるとともに、四国への渡海を指示する（「平岡氏所蔵文書」『秀吉』一四六四）。この指示に従い、阿波国へ侵攻した秀長が率いる軍勢は、長宗我部方の木津城（徳島県鳴門市）を攻撃した。しかし、攻略に時を要し秀吉の出馬が近づく状況に、秀長は秀吉が出馬したことによる「外聞」への影響を鑑み、取り止めを求める（『四国御発向並北国御動座事』〔『続群書類従』第二十輯下〕、「中川家文書」『秀吉』一四八一ほか）。これを受け、秀吉は出陣を延期、その後、越中の佐々成政の討伐に専念し、秀長に四国出兵の現地指揮を委ねていく。つまり、四国攻めにおいて、秀長が総大将となったのは、秀吉の出馬が延期、そして取り止めとなった時に、秀吉の代理を果たせるのは一門の中でも最も信頼を得ていた〝弟〟の彼をおいてほかならなかったことによる。

総大将となった秀長は、木津城を落城させた後、長宗我部元親の弟である香宗我部親泰が守備していた牛岐城（徳島県阿南市）を攻略し、長宗我部方の要衝である一宮城（徳島市）を攻撃した。また羽柴秀次が率いる軍勢は、脇城（徳島県美馬市）を攻撃、伊予方面には小早川隆景をはじめとした毛利軍が侵攻し（「小早川家文書」『大日本古文書 小早川家文書』四八五号文書ほか）、長宗我部勢を次第に劣勢へと追い込んだ。この事態に、長宗我部方は和議（実質は降伏）を求め、これに対し秀長は七月二十五日に長宗我部家の土佐一国の領有の保証を約束したうえ、停戦に応じている（「谷家文書」大阪城天守閣特別展図録『秀吉への挑戦』〈二〇一〇年〉、展示資料二二）。秀吉は、長宗我部方からの降伏姿勢を受け入れ、土佐一国の領有を認める一方、秀長に長宗我部降伏に伴う人質差し出しなどの処理、讃岐・阿波両国の諸城の請け取りと蜂須賀正勝・仙石秀久の配置、小早川隆景には伊予国を与えるよう、今後の四国統治にあたっての差配を指示した（「毛利家旧蔵文書」『秀吉』一五二九ほか）。このように、秀長は秀吉の代理（「名代」）として四国出兵を現地で指揮し、戦後処理をおこない、十月には臣従を示した長宗我部元親が上洛すると、秀長は付き添い、秀吉と対面させている（『元親一代記』『大日本史料』十一編之二十二、一〇頁）。

そして、秀長はこの四国出兵での働きを賞され、従一位関白となり天下人の立場を確固とした秀吉が北陸地方を平定した後の同年閏八月に実施した畿内諸将の国替えに伴って、大和国を与えられ、大和郡山城（奈良県大和郡山市）

を居城とした。これにより、秀長は「殿下御連枝」（羽柴家一門衆）にふさわしい大和・紀伊両国の大名（「物主」）となり、土佐の長宗我部元親と伊賀国へ移封となった筒井定次がその麾下に配置されたとみえる（『四国御発向並北国御動座事』）。その領知高について、大和・紀伊両国と和泉国の所領と合わせて後世には一〇〇万石といわれる（『高山公実録』ほか）。これに対し、宮野宣康氏は「信じがたい」としたうえ、「『文禄検地』によった三カ国の合計は「七十三万四千石余」」であったと説く[37]。筆者も領地高についてはおおよそそれぐらいであったとみて、宮野氏の見解を妥当と判断する。ちなみに、この時に秀長と同じく羽柴家一門衆で領国大名となったのは、甥の秀次である。この時秀次は、近江国の大名（「江州物主」）となり（『四国御発向並北国御動座事』）、近江八幡山城（滋賀県近江八幡市）を居城に付家老（「相付候宿老共」）の所領と合わせて四三万石を与えられている（「尊経閣古文書纂」『秀吉』一五八二）。そのほか、丹波亀山城（京都府亀岡市）を甥で秀次の弟である羽柴小吉秀勝が治めているが、羽柴家一門衆のなかで領知高の規模において最大なのは秀長である。ここに、秀長は羽柴家一門衆の領国大名＝豊臣一門大名として活動を始める。

（5）豊臣政権における一門筆頭の執政としての活動

大和・紀伊両国と和泉国での知行を得て、豊臣一門大名となった羽柴秀長は、その一方で政権主宰者の〝弟〟を源泉とした羽柴家一門衆筆頭の政権運営にも携わる立場（一門筆頭の執政）にあり、豊臣政権内部の序列を位置づけていた官位の面でも、それにふさわしい立場となる。そこで、まず秀長の立場を確認するため、官位の変遷についてみていこう[38]。

秀長が最初に官位を得たのは、天正十三年（一五八五）十月のことで、兄の羽柴秀吉に従い参内のうえ、同月七日に従三位参議兼近衛中将となっている（『兼見卿記』〔『史料纂集 兼見卿記』〕）。この時に政権内で秀長の上位にいたのは、従一位関白にあった主宰者の秀吉と正三位権大納言のかつての旧主の織田信雄であり、この官位は羽柴家一門衆の筆頭にある秀長にふさわしい立場であった。それは発給文書でもみられ、この直後には「羽柴美濃守秀長」ではなく、「羽柴宰相秀長」と名乗り始めている（「尊経閣古文書纂」）。

その後、秀吉に従属を示し妹婿となった徳川家康が天正十四年十月に上洛、秀長の屋敷を宿所としてもてなしを得たうえ秀吉に対面、そのうえで大坂城にて秀吉に拝謁を遂げた（『家忠日記』〔『増補続史料大成 家忠日記』〕）。そして十一月五日に家康は、秀吉の参内に従って正三位権中納言に叙任したが(39)、秀長もまた正三位権中納言となっている（『兼見卿記』）。これは、天下人秀吉を支える〝弟〟格に家康と秀長が位置していたことを世間に示したものとみなせる。実際、翌天正十五年八月八日に、二人は従二位権大納言へとともに昇進している（『御湯殿上日記』〔『続群書類従』補遺三所載〕）。また、天正十六年四月の聚楽第行幸の前には、羽柴秀次、親類衆の宇喜多秀家（秀吉の養女であった豪の婿）とともに「清華成」を果たしている（『院中御湯殿上日記』(40)）。そして、天正十八年の小田原合戦後に織田信雄が移封を拒絶したため改易・流罪となる。その後、赦されるが織田家の家督を嫡男の秀雄に譲り、出家して法名の「常真」を称すようになると(41)、家康と秀長は、天下人秀吉に次ぐ立場へと位置することになる(42)。

このように、天下人秀吉を支える〝弟〟としてあった家康と秀長であるが、その役割は異なった。秀吉、秀長、家康の三人について、『多聞院日記』天正年十一月二日条では、「一揆ノ世」となったうえで、「秀吉ハ王ニナリ、宰相殿ハ関白ニナリ、家康ハ将軍ニナリ」という人々の認識を記している。この人々の認識の背景には、天下人秀吉（豊臣政権の主宰者）のもとで、秀長は補佐・代行（「名代」）を務め政権運営に携わる執政者、家康は外征を担当する軍事指揮官としての役割を果たす人物とみられていたことがうかがえよう。実際、家康が秀吉から期待された役割は、関東・奥羽「惣無事」の実現のための外交・軍事における活動（諸大名・国衆の従属と紛争解決への尽力）であり、政権中枢での運営には関わっていない[43]。一方、秀長は、播磨良紀・小竹文生・戸谷穂高の各氏が明らかにしているように[44]、豊臣政権と諸大名・小名との関係維持に努め、外征では秀吉とともに、または秀吉に代わって豊臣軍を率いる総大将、終戦・占領後には仕置（戦後処理と統治の整備）の総括者として活動した。このため、秀長は織田信雄、徳川家康、毛利輝元、小早川隆景、吉川広家、大友宗滴（宗麟）・吉統父子、龍造寺政家、伊達政宗といった諸大名と、上洛した際におこなった接待や日々の贈答を通じて、交流を深めていった。よく知られているように、豊後の大友宗滴（宗麟）が上洛し摂津国大坂にいた秀長のもとを訪れた際に、秀長が発したとされる「公儀之事者宰相存候」（『大友家文書録』『大分県先哲叢書 大友宗麟資料集』一八七〇号文書）とは、豊臣政権における羽柴家一門衆の筆頭として秀吉の補佐・代行（「名代」）を務め政権運営に携わる執政者（一門筆頭の執政）としての彼の立場と、その立場に応じた大名・小名との関係維持に努める役割を端的に述べたものといよう。

秀長が豊臣政権における一門筆頭の執政としてあったのは、これまでにも述べてきたように、彼が天下人秀吉の信頼する〝弟〟にあったというところに源泉がある。したがって、秀吉の信頼を失った際は、秀長が〝弟〟であるからといっても、その立場の失墜は免れ得なかった。例えば、天正十六年十二月に家臣の吉川平助による熊野山材木の不正売買が発覚し、秀吉による処罰がおこなわれた後、秀長も秀吉の不興を買い対面できずにいたことが『多聞院日記』天正十七年正月五日条にみられる。矢田俊文氏は、このことから「秀長は秀吉の弟とはいえ、秀吉の家来であることにかわりはなかった。秀長といえども失敗は許されなかった」と述べるが[45]、その通りであろう。秀長といえども、秀吉の信頼があってこそ〝弟〟として、豊臣政権における立場を得ていたのである。

豊臣政権における一門筆頭の執政としての秀長の働きが本格的にみられるのは、九州政策である[46]。天正十三年閏八月に中央の畿内周辺を鎮め占有を成し遂げた秀吉は、信長の国内諸勢力の統合事業を継承し、強大な軍事力に伴った権勢（「武威」）を背景として、国内各地の戦国大名や国衆による抗争を取り締まり従えていく、「惣無事」による「天下一統」に取りかかり、十月に豊後大友・薩摩島津両家へ停戦を命じた（「島津家文書」「西寒多神社文書」『秀吉』一六四〇・一六四一）。実は同じ頃に、秀長も島津家臣・伊集院忠棟らに書状を遣わし、その後、十月二十日付で島津家からは返信を得て秀吉への取り成しを求められている（「島津家文書」『大日本史料』第十一編之二十二、五〇頁）。一方、大友家側は天正十四年三月に大友宗滴（宗麟）が上洛し、秀長も立ち会ったうえ、「公儀之事者宰相存候」として、豊臣政権における大友家のための奔走を約束した（『大友家文書録』『大分県先哲叢書 大友宗麟資料集』一八七〇号文書）。

そのなかで、秀吉は九州における領土裁定（国分）案を提示したが、島津義久は秀吉の裁定案に応じることなく、大友方との戦争を続行していく。この事態を受け、七月に秀吉は大友方勢力を救援すべく島津方勢力の「征伐」の意向を示し、仙石秀久と長宗我部元親ら四国勢の派遣、さらには毛利輝元にも九州への出陣を命じる。ところが十二月、仙石秀久・長宗我部元親らの軍勢が、秀吉の指示に背き豊後国戸次川（大分市）にて島津勢と戦い敗退してしまう。この事態に対する秀吉への取り成しに、島津義久は秀長に書状を送っているが（「島津家文書」小瀬玄士・畑山周平・村井祐樹編『東京大学史料編纂所研究成果報告二〇二三―六 島津家文書『御文書』外中世文書集』〈二〇二四年〉、一一二八号文書）、このことからも秀長は諸大名・小名にとって秀吉へ取り成すのにあたって、豊臣政権側の有効な対応窓口として期待され活動していたことが確認される。

しかし、秀吉は島津家側の大友方勢力との戦闘の続行についての言い分を受け入れることなく、天正十五年正月二十五日に宇喜多秀家が率いる一万五〇〇〇人の軍勢を先手に、九州への出陣を命じ、三月一日には自身も出陣した。この時、秀長も二月十日に一万五五〇〇人の軍勢を率い、一五〇〇人の軍勢を率いる与力にあった筒井定次とともに出陣している（「大阪城天守閣所蔵文書」『秀吉』二〇七二ほか）。この秀長が率いる軍勢数は、秀吉に次ぐものであり、秀吉の軍勢とともに羽柴軍の中核を担った。

九州への下向途中、秀長は毛利輝元と小早川隆景の出向を受け、また室町幕府将軍足利義昭から島津家との和平交渉をもちかけられている（『旧記雑録 後編』巻十九『鹿児島県史料 旧記雑録後編』二、二七八頁。以下、『鹿児島県史料 旧記雑録後編』二からの史料引用は『旧記雑録後編』二＋頁数で表記する）。その後、九州へ進軍した秀長は、秀吉の軍勢が筑前・筑後・肥後方面から進軍していったのに対し、豊後・日向方面から宇喜多秀家、毛利輝元、小早川隆景、大友義統（のちに吉統へ改名）、蜂須賀家政、黒田孝高、宮部継潤ら一〇万人余の軍勢を率いて進攻した。四月六日には日向国耳川を越えて高城（宮崎県木城町）を攻撃、この事態に島津勢は四月十七日、宮部継潤がいた根白坂砦（同前）を攻撃したが、小早川隆景・黒田孝高の救援により敗退してしまう。さらに秀吉が率いる軍勢も薩摩国へ進軍するという戦況に、四月二十二日に島津義久は家老の伊集院忠棟を秀長の陣所へ赴かせ、降伏を願いでる（「水間寺文書」『秀吉』二一六八）。そして五月八日に、島津義久が出家姿で薩摩国川内（鹿児島県薩摩川内市）の泰平寺に陣していた秀吉のもとへ出頭して降伏を示し、秀吉から「赦免」を得た（「島津家文書」『秀吉』二一八三ほか）。

秀吉は引き続き島津方（「島津一類」）の処置にあたる一方、五月十三日には秀長に大隅・日向・豊後各国についての今後の領有を含めた戦後処理案を指示した（『武家事紀』『秀吉』二一八五ほか）。ここで示された大隅・日向両国の領有については、その後に大友休庵（宗麟）・長宗我部元親の辞退、島津義弘（当時の名は「義珍」だが、義弘で統一する）らの恭順を受け変更されて、島津義弘には大隅国（ただし肝付郡は伊集院忠棟の領有）、その息子である久保には日向国内の「真幸院付一郡」（「真幸郡」）が与えられた（「島津家文書」『秀吉』二二〇二・二二〇三・二二〇四）。このため、秀長が担当するのは、「日向・豊前・豊後三ヶ国置目法度領智かた」（『旧記雑録 後編』巻二十一『旧記雑録後編』

二、三五一頁）とあるように、日向・豊前・豊後の三ヵ国における戦後処理と今後の統治整備となる。この役割に従い、大友家の領国であった豊後国については、播磨良紀・小竹文生両氏が指摘するように(47)、境界画定や今後の領国経営のための検地の実施にあたっていることが確認される（『黄薇古簡集』、『大友家文書録』『大分県史料』二八、二一五号史料）。また、日向国では秀長を通じ恭順を示した佐土原城（宮崎市）の城主であった島津家久に、秀長から「佐土原城并本知」が保証されている（「永吉島津家文書」『宮崎県史』史料編中世二、六五七頁）。この直後に家久は死去してしまうが、秀長は後継の豊久に対し「引立」を約束しているように（『旧記雑録後編』二、三四一頁）、島津中務少輔家らの進退保証に努めている。

その後、六月になると秀吉は筑前国博多（福岡市博多区）に入り、同地の整備とともに今後の九州統治の処理を進めたうえで帰国の途に着いたが、秀長は豊前小倉城（福岡県北九州市）の普請（『旧記雑録 後編』巻二十一『旧記雑録後編』二、三五〇頁）や日向国内における知行割の対処に追われ続けた。このうち日向国内の知行割、特に島津久保に宛行われた「真幸院付一郡」（「真幸郡」）をめぐって難航したことは、中野等氏の研究に詳しい(48)。島津家側は宛行われた「真幸院付一郡」（「真幸郡」）を諸県郡として領有を主張、日向国の知行割を担当する秀長側と紛糾する事態となるが、最終的には天正十六年八月五日付の秀吉による朱印状で、島津義弘にその大半の領有が認められる（「島津家文書」『秀吉』二五八四・二五八五）。

この最中に、島津家側は仕置を任された秀長およびその重臣の桑山重晴・福智長通らだけでなく、秀吉の周辺で活動する石田三成や安国寺恵瓊とも交渉している。このことについて、豊臣政権内部における派閥抗争とみる見解もある(49)。しかし、戸谷穂高氏が指摘するように(50)、彼らの行動は秀長の活動と対立するものではないであろう。そもそも豊臣政権は、主宰者の秀吉による意思決定を最高判断として政務がおこなわれている。島津家側の姿勢はまずは秀長側との交渉を続けながらも、それでは自分たちの望む解決を得られない状況に秀吉への直接的な交渉担当（いわゆる「取次」）[51]の石田三成や安国寺恵瓊との折衝をおこなっていることに注目したい。秀長自身が豊後大友家との交渉にあたって述べたように（『大友家文書録』『大分県先哲叢書 大友宗麟資料集』一八七〇号文書）、自身が担当する政権としての活動（「公儀之事」）とは別に、秀吉に直結した「内々之儀」を司る私的担当者も存在し、その併存による運営と調整のもとで、政権運営は進められていた。この知行割問題で、秀長が腹立ちをみせることがあるが、それは島津家側の交渉姿勢が問題とされているのであって、石田三成や安国寺恵瓊との折衝を問題視しているわけではない。確かに秀長の豊臣政権内における役割も、前述のように秀吉の信頼のもとであるので、過大評価することは諌めなければならないが、それに対抗した派閥抗争をみることについても検討の余地があろう。

九州平定後の秀長の豊臣政権における活動として、天正十六年四月の聚楽第行幸への参加（『聚楽第行幸記』〔『群書類従』第三輯所収〕）と諸大名・小名との交流がみられる。聚楽第行幸では、織田信雄、徳川家康や甥の羽柴秀次らとともに行幸に供奉したうえ、後陽成天皇の前で秀吉への忠誠を誓約している。この行幸の場で、秀長は信雄、家康や秀次とともに武家「清華」衆として御披露目活動を果たしているが、同時に政権の一門筆頭の執政（羽柴家一門衆の筆頭）にあった彼であっても秀吉への忠誠を誓約させられていることは、政権主宰者の秀吉、またはこの起請文がこの時秀吉の養子であった羽柴秀俊（のちの小早川秀詮）に宛てられていることに注目するならば、その系統に代わることはできない立場にあったことを示していよう。

豊臣政権を構成した羽柴宗家と諸大名・小名との統制・従属関係の構築と維持、これこそが秀長や秀次ら一門の執政に求められたことであり、彼らに課された役割であったといえる。そのため、秀長は諸大名・小名との交流に努めたのである[52]。そして、その立場から、時には紛争解決も求められた。例えば天正十六年四月、徳川家康が三河本願寺教団の寺院に京都屋敷の普請にあたって材木搬送の人足役を賦課したことから紛争が起き(53)、本願寺から要請を受けた秀長が家康に異見して解決が図られ、三河本願寺教団の寺院は材木搬送の人足役の免除を得ているのは(「上宮寺文書」『愛知』12―一三九九ほか)、その事例に該当しよう。

その一方で、同年末には前述の吉川平助による熊野山材木の不正売買が発覚、秀長も秀吉の不興を買い対面できずにいた(『多聞院日記』)。その後、天正十七年正月には秀吉との関係が回復したうえ、山城淀城(京都市伏見区)の普請を勧め、七月二十七日には甥の羽柴小吉秀勝が知行不足に不満を漏らし、秀吉の怒りを買い勘当されたのに伴って、彼の居城であった丹波亀山城の接収にあたった(『多聞院日記』)。この秀長による丹波亀山城の接収は、一門執政の筆頭としての立場に基づいて、彼に課され実施されたのであろう。

その後も八月十八日に、正親町上皇の院御所で能を主催する(『鹿苑日録』)など活動は多忙を極めた一方、年末になると京都にいた秀長は『多聞院日記』にも「以外煩」、「煩大事」と記されるほど重篤の病を患う。この秀長の病状に対して、翌天正十八年にわたって平癒の祈禱がおこなわれている。

そのなかで、豊臣政権と対立した相模北条家との小田原合戦が開始されるが、重篤の病を患っていた秀長は出陣せず、京都の屋敷で病の治療にあたりながら、畿内の留守居として守衛を担当(尊経閣文庫所蔵『武家手鑑』ほか)、秀吉には連絡を取り合いその都度に小田原合戦の戦況報告を受けている(「大阪城天守閣所蔵文書」『秀吉』六一一九ほか)。しかし四月中旬には大和郡山城へ戻り、治療に努めている。七月に相模北条家の滅亡の報告を受けて上洛したようで、八月二十二日・二十三日には朝廷と贈答をおこなっている(『晴豊公記』〔『増補続史料大成 晴右記・晴豊記』〕)。大和郡山城への帰還は、秀吉の帰京を受けた後になされたのであろう。

その後も病は依然として回復せず、十月になると「煩一大事」となり、同月十九日には秀吉が大和郡山城へ秀長の見舞いに訪れているが、その一方で死去も風聞されている。十一月二十六日には、河内金剛寺（大阪府河内長野市）に病気見舞いの御礼について書状を遣わしているが（「金剛寺文書」『大日本古文書 金剛寺文書』三六九号文書）、そこでは桃のような印型の内部に「羽柴秀長」と思われる印文を刻んだ黒印を押捺している。秀長の発給文書は、これまで花押が記されていたが、小竹文生氏も述べているように(54)、この頃は病状の関係からであろうか、印判の使用がみられる。

十二月二日になると、再び死去の噂が立つほどの病状となり、翌天正十九年正月に養嗣子の秀保と自身の娘との婚姻を取り決めた後、二十二日に死去した（『多聞院日記』）。その死因については、文禄二年（一五九三）の秀長三回忌にあたって作成された古渓宗陳讃の「大光院殿幻像」（大徳寺大光院蔵）から、永島福太郎・亥口勝彦両氏は「慢性消耗症の病状で死去」と推測するが(55)、わからない。享年は五十二、法名は大光院殿前亜相春岳紹栄大居士（『多聞院日記』ほか）。その葬儀は正月二十九日に、「京衆・高野衆・当国諸寺甲乙人見物衆以上人数廿万人モ可在之、野モ山モ人クツレ也」と盛大な参列者・見物人のもとでおこなわれた（『多聞院日記』）。また、一周忌供養は繰り上げて九月二十二日に実施され、生前に交友の深かった羽柴家親類の有力大名であった徳川家康も参列している(56)。

秀吉は、すでに天正十四年には「天下一統」の達成後は秀長に日本のことは任せ、自身は東アジアへの外交・軍事に専念したいと宣教師ルイス・フロイスらに語っていた（一五八六年十月十七日付ルイス・フロイス書簡〔『十六・七世紀イエズス会日本報告集』第Ⅲ期第七巻所収〕）。これをふまえると、秀長はこれから東アジア外交・軍事にあたろうとする秀吉にとって不可欠な自身の輔弼を務める〝弟〟であったため、その死が以後の政権運営に大きく影響したことは間違いないだろう。豊臣政権は、秀長の死去、そして秀吉の嫡男・鶴松の死去を受けて、軌道修正の後、太閤秀吉・関白秀次のもとで「唐入り」の遂行へとあゆみだしていく。

二、羽柴秀長の家族

豊臣政権における一門筆頭の執政を務め、その一方で大和・紀伊の両国と和泉・伊賀両国における経営を政権から認められた領国大名（豊臣大名）でもあった羽柴秀長の活動は、彼とともに羽柴大和大納言家（秀長家）の運営を取り仕切る妻の存在、また同家の家督を相続する男子と秀長の立場を受け縁戚関係を形成した女子（いずれも養子を含む）の存在を抜きにすることはできない。しかし、秀長死後に羽柴大和大納言家の家督を相続した養嗣子の秀保を除いて、秀長の家族についてはこれまでにあまり検討がなされていない。そこで、この節では秀長を支えた妻と子らについて史料からみられる経歴を確認しよう（なお、本稿末に参考として「羽柴家系図」を掲げた）。

（1）秀長の妻

秀長の妻として、慈雲院殿と摂取院光秀の二人が確認される。

慈雲院殿　慈雲院殿は、秀長死後の天正十九年（一五九一）五月に高野山奥之院（和歌山県高野町）で逆修供養をおこなった際に設けられた五輪塔に、「大納言北方」とみえ、[57]なおかつ嫡男・与一郎の母であることからして、秀長の正妻であったと推察される。生没年は不詳、また実名も不明である。法名として前述の五輪塔から「慈雲院芳室紹慶」が確認される。子には与一郎、養女に与一郎の妻となった智勝院殿（岩）がいる。後述の天正十年には「早世」していた子の与一郎が仮名を名乗っているので元服していたと判断されることから、秀長との婚姻時期については、永禄十年（一五六七）頃と推察される。

『多聞院日記』天正十三年九月二十日条によると、秀長が大和国を与えられたのを受け、同月十八日に「濃州女中」が大和郡山へ入っているが、この「濃州女中」は慈雲院殿であろう。その後も、病気平癒や奈良春日社への社参、大和長谷寺（奈良県桜井市）の参詣などで『多聞院日記』にその姿がみられる。天正十六年九月、大和国を訪れた徳川家康から綿五〇〇把を贈られ（『多聞院日記』）、同じく上洛し羽柴秀吉への対面を遂げた毛利輝元が秀長の招待で大和郡山城を訪れた際には、紅糸一〇〇斤・銀子二〇枚を得ている（『天正記』）。翌天正十七年九月、秀吉が諸大名の妻（「女房衆」）に三年間の在京を命じた際、慈雲院殿（「大納言殿御上」）も例外とされず上洛している（『多聞院日記』、『蓮成院記録』（『続史料大成　多聞院日記五　附録蓮成院記録』所収））。天正十八年四月以降、秀長の重篤にたびたび平癒の祈禱を指示、また六月には秀長の指示（「従大納言殿仰」）によって鋳られた紀伊国熊野山如意輪堂（那智山青岸渡寺、和歌山県那智勝浦町）の鰐口に書付がなされた際、志趣書に「豊臣朝臣正二位大納言内公」として名を連ねている（『多聞院日記』）。

天正十九年正月の秀長の死後は、翌二月に千利休が京都大徳寺の山門に木像を置いたことへの科が大徳寺の長老三人衆にも連座としておよび、彼らが磔刑に処されるようとした事態に、天瑞寺殿（大政所）とともに秀吉に助命の嘆願をおこない、彼らの処分を免れさせている（『北野社家日記』（『史料纂集　北野社家日記』））。その一方、養嗣子である秀保の後見に務めたと思われ、以後は「しうんゐん様」、「大かた様」として活動がみえる。それを示すように、天正十九年から文禄元年（一五九二）にかけて、京都誓願寺の再興にあたり、秀保（大和様）とともに菩提を弔うために柱一本を奉納している（「誓願寺文書[58]」）。そして文禄三年三月に秀保とその妻（秀長娘）との「祝言ノ儀」（婚儀）がなされ、関白の羽柴秀次、羽柴秀俊（小早川秀詮）が大和郡山城を訪れた際には贈答をおこなっていることが『駒井日記』文禄三年三月二日・三日条から確認される(59)。

その後の動向は不明であるが、文禄四年四月の秀保の死去によって羽柴大和大納言家が断絶した後、慶長年間（一五九六〜一六一五）に至っても中之庄村・窪庄村（いずれも奈良市）ほかで二〇〇〇石余の知行地、また彼女に仕えていた松野又右衛門が十市郡名大網村（奈良県田原本町）で一一三石余の知行地をそれぞれ所有している（『庁中漫録』一七所収「寛永七年高付 大和国著聞記」〔『奈良史料叢書』七〕）。

摂取院光秀　秀長の妻として確認できるもう一人が、摂取院光秀である。実名は不明である。彼女は、『多聞院日記』文禄三年三月二日条で、「秋篠ノ沙弥」とみえる。このことから、秋篠家の出身で、この頃には出家していたことが確認できる。また、後述の彼女が生んだ羽柴秀保の妻について、前掲の『多聞院日記』同日条では「大納言殿ソハムスメ」と記しているので、彼女はおそらくはじめは秀長の妾としてあったのが、『多聞院日記』文禄二年五月十九日条には「大納言ノ御内」とみえるので、別妻として扱われたと推察される。

また、同日条には彼女の母は「伝左衛門殿ノ内」とみえる。したがって、その父は伝左衛門を名乗る人物であることがわかる。伝左衛門は、秀長の側近である横浜良慶・小堀正次とともに大和郡山城にいて活動していたが、天正十七年二月頃から体調を崩し、『多聞院日記』天正二十年四月二十日条に「伝左衛門入道二位法印死去、七十五」とみえることから、この頃には出家の身で、同日に七十五歳で死去したことが確認される。その後、五月十二日に高野山に葬られている（『多聞院日記』）。なお、『駒井日記』文禄三年三月三日条に「二位法印後室」という人物がみられるが、彼の妻で摂取院光秀の母であろう。

摂取院光秀は、文禄四年四月の羽柴秀保の死去によって羽柴大和大納言家が断絶した後の同年九月二十一日に、

「秋篠後室」として秀吉から大和国新堂村（奈良県橿原市）で二〇〇石の知行地を与えられている（奈良県立図書情報館所蔵『各寺院御朱印写』『秀吉』五三三九）。

摂取院光秀について同時代史料で確認できるのは、管見の限り以上である。しかし、江戸時代前期に奈良町奉行所の与力であった玉井定時とその後裔が大和国内の記録、由緒や縁起などを蒐集し編んだ『庁中漫録』八 添上郡の興福院（奈良市）のところには、彼女についての記載がある（『奈良史料叢書』三）。それによると、彼女はまず筒井順慶の麾下にあった「秋篠某」、すなわち秋篠伝右衛門の娘であったことが確認される。

次に秀長の死後に比丘尼となって、法名として「摂取院光秀」を名乗り、彼女の母方の兄にあたる窪庄伊豆守の妹・自慶院心慶が院主を務めていた弘文院（興福院の前身）に入寺した。摂取院光秀については、延宝六年（一六七八）に編纂された奈良の名所案内記である『八重桜』では比丘尼であった彼女を秀長が見初めて大和郡山城へ連れて行き愛妾としたとする。[60]しかし、『庁中漫録』の記載に従えば、彼女が出家したのは秀長の別妻となる前ではなく、秀長が亡くなった後なので誤りである。

そして、元和六年（一六二〇）正月二十四日に自慶院心慶が死去した後は、弘文院の院主となり、元和八年二月八日に七十一歳にて死去したとされる。この享年に従えば、生まれは逆算すると天文二十一年（一五五二）で、彼女の娘である秀保の妻が後述の通り、天正十五年以前の生まれなので、三十歳前半での出産となる。

ほかにも、後述の大善院殿（「おきく」、毛利秀元の妻）の生母ら秀長の妻妾はいたと推察されるが、詳細は不明である。

（2）秀長の子息・子女、養子・養女

羽柴秀長には、男子一人、女子二人の実子と男子二人、女子一人の養子がいた。以下、まずは実子についてそれぞ

れみていこう。

羽柴与一郎　秀長の実子で、嫡男であろう。生母は慈雲院殿と判断される。前述のように、与一郎という仮名を名乗っているので、元服は済んでいたとみられる。『高山公実録』所載の「郡山城主記」によると、「御実子早世」のため、天正十年（一五八二）に惟住（丹羽）長秀の三男である仙丸（千丸とも。のちの藤堂高吉）を迎えたとの記述がある。この早世した「実子」が与一郎にあたり、「郡山城主記」の記述に従えば、天正十年には死去していたことになる。妻は那古屋因幡守（弥五郎勝泰の後身か。那古屋勝泰については「円福寺文書」〈『愛知』11―一五七六～一五六七〉で確認できる）の娘である智勝院殿（岩）で（『森家先代実録』〈『岡山県史』第二十五巻　津山藩文書所載〉）、婚姻時期については不明である。これ以外、具体的な事績は不明である。なお、『森家先代実録』は、大和国十津川（奈良県十津川村）での湯治中に病死したとするが、これは養嗣子・秀保の死去と錯綜した記述であろう。

羽柴（豊臣）秀保の妻　『多聞院日記』文禄三年（一五九四）三月二日条に「大納言殿ソハムスメ」との記述から、彼女は庶出であることがわかる。母は「秋篠ノ沙弥」、すなわち摂取院光秀である。天正十八年六月に秀長の指示を受け、鋳られた紀伊国熊野山如意輪堂の鰐口に書付がなされた際、志趣書に「豊臣朝臣正二位大納言内息女」の名前がみられるが、彼女であろうか（『多聞院日記』）。なお、その次にはこの時、秀長の養子となった秀保（「豊臣朝臣侍従公」）がみえる。秀保とは、翌天正十九年正月に秀長が重篤のなか婚姻を交わしている。『多聞院日記』天正十九年正月条によると、その時の年齢を「大納言殿ムスメ四、五才歟」と記しているので、生まれは天正十五年以前であろう。三年後の文禄三年三月に、関白の羽柴秀次、羽柴秀俊（小早川秀詮）が大和郡山城を訪れて婚儀がおこなわれている

（『駒井日記』）。なお、彼女を「おきく」とする見解もあるが[61]、この時秀保の妻を指す「御うへさま」と「おきく」は、別に羽柴秀俊から贈物がなされていることから、別人ととらえるべきである。

毛利秀元の妻（大善院殿）　秀長の娘で、羽柴秀吉の養女として、文禄四年（一五九五）二月に毛利輝元の養子であった秀元に嫁いでいる（『北野社家日記』）。『豊浦毛利家譜』（『大日本史料』第十二編之十一、七九頁）によると、慶長十四年（一六〇九）十一月二十九日に二十二歳で死去、法名は「大善院」で、京都大徳寺に葬られたとされる。この享年から逆算して、生まれは天正十六年である。『駒井日記』文禄三年三月二日・三日条にみえる、秀長の娘「おきく」は彼女のことであろう。彼女の生母については不明であるが、その記載から秀長の正妻である慈雲院殿の養女になっていたと推察される。

＊

次に養子・養女についてもそれぞれみていこう。

藤堂高吉　織田家宿老であった惟住（丹羽）長秀の三男、天正七年（一五七九）六月一日に、当時長秀が城代を務めていた近江佐和山城（滋賀県彦根市）で生まれ、幼名は仙丸（千丸とも）とされる（『藤堂宮内少輔高吉一代之記』ほか[62]）。天正十年、羽柴秀吉が惟住長秀に求め、四歳であった高吉はこの時「御実子早世」（『高山公実録』所載「郡山城主記」）していた羽柴秀長の養子となったとされる。この時期について、『藩翰譜』（『新訂藩翰譜』）は「天正十年の春」とする。しかし、時期は『藤堂宮内少輔高吉一代之記』が記す「信長公生涯之後」が正しいと思われ、具体的には清須会議後における織田家内部での政争のなかでのことと推察される[63]。

天正十六年正月、甥の秀保が秀長の養子となった際に、『名張藤堂家系図』『藤堂宮内少輔高吉一代之記』などの諸史料によると、秀吉の命により十歳だった仙丸は秀長の重臣・藤堂高虎の養子となったと伝わる。その後、元服を遂げ、養父の高虎とともに秀長・秀保に仕え、「唐入り」（朝鮮出兵）が始まると参陣（『藤堂宮内少輔高吉一代之記』ほか）、文禄二年（一五九三）には十二月八日に諸大夫成を遂げ、従五位下宮内少輔となる（「経遠口宣案」『豊臣期武家口宣案』一八七・一八八号文書）。この際に「豊臣一高」とみえることから、初名は一高であったことがわかる。

文禄四年四月の秀保の死去によって羽柴大和大納言家が断絶した後、同年七月に養父の高虎が伊予国宇和郡内で七万石を与えられ、板島城（のちの宇和島城、愛媛県宇和島市）の城主となると、高吉も同地に移る。慶長六年（一六〇一）閏十一月に高虎の実子として高次が誕生すると、藤堂家一門の立場となる（この立場となったなかで、実名を「高吉」に改めたか）。慶長十三年八月、高虎が伊勢国安濃津（津市）へ移封された後は、伊予今治城（愛媛県今治市）の城主として活動し続けた。しかし、寛永十二年（一六三五）に移封となり、高虎の死後に当主となった高次の指示もあって、翌寛永十三年正月に伊賀国名張（三重県名張市）に入った[64]。寛文十年（一六七〇）七月十八日に九十二歳で死去、法名は徳蓮院殿徳翁寿栄大居士である（『名張藤堂家系図』）。

羽柴秀保　羽柴秀保については、註（5）にあげた桑田忠親・北堀光信両氏の研究がある。ここでは、桑田・北堀両氏の研究成果をふまえながら、秀保についてみていこう。

秀保は、享年からの逆算で、天正七年（一五七九）に生まれた。父は三位法印常閑（三好吉房）で、母は一般的に秀吉の姉である瑞龍院殿とされている。しかし、瑞龍院殿は秀保を生んだとき、年齢は四十六歳という高齢である。このことから、藤田恒春氏は秀保について三位法印常閑・瑞龍院殿夫妻の「養子と考えるのが妥当」とするが[65]、この見解に筆者も賛同する。

秀保の幼名について、『太閤素生記』は辰千代とするが、これは当時の史料からは確認できない。むしろ北堀氏によって、天正十六年四月の聚楽第行幸の行列にみえる「御虎侍従」が秀保のことと明らかにされているので、幼名は御虎であったとみるべきであろう。同年正月に羽柴秀長夫妻の養子となる（『多聞院日記』）。そして、四月には従四位下侍従となり、秀長の羽柴大和大納言家を継ぐ人物としての立場を固め、聚楽第行幸で行列に参加することによって世間への「披露」となった。天正十九年正月十二日には、羽柴秀吉の年頭の参内に、羽柴秀俊（小早川秀詮）、徳川秀忠（「家康侍従」）と同じく従四位下侍従の官位にありながらも、彼らと「清花（華）衆」として相伴した（『晴豊公記』）。また、同月には秀長の病が重篤のなか、秀長の娘と婚姻を交わしている（『多聞院日記』）。

正月二十二日に養父の秀長が死去すると、羽柴家一門衆の大和大納言家の家督を相続し、大和郡山城を居城に大和・紀伊両国を支配することになる。家督相続に際し、同月二十七日には秀吉から朱印状が発給され、与力と「大名・小名」といった家臣の知行保証の旨が伝えられるとともに、秀保を守り立て、万事を横浜良慶が差配するよう指示されている（『多聞院日記』）。

秀保の活動がみられるようになるのは、同年八月からである。まず同月二十二日には伊藤忠兵衛尉に対して、紀伊国名草郡中郷（和歌山市）にて五〇〇石の知行を与える宛行状を発給している（「平松雪夫氏所蔵文書」『秀吉』三七四〇）。この知行宛行状で注目したいのは、すでに播磨良紀氏が注目されているように[66]、秀吉の朱印が日付の上に押捺されていることである。これは、秀保が若年につき、その当主としての活動を秀吉が荘厳（権威付）するためになされた処置としてみることができよう。九月二十六日にも伊丹神大夫に六〇〇石の新知を与える知行宛行状が出されているが（『黄薇古簡集』『岡山県の中世文書』一三九頁）、この知行宛行状には秀吉の朱印がみられない。このことについて、北堀光信氏は九月二十一日に参議となったことで、「単独で文書発給を行うようになっていった」と説くが[67]、その見解は妥当であろう。

その一方、八月二十三日には横浜良慶・小堀正次の連署による奉書で大和郡山町中の地子を賦課することを免除（「春岳院文書」『大和古文書聚英』一一三頁）、翌二十四日には奈良町中への高利な貸付（奈良借）について破棄するという秀吉の意向を受け、それを指示している（「多賀文書」）。また、十二月十日には金剛山大宿（奈良県御所市）に大和国宇智郡小阿村（小和村。奈良県五條市）で三〇石の所領を寄進した（『庁中漫録』一三『奈良史料叢書』五）。このように、羽柴大和大納言家の当主となった秀保は領国支配を進めていく。

それとともに、天正十九年四月九日には正四位下に叙され、九月二十一日には参議となり、翌天正二十年正月二十九日には従三位権中納言に官位を昇進した（「上杉家文書」『上越市史』別編2上杉氏文書集二、三六三九号史料）。この豊臣政権内部での地位は、文禄二年（一五九三）五月二十日に明国との和平交渉に伴い勅使を肥前国名護屋（長崎県唐津市）に迎えるにあたって、悪口の取り締まり（「東京国立博物館所蔵文書」『上越市史』別編2上杉氏文書集二、三五四五号史料）を徳川家康（従二位権大納言）に次いで署名していることに示されるように、養父である秀長の地位を継承して羽柴家一門衆の筆頭に位置した[68]。

天正二十年三月には、「唐入り」に際して肥前国名護屋へ在陣したが、その際の軍役による動員人数は一万人で（『名護屋古城記』〔『萩藩閥閲録』遺漏所収〕）、この人数も羽柴家親類の有力大名であった徳川家康に次ぐものであった。また、四月には壱岐と対馬間での輸送に際して、秀保には軍船二〇〇艘が賦課されているが（「九鬼家文書」『秀吉』四〇三一）、その数は全軍船の四割を占めた。秀保自身は出兵することはなく名護屋に在陣し続けたが、藤堂高虎や紀伊国衆は水軍を率い渡海した（『高山公実録』）。

文禄二年十月、秀保は肥前名護屋から帰還（『多聞院日記』）、翌文禄三年三月には関白の羽柴秀次、羽柴秀俊（小早川秀詮）が大和郡山城を訪れて、秀長の娘との婚儀が執り行われている（『駒井日記』）。その一方、三月二十九日には秀次から「大和算用帳面」の提出を求められて（『駒井日記』）、領国経営の現況確認がなされた後、五月には秀吉から新たな大和国統治にあたっての居城として指定された大和多聞城（奈良市）の普請に人夫一万人が課され、これにあたっている（「尊経閣古文書纂」『秀吉』四九二一）。この普請の最中の八月には、秀吉から大和多聞城の古塔を急ぎ同じく普請中にあった山城伏見城（京都市伏見区）に移転させるよう、指示されている（「三溪園所蔵文書」『秀吉』四九六七）。なお、大和多聞山城への居城移転は、秀保の時代には実現されていない。

十月、秀吉による上杉景勝の屋敷への御成に従い（『上杉邸御成帳』『上越市史』別編2上杉氏文書集二、三六二九号史料）、文禄四年三月におこなわれた徳川家康の屋敷への御成にも参加する予定であったが、この頃から病を患い療養のため参加していない（「江戸東京博物館所蔵文書」『NHK大河ドラマ特別展 どうする家康』一二七号展示資料）。その後も十津川で療養にあたっていたが、四月十六日に死去した（『駒井日記』）。四月二十七日には、秀吉からの奏請によって、朝廷から大納言を追贈された（『御湯殿上日記』）。なお秀保の死の要因を「横死」とする説もあるが、桑田忠親氏が指摘するように[69]、『駒井日記』の記述に基づいて病死とみるべきである。享年は十七、法名は瑞光院贈亜相花岳好春である（『諸寺過去帳』）。秀保の死去によって、羽柴宗家を支えることを期待された〝弟〟系の羽柴大和大納言家は、ここに断絶することになる。

ただ秀保の死後、秀吉は関白秀次の子（「御若君様」）を大和の国主とし居城を「悪所」の郡山城ではなく、再び多聞城へ移すことを図っていた（「堅田文書」[70]）。しかし、七月に起きた秀次事件もあり実現をみることはなく、豊臣一門大名による大和・紀伊両国の領国支配は終了することになる。

智勝院殿（岩） 智勝院殿については、嫁先の森家の家譜である『森家先代実録』（『岡山県史』第二十五巻 津山藩文書所載）が詳しい。以下、同書の記載から彼女の生涯についてみていこう。

まず享年からの逆算で、天正三年（一五七五）生まれであることがわかる。実父は那古屋因幡守（系図類では、実名は「敦順」。前述のように弥五郎勝泰の後身か）で、織田信秀の妻とは兄弟であったとされる。母は養雲院殿（実名は不詳）で、織田刑部大輔の娘で兄弟に中川重政、津田盛月、木下雅楽助がいる（『織田系図』〔『続群書類従』第六輯上所載〕）。彼女は、秀吉の正妻である高台院（寧々）の筆習いの師であり、夫の那古屋因幡守による浅野長右衛門（高台院の養父）への薦めによって、高台院は秀吉と婚姻したとされる。このため、秀吉・高台院夫妻との関係は深く、この関係から秀長・慈雲院殿夫妻とも関係があったと推察される。

智勝院殿の実名については、岩とされる。恐らくまだ若年にして、秀長・慈雲院殿夫妻の息男である与一郎に嫁いだと推察される。しかし、与一郎が「早世」（『高山公実録』所載「郡山城主記」）したため、秀長・慈雲院殿夫妻の養女となって育てられた。文禄三年（一五九四）春に、美濃金山城（岐阜県可児市）の城主であった森忠政に嫁いだ。忠政の後継・忠広ほか一男、三女を産んだとされる。慶長十二年（一六〇七）五月三日に、当時の森家の居城があった美作国津山（岡山県津山市）で三十三歳にて死去、法名は智勝院殿月桂宗清大膳定尼である。

三、秀長の領国支配

羽柴秀長の領国支配について、これまでの研究成果を確認しつつ、まず領国の態様と居城の大和郡山城、次に領国でおこなわれた政策（「領国政策」と呼称）について発給・受給文書や記録からみていこう。

（1）秀長の領国と大和郡山城

羽柴秀長は、天正十三年（一五八五）四月に紀伊・和泉両国の統治を任され、そして閏八月には羽柴家による畿内周辺の占有に伴う畿内諸将の国替えによって、新たに大和国の領有を得た。これにより、秀長は大和・紀伊・和泉の三ヵ国を領国として統治する豊臣一門大名となったとされる。

このうち和泉国は、当初は岸和田城（大阪府岸和田市）には桑山重晴が配置され、上二郡には羽田忠兵衛（のちの正親か）、下二郡には井上源五高清がそれぞれ代官として支配にあたるということで（「中家文書」『新修泉佐野市史』第4巻史料編古代・中世Ⅰ—一〇三号史料）、秀長による領国経営が開始されたようだ。しかし、播磨良紀氏が明らかにしているように(71)、その後に石川吉輝（数正）、片桐且元、さらには小出秀政といった秀吉直属の諸将が配置されることになり、秀長の支配は和泉一国ではなく所領のみに限定されるようになっていった。秀長は、伊賀国にも所領を得ているが、それはこの河内国の代替分であったのかもしれない。河内・伊賀両国は秀長の領国としてではなく、所領のみの支配がおこなわれていたとみるべきであろう。

したがって、秀長の領国としてあったのは、大和・紀伊の両国である。これは、後継の当主となった秀保に和泉・伊賀両国の所領は引き継がれず、大和・紀伊両国のみが両国として認められたこと（『多聞院日記』）からも確認できる。そこで次に領国としてあった大和・紀伊両国の態様をみよう。

まず大和国であるが、織田政権期以来、大和郡山城主であった筒井家が麾下の国衆を統率し領国として治めてきた。そして天正十三年閏八月、筒井家の伊賀国への移封によって、大和国は「筒井四郎国衆召連各伊賀へ越了、国衆無残国中ヲ被追出終了」（『多聞院日記』）とみられるように、筒井定次に従い国衆も伊賀国に移り、国内には国衆がいないという状況となる。秀長による大和国における領国支配は、このうえで開始されている。ただ、宇陀郡については、秀吉の直臣でそれまで筒井家への意思伝達と後見にあたってきた伊藤掃部助に与えられ、伊藤掃部助が秀吉から秀長に付けられた政治的・軍事的配下の与力として行動したため、秀長の支配は同郡には及ばなかった（「廊坊家文書」『大和古文書聚英』一七八号文書）[72]。天正十四年八月、伊藤掃部助は熊野一揆の鎮圧に秀長とともに出陣するが戦死、宇陀郡は秀吉から直臣の加藤光泰に与えられている（『多聞院日記』）。その後、天正十六年に加藤光泰が近江国佐和山へ移ったことで（『北藤録』『伊予史談会双書第6集 北藤録』）、秀長の宿老である羽田正親が大和宇陀松山城（奈良県宇陀市）に入って、宇陀郡は秀長の領国下に編成され、大和一国は秀長の領国となった。

一方、紀伊国は播磨氏が明らかにしているように、秀吉に対し雑賀一揆などで敵対した勢力は凋落したが、従属を示した国衆である新宮（和歌山県新宮市）の堀内氏善、和佐（同日高川町）の玉置氏らは所領安堵を得て、支配を続けていた。彼らは秀吉の指示を受け紀伊国衆として秀長に従い、水軍を率いていることもみられるので、秀長付の与力として行動した。また入山城（同美浜町）には、秀吉・秀長兄弟の母方の従兄弟にあたる青木重吉が入っているが、彼は但馬国以来、秀長の与力軍将である。これらの所領は、それぞれの判断による自律支配が委ねられている。したがって、秀長による統治がなされる直接的な管轄領域（本領国）には組み込まれてはいない。

また熊野地方では豊臣政権による紀伊国統治に対し、牢人らが不満を抱えていた状況で、天正十四年七月に一揆が起きている。この一揆の鎮圧に、秀長は自ら出陣し鎮圧にあたっている（『多聞院日記』）。しかし、その余韻はその後も北山川流域の地域に残り、天正十六年九月に秀長勢は出兵、大又川流域の地域が沈静化された後、翌天正十七年四月に残る地域の一揆が鎮圧され、ここに紀伊国が四年を経て豊臣政権による統治（秀長による領国支配）のもとによようやく包摂された[73]。

このように、秀長の領国はそれぞれの地域事情のうえに展開していた。そして、秀長による領国経営への秀吉やその周辺の関与は、基本的に領国設立時と前述の秀保のところでみた彼の家督相続時に限られている。秀吉による領国設立時の関与としては、具体的に紀伊国では和歌山への居城設置など仕置を命じたことが確認される（「三好文書」『秀吉』一四七六）。また大和国では、天正十三年閏八月に秀長の入部が決まると、同月二十三日に伊藤掃部助が秀吉から同国統治のための居城に定められた大和郡山城を筒井家から請け取り（『寸金雑録』『秀吉』一五八八）、筒井家が伊賀国へ移ったのを受けて、九月に秀吉・秀長兄弟が五〇〇〇人ほどの軍勢を引き連れて大和郡山城に入っている（『多聞院日記』）。秀吉も大和郡山城に来ているのは、秀長の領国設立に際して、「諸事可申付」ためであった（『寸金雑録』『秀吉』一五八八）。このように、秀長は領国設立時に秀吉から統治のための居城を指定、また統治にあたっての処置を受けてはいるが、それ以降は秀長による経営へと委ねられている。こうした秀吉による領国設立時の関与のあり方は、秀長だけでなく同時期に近江八幡山城に入った羽柴秀次にもみられるので、羽柴家一門および譜代の取立大名になされたものと判断される。

そのうえで、秀長は広大な領国を経営していくにあたり、家臣を諸城に配置していった。ここで、秀長の家臣について、秀保が羽柴大和大納言家の家督を相続した際に秀吉より朱印状が発給され、「与力・大名・小名」に対する知行保証がおこなわれたこと（『多聞院日記』）に注目したい。つまり、秀長時から羽柴大和大納言家は、「与力・大名・小名」を率いる豊臣一門大名としてあったのである。このうち「与力」とは、秀吉から秀長に政治的・軍事的配下として付けられた従属国衆や青木重吉、伊藤掃部助ら秀吉直臣のことを指すと判断される。したがって、羽柴大和大納言家を構成する秀長直属の家臣団とは、「大名・小名」が該当しよう。

「大名」とは、具体的なことは不明であるが、恐らく官位は諸大夫成で、秀長から大和・紀伊両国で数千石から万石の所領をもつ宿老クラスのことであろう。天正十六年四月の聚楽第行幸の際に、秀長の重臣で諸大夫成している人物として、福智長通、本多俊政、杉若無心、多賀秀家（秀種）、尾藤頼忠、藤堂高虎が確認される（『院中御湯殿上日記』）。このほか、同年九月に毛利輝元が大和郡山城を訪れた際の贈答の記事（『輝元御上洛日記（天正記）』）から羽田正親、桑山重晴、池田秀雄らを追加することができる。また、横浜良慶や小堀正次も所領規模から考えて、この「大名」であろう。羽田正親、桑山重晴、藤堂高虎に代表される、これら家臣の生国は多くが不明だが、尾張、近江出身の者がみられることも確かである。つまり、秀吉の台頭に合わせ羽柴家の家臣となり、秀長に付けられていったと考えられる。大和国では羽田正親が小泉城（奈良県大和郡山市）のちに宇陀松山城、本多俊政が高取城（同高取町）、紀伊国では桑山重晴が和歌山城、[74]杉若無心が田辺上野山城（和歌山県田辺市）をはじめこれら重臣（「大名」）は、秀長領国の要衝に配置され、地域支配に携わった。重臣の吉川平助もまた紀伊国紀伊湊（和歌山市）の城の城代を務め、その一方で「山奉行」として熊野山の木の管理を任されたようだが、大坂での不正売買が発覚し、秀吉によって処罰されている（『多聞院日記』）。これも、こうした重臣に地方支配を依拠したことから生じたこととしてみることができよう。彼らはこの地域支配が委ねられたことが起因となって、羽柴大和大納言家が断絶した後、それぞれ独立した城主＝豊臣譜代大名・小名として取り立てられ活動していく。

こうした重臣らによる地域支配を統べることによって秀長の領国支配は進められたが、その中枢拠点として機能していたのが大和郡山城である。大和郡山城は、既に織田信長から筒井順慶が大和国の統治者としての立場を認められた際に、大和国の統治にあたっての居城として普請がおこなわれ、天正十一年四月には天守が設けられたことがわかっている（『多聞院日記』）。そして秀長の時代も、同城の普請は天正十四年から同十八年二月にわたって実施されたようで、その間に紀伊根来寺から大門が領国内の人夫によって移築、また大和国内の各地や寺社から石材が徴収されていることが『多聞院日記』にみられる。[75]その構造も天主曲輪（本丸）を毘沙門曲輪や法印廓等が取り囲むという大規模なもので、出土物から豊臣期の大坂城と同笵の瓦や金箔瓦が出土していることから、羽柴家一門衆の筆頭にふさわしい城郭であったようである。また、城下には羽田正親や横浜良慶ら宿老の屋敷もあったことがわかっている。なお、羽柴大和大納言家が断絶した後、秀吉の側近・増田長盛が城主となってから外堀の掘削がおこなわれて、城下町は武家地ともども外掘内のなかで展開していくようになる。

（2）秀長の領国政策

羽柴秀長のもとでおこなわれた領国政策としては、これまでの研究、そして彼の発給文書や『多聞院日記』の記述から、①検地の実施、②知行宛行・寺領給与、③奉行・給人の非分行為の取り締まり、④年貢収納と勧農、⑤寺社対応（寺社造営と多武峯移転）、⑥大和郡山での商工業保護、⑦奈良における高利貸があげられる。

①は②とも関連するので、合わせてみていこう。秀長が検地について指示をしたのは、天正十三年（一五八五）閏八月九日に紀伊国中惣百姓中に対し、小堀正次を差し遣わすので、「庄堺」を漏らすことなく申告し、検地作業に尽力するように指示したのが最初である（「早稲田大学図書館所蔵文書」『早稲田大学所蔵荻野研究室収集文書』下巻、一〇八三号文書）。しかし、多くの先学も指摘しているように、この時に紀伊国で検地が実施された様子はない。実施が確認できるのは、天正十五年以後である。[76]そのうえで②の小山式部大夫ら諸将への知行宛行が、同年十一月に折紙形式を用いた判物によっておこなわれている（「久木小山家文書」和歌山県立博物館特別展図録『戦乱のなかの熊野―紀南の武士と城館』〈二〇二〇年〉、展示資料一〇〇）。そして、この知行宛行に対して軍役も定められ、秀長の死後も「秀長様御置目のことくたるへく候」として課されていくことになる（「小山家文書」『三重県史料叢書5　藤堂高虎関係資料集補遺』、一二四頁）。

大和国での検地状況については、近年、則竹雄一氏が文禄四年太閤検地帳の検討のなかでまとめている。(77)そこで、その成果に依拠しながらみていこう。秀長入国に伴って、秀吉の指示を受け大和国内の寺社による所領指出の提出がおこなわれていたが、翌天正十四年になると、秀長は興福寺領の指出内容に天正八年時における指出の寺領高との相違があったことから、再度の指出提出、また丈量検地を実施している(『多聞院日記』ほか)。そして、天正十五年十月には十津川地域で広域にわたり検地がおこなわれている。これらの指出提出や検地のうえで、知行宛行や寺領寄進がなされた(「十津川郷文書」、「三輪神社文書」『大和古文書聚英』一六九号文書)。

このように秀長の領国では、入国の後、天正十四・十五年から領国検地が実施され、国内統治にあたっての整備が進められたうえ、知行宛行・寺領寄進がなされている。

③は、①②の領国統治の整備における流れのなかで、大和入国直後の天正十三年九月十四日に大和法隆寺(奈良県斑鳩町)に対して発給された掟書(「法隆寺文書」『大日本史料』第十一編之二十、二九四頁)にみられる。そこでは、奉行ならびに奉公人による百姓への非分行為を取り締まり、人足の賦課や竹木伐採は秀長の直書のみによって指示がなされること、百姓への理不尽への対応は直訴を受けおこなうことが記されている。ここで秀長は、これからの領国支配にあたって、奉行らの不正行為を排除し、秀長の直書のみによる課役賦課、百姓の直訴承認のもとに進めていくという、豊臣大名としての施政方針を示して臨んでいる。(78)現在は法隆寺宛のものしか伝来していないが、おそらく同時期に大和国内の寺社または地域にわたって発給されたのではないかと思われる。実際、同年九月七日に秀長側近の横浜良慶が筒井(奈良県大和郡山市)地下人中へ、諸奉行・奉公人の非分行為があった場合は「御高札」(秀長発給の高札)に従って搦め捕らえれば成敗すること、人夫については秀長判物(「殿様御判」)による賦課でなければ応じる必要がないことなどを保証しているのが(「伊藤文書」柳沢文庫 平成二十五年度秋期特別展図録『筒井順慶』49史料)、それ

を裏づけよう。

④は、天正十四年二月二十一日付で和泉国中に発給された秀長の掟書（「吉田家文書」『大日本史料』第十一編之二十八、二四〇頁）が注目される。そこでは百姓の作農維持を図ったうえ、年貢納入と夫役負担の義務を確認した一方で、給人の非分行為を取り締まり、計測の枡については「十合枡」、すなわち京枡を基準枡として定め、農閑期には堤の修理をおこなうよう指示している。この掟自体は和泉国がまだ秀長の領国にあった段階に出されたものであるが、ここに記されていることは、例えば大和国では同年十月に京枡が公定枡として定められ使用が指示されているので（『多聞院日記』）、ほかの領国地域でもなされたことは間違いない。このほか天正十七年九月に、秀長は岩淵谷に旱魃に備えて灌漑用の池を造成している（『多聞院日記』）。大規模な旱魃事態に備えた領国大名による勧農政策として注目される。

⑤として、秀長は天正十四年の奈良春日社の造替をはじめ、大和長谷寺、紀伊熊野本宮大社（和歌山県田辺市）などの領国内寺社の造営にあたっていることが確認される（『多聞院日記』、「熊野本宮大社文書」）。また、大和多武峯（妙楽寺、現在の談山神社。奈良県桜井市）の大織冠が大和郡山に遷座を図ったことがよく知られる。この遷座の意図については、豊臣政権による宗教統制の視点からみられ[79]、十六世紀末の多武峯と藤原鎌足の歴史的イメージ形成に豊臣政権が深く関与していたことに注目した黒田智氏は「京都方広寺「新大仏」建立事業と対をなして、秀吉・秀長を支柱とする豊臣政権の政治的秩序を宗教的に補完するもの」として、その意義を説いている[80]。黒田氏の見解は、第一節でみた秀吉の信頼を得た〝弟〟を源泉とした豊臣政権における一門筆頭の執政にあった秀長の立場を考えるうえで貴重である。しかし、河内将芳氏が史料の詳細な検討から明らかにしたように[81]、そもそもの前提には多武峯内部の対立への対応があり、そのうえで秀長の病気平癒を目的として霊験的な効果を期待されて、秀吉によって遷座が実施された

というのが事実のようである。したがって、多武峯の大織冠遷座については、これまでのような政権側の宗教統制としてだけでなく、多武峯内部の問題とその対応などという視点を加味してみていく必要が求められよう。

⑥は、『多聞院日記』を中心に確認される。天正十三年九月に秀長は大和郡山城に入城すると城下町の振興にあたり、翌十月には奈良での味噌・酒・薬・硫黄などの商売を禁じ、大和郡山で販売をおこなうよう指示する。そして天正十五年正月には奈良と大和郡山における諸公事免除と座の破棄を示すが、奈良商人の陳訴を受けたこともあり変更を求められ、四月に改めて奈良での諸公事の免除と黒鉄・魚・塩を除いた座の破棄を指示している。そのうえで八月、改めて奈良における味噌・酒・材木などの諸商売を禁じたうえ、大和郡山での専売とした（以上、『多聞院日記』）。このことを示すように、八月二十六日付で大和郡山城下の紺屋町中に発給された秀長の判物（「速水家文書」『郡山町史』口絵写真）が出されて、同町中のみが紺屋業を営むことが許されている。

このような秀長による大和郡山における商工業の保護は、必要物資の確保と統制としてだけでなく、領国中枢の拠点にある同城下町の発展をもたらした。そのことを示すのが、翌天正十六年五月四日の「郡山惣町分日記」（「春岳院文書」『大和郡山市史』資料集、一六六頁）である。同史料によると、この時に大和郡山城下町では本町・魚塩町・堺町・柳町・今井町・わた町・藺町・奈良町・雑穀町・茶町・材木町・紺屋町・鍛冶屋町（史料上の表記は「鍛冶屋」）といった一四町が確認できる。これらの町のなかには、「堺」、「今井」、「奈良」から移ってきた町名がみられる、また、「魚塩」「雑穀」「茶」「材木」「鍛冶屋」などの町名から、紺屋町同様に諸工業の専業独占を特権として認められたことが推察される。こうした大和郡山城下町における諸工業の専業独占は、秀長死後も羽柴大和大納言家の後継当主となった秀保にも引き継がれ、さらには地子の免除を得た（「春岳院文書」『大和郡山市史』資料集、一六七頁）、そして一四町は、のちに「箱本十三町」（加治屋町が本町の枝町であることから一三町）として、大和郡山城下町での特権保護を背景に町集団としての営みを発展させていっている[82]。

⑦は、いわゆる「奈良借」（または「ならかし」。以下、「奈良借」とする）、奈良町中へ和利付でなされた金銀米銭の貸付である。この貸付が、秀長の死後に引き起こした事件（金商人事件）の経緯と政治背景も含めて、先駆的な研究には永島福太郎氏による研究、本格的な成果としては河内将芳氏の研究があり[83]、詳細は参照してもらいたい。

ここで注目したいのは、天正十七年十月に秀長自身が奈良町中へ金一枚を米四石と規定したうえ一万石を貸付、来春に金で返還するようおこなっていたことである（『多聞院日記』）。「奈良借」は、秀長の死後も横浜良慶や南京奉行の立場にあった井上源五高清という秀長の周辺における人物たちのもとで豊臣政権の施策としておこなわれていたことをふまえると、一門筆頭の執政で大和国の大名であった秀長によって進められていた政策であったのかもしれない。いずれにせよ、こうした高利貸付が秀長の死去した時に、大和郡山城には「金子ハ五万六千余」、「銀子ハ二間四方ノ部屋ニ棟極テ積テアリ」という貯蓄を築いたうえ、その後も「奈良借」がおこなわれ続けていたのである。豊臣政権下における都市奈良の位置づけや役割とともに、その政策意義のさらなる解明が求められよう。

以上、秀長の発給文書や『多聞院日記』などの史料からみられる領国政策をみてきたが、そこには大名としての領国政策とともに、「奈良借」のような豊臣政権のもとでの政策という、秀長の領国大名と一門筆頭の執政という二つの立場に応じた政策がみられた。こうした領国政策のさらなる解明には、一門筆頭の執政という政権内部の立場もあり、秀長がほとんど領国に在国していなかったことから、その実務を担当した秀長の周辺で政務に携わっていた家臣たち、特に秀長死後も羽柴大和大納言家の権力中枢にいた横浜良慶や小堀正次らの活動もふまえて総体的にみていく必要がある[84]。それにあたっては、彼らに関係する史料の蒐集のうえでの検討が、今後の課題として求められよう。

おわりに

以上、羽柴秀長について三節にわたって出生から死去に至るまでの経歴と活動・役割、家族、領国支配から、研究の現状成果を確認しつつ、発給・受給文書、記録にみられる記載から可能な限りみてきた。

この結果、秀長には秀吉の信頼を得た〝弟〟としての源泉とそれに応える彼の姿勢・働きから、秀吉が天下人への道をあゆみだすと、彼を支える羽柴家一門衆の筆頭に位置したこと。そして、その立場から天下人秀吉を補佐し、時には秀吉の代行（「名代」）を務める執政として大名や小名との関係維持に努めるなど豊臣政権の運営に携わりつつ、政権の基盤である畿内南部に位置した大和・紀伊両国と和泉・伊賀両国における所領を重臣による地方支配を統べながら統治する豊臣大名として活動し続けていた姿を改めて確認した。しかし、天正十九年（一五九一）正月の秀長の死去、また文禄四年（一五九五）四月には後継の秀保が死去したことによって、羽柴宗家を支える一門執政にあった〝弟〟系の羽柴大和大納言家が断絶する。さらに同年七月に起きた秀次事件によって、豊臣政権の運営は一門執政をことごとく失い、秀吉の病・後継秀頼の幼少という緊急事態にもう一人の〝弟〟格の羽柴家親類の有力大名であった徳川家康や同じく親類大名であった前田利家らを政権中枢に取り込んでの変容をせまられていく。

今後、秀長の実像をより検討していくにあたっては、彼だけでなく家族や家臣団の研究の進展が必要である。家族については、本稿ではいまわかる限りの経歴を明らかにした程度にとどまったが、それぞれ羽柴大和大納言家を構成するメンバーとして秀長の活動を支え、彼の死後は同家の維持に尽くしたことは間違いない。また、家臣団については一門筆頭の執政にあった秀長のもとでその実務に携わる一方、領国支配に従事する活躍をみせていたことはこれまでにも指摘はされているが、まだ十分に史料蒐集のうえでの彼らの働きが明らかになっているわけではない。秀長の研究を進めていくにあたって、彼らの活動も含めての解明が求められよう。

また、本稿では秀長の文化的な側面については触れ得なかった。特に秀長や家臣は、その立場から大和郡山にて津田宗及や神谷宗湛ら豪商たちとの茶会で交流を持っていたことが史料からうかがえる（『宗及茶湯日記』他会記〔『茶書古典集成3　宗及茶湯日記』〔天王寺屋会記〕他会記所収〕、『神屋宗湛日記』〔『茶書古典集成5　神屋宗湛日記』所収〕ほか）。こうした和泉国堺（堺市）や筑前国博多（福岡市博多区）の豪商たちとの茶会などを通じて交流についてもまた、豊臣政権における一門筆頭の執政にあった秀長の立場や活動を理解していくために検討が必要である。

本書は、秀長についての現在までの重要な研究を収録している。本書を通じて、秀長の研究はもとより羽柴大和大納言家、さらに羽柴家一門衆、それを包括した豊臣政権の研究が進展するのを期待したい。

註

（1）　秀吉および豊臣政権についての書籍・研究論文は、多数で枚挙にいとまがないが、特筆すべきは約七〇〇〇点におよぶ秀吉の発給文書が、名古屋市博物館編『豊臣秀吉文書集』全九冊（吉川弘文館、二〇一五～二〇二四年。なお、本稿では『豊臣秀吉文書集』からの史料引用については、『秀吉』＋文書番号で略記する）によって蒐集のうえ史料集として刊行されたことであり、今後のさらなる研究の進展が期待されよう。

（2）　羽柴秀次については豊臣一門大名時代も含めての研究成果として藤田恒春『豊臣秀次の研究』（文献出版、二〇〇三年）、その評伝として同『豊臣秀次』（吉川弘文館〈人物叢書280〉、二〇一五年）、羽柴秀頼については福田千鶴『豊臣秀頼』（吉川弘文館〈歴史文化ライブラリー387〉、二〇一五年）がある。政権運営に携わる側近については、近年の成果として堀越祐一『豊臣政権の権力構造』（吉川弘文館、二〇一六年）、跡部信「秀吉独裁制の権力構造」（同著『豊臣政権の権力構造と天皇』戎光祥出版、二〇一六年所収。初出二〇〇九年）、谷徹也「豊臣氏奉行発給文書考」（『古文書研究』八二号、二〇一六年）などがあげられる。

（3）渡辺世祐『豊太閤の私的生活』（創元社、一九三九年。のち講談社学術文庫で一九八〇年に復刊、本稿では講談社学術文庫版を使用）、二四五頁。

（4）秀長の人物伝については、註（3）渡辺著書のほか、永島福太郎「大和大納言秀長」（『大和志』四巻九号、一九三七年）、北川央「豊臣秀長―幻の関白」（同著『豊臣家の人びと―栄光と悲哀の一族』、三弥井書店、二〇二三年所収。初出二〇一一年）など。豊臣政権下での立場と役割については、播磨良紀「豊臣政権と豊臣秀長」（三鬼清一郎編『織豊期の政治構造』、吉川弘文館、二〇〇〇年。本書所収。以下、播磨 註（4）①論文とする）、小竹文生「豊臣政権の九州国分に関する一考察―羽柴秀長の動向を中心に―」（『駒沢史学』五五号、二〇〇〇年。本書所収。以下、小竹 註（4）①論文とする）、黒田基樹『羽柴を名乗った人々』（KADOKAWA〈角川選書578〉、二〇一六年）など。発給文書については小竹文生「羽柴秀長文書の基礎的研究」（『駒澤大学史学論集』二七号、一九九七年。本書所収。以下、小竹 註（4）②論文とする）。領国支配については、秋永政孝「豊臣秀長の築城と城下町」（柳沢文庫専門委員会編『大和郡山市史』、大和郡山市役所、一九六六年。本書所収）、播磨良紀「秀長執政期の紀州支配について」（安藤精一先生退官記念会編『和歌山地方史の研究』、安藤精一先生退官記念会、一九八七年。本書所収。以下、播磨 註（4）②論文とする）、小竹文生「但馬・播磨領有期の羽柴秀長」（『駒澤大学史学論集』二八号、一九九八年。本書所収。以下、小竹 註（4）③論文とする）、同「羽柴秀長の福知山経営―『上坂文書』所収羽柴秀長発給文書の検討を中心に―」（『駒澤大学史学論集』二九号、一九九九年。本書所収。以下、小竹 註（4）④論文とする）、宮野宣康「秀長の領国経営」（新人物往来社編『豊臣秀長のすべて』、新人物往来社、一九九六年）などがある。なお、ここで省略した研究については、後述のそれぞれのところであげることにしたい。

（5）羽柴秀保については、桑田忠親「羽柴秀保につきて」（『国史学』一九号、一九三四年。本書所収）、北堀光信「『聚楽行幸記』の御虎侍従について」（『戦国史研究』四一、二〇〇一年。本書所収。以下、北堀 註（5）①論文とする）、同「羽柴秀保と聚楽亭行幸」（初出二〇〇七年。以下、北堀 註（5）②論文とする）、同「羽柴秀保と豊臣政権―朝鮮出兵と大和支配の事例を中心に―」（初出二〇一二年。以下、北堀 註（5）③論文とする）があり、北堀 註（5）②・③論文はいずれも同著『豊臣政権下の行幸と朝廷の動向」（清文堂、二〇一四年）に所収されている。

（6）桑山重晴については、播磨良紀「桑山重晴について」（『和歌山市史研究』一二号、一九八四年。以下、播磨 註（6）①論文とする）、同「再び桑山重晴について」（『和歌山市史研究』一五号、一九八七年。以下、播磨 註（6）②論文とする）。横浜一晏良慶については、播磨良紀「一晏法印なる人物について」（『和歌山市史研究』一四号、一九八六年。本書所収。以下、播磨 註（6）③論文とする）、寺沢光世「大和郡山城代 横浜一庵について」（『月刊歴史手帳』一九巻三号、一九九一年。本書所収。以下、寺沢 註（6）①論文とする）、北堀光信「羽柴秀保と一庵法印」（同著『豊臣政権下の行幸と朝廷の動向』、清文堂、二〇一四年所収。初出二〇一三年）。吉川平助については、播磨 註（4）②論文、寺沢光世「紀伊雑賀城主 吉川平助について」（『月刊歴史手帳』二〇巻八号、一九九二年。本書所収。以下、寺沢 註（6）②論文とする）。このほか、松平年一「戦国武将杉若無心の生涯」（『日本歴史』三四九号、一九七七年）などがある。

（7）鎌田直樹①「豊臣秀長文書の基礎的研究」（『地方史研究』四一一号、二〇二一年所載の「第62回日本史関係卒業論文報告要旨」）、同②「豊臣政権の四国出兵―羽柴秀吉の不出馬と羽柴秀長」（第五一〇回戦国史研究会報告レジュメ、二〇二三年四月八日）。

（8）黒田 註（4）著書。

（9）この羽柴秀長都状については、永島福太郎・亥口勝彦「豊臣秀長の都状（病気祈禱文）と病状」（『医譚』八六号、二〇〇七年）で史料紹介がされている。なお、本論文をはじめ、秀長関係の史料の多くについては、黒田基樹氏から御教示を賜った。この場を借りて記して謝意を示す。

（10）彼女の実名について、一般的には「仲（なか）」が知られているが、同時代の史料はおろか小瀬甫庵著『太閤記』（以下、同書は桑田忠親校訂『太閤記』〈岩波文庫〉を使用）や土屋知貞によって編まれた『太閤素生記』（『改訂史籍集覧』第十九冊所収。以下、同書を使用）等にも確認できない。福田千鶴『高台院』（吉川弘文館〈人物叢書323〉、二〇二四年）三四頁によれば、この実名は「寛政九年（一七九七）初版の「絵本太閤記」にのみにでてくる」とされる。『絵本太閤記』のフィクション的性格をふまえると、この実名を使用するのには検討の余地がある。また、のちに彼女を称することになった「大政所」は息子である秀吉の関白任官によって称されたものである。したがって、彼女の名として記載するには不適切である。そこで、本稿では法名から「天瑞寺殿」とする。

（11）南明院殿（旭）の最初に嫁いだ相手を佐治日向守とする説が知られるが誤りで、副田甚兵衛尉であることは、福田千鶴『江の生涯―徳川将軍家御台所の役割』（中央公論新社〈中公新書2080〉、二〇一〇年）が明らかにしている。
（12）桑田忠親『豊臣秀吉研究』（角川書店、一九七五年）、小和田哲男『豊臣秀吉』（中央公論新社〈中公新書784〉、一九八五年）。
（13）この頃の織田弾正忠家と信秀については、拙稿「織田信秀」（小川雄・柴裕之編『戦国武将列伝6　東海編』、戎光祥出版、二〇二四年）を参照されたい。
（14）秀吉自身が秀長のことを〝弟〟として自認していた初見の同時代史料として、七月二十三日付の小寺孝高宛羽柴秀吉書状（「黒田家文書」『秀吉』一四〇）があり、「我らおと、との小一郎」との記載がみられる。この秀吉書状は、播磨攻略に尽力する小寺（のち黒田）孝高に対して、弟の小一郎＝秀長同前に思い、より一層の働きを求めたものであるが、ここから秀長が〝弟〟として秀吉にとって唯一無二の存在であったことがわかる。なお『秀吉』は、この書状を天正五年（一五七七）に年次比定するが、中野等『黒田孝高』（吉川弘文館〈人物叢書315〉、二〇二二年）が指摘するように、天正六年に年次比定した方がよいと判断される。
（15）尊経閣文庫所蔵の『太閤素生記』は、堀新「翻刻　尊経閣文庫所蔵「太閤素生記」」（堀新編『戦国軍記・合戦図の史料学的研究』、二〇二〇年度〜二〇二三年度科学研究費補助金〈基盤研究〈A〉研究成果報告書、二〇二四年）による翻刻史料を使用した。
（16）太田浩司『近世への扉を開いた羽柴秀吉―長浜城主としての偉業を読む』（サンライズ出版〈淡海文庫61〉、二〇一八年）も、一八ページで、この木下長秀書状について八月十一日付で近江国古橋郷（滋賀県長浜市、旧木之本町）に還住を促し、乱妨狼藉行為に対しての取り締まりを保証した羽柴秀吉判物（「古橋村高橋家文書」『秀吉』六〇）との関連から、天正元年に年次比定しているが、筆者もその年次比定に同意する。
（17）『信長公記』は、岡山大学池田文庫等刊行会編『信長記』（福武書店、一九七五年）と奥野高廣・岩澤愿彦校註『信長公記』（角川書店〈角川古典文庫〉、一九六九年）とを併せて参照し使用した。
（18）羽柴秀吉による近江国長浜領の支配については、拙稿「羽柴秀吉の領国支配」（戦国史研究会編『織田権力の領域支配』、岩田書院、二〇一一年）を参照されたい。
（19）長浜市長浜城歴史博物館・長浜市曳山博物館編『長浜城歴史博物館開館四〇周年　長浜築城・開町四五〇年記念　特別展〈図録〉

秀吉と歴代城主の変遷』（長浜市長浜城歴史博物館・長浜市曳山博物館、二〇二四年）、No.18資料。

(20)　小竹　註（4）②論文。なお、知善院文書には、（年未詳）五月二十八日付の書状があり、三鬼清一郎編『豊臣秀吉文書目録』（名古屋大学文学部国史学研究室、一九八九年）、小竹　註（4）②論文では発給者を「木下小一郎長秀」とし、また小竹氏は同論文の註（10）でその花押をあげる。しかし、東京大学史料編纂所で同文書の写真帳を確認したところ、発給者は「木下半介吉隆」であり、秀長の発給文書ではない。

(21)　毛利・上杉両家との開戦事情については、拙稿「織田・毛利開戦の要因」（『戦国史研究』六八号、二〇一四年）、同「織田・上杉開戦への過程と展開」（『戦国史研究』七五、二〇一八年）、拙著『織田信長―戦国時代の「正義」を貫く』（平凡社〈中世から近世へ〉、二〇二〇年）を参照されたい。

(22)　以下、本能寺の変前までにおける秀吉の動向については、拙編著『図説　豊臣秀吉』（戎光祥出版、二〇二〇年）による。

(23)　当該時期の但馬情勢については、山本浩樹「戦国期但馬国をめぐる諸勢力の動向」（市川裕士編著『山陰山名氏』、戎光祥出版〈シリーズ・中世西国武士の研究5〉、二〇一八年所収。初出二〇〇七年）が詳しい。

(24)　その間の天正六年（一五七八）十月二十二日に、秀長麾下の武士であった樋口彦助が同日におこなわれた平井山合戦で別所長治の弟・小八郎治定を討ち取り、秀長から賞されて一〇〇石の知行を宛行われ、秀吉からの宛行と合わせて二〇〇石の知行を得ている（『但馬志』『新鳥取県史』資料編　古代中世1　古文書編上、一七九頁）。なお、三木城攻略および播磨平定過程については、金松誠『秀吉の播磨攻めと城郭』（戎光祥出版〈図説日本の城郭シリーズ16〉、二〇二一年）が現在の研究成果であるので、参照されたい。

(25)　秀吉による「筑前守殿御分国」（羽柴領国）の支配については、註（18）拙稿を参照されたい。また、以下の秀長による但馬国竹田領の支配についても同稿による。

(26)　宿南保氏は、『出石町史』第一巻（通史編上）（出石町、一九八四年）の「第五章第一節　近世前期の出石」三九二頁で、木下昌利を秀長の武将で出石城の「城番のような地位の人」とされる。しかし、この時の秀長との具体的な関係は不明確である。そのため、ここでは昌利による出石郡支配を別個に扱うこととする。

(27)　小竹　註（4）③論文。

(28) 『豊臣秀吉文書集』第二巻では、同文書を天正十二年(一五八四)に年次比定している。しかし、秀長の呼称は「小一郎」でみられるので、天正十一年三月以前である。さらに、本文書と同日に出された長浜衆の出陣を記す関連文書(「国立国会図書館所蔵一柳家文書」『秀吉』九七五)から該当するのは、秀吉の養嗣子である羽柴次秀勝が初陣となった天正十年三月の備前出陣が考えられ、天正十年に年次比定ができる。

(29) 小竹註(4)④論文。以下、秀長の福知山領支配については、同論文による。

(30) この間の秀長の活動として、天正十年(一五八二)十月に京都大徳寺にておこなわれた信長の葬儀の際に警固を務めたことが、『惟任退治記』(『続群書類従』第二十輯下)より確認できる。

(31) 西尾大樹「豊臣政権成立期の織田信雄とその家臣—滝川雄利文書の検討を中心に—」(『織豊期研究』二四号、二〇二二年)。

(32) 『高山公実録』は、上野市古文献刊行会編『高山公実録〈清文堂史料叢書98・99〉』(清文堂出版、一九九八年)を使用した。以下、『高山公実録』の使用は、同書による。

(33) 小竹註(4)③論文。

(34) 藤田註(2)『豊臣秀次』、二六頁。

(35) 「和歌山」の呼称については、三尾功「近世社会への歩み」(『和歌山市史』第一巻 自然・原始・古代・中世、第三章第五節、一九九一年。本書所収)が言及し、天正十三年(一五八五)以降に古来有名な「和歌の浦」と城の位置する「岡山」を合わせて名付けられ、城の呼称、城下町の名として使用されたという見解を提示している。

(36) 四国出兵については、藤田達生「豊臣期国分論(一)—四国国分—」(同著『日本近世国家成立史の研究』、校倉書房、二〇〇一年。初出一九九一年)、須藤茂樹「秀吉軍、四国に襲来す—秀吉の四国平定戦と長宗我部元親—」(渡邊大門編『秀吉襲来』、東京堂出版、二〇二一年)などがあり、また長宗我部家側から平井上総『長宗我部元親・盛親』(ミネルヴァ書房〈日本評伝選〉、二〇一六年)が言及されている。さらに最近では、鎌田直樹氏が註(7)②報告で秀長の役割の検討を通して、四国出兵について検討している。本稿では、これらの研究成果を受けながら、以下に四国出兵についてみてみる。

(37) 宮野註(4)論文。

(38) 豊臣政権における羽柴秀長の官位の変遷については、黒田 註（4）著書がまとめているので、以下その成果に基づきながらみていく。
(39) 徳川家康の官位の変遷については、藤井讓治「徳川家康の叙位任官」（同著『近世初期政治史研究』、岩波書店、二〇二二年所収。初出二〇一八年）を参照されたい。
(40) 該当部分の天正十六年（一五八八）正月～四月の『院中御湯殿上日記』については、遠藤珠紀「『院中御湯殿上日記』（天正一六年正月～三月記）の紹介」（田島公編著『禁裏・公家文庫研究』第七輯、二〇二〇年）、同「正親町上皇と『院中御湯殿上日記』」（橋本政宣編著『後陽成天皇』宮帯出版社、二〇二四年）による。以下、同様である。
(41) 拙稿「織田信雄の改易と出家」（『日本歴史』八五九号、二〇一九年）。
(42) 羽柴秀長と徳川家康との関係については、三浦宏之「豊臣秀長と徳川家康」（『温故叢誌』七五号、二〇二一年。本書所収）がある。
(43) この点については、拙稿「本能寺の変後の政局と秀吉への臣従」、黒田基樹「羽柴（豊臣）政権における家康の地位」（黒田基樹編著『徳川家康とその時代』、戎光祥出版〈シリーズ・戦国大名の新研究3〉、二〇二三年）を参照されたい。
(44) 播磨 註（4）①論文、小竹 註（4）①論文、戸谷穂高「豊臣政権の取次―天正年間対西国政策を対象として―」（『戦国史研究』四九号、二〇〇五年。本書所収）ほか。
(45) 矢田俊文「豊臣氏の紀州支配」（和歌山県史編さん委員会編『和歌山県史』中世、第四章第二節第四項、和歌山県、一九九四年。本書所収）。
(46) 豊臣政権による九州政策の展開の詳細については、中野等『関白秀吉の九州一統』（吉川弘文館、二〇二四年）が現在の研究の到達点を示しているので、参照されたい。
(47) 播磨 註（4）①論文、小竹 註（4）①論文。
(48) 中野等「豊臣政権と国郡制―天正の日向国知行割をめぐって―」（『宮崎県地域史研究』一二・一三合併号、一九九九年。本書所収）、中野 註（46）著書。
(49) 播磨 註（4）①論文、小竹 註（4）①論文ほか。

(50) 戸谷註(44)論文。
(51) 豊臣政権の「取次」について、研究は多い。ここでは、紙幅の関係もあり、研究の端緒となった山本博文「豊臣政権の「取次」の特質」(同著『幕藩制の成立と近世の国制』、校倉書房、一九九〇年。初出一九八四年改稿)をあげるに止める。
(52) 代表的なのは、天正十六年(一五八八)七月から九月にかけて上洛した毛利輝元との接待・交流で、『輝元御上洛日記(天正記)』(『毛利史料集』〈人物往来社〈戦国史料叢書第2期9〉、一九六六年〉所収。以下、本稿では同書を使用)では、その様相がうかがえる。なお、『輝元御上洛日記(天正記)』にみる豊臣政権と毛利家との折衝・交流については、二木謙一『秀吉の接待—毛利輝元上洛日記を読み解く』(吉川弘文館〈読みなおす日本史〉、二〇二三年。原版は二〇〇八年)を参照されたい。
(53) この時の徳川家康と三河本願寺教団の寺院との京都屋敷の普請における材木人足役をめぐる対立については、新行紀一「天正末年の三河本願寺教団と徳川家康」(和歌森太郎先生還暦記念論文集編集委員会編『近世封建社会と民衆社会』、弘文堂、一九七五年)を参照されたい。
(54) 小竹註(4)②論文。
(55) 永島・亥口註(9)論文。
(56) 小林輝久彦「徳川家康を天正十九年に「藤原家康」と記す史料の紹介」(『大倉山論集』第七十輯、二〇二四年)。
(57) 木下浩良「高野山奥之院の豊臣家墓所の石塔群」(『高野山大学密教文化研究所紀要』三五号、二〇二二年)。
(58) 誓願寺文書は、誓願寺文書研究会『誓願寺文書の研究』(岩田書院、二〇一七年)による。なお、この奉納を記した「誓願寺奉加帳」については、鎗田恵美子「誓願寺奉加帳—豊臣期武家夫人たちによる誓願寺再興の証—」(同書所収)がある。ただ鎗田氏は、「大和様」を慈雲院殿とみているが、羽柴大和大納言家の当主である秀保とみたほうがよいであろう。
(59) 『駒井日記』は、藤田恒春校訂『増補駒井日記』(文献出版、一九九二年)を使用した。以下、『駒井日記』は同書による。
(60) 瀧喜義「秀長は誰の子か」(新人物往来社編『豊臣秀長のすべて』、新人物往来社、一九九六年)、六〇頁。
(61) 瀧註(60)論文。
(62) 『名張藤堂家系図』、『藤堂宮内少輔高吉一代之記』ほか名張藤堂家文書についての史料は、「名張市デジタルアーカイブ　おきつも」（https://adeac.jp/nabari-city）より参照した。

(63) 清須会議後における織田家内部での政争については、拙著『清須会議――秀吉天下取りへの調略戦』（戎光祥出版〈シリーズ実像に迫る017〉、二〇一八年）を参照されたい。

(64) 藤堂高吉の生涯については、藤田達生「養子の処遇―名張藤堂家の誕生―」（同著『藤堂高虎論―初期藩政史の研究』、塙書房、二〇一八年所収。初出二〇〇九年）が詳細に記しているので、参照されたい。

(65) 藤田 註（2）『豊臣秀次』、九頁。

(66) 播磨良紀「豊臣期紀州に関する二つの史料」（『和歌山地方史研究』九号、一九八五年）。以下の秀保の知行宛行状に関する播磨氏の見解は同論文による。

(67) 北堀 註（5）②論文。

(68) 黒田 註（4）著書。

(69) 桑田 註（5）論文。

(70) 村井祐樹「「堅田文書」に遺る秀吉関係書状二通」（同著『中世史料との邂逅―室町・戦国・織豊期の文書と記録』、思文閣出版、二〇二四年所収。初出二〇二一年）。

(71) 播磨 註（4）②論文。以下、紀伊・和泉両国の支配に関する播磨氏の見解は同論文による。

(72) 大和国における伊藤掃部助の立場と活動については、小竹文生「豊臣政権と筒井氏―「大和取次」伊藤掃部助を中心として―」（『地方史研究』二七九号、一九九九年）を参照されたい。

(73) 天正十四年（一五八六）の熊野一揆の鎮圧、同十六年からの翌十七年におよび北山制圧については、播磨良紀「天正の熊野一揆」（熊野川町史編纂委員会篇『熊野川町史』通史篇、新宮市、二〇〇〇年）、また最新の研究成果として伊藤裕偉「豊臣政権による熊野北山制圧の検証」（『織豊期研究』二五号、二〇二三年）があり、本稿でもその成果に依拠した。なお、このほかに、天正十四年の熊野一揆について、秀長発給文書など新出史料の紹介論文として、新谷和之「天正一四年の熊野一揆に関する史料」（『和歌山市立博物館研究紀要』三二号、二〇一七年）がある。

(74) 桑山重晴については播磨 註(6)①・②論文。
(75) 大和郡山城については、秋永 註(4)論文のほか、金松誠「中近世移行期の大和郡山城に関する文献史学的研究」(『大和郡山城』、城郭談話会、二〇〇九年)、中井均『秀吉と家臣団の城』(KADOKAWA〈角川選書654〉、二〇二一年)、山川均「豊臣秀長と郡山城」(『月刊大和路 ならら』二八八号、二〇二二年)、中井均「筒井城から郡山城へ」(同著『織田・豊臣城郭の構造と展開 下』、戎光祥出版〈戎光祥城郭叢書2〉、二〇二二年)などがあり、本書の記述も、ここにあげた研究成果に依拠している。
(76) 紀伊国の検地状況については、播磨 註(4)②論文や三尾 註(35)論文に言及がある。また、豊臣期の検地状況全般については、平井上総「豊臣期検地一覧(稿)」(『北海道大学文学研究科紀要』一四四号、二〇一四年)があり、本稿でも秀長領国の検地状況について参照した。なお、このほかに遊佐教寛「秀吉の属人支配から秀長の属地支配へ」(『和歌山県史研究』一五号、一九八八年)があり、紀伊国内の検地の実施によって、秀長による属地支配がおこなわれていったと指摘する。
(77) 則竹雄一「文禄四年太閤検地帳の基礎的研究」(『獨協中学・高等学校 研究紀要』三三号、二〇一八年)。
(78) 藤井讓治「第一章 中世から近世へ―織豊期の法隆寺―」(法隆寺編著『法隆寺史 中―近世―』、思文閣出版、二〇二三年)は、この掟を出したことについて「秀長は、この地域を支配する公的権力としてその姿をみせている」(二三頁)と評価する。
(79) その先駆的研究に、永島福太郎「多武峯の郡山遷座について」(『大和志』第三巻第一号、一九三六年)がある。
(80) 黒田智「豊臣秀長と藤原鎌足」(『戦国史研究』四四号、二〇〇二年。本書所収)。
(81) 河内将芳「新多武峯と大織冠遷座について―豊臣政権と霊宝に関するノート―」(『立命館文学』六〇五号、二〇〇八年)。
(82) 大和郡山城下町の展開については、秋永 註(4)論文、金松 註(75)論文を参照されたい。
(83) 永島福太郎「豊臣秀吉の都市政策一斑」(『史学雑誌』五九編四号、一九五〇年)、河内将芳「豊臣政権下の奈良に起こった一事件―「ならかし」「金商人事件」「奈良借」―」(同著『中世京都の民衆と社会』、思文閣出版、二〇〇〇年所収。初出一九九五年)、同『落日の豊臣政権―秀吉の憂鬱、不穏な京都』(吉川弘文館〈歴史文化ライブラリー418〉、二〇一六年)。
(84) 寺沢光世氏は註(6)①論文のなかで、戦時・内政上において秀長を支え続けた横浜良慶・小堀正次による活動を「一庵=小堀体制」として位置づけ、秀保にも引き継がれたことを述べている。

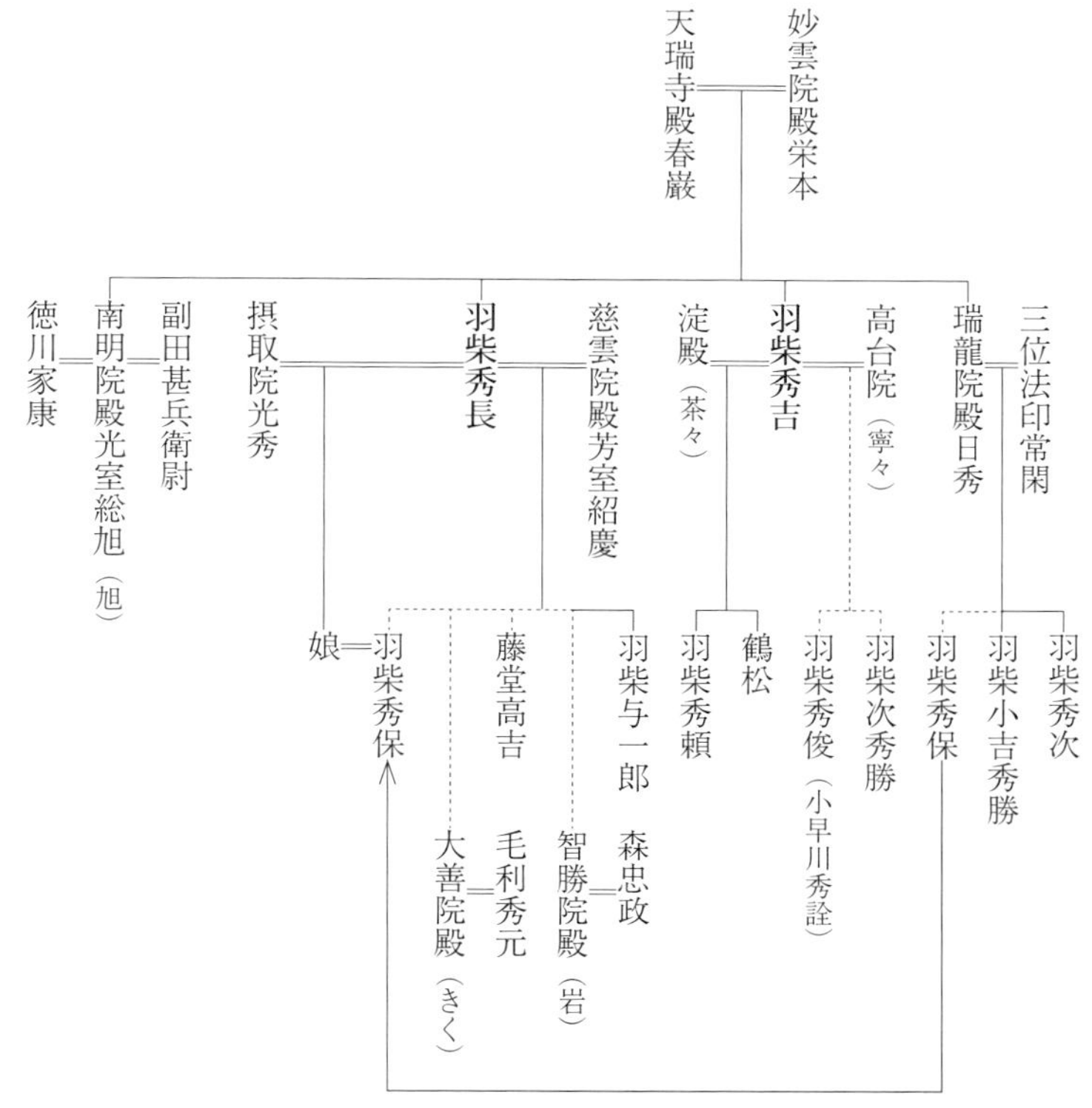
天瑞寺殿春巌
妙雲院殿栄本
徳川家康
南明院殿光室総旭（旭）
副田甚兵衛尉
摂取院光秀
羽柴秀長
慈雲院殿芳室紹慶
淀殿（茶々）
羽柴秀吉
高台院（寧々）
瑞龍院殿日秀
三位法印常閑
娘
羽柴秀保
藤堂高吉
羽柴与一郎
羽柴秀頼
鶴松
羽柴秀俊（小早川秀詮）
羽柴次秀勝
羽柴秀保
羽柴小吉秀勝
羽柴秀次
大善院殿（きく）
毛利秀元
智勝院殿（岩）
森忠政

羽柴家系図　　＊……は養子

第1部

羽柴秀長の立場と活動

Ⅰ　羽柴秀長文書の基礎的研究

小竹文生

はじめに

織豊期から幕藩体制社会の研究を進めていくにあたって、信長・秀吉・家康などを中心とした支配者層の発給文書を蒐集し整理・検討することは極めて重要である。すでに、信長・家康においてはその発給文書の蒐集・整理・検討がなされ、著しく研究の進展に寄与していることは周知のとおりである。(1)しかし、豊臣政権、特にその支配者たる豊臣秀吉を中心とした豊臣一族に関しての網羅的な発給文書研究は立ち後れているといえよう。特に秀吉発給文書は数千点にも及ぶ膨大さと散逸により、具体的な文書研究に至るにはまだかなりの時間が必要である。(2)そうした中、近年の三鬼清一郎氏による『豊臣秀吉文書目録』・同補遺一(3)（以下『文書目録』）の発行は、豊臣政権を研究する者にとって発給文書の検索・蒐集を容易とし、研究の進展に多大な成果をあげている。三鬼氏も述べているように、今後も豊臣政権に関心をもつ研究者の共同作業によって豊臣秀吉とその一族の発給文書の編集作業を進めていく必要があろう。(4)

本稿はこうした観点から、三鬼氏の『文書目録』をもとにして蒐集した羽柴秀長発給文書について、若干の検討を試みるものである。

羽柴秀長は周知のとおり秀吉の唯一の弟であり、豊臣政権の草創から確立期に至るまで秀吉の片腕としてその事業を助けた最功労者である。しかし、彼の事績はその前半生を中心に不明な点が多く、秀長に関する研究もあまりなされていないのが現状である。(5)それは、秀長家の早い滅亡による史料の散逸が大きな原因であり、『文書目録』をみても秀長発給文書は秀吉・秀次と比べて極端に少ない。こうした点を踏まえながら、今後の秀長研究の補助とするために、秀長発給文書の整理と基礎的な事実を検討していきたい。

一、実名と官途の変遷

ここでは秀長の実名と官途の変遷や、書札礼の特徴を考察し、無年号文書の編年作業などを助ける指標としたい。また、以下にあげる番号は、後掲の羽柴秀長発給文書目録の番号であるので参照していただきたい。

①木下小一郎長秀時代

秀長は天文九年（一五四〇）三月二日の生まれとされ、(6)秀吉が天文六年に生まれたという説をとれば、(7)秀吉とは三歳違いの弟である。通説では幼名を小竹と称したとしているが、(8)文書からは確認できない。その後、小一郎と改称し兄秀吉に仕官すると木下名字を称し名を長秀として、木下小一郎長秀と名乗った。長秀の由来は信長と秀吉から一字づつ貰ったとも考えられる。管見ではこの氏名を署名している史料は№1・2・15の三点確認されている。№1と15は近江長浜の知善院にたいして寺領の寄進と本尊の寄進を行ったもので、寺伝によると、知善院は浅井氏の居城小谷城のそばにあったが、秀吉が長浜築城の時に同地に移されたとしており、(9)№1の寺領寄進状はその頃の天正二年（一五七四）もしくは三年と推定される。唯一年代が確実なのは№15で「丑霜月」と日付が記されていることから、天正五年であることに間違いはない。しかし、この「知善院文書」の二通だけ他の文書と違った花押を据えており、検討を要する。[10] №２は近江伊香郡の黒田村にたいして百姓の還住を令したものであり、浅井氏滅亡直後の天正元年、もしくは二年頃と推定される。さらに、未確認ではあるが、『文書目録』には、二月四日付で近江国浅井郡今西村名主百姓中宛の秀長発給文書があり、内容がほぼ同文と思われるので、この時期のものであろう。

②羽柴小一郎長秀時代

秀吉が木下から羽柴に名字を改めたのは天正元年とされるが、[11] 秀長の発給文書に見る羽柴名字の初見は、天正三年十一月十一日付けの近江高時村古橋の年貢請取状（№14）である。これを初見として羽柴小一郎長秀と署名した文書は、№16〜26までの計十二点が確認されている。終見は東寺に対する返礼書（№22）である。これは無年号であるが、本文に賤ヶ岳役の美濃攻めの記述が見えることから天正十年であることに間違いない。

また、№３〜13・17までの十二点には小一郎長秀とのみ署判があり、木下名字か羽柴名字か判断しかねるが、№３・５は近江の黒田村と野々村庄宛てなので、秀吉が北近江三郡を領有した天正元年以降のものであり、残りの十通は全て播磨・但馬に関するものであるから、天正五年の播磨攻め開始以降のものである。

以上、前項とあわせてみても秀長発給文書の下限は天正元年をさかのぼることはなく、永禄・元亀時代の文書は管見では確認できなかった。

③羽柴美濃守長秀時代

これに該当するのは№27〜33までの七通である。秀長の美濃守任官の具体的な時期については不明だったが、発給文書で確認できる初見は、小牧・長久手の役に関する天正十二年五月四日付けの尾張国丹羽郡継鹿尾に与えた禁制（No.27）であり、小一郎を称している終見は、前掲No.22の天正十年十二月廿五日の東寺宛の返礼書である。よって秀長の美濃守任官はNo.22からNo.27までの約一年半の間ということになる。そこで、この範囲をさらに限定するために他の史料を見てみよう。まず、天正十年後半から翌年の五月までは、信長の後継者決定戦である賤ヶ岳の役の最中であり、この時期の任官は事実上不可能と思われる。また、「天王寺屋会記」[12]天正十一年十月廿三日の条において、堺の茶人津田宗及は秀長のことを「羽柴濃州様小一郎殿之事」と記しているし、「宇野主水記」[13]天正十一年七月四日之条では「羽柴美濃守」とあり、天正十一年後半には美濃守で呼ばれていたことがわかる。これにより、秀長の美濃守任官は賤ヶ岳役後の論功行賞の一環として天正十一年五月から七月の間に行われたと思われる。そうすると、羽柴美濃守長秀を名乗った時期は天正十一年五月頃からNo.33の同十二年九月十二日付けの禁制で羽柴美濃守秀長と改名するまでの間ということになり、No.29〜33までの無年号文書の年代範囲がかなり限定される。

④羽柴美濃守秀長時代

秀長はNo.28の天正十二年六月八日からNo.34の九月十二日までの間に長秀から秀長へと改名した。これ以後死ぬまで秀長という名は変わらない。改名の理由としては小牧・長久手役の優位などを背景として、もはや兄秀吉の天下を確信し、その偏諱の「秀」の字を上に持ってきたものと思われる。

当該期の文書はNo.34からNo.69の三十六点を数える。No.71も美濃守秀長と署判しているが、秀長の参議任官が天正十三年十月四日頃に行われていることは確実なので[14]、No.71の天正十四年一月時点での美濃守はつじつまが合わなくなる。これは、No.71の編纂物による写なのでその段階で美濃守を書き足したとも推測される。

この時期は豊臣政権の草創期にあたり、小牧・長久手役の終結、紀伊征伐・四国国分・北国国分を終えて畿内支配を確立し、秀長はその一環として和泉・紀伊・大和を領する大名となり、発給文書数も飛躍的に増えている。

つぎに、ここまでの書札礼について簡単に触れてみよう。秀長発給文書は、全体的にみて書状様式が多く、差出書ではほとんどの場合に「官位・名（花押）」を記しており、「名字」を加えたものもある。また、宛所の身分や内容の軽重により、宛所に脇付を付すなどして差別化を図っている。書止文言をみても、同様に「恐々謹言」「謹言」「也」で区別しているが、ある一定以上の身分に対しては、ほとんど「恐々謹言」で統一されている。全体的に秀吉と同じ様式を採用しており、一定の秩序のもとに作成されていたことがわかる。(15)

⑤参議・中納言・大納言時代

美濃守以後の官位の変遷を見ると、天正十三年十月四日には従四位下参議となり、翌十四年十月四日には従三位権中納言に昇進している。さらに翌十五年八月八日には従二位権大納言に昇進し、同十九年一月に没するまでこのままであった。(16)注目すべきは、徳川家康も秀長と全く同時期に同官位の昇進をしていることである。これをみても、秀吉の秀長に対する信頼と、豊臣政権における秀長の政治的立場の高さがうかがえる。

当該期の文書は№70～130までの六十一点を数え、年代的には天正十三年十二月六日から同十八年十一月廿六日の約五年間にわたる。この時期の文書の特徴としてはその官位に関わらず「秀長（花押）」や「（花押）」といった名字・官位を書かない署判が大半を占めることであり、書止文言も「恐々謹言」から「謹言」へと一段と薄礼化を遂げている。わずかに官位などを署判している文書は、№76・82・85～87・104・113・128の八点だけである。この内容を見ると№76は天台宗三門跡の一である青蓮院門跡に宛てたもので、敬意を表す意味で名字・官位・名（花押）を記す厚礼の署判となっている。№82・85～87は、天正十五年の九州国分において現地の寺社や地下に出された禁制に見える「中納言（花押）」という署名であるが、これは、敵である島津氏が鎌倉時代以来の名家であり官位を重んじる気風が強かったのと、禁制の格付けという面からも官位を記す必要があったためと思われる。№104は、聚楽第行幸の時に諸大名が天皇に対して提出した起請文であって、唯一豊臣姓を記している。秀長の他には右近衛権少将豊臣（前田）利家・参議左近衛中将豊臣（宇喜多）秀家・権中納言豊臣秀次・大納言源（徳川）家康・内大臣平（織田）信雄・左衛門督豊臣（堀）秀政らが署名している。№113は長浜時代からの秀吉家臣で、当時秀長の与力として和歌山城代であった桑山重晴にたいして自身の病状をつたえたものであり、仮名書きで書かれていることなど、かなり親しい年配者に敬意を表す消息となっている。また、「二（花押）」という署判は、当時秀長の官位が従二位だったからである。№128は宛所の福永吉右衛門が不明なので何ともいえないが、「山和大納言（花押）」というように在所名・官位を記した唯一の例である。

以上を見ると、この時期の秀長にとって名字・官位を書くことは特別であったことがわかる。他の文書では小早川氏・吉川氏・島津氏・伊達氏らの有力国持大名であっても以前より薄礼の「秀長（花押）」で統一しており、家臣や郷村に対してはさらに薄礼の「（花押）」のみというものも見られる。しかし、秀吉のような印判状はほとんどみられず、宛所の書き方・書止文言などをみても、常に秀吉より一段厚礼なのが特徴である[17]。また、天正十三年まではほとんど見られなかったいわゆる御内書様式が現れてくるのもこの時期であり[18]、添状発給の中心者として疋田九兵衛（後右近）就長が頻繁に現れる[19]。これらは、兄秀吉の関白任官、秀長自身の参議任官を契機として、その政治的立場の変化が文書の薄礼化として現れたのであろう。こうしてみると、政治史上だけでなく秀長発給文書の上で見ても、天正十三年後半を、豊臣政権の基礎が確立した画期とみなすことができるのではないだろうか。

二、秀長文書の年次別検討

ここでは秀長文書をその政治的背景を検討して年次的に区分し、宛所別・内容別などに分類して秀長の事績を明らかにしたい。また、先記のように秀長の前半生、特に永禄・元亀にかけての事績は発給文書が確認できなかったので、ここで取りあげるのは秀吉の長浜領有がはじまった天正元年以降とする。

①天正元年から十年六月まで

天正元年（一五七三）の秀吉の江北三郡領有と長浜築城、同五年からの中国（毛利氏）征伐、そして、本能寺の変に至るまでの間である。この時期の秀長の事績として史料に現れるのは、『信長公記』[20]に見える記事が初見である。それによると秀長は、天正二年七月十三日の伊勢長島攻めに、単独で信長の先陣として活躍している。次いで、天正五年には兄秀吉の中国征伐に従って播磨に赴き、但馬攻めに参戦して戦後竹田城代となり、同六年にも但馬攻め、同八年にはほぼ但馬一国を制圧して竹田城を居城として但馬経営を任されている。

当該期の文書は二十点（No.１～20）確認される。宛所別にみると、家臣宛九通（No.７～13・16・20）、郷村宛九通（No.２～６・14・17～19）、寺社宛二通（No.１・15）となる。

家臣宛のうちNo.16は、播磨三木平山合戦において、別所長治の弟小八郎治定を討取った樋口彦助に与えた感状、No.13は但馬国朝来郡山口町の還住者に対しての夫役免許を、家臣に通達したものである。残りの七通は近江の有力国衆で浅井氏滅亡後に家臣となった上坂正信に宛てたものであり、No.20の知行充行状など知行関係の文書が多く、初期秀長家中の構成を知るうえで貴重である。

つぎに、郷村宛を分類すると近江に関するものが四通（No.2・3・5・14）、但馬に関するもの五通（No.4・6・17〜19）となる。秀長の近江時代に関しては他の史料では全く不明だが、伊香郡黒田村に対する還住指令（No.2）、同村に対する夫役免許状（No.3）、秀吉家臣川勝氏の当知行安堵を野々村庄内の八ヵ所に命じたもの（No.5）、伊香郡高時村古橋の年貢請取状（No.14）などがあり、主に内政に関する文書が多い。また、寺社宛の二通も長浜の知善院に宛てた寺領寄進状（No.1）と、播磨書写山にあった性空作の三尊像の寄進状（No.15）であり近江時代のものである。

ついで、秀長は天正五年から主に但馬国の攻略を任された。当時の但馬国は山名氏の支配下であったが、名目上の存在となっており、各地で有力国衆が割拠して非常に混乱していた。ゆえに、秀吉の播磨攻略を助けるためにも早急な但馬支配の確立が必要であった。そのため、発給文書も朝来郡山口村での奉公人の悪党的行動の禁止（No.4）・地侍養父太郎左衛門への諸公事免許（No.6）などの領民慰撫に関するものが多い。しかし、徐々に領域的支配を確立したらしく、天正八年五月には鮎取に関して細かく規定し特許をとるなど（No.17〜19）、秀長権力の浸透ぶりをうかがわせる。

②天正十年六月から同十三年二月まで

信長の死をきっかけに、秀吉の天下取の事業がはじまり、山崎の役・賤ヶ岳の役・小牧長久手の役と、戦に明け暮れた時期である。秀長も兄秀吉に従い各地を転戦している。また秀長は、賤ヶ岳の役後の論功行賞により、播磨・但馬両国を拝領して姫路を居城とした[21]。

当該期の文書は十三点（No.21・22・27〜37）確認される。まず、この時期の特徴は、東寺・松尾社・蓮華寺など大寺社に対する返礼書（No.22・29・36）がみられるように、権門との付き合いが始まることである。これは秀吉の畿内支配が確立してくるとともに、弟秀長の政治的立場も高まっていることの象徴であり、この他にも秀吉への取成を頼むために、多くの公家・寺社が秀長に接近してきたことを想像させる（No.23・25もこの時期であろう）。

他の文書をみると、家臣宛二通（No.31・32）、秀吉家臣宛三通（No.28・30・35）、他家家臣宛一通（No.37）、禁制三通（No.21・27・34）、郷村宛一通（No.33）となる。

家臣宛の二通と郷村宛の一通は、前節の美濃守任官時期から考察すると、いずれも天正十一年の賤ヶ岳役後と推定される。内容は上坂氏の知行扶持に関するもの（No.31・32）と播磨の地侍白国氏に対する山林預状（No.33）となっている。また、この年の七月から十月にかけて、播磨国内では家臣小堀新介により、主な寺社への寺領安堵が一斉に行われており、(22)賤ヶ岳役後の秀吉政権強化の一環として、秀長による播磨・但馬の掌握が進められていたことがわかる。

つぎに、秀吉家臣宛の三通はいずれも小牧・長久手の役中のものであり、近江土山に在陣中の秀長が尾張大浦在番の石川貞通に近況を報告したもの（No.28・30）と、木村常陸介へ軍勢派遣を報告したもの（No.35）となっている。他家家臣宛のNo.37は小牧・長久手の役後、講和した織田信雄の重臣飯田半兵衛尉に信雄の上洛を促したものであり、秀長は秀吉の名代として直接交渉に赴いている。(23)

禁制は、山崎の役後その戦後処理のため明智光秀の旧領丹波国氷上郡佐路市場に下したもの（No.21）、小牧・長久手の役で尾張丹羽郡（No.27）と美濃西順寺（No.34）に下したものである。

③天正十三年三月から十三年八月まで

一連の信長後継者争いに勝利した秀吉が、豊臣政権の基礎固めとして、紀伊征伐・四国国分・北国国分を行い、畿内近国の支配を確立した時期である。

秀長は紀伊征伐には副将、四国国分には惣大将として出陣しており、北国国分は四国国分と同時期のため参戦していない。従って発給文書もこの二つの合戦に関するもののみである。

当該期の文書は二十六点（No.38〜63）ある。この時期の文書は内容的に特徴的な記述が多く、すべて年代比定が可能である。

まず、紀伊征伐に関するものは十点（No.38〜47）ある。紀州門徒の立て籠もった尺禅寺城と澤城に与えた助命保証の起請文形式二通（No.38・39）、禁制五通（No.41〜45）、太田城退場衆への乱妨禁止（No.46）、海部郡橋本村地蔵峯寺の堂社破壊禁止（No.47）、河内国天野山金剛寺への返礼書（No.40）に分類される。秀長は紀伊征伐後、和泉・紀伊に移封され和歌山城を築いて居城とするわけだが[24]、書状内容をみても書下系の支配文書が大半を占めており、すでに戦時中から新領主として支配確立の動きにでていることがわかる。

四国国分に関しては十六点（No.48〜63）確認される。このうちNo.48に関しては偽文書の疑いが強く、今回の検討からはずすこととする[25]。宛所別にみると郷村宛二通（No.49・50）、秀吉家臣宛三通（No.53〜55）、外様大名・その家臣宛九通（No.51・56〜63）、禁制一通（No.52）に分類される。郷村宛は、紀伊の国衆白樫左衛門尉に宛てた軍勢催促状（No.49）と、新領国和泉・紀伊の各湊に対しての舟の微発を命じたもの（No.50）があり、四国国分による豊臣政権の強制力を背景に、領国の旧勢力を一気に軍役大系に包括しようとする意図がみえる。秀吉家臣宛としては、秀吉の近臣細井中務少輔宛（No.54・55）があるが、細井は取次であり、内容は秀吉に宛てたものである。これは、管見では秀長が兄秀吉に発給した唯一のものである。また両通は一日違いではあるが、内容はほぼ同文であり、No.55の方が史料的価値の低い編纂物に納められていることからみて、No.54の写し間違いによるものと思われ、もとはNo.54のみであったと思われる。内容は四国国分の遅延に業を煮やした秀吉が自ら渡海して来るという報に接し、秀長が一大決意をもって渡海停止を勧告したものである。形式的にみても取次を介していることや、書止文言、本文などをみても最上級の敬意が払われており、豊臣政権における秀吉と秀長の関係を考察するうえで興味ある史料である。ついでこの頃から、外様大名に宛てた文書（№56〜63）が現れてくる。とくに、四国国分に出陣した毛利氏方の小早川隆景・安国寺恵瓊らに、隆景の伊予領有について秀吉に取成を約束したもの（№59・60）など、この頃から秀吉の弟として、外様大名と秀吉との間の取次、後の「公儀之事者、宰相（秀長）存候」(26)といわれる秀長の豊臣政権における役割が形成されてきている。

④天正十三年閏八月から十八年十二月まで

この時期は、対内的には天正十三年閏八月の畿内近国の知行割による畿内支配の確立、同十四年の方広寺大仏殿・聚楽第の造営、同十六年の聚楽第行幸などがあり、対外的には天正十四年十月の徳川家康の臣従、同十五年一月から七月までの九州国分、同十八年三月から九月までの後北条攻めなど、豊臣政権による日本統一が確立した時期にあたる。

秀長は、同十三年閏八月の知行割により大和一国を加増され、郡山を居城として和泉・紀伊・大和を領する最大の一門大名となった。他にも秀吉の甥羽柴秀次は近江四十三万石を与えられ近江八幡を居城とするなど、大坂を中心として周辺を一門で固める豊臣政権の畿内支配が完成する(27)。また秀長は、九州国分においては副将として出陣し、内政では淀城築城・方広寺大仏殿の造営などに関与している。しかし、天正十五年末に病にかかり、いったんは回復するが、同十七年末には再度重病となり、翌十八年は寝たり起きたりの状態が続いた後、遂に十九年一月二十二日に没している。[28]

当該期の文書は六十七点（No.64〜No.130）である。文書数からみても秀長の事績が最もわかる時期である。

この時期の文書を内容から分類すると、領国支配関係（家臣宛も含む）二十八通（No.64〜68・71〜75・77・80・97・100・107〜109・112〜115・118・119・121・122・126・127・129）、九州国分関係十七通（No.78・79・81〜94・102）、外様大名・その家臣宛十四通（No.69・70・96・98・99・101・103・105・106・110・111・116・125・130）、社寺宛三通（No.76・117・120）その他五通（No.95・104・123・124・128）となる。

まず領国支配関係の文書をみると、特徴として、この時期の大名としては家臣に対する知行充行状が極端に少ないことがあげられる。わずかに、紀伊の地侍小川式部大夫宛のもの（No.100）以外、管見ではみあたらなかった。これは、秀長家の早期滅亡による史料の散逸もあるだろうが、むしろ、純粋な秀長家臣団（秀長と直接主従関係を結んだ家臣）というものがほとんど形成されておらず、主な家臣は秀吉からつけられた与力であり[29]、それらに対する知行充行権は秀吉が掌握していたためではないかと思われる。これは近江を与えられた秀次も同様であり、秀吉の一門統制の基調となっている。[30]

つぎに、支配関係として、一国宛（No.64・65・72）、社寺宛（No.67・68・71・112・118・126・127・129）、郷村宛（No.66・74・77・97・109）、残りは家臣宛となっている。この頃になると、支配関係の文書も紀伊国への検地指令（No.64）、和泉国の農民支配の掟書（No.72）など国単位、また領内の大寺社などに対するものが多くなり、細かな支配関係の文書は姿を消す。これは、秀長が豊臣政権の宰相として領国を留守にすることが多かったので、実質的な領国支配は、一庵法印・小堀新介・藤堂高虎らの重臣に委ねられており、重要な事項だけ秀長が関与した表れであろう。[31]

ついで、天正十五年の九州国分に関する文書がある。秀長は九州国分において副大将として日向口を進み、豊後口へ向かった秀吉の本隊と連絡を取りながら進軍していった。ここでは日向口攻めの総大将として占領地に禁制を下したり（№82・85〜87）、降伏してきた島津氏の秀吉への斡旋などに奔走している（№88・92）。また、秀長軍に同行していた吉川広家に対し、兄元長の病状を心配した書状（№89〜91）を送るなどのこまやかさもみせている。

最後に、外様大名・その家臣宛をみると、十四通のうち十二通が西国の大名宛であることがわかる。特に残っているのは吉川広家宛（№78・89・90・98・99・101・103・105・106・110・111）である。広家は天正十四年十一月に父元春、翌十五年六月には兄元長の病死により吉川本家を継いだ。秀長との交流が始まるのは九州国分中の№78からである。秀長は兄元長の病状を心配したり（№89・90）、その死後は、「其方之儀、自余ニ相易事候条、向後別而所用可被申聞候、内々入魂之通聞届候」（№103）と、広家の吉川家跡目継承とこれからの入魂を保証している。その後、天正十六年にはいると、初鴈の贈物に対する返礼（№105）、毛利輝元・小早川隆景とともに大和郡山を訪問してくれたこととの礼状（№106・110）や、翌年には年頭の祝儀として太刀・馬を贈られたことへの礼状（№111）などがあり、秀長がいかに外様大名に配慮して、その動向に気を遣っていたかがうかがえる。

以上、秀長文書の内容を概観すると、天正十二年頃までは、織田家の一武将である秀吉の弟として、秀吉の代官的な立場で発給した文書が多くを占め、内容も郷村支配などに深く関わっている。しかし、同十三年以降秀吉の全国支配が進展するにつれて、細かな郷村支配などに関する文書は姿を消し、政権担当者としての立場から大名宛のものや一国宛の文書が多くなり、細かな領国支配はその家臣たちに委ねられている。

おわりに

ここでは、若干ではあるが秀長の花押と印判について触れ、まとめとしたい。

まず、秀長の花押の変遷を、第一節の時代区分に当てはめて、代表的なものを後掲したので参照されたい。これをみて気付くのは、秀長の花押は、基本的に天正元年頃から同十九年に死ぬまで変わっていないということである。わずかな違いがみられるのが、最も古いと思われるNo.2の（花押1）で、これには後の花押にみられる下に伸びている線が一本足りないのと、左上の、右上から左下に伸びている斜めの線が最後に上に跳ねていないという違いがある。これをうけて、基本形が決まるのがNo.14の（花押2）である。以後、天正十一年の美濃守任官後No.34の（花押3）も同じであり、同十三年十月以降、参議No.73の（花押4）・中納言No.82（花押5）・大納言No.115の（花押6）と昇進していっても変わらない。唯一、参議任官以降の花押は若干大きくなったことぐらいであるが、これも宛所によって差異がみられる。こうした、花押の変更がみられないのは、兄秀吉にもいえることで、豊臣一門の特徴となっている[32]。

つぎに、秀長の印判であるが、官見ではNo.117にみえる後掲の（印判）のみである。これは黒印で、印型は桃型、印文は羽柴秀長であろうか。また、この他にも『文書目録』補遺一に、無年号十一月十三日付けの黒印状が掲載されているが、個人蔵となっており確認できなかったので別の機会で検討したい。ともかく、秀長はほとんど印判を用いなかったようである。ここで注目すべきは、（印判）の押されているNo.117の日付が、天正十八年十一月二十六日となっている点である。秀長は前年の十七年暮から重病となり、翌年の小田原攻めには参加もできず、病状は一進一退を続けていた。しかし、九月頃から危篤となり、覚悟を決めた秀吉は十月十九日に秀長を郡山に見舞うとともに、秀長死後の跡目について養子秀保の継承と、後見人として筆頭家老一庵法印が政務をとることなどを決めている[33]。故にNo.117の時点で秀長はかなりの危篤状態であり、花押も満足に書けなかったため、緊急措置として印判が使われたのではないかと思われる[34]。こうした文書の形態だけで政治的役割を論ずるのは早急であるが、兄秀吉が朱印を多用し、甥の秀

羽柴秀長の花押と印判

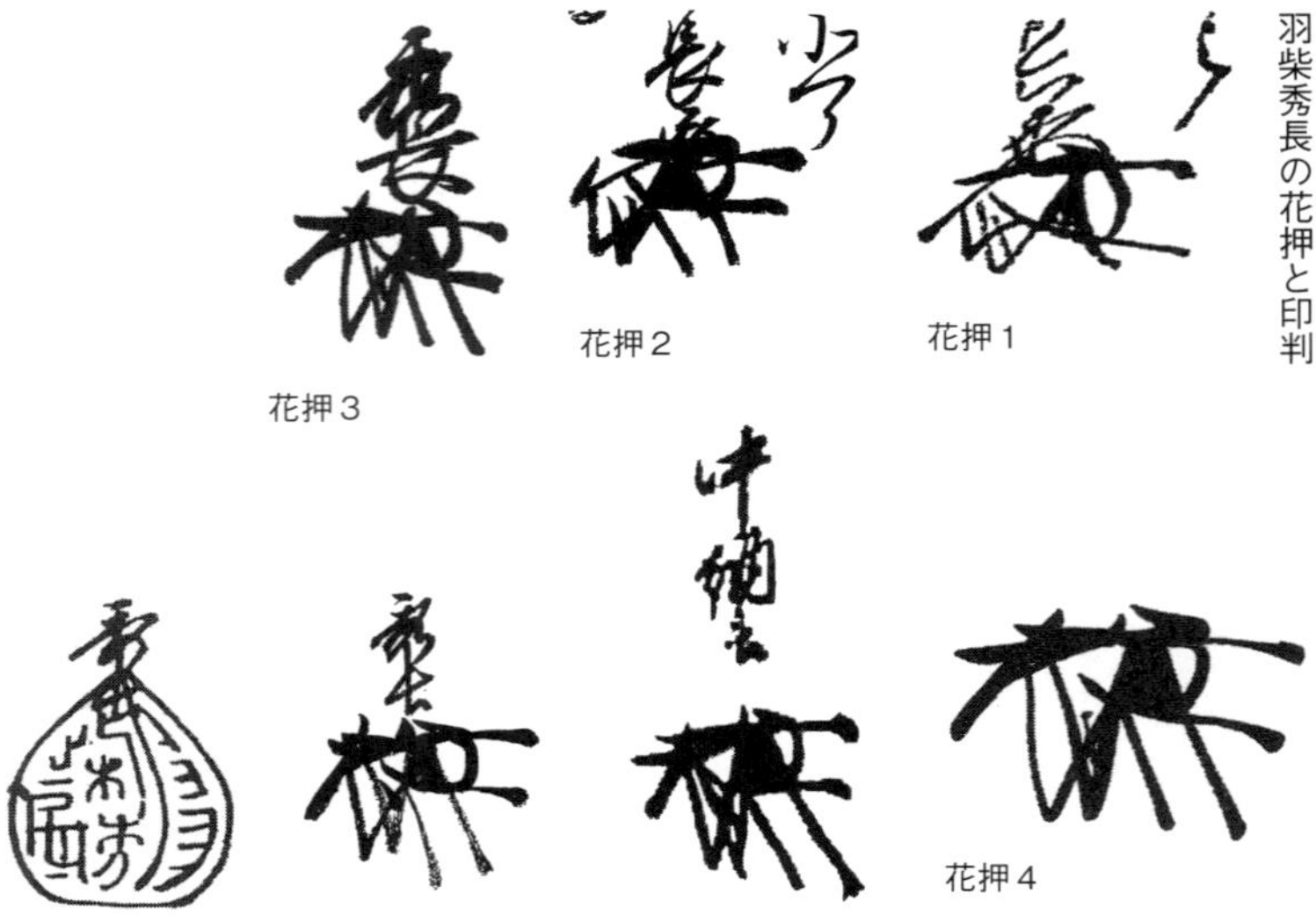

花押１　花押２　花押３　花押４　花押５　花押６　印判

次も印判を使用しているのに、秀長だけがほとんど印判を使用していないのはなぜか。すなわち秀長は、意図的に発給文書には花押を用いていたのであり、兄秀吉が朱印状をもって高圧的に命令を下していたことに対して、秀長は「公儀の宰相」という立場上、あえて印判よりも厚礼な花押を使用し、秀吉との中和を計っていたのではないかと思われる。

以上、秀長発給文書について、基礎的な考察を試みた。秀長発給文書は年次的にばらつきがみられ、特に天正十年以前は極端に少なくなり、比較検討が非常に難しい。また、文書の保存も一部の家や寺社については多いが、地域的・時代的にまとまって保存されているわけではないので、これも研究を妨げている原因となっている。これを解決するには、更なる文書の蒐集が必要なのはいうまでもない。さらに、秀長の場合、常に兄秀吉とともに行動していたのであり、秀吉の影響は絶大であった。ゆえに秀長文書を検討するには、秀吉文書を蒐集し比較検討することが必須であるし、逆にそれにより、新たな秀吉像も浮かび上がってくるであろう。

註

（1）奥野高広『増訂織田信長文書の研究』（全三冊、吉川弘文館、一九六九年）、中村孝也『新訂徳川家康文書の研究』（全四冊、日本学術振興会、一九八〇～八二年）。

（2）わずかに、相田二郎『戦国大名の印章』（名著出版、一九七六年四月）、三鬼清一郎「豊臣秀吉文書に関する基礎的研究」（『名古屋大学文学部研究論集CⅠ』史学34、一九八八年三月）、同「豊臣秀吉文書に関する基礎的研究（続）」（『名古屋大学文学部研究論集104』史学35、一九八九年三月）、小林清治『秀吉権力の形成』（東京大学出版会、一九九四年十二月）などぐらいである。

（3）三鬼清一郎編『豊臣秀吉文書目録』（一九八九年三月）、同『豊臣秀吉文書目録』補遺一（一九九六年三月）。

（4）註（2）三鬼論文。

（5）秀長に関する研究は主に地方史の分野で行われている。永島福太郎「大和大納言秀長」（『大和志』第四巻九号、一九三七年九月）、三浦宏之「豊臣秀長と徳川家康」（国学院大学『史学研究収録』四、一九七八年十二月）、播磨良紀「秀長執政期の紀州支配について」（『和歌山地方史の研究』宇治書店、一九八七年六月）、遊佐教寛「秀吉の属人支配から秀長の属地支配へ」（『和歌山県史研究』一五、一九八八年三月）。

（6）『系図纂要』一五（名著出版、一九七五年五月）の豊臣朝臣姓の項。

（7）桑田忠親『豊臣秀吉研究』（角川書店、一九七五年十一月）。

（8）「太閤素生記」（『改訂史籍集覧』第一三冊、すみや書房、一九六八年四月）。

（9）竹内理三編『角川日本地名大辞典25 滋賀県』（角川書店、一九七九年四月）、知善院の項。

(10) 秀長の花押に関しては後述を参照されたい。ひとまず左に知善院文書の花押を掲げる。

No. 1

No.15

(11) 奥野高広「羽柴藤吉郎秀吉」（『日本歴史』二一四、一九六六年三月）。
(12) 「天王寺屋会記」（『茶道古典全集』第八号、淡交社、一九五九年十月）。
(13) 「宇野水主日記」（上松寅三編纂校訂『石山本願寺日記』下、清文堂出版、一九三〇年六月）。
(14) 「多聞院日記」第三巻（辻善之助編『増補続史料大成』四〇、三教書院、一九三六年十一月）天正十三年十月四日の条。また、豊臣政権の官位については、下村效「豊臣氏官位制度の成立と発展―公家成・諸大夫成・豊臣姓―」（『日本史研究』三七七、一九九四年一月）に詳しい。
(15) 註（2）三鬼論文。
(16) 註（14）下村論文、『公卿補任』第三篇（吉川弘文館、一九七四年五月）。
(17) 例えば「小早川家文書」一（『大日本古文書』家わけ第十一之一、一九二七年二月）などで、秀長と同時期の小早川隆景や安国寺恵瓊宛秀吉発給文書を参照されたい。
(18) 註（2）三鬼論文。
(19) 管見では、疋田就長の添状としてNo.89・90の「吉川家文書」一（『大日本古文書』家わけ九之一、一九二五年十二月）と、No.102

の「黄薇古簡集」（斉藤一興編『岡山県地方資史料叢書』八、一九七一年八月）の三通を確認した。
(20) 奥野高広・岩沢愿彦校注『信長公記』（角川書店、一九六九年十一月）。
(21) 「柴田退治記」（『群書類従』第十三輯、一九〇〇年九月）。
(22) 光明寺・住吉神社・清水寺・高松寺・浄土寺などに宛た寺領安堵状が残っている。（『兵庫県史』史料編・中世二、一九八七年三月）。
(23) 同年正月廿日付の飯田半兵衛宛秀吉朱印状写（註（1）「黄薇古簡集」）に「今度者、美濃守為名代差下候処」とある。
(24) 「紀州御発向之事」（『続群書類従』第二〇輯・下、一九二三年五月）。
(25) 註（5）遊佐論文参照。
(26) 「大友家文書録」三（『大分縣史料』三三、一九八〇年七月）所収（天正十四年）卯月六日付大友宗滴書状（二〇九一号）。
(27) 「四国御発向並北国御動座事」（『続群書類従』第二〇輯・下）。
(28) 秀長の病状に関しては「多聞院日記」第四巻（辻善之助編『増補続史料大成』四一、三教書院、一九三八年五月）に詳しく記されている。
(29) 寺沢光世「大和郡山城代横浜一庵について」（『歴史手帖』第一九巻三号、一九九一年三月）。
(30) 岩澤愿彦「石田三成の近江佐和山領有」（高柳光寿博士頌寿記念会編『戦乱と人物』吉川弘文館、一九六八年三月。後、三鬼清一郎編『豊臣政権の研究』戦国大名論集18、吉川弘文館、一九八四年五月所収）。
(31) 秀長の家臣に関する研究としては、註（5）播磨論文、註（29）寺沢論文、同「紀伊雑賀城主吉川平助について」（『歴史手帖』第二〇巻八号、一九九二年八月）、松平年一「戦国武将杉若無心の生涯」（『日本歴史』三四九、一九七七年六月）、森蘊『小堀遠州』（吉川弘文館、一九六七年六月）などがある。
(32) 註（2）相田論文。
(33) 註（28）「多聞院日記」天正十八年十月廿日の条。
(34) 岩澤愿彦「書状・消息」（『日本古文書学講座』六・近世、一九七九年七月）。

羽柴秀長発給文書目録

No.	年月日	署判	宛所	書止文言	出典
1	(年未詳)5・28	木下小一郎長秀(花押)	知善院御床下	恐々謹言	知善院文書(東大写)
2	(年未詳)8・16	木下小一郎長秀(花押)	黒田郷惣百姓中	謹言	西村哲尾氏所蔵文書(東大影)
3	(年未詳)2・20	小一郎長秀(花押)	くろた村名主百姓中	可仕候也	西村哲尾氏所蔵文書(東大影)
4	(年未詳)5・4	小一郎長秀(花押)	山口百姓中	曲事候也	山口文書(『兵県』七二五頁)
5	(年未詳)7・13	小一郎長秀	野々村庄内中他八カ所	可為曲事候者也	古文書二(東大写)
6	(年未詳)8・13	小一郎長秀(花押)	養父太郎左衛門尉へ	不可有違儀候也	田中文書(『兵県』六一五頁)
7	(年未詳)8・15	小一郎長秀(花押)	上八兵宿所	恐々謹言	上坂文書一(東大影)
8	(年未詳)9・6	小一郎長秀(花押)	上八兵・村久進之候	恐々謹言	上坂文書一(東大影)
9	(年未詳)10・3	小一郎長秀(花押)	上八兵・村久進之候	恐々謹言	上坂文書一(東大影)
10	(年未詳)10・6	小一郎長秀(花押)	上八兵・村久取事	恐々謹言	上坂文書一(東大影)
11	(年未詳)10・7	小一郎長秀(花押)	上八兵取事	恐々謹言	上坂文書一(東大影)
12	(年未詳)10・7	小一郎長秀(花押)	上八兵・村久両人	恐々謹言	上坂文書一(東大影)
13	(年未詳)11・3	小一郎長秀(花押)	次加野金十郎殿他一名	謹言	山口文書(『兵県』七二五頁)
14	天正3・11・11	羽小一郎長秀(花押)	古橋助[redacted]他二名	不可有相違者也	高時村文書一(東大影)
15	(天正5)・11・—	木下小一郎長秀(花押)	知善院侍士	為許之候也	知善院文書(『近江長濱町史』第一巻・本編上、七五頁)
16	天正6・10・22	羽柴小一郎長秀(花押)	樋口彦助殿	恐々謹言	伯耆志六(『因伯叢書』四、二九四頁)
17	天正8・5・15	小一郎長秀(花押)	市左衛門他三名	仍如件	森垣文書(『兵県』五八九頁)
18	天正8・6・25	羽柴小一郎長秀(花押)	あさま与三右衛門	如此候也	加藤文書(『兵県』五九四頁)
19	天正8・6・25	羽柴小一郎　判	〔花井殿内さくまいの助〕	如此候也	加藤文書(『兵県』五九四頁)
20	天正8・10・18	羽柴小一郎長秀(花押)	上坂八郎兵衛殿進之候	可有知行之状如件	上坂文書(東大影)
21	天正10・6・—	羽柴小一郎長秀(花押)	佐治市場	処罰科者也	小島文書(『史料』第十一編之一、八九三頁)
22	(天正10)12・20	羽柴小一郎長秀(花押)	東寺御同宿中	恐々謹言	東寺文書五常之部(東大影)
23	(年未詳)3・2	羽小一郎長秀(花押)	天野山金剛寺御返報	恐々謹言	金剛寺文書(『古文書』家わけ七、三五六頁)
24	(年未詳)6・5	羽柴小一郎長秀(花押)	夜久主計頭殿御宿所	恐々謹言	夜久文書(『兵県』五九〇頁)
25	(年未詳)7・20	〈羽柴小一郎〉長秀(花押)	鳥居少路殿	恐々謹言	尊経閣古文書纂二一(東大写)
26	(年未詳)7・26	羽柴小一郎長秀(花押)	上坂八郎兵衛尉殿御宿所	恐々謹言	上坂文書(東大影)

27	（天正12）5・4	美濃守　判	つかのを	仍如件	寂光院文書（『犬山市史』資料編三、五〇五頁）
28	（天正12）6・8	美濃守長秀（花押）	石小七郎殿御陣所	恐々謹言	村松藹氏所蔵文書（『史科』第十一編之七、三六九頁）
29	（年未詳）5・19	羽柴美濃守長秀（花押）	松室左衛門佐殿	恐々謹言	東文書（『史科』第十一編之四、五四四頁）
30	（年未詳）6・10	美濃守長秀（花押）	石小七郎殿御返報	恐々謹言	石川文書（『史科』第十一編之七、三七〇頁）
31	（年未詳）8・24	美濃守長秀（花押）	上八兵可進之候	可進其以後者也	上坂文書一（東大影）
32	（年未詳）9・14	美濃守長秀（花押）	上坂八郎兵衛殿進之候	恐々謹言	上坂文書一（東大影）
33	（年未詳）11・7	美濃守長秀	白国殿進之候	可被停止候者也	白国文書（『兵県』五九九頁）
34	天正12・9・12	美濃守秀長（花押）	濃州北方寺内西順寺	仍下地如件	西順寺文書（『史科』第十一編之九、三七〇頁）
35	（天正12）10・4	美濃守秀長　判	木隼御陣所	恐々謹言	『宗国史』上、四二二頁
36	（天正12）11・5	美濃守秀長（花押）	蓮寺御返報	恐々謹言	蓮華寺文書（『史科』第十一編之一〇、一〇二頁）
37	（天正13）1・25	羽柴美濃守秀長（花押）	飯田半兵衛尉殿	恐々謹言	渡辺文書（『史科』第十一編之一三、一三七頁）
38	天正13・3・22	美濃守秀長　判	尺禅寺連判衆中	如件	太田家文書（『和県』一〇八頁）
39	天正13・3・23	羽柴美濃守秀長（花押）	澤入城衆中	仍如件	高野山文書一二（『和市』一一九五頁）
40	（天正13）3・23	羽柴美濃守秀長（花押）	天野金剛寺御返報	恐々謹言	金剛山文書（『古文書』家わけ七、三六二頁）
41	天正13・4・8	美濃守秀長（花押）	紀州紀三井寺	仍如件	穀屋寺文書（『史科』第十一編之一四、三九二頁）
42	天正13・4・10	美濃守秀長（花押）	泉州佐野郷之浦	仍如件	藤田家文書（『史科』第十一編之一四、三九三頁）
43	天正13・4・10	美濃守秀長（花押）	泉州とつおり・おさき浦	仍如件	吉田家文書（『阪南町史』上、二四六頁）
44	天正13・4・14	美濃守秀長（花押）	淡嶋大明神	仍如件	加太淡島神社文書（『史科』第十一編之一四、三九三頁）
45	天正13・4・25	美濃守（花押）	社家郷	仍下知如件	太田家文書（『和県』一一一頁）
46	（天正13）4・25	美濃守（花押）	大田二郎左衛門殿	申しへく候也	太田家文書（『和県』一一〇頁）
47	（天正1）3・4・27	美濃守秀長　判	（地蔵峯寺）	成敗可仕者也	『紀伊続風土記』三、一三八頁
48	（天正13）4・28	美濃守秀長　判	白樫左衛門尉殿同御一族中	依　仰如件	白樫弥四郎家文書（『和市』一二一〇頁）
49	（天正13）5・8	美濃守秀長　判	白樫殿御宿所	恐々謹言	白樫弥四郎家文書（『和市』一二一一頁）
50	（天正13）5・9	美濃守秀長　判	泉州・紀州浦々中	可申候也	高山公実録二（『和市』一二一二頁）
51	（天正13）5・11	美濃守秀長（花押）	溝江近江守殿返報	恐々謹言	中村不能斎採集文書（『和市』一二一二頁）
52	天正13・7・2	美濃守（花押）	（大聖寺）	仍如件	阿波国古文書二（『史科』第十一編之一六、三一七頁）
53	（天正13）7・2	美濃守■（花押）	蜂須賀彦右様参	恐惶謹言	阿波国古文書二（『史科』第十一編之一六、三一六頁）
54	（天正13）7・2		細井中務少輔殿	誠惶謹言	四国御発向之事（『続群書類従』二〇・下、二五五頁）

55	(天正13)7・3	秀長	細井中務丞殿	誠恐恐惶謹言	土佐物語(『戦国史叢書』八、一六五頁)
56	(天正13)7・19	羽柴美濃守秀長(花押)	小早川左衛門佐殿御返報	恐々謹言	小早川家文書(『古文書』家わけ十一之一、四五六頁)
57	(天正13)7・19	羽美濃守秀長(花押)	池田三左衛門尉殿御返報	恐々謹言	大方文書(東大写)
58	(天正13)7・25	美濃守(花押)	江村孫左衛門尉殿他一名	御罰可蒙者也	土佐国蠧簡集四(『史料』第十一編之一八、一七頁)
59	(天正13)8・6	羽柴美濃守秀長(花押)	小早川左衛門佐殿御返報	恐々謹言	小早川家文書(『史料』第十一編之一八、二二頁)
60	(天正13)8・6	羽柴美濃守秀長(花押)	安国寺	恐々謹言	小早川家文書(『史料』第十一編之一八、二三頁)
61	(天正13)8・14	秀長(花押)	小早川左衛門佐殿御返報	恐々謹言	小早川家文書(『史料』第十一編之一八、二四頁)
62	(天正13)8・14	羽美秀長(花押)	隆景御返報	恐々謹言	小早川家文書(『史料』第十一編之一八、二四頁)
63	(天正13)8・21	羽美濃守秀長(花押)	溝口金右衛門尉殿御陣所	恐々謹言	溝口文書(『史料』第十一編之一八、二五頁)
64	(天正13)⑧・9	美濃守秀長(花押)	紀州国中惣百姓中	謹言	神前文書(『史料』第十一編之一九、二四八頁)
65	(天正13)⑧・25	美濃守秀長(花押)	(大和国)	可申付者也	廓坊文書(『史料』第十一編之一九、二八五頁)
66	(天正13)9・5	美濃守秀長(花押)	長谷惣在所中	堅可留者也	初瀬・廓坊大典文書(『桜井市史』史料編・上巻、一七頁)
67	天正13・9・6	美濃守秀長(花押)	多武峯長賢門前	可加成敗者也	願泉寺文書(東大影)
68	天正13・9・14	美濃守秀長(花押)	和州法隆寺	速可申付事	法隆寺文書(『史料』第十一編之二〇、二九四頁)
69	(天正13)9・24	秀長(花押)	小早川左衛門佐殿御返報	恐々謹言	小早川家文書(『古文書』家わけ十一之一、二〇八頁)
70	(天正13)12・6	秀長 判	飯田半兵衛殿	謹言	『黄薇古簡集』一一六頁
71	天正14・1・3	美濃守秀長 判	(地蔵峯寺)	御免	『紀伊続風土記』三、一三八頁
72	(天正14)2・21	(花押)	和泉国中	可被仰付事	吉田家文書(『阪南町史』上、二四九頁)
73	(天正14)5・1	(花押)	大澤橘大夫とのへ	申聞候也	仏光寺文書(東大影)
74	(天正14)9・3	秀長(花押)	本宮■当坊其外社人地下中	謹言	熊野坐神社文書(東大影)
75	(天正14カ)9・3	(花押)	多賀源介とのへ	可申候也	多賀文書一(東大影)
76	(天正14)9・10	羽柴宰相秀長(花押)	青蓮院殿貴報	恐々謹言	尊経閣古文書纂二一(東大写)
77	(天正14)9・12	秀長(花押)	玉置大膳介殿	謹言	玉置家文書(『和県』九五四頁)
78	(天正14)11・11	秀長(花押)	吉川蔵人殿	謹言	吉川家文書(『古文書』家わけ九之一、七八頁)
79	(天正14)11・11	秀長(花押)	森壹岐守殿	可申候也	吉川家文書(『古文書』家わけ九之一、六五四頁)
80	(天正14カ)11・19	(花押)	多賀源介とのへ	可申候也	多賀文書一(東大影)
81	(天正15)2・—	秀長 判	志賀太郎殿	謹言	志賀文書一〇(『大分県史料』一三、二七四頁)
82	天正15・3・20	中納言(花押)	佐伯	可処厳科者也	古典籍下見展観大入札会目録(一九八七)

83	（天正15カ）4・8	秀長（花押）	野嶋殿	謹言	村上文書（東大影）
84	（天正15）4・10	秀長（花押）	黒田官兵衛殿	謹言	黒田文書（『豊公遺文』一二八頁）
85	天正15・5・3	中納言（花押）	義門寺門前共	可処厳科者也	義門寺文書（『宮崎県史』史料編・近世一、一〇一頁）
86	天正15・5・12	中納言（花押）	加治木	可処厳科者也	旧記雑録後編二〇（『鹿児島県史料』三二九頁）
87	天正15・5・12	中納言（花押）	薩州喜入院	可処厳科者也	旧記雑録後編二〇（『鹿児島県史料』三二九頁）
88	（天正15）5・27	秀長（花押）	島津中務少輔殿	謹言	旧記雑録後編二〇（『鹿児島県史料』三四〇頁）
89	（天正15）6・4	秀長（花押）	吉川蔵人殿	謹言	吉川家文書（『古文書』家わけ九之二、一二二頁）
90	（天正15）6・6	秀長（花押）	吉川蔵人殿	謹言	吉川家文書（『古文書』家わけ九之二、一二四頁）
91	（天正15）6・7	秀長（花押）	蜂阿州殿	謹言	吉川家文書（『古文書』家わけ九之二、一二四頁）
92	（天正15）6・10	秀長（花押）	島津又七郎殿進之候	謹言	旧記雑録後編二一（『鹿児島県史料』三四一頁）
93	（天正15）6・15	秀長（花押）	北郷左衛門入道殿	謹言	旧記雑録後編二一（『鹿児島県史料』三四三頁）
94	（天正15）7・5	秀長（花押）	北郷左衛門入道殿	謹言	旧記雑録後編二一（『鹿児島県史料』三五〇頁）
95	（天正15）7・5	秀長（花押）	上京老中	可申候也	京都上京文書一（東大影）
96	（天正15）8・6	秀長（花押）	小早川左衛門佐殿	謹言	小早川家文書（『古文書』家わけ十一之一、二一二頁）
97	（天正15）8・26	秀長（花押）	こうや町中	不可相立候也	速水文書（『大和郡山市史』七九四頁）
98	（天正15）10・7	秀長（花押）	吉川蔵人殿	可申候也	吉川家文書（『古文書』家わけ九之二、一二五頁）
99	（天正15）10・19	秀長（花押）	吉川蔵人殿	申聞候也	吉川家文書（『古文書』家わけ九之二、一二六頁）
100	天正15・11・1	（花押）	小山式部大夫とのへ	可仕者也	小川文書（東大影）
101	（天正15）12・27	秀長（花押）	吉川蔵人殿御返事	謹言	吉川家文書（『古文書』家わけ九之一、七五頁）
102	（天正16）1・16	（花押）	伊丹甚大夫とのへ	可申候也	『黄薇古簡集』一三九頁
103	（天正16）3・25	秀長（花押）	吉川蔵人亮殿進之候	謹言	吉川家文書（『古文書』家わけ九之二、一二二頁）
104	天正16・4・15	権大納言豊臣秀長	菊亭右大臣殿他二名		『武家事紀』中、四七九頁
105	（天正16）8・22	秀長（花押）	（吉川侍従殿）	謹言	吉川家文書（『古文書』家わけ九之二、一二六頁）
106	（天正16）9・13	秀長（花押）	羽柴侍従殿	謹言	吉川家文書（『古文書』家わけ九之二、一二七頁）
107	（天正16カ）9・18	（花押）	多賀出雲守殿	謹言	多賀文書一（東大影）
108	（天正16カ）9・20	（花押）	多賀出雲守殿	謹言	多賀文書一（東大影）
109	（天正16）10・2	（花押）	さきの坊	忠義専一候也	十津川郷文書（東大影）
110	（天正16）10・10	秀長（花押）	羽柴新庄侍従殿	謹言	吉川家文書（『古文書』家わけ九之二、一二八頁）

111	(天正17)1・3	秀長(花押)	羽柴新庄侍従殿	謹言	吉川家文書(『古文書』家わけ九之二、二九頁)
112	(天正18)2・2	(花押)	西京代官寺中	成敗可仕候也	薬師寺文書(『大和古文書聚英』一〇六頁)
113	(天正18)3・27	二(花押)	〈謹上　くわほういん殿〉	恐惶謹言	護念寺文書(『和県』四四二頁)
114	(天正18)4・18	秀長(花押)	杉若越後守殿他二名	謹言	『武家手鑑』下之三一
115	(天正18)7・9	秀長(花押)	多賀出雲守殿	謹言	多賀文書一(東大影)
116	(天正18)10・12	秀長(花押)	伊達殿	謹言	伊達家文書(『古文書』家わけ三之三、一頁)
117	(天正18)11・26	秀長(黒印)	天野山金剛寺三綱	謹言	金剛寺文書(『古文書』家わけ七、三六九頁)
118	(年未詳)2・6	秀長(花押)	熊野	為其染筆也	熊野坐神社文書(東大影)
119	(年未詳)2・15	秀長(花押)	藤堂佐渡守殿他一名	不可有候也	熊野坐神社文書(東大影)
120	(年未詳)3・14	秀長(花押)	安岡寺	謹言	岡茲賢氏所蔵文書(東大影)
121	(年未詳)3・20	判	花王院　湯川二郎太郎殿	謹言	『武家事紀』中、六五四頁
122	(年未詳)4・3	(花押)	田辺入道とのへ	可申候也	田辺文書(東大影)
123	(年未詳)4・18	秀長(花押)	施薬院	謹言	保阪潤治氏所蔵文書(東大影)
124	(年未詳)6・14	秀長(花押)	治部卿法眼御坊	恐々謹言	尊経閣古文書纂二一(東大写)
125	(年未詳)8・9	秀長(花押)	豊後侍従殿	謹言	柳川・大友家文書(『大分県史料』二六、四五九頁)
126	(年未詳)10・16	(花押)	長谷寺惣中	恐々謹言	長谷寺文書(『大和古文書聚英』一四六頁)
127	(年未詳)10・22	(花押)	三輪寺僧衆・同社人	可召放者也	三輪神社文書(『大和古文書聚英』一四二頁)
128	(年未詳)10・22	山和大納言(花押)	福永吉右衛門[redacted]	申聞候也	西村哲尾氏所蔵文書(東大影)
129	(年未詳)10・29	秀長(花押)	はせ本願	可申候也	長谷寺文書(『大和古文書聚英』一四六頁)
130	(年未詳)12・28	秀長(花押)	羽柴肥前侍従殿	謹言	新編会津風土記(『第日本地誌大系』二五、六〇頁)

※年月日欄の○数字は閏月を示す。署名欄・宛所欄の〈　〉はウワ書を示す。宛所欄の（　）は推定の宛先、〔　〕は木札の裏書を示す。
出典欄の略号は以下の通り。『兵県』…『兵庫県史』史料編中世三、『和県』…『和歌山県史』中世史料二、『和市』…『和歌山市史』第四巻（古代・中世史料）、『史料』…『大日本史料』、『古文書』…『大日本古文書』、東大影…東京大学史料編纂所所蔵影写本、東大写…東京大学史料編纂所所蔵写真帳

Ⅱ 但馬・播磨領有期の羽柴秀長

小竹文生

はじめに

天正五年（一五七七）十月に始まる織田信長の中国（毛利氏）攻略において、その総大将に抜擢された羽柴秀吉は、拠点とするためにまず播磨の制圧を目指し、さらにその背後を固める必要から但馬の攻略も同時進行で行った。『信長公記』[1]によると、この但馬攻略の総大将として活躍したのが弟の羽柴秀長であった。秀長は天正五年の第一次但馬攻撃、天正八年の第二次但馬攻撃を経て但馬を制圧し、朝来郡竹田城を居城として但馬支配を確立したといわれている。つづいて、本能寺の変・山崎の役・賤ヶ岳の役を勝ち抜いた秀吉は、天正十一年五月に初めて大規模な分国の知行割を実施した。これにより、秀長は播磨・但馬を与えられ、姫路城を居城として大坂西方の藩屏の役割を任されたのである[2]。

この秀長による播磨・但馬領有期は、天正十三年五月に秀長が和泉・紀伊に転封されるに及び終りを遂げる。したがって期間としては二年弱であり、天正五年からの但馬領有時代と合わせても、秀長執政期は八年弱しかない。またこの期間は、秀吉・秀長ともに絶えず各地に転戦しており、残存史料も極端に少なく、その足取りはかなり不明瞭なのが現状である。

したがって、当該期の研究状況は立ち遅れている。とくに秀長に触れた研究は少なく、わずかに根津袈津之氏(3)による秀長領有期の但馬における城郭研究がみられるくらいである。しかし、根津氏の研究内容はあくまで城郭の形態論が主であり、根拠とする史料も、『武功夜話』(4)というけっして良質とはいえない後世の編纂物に依拠しているので、史料的根拠に乏しく当該期の政治状況を的確に把握しているとは言い難い。

他に直接秀長に関係しないが、当該期の播磨・但馬にふれた研究としては、永島福太郎氏(5)の播磨三木町を題材とした都市の農村性を検討したものや、信長期の但馬生野銀山経営に堺の豪商今井宗久がいかに関与していたかなどの研究がある。また太田順三氏(6)は播磨三木城落城後の城下町三木町の復興政策を検討している。このように当該期の研究状況は停滞しており、大方は各自治体史による概説的な段階に留まっているのが現状である。

しかし、当該期は豊臣政権の萌芽・草創期にあたり、秀吉権力の形成過程の検討とともに、その片腕として活躍した秀長の検討も重要であると考える。

そこで本稿では、当該期の但馬・播磨の在地支配に関する秀吉・秀長発給文書の比較検討を中心に行い、秀吉発給文書を（表1）、秀長関連文書を（表2）としてまとめた。これをもとに、秀長の領国支配、秀吉との関係、初期秀長家臣団の構成などを考察するものである。

一、但馬領有期（天正五年十月～十一年五月）

天正五年（一五七七）十月二十三日、織田信長からの毛利氏攻略の命令を受けた羽柴秀吉は、京都を出陣し播磨に入国した。かねてから信長の威風を聞いていた播磨の国衆は、秀吉の下にこぞって帰参し、人質を差し出したという。

秀吉はほとんど無風状態で播磨を平定し、つづいて但馬に兵を出して播磨・但馬をまたたくまに制圧した。しかし、翌六年二月、東播磨一帯を支配していた別所長治が信長から離反して三木城に籠城すると、播磨の国衆の多くはこれに従い、情勢は一気に秀吉の不利となる。ここから天正八年一月十七日の三木城落城まで、秀吉は播磨制圧の戦いに明け暮れることになる。三木城落城により播磨制圧を完了した秀吉は、ようやく本格的な毛利氏攻略に向けて始動することになる(7)。

(一) 播磨における秀吉・秀長

まず(表1)(表2)から、当該期の播磨支配に関する秀吉・秀長発給文書をみると、在地支配関係の文書はすべて秀吉発給文書であり、秀長発給文書は一点も見出だせないことがわかる。史料の散逸状況もあるが、播磨支配に関しては秀吉自ら陣頭指揮をとり、秀長が主体的に播磨支配に関与していないことを示していよう。

秀吉の播磨支配について簡単にみると、天正五年後半から八年前半にかけては、播磨制圧のための戦に関する文書が多く、禁制発給・夫役徴発など戦に追われている様子がうかがえる。

天正八年一月、別所長治の三木城が落城すると、播磨の国衆はこぞって秀吉のもとに帰参し播磨平定はここに完成する。播磨を制圧した秀吉は、早速播磨一国の検地を実施したらしい。当時の検地帳は現存しないが、同年八月二十三日付明石郡太山寺宛仙石秀久の書状(8)には、秀吉の命として諸公事免許を認めた文中に「就国中検地」とあり、この時期に播磨一国の検地が行われたことがわかっている。これをうけ(表1)をみると、同年九月一日に寺社領寄進、同月十九日に家臣への一斉知行宛行が行われている。家臣への知行宛行は、翌九年三月、さらにその翌十年三月から十月にかけて断続的に行われ、秀吉の播磨支配が確立しつつある様子がうかがえる。

表1　播磨・但馬に関する秀吉発給文書

No.	年月日（天正）	差出	宛所	内容	対象地域	出典
1	5・11・9	筑前守（花押）	但州室尾寺	禁制	【朝来郡】	法宝寺文書（『兵県』中3〈707〉）
2	5・12・6	筑前守（花押）	網干郷	禁制	揖東郡	網干郷文書（『兵県』中3〈12〉）
3	(6)3・12	藤吉郎（花押）	野里村	禁制	飾東郡	芥田文書（『兵県』中2〈476〉）
4	6・3・20	筑前守御判	広峯社	禁制	飾東郡	広峯文書（『兵県』中2〈635〉）
5	6・3・25	筑前守（花押）	戸田	禁制	加古郡	鶴林寺文書（『兵県』中2〈433〉）
6	6・3・29	筑前守（花押）	石峯社	禁制	美嚢郡	石峯寺文書（『兵県』中2〈113〉）
7	6・3・29	筑前守（花押）	志方庄	禁制	印南郡	浄土寺文書（『相州古文書』3〈287〉）
8	(7)3・4	羽筑秀吉（花押）	明飛、他4名	舟徴発	佐用郡	岡本文書（『兵県』中3〈148〉）
9	(7)12・6	筑前守秀吉（花押）	鵤庄惣中	当庄非分族成敗	揖東郡	平井文書（『兵県』中3〈85〉）
10	(7)12・7	羽藤秀吉（花押）	比延□□□	新市之儀	多可郡	佐伯文書（『兵県』中2〈390〉）
11	7・2・10	藤吉郎秀吉（花押）	浄土寺和泉	寺領百姓環住	加東郡	浄土寺文書（『兵県』中2〈365〉）
12	8・1・17	秀吉（花押）	（三木町）	掟書	美嚢郡	三木町文書（『兵県』中2〈135〉）
13	(8)③・29	藤吉郎秀吉（花押）	網干地下中	人夫等徴発	揖東郡	網干郷文書（『兵県』中3〈12〉）
14	(8)③・30	藤吉郎（花押）	しらくに村	竹木徴発禁止	飾東郡	白国文書（『兵県』中2〈599〉）
15	(8)4・24	羽藤秀吉（花押）	安積将監・田路五郎左衛門	長水城攻め指令	揖東郡	安積文書（『兵県』中3〈9〉）
16	(8)4・26	藤吉郎秀吉（花押）	網干惣中	英賀衆預物引渡	揖東郡	網干郷文書（『兵県』中3〈13〉）
17	8・4・28	藤吉郎（花押）	惣社	禁制	飾西郡	惣社文書（『姫路城史』上〈370〉）
18	(8)5・13	藤吉郎秀吉（花押）	田路五郎左衛門・安積将監	人夫徴発	宍粟郡	田路文書（『兵県』中3〈250〉）
19	8・6・19	藤吉郎（花押）	（大歳氏）	掟書	加古郡	大歳文書（『兵県』中2〈396〉）
20	(8)7・5	筑前守秀吉（花押）	川尻淵名主百姓中	銀山普請	【養父郡】	北村文書（『兵県』中3〈595〉）
21	8・9・1	羽柴藤吉郎秀吉有判	浄土寺	所領寄進状	加東郡	浄土寺文書（『兵県』中2〈365〉）
22	8・9・1	羽柴藤吉郎秀吉（花押）	刀田山	所領寄進状	加古郡	鶴林寺文書（『兵県』中2〈435〉）
23	8・9・1	羽柴藤吉郎秀吉（花押）	英賀道場	所領寄進状	飾西郡	本徳寺文書（『兵県』中2〈700〉）
24	8・9・1	羽柴藤吉郎秀吉（花押）	鵤寺	所領寄進状	揖東郡	斑鳩寺文書（『兵県』中3〈15〉）

25	8・9・1	羽藤秀吉（花押）	黒田官兵衛	知行充行状	揖東郡	黒田文書（『兵県』近1〈4〉）
26	8・9・19	藤吉郎秀吉（花押）	片桐駒千代	知行充行状	神東郡	片桐文書（『兵県』近1〈4〉）
27	8・9・19	藤吉郎秀吉（花押）	加藤虎	知行充行状	神東郡	加藤文書（『兵県』近1〈5〉）
28	8・9・19	藤吉郎秀吉（花押）	平塚三郎兵衛尉	知行充行状	加西郡	武州文書（『兵県』近1〈5〉）
29	8・9・21	藤吉郎御判	一柳市助	知行充行状	揖西郡	伊予小松一柳文書（『兵県』近1〈5〉）
30	(8)・10・27	藤吉郎秀吉（花押）	増井山行事坊	所領寄進状	飾東郡	随願寺文書（『兵県』中2〈602〉）
31	8・10・28	藤吉郎（花押）	瀧野町	掟書	飾東郡	瀧野町文書（『兵県』中2〈606〉）
32	9・2・16	ちくせん秀吉（花押）	いくま佐介	銀山公用請取状	【朝来郡】	藤本文書（『兵県』中3〈707〉）
33	9・3・18	藤吉郎秀吉（花押）	鵤寺	所領寄進状	揖東郡	斑鳩寺文書（『兵県』中3〈16〉）
34	9・3・18	秀吉（花押）	浅野弥兵衛	知行充行状	揖東郡	浅野家文書（『兵県』近1〈6〉）
35	9・3・18	藤吉郎秀吉（花押）	黒田官兵衛	知行充行状	揖東郡	黒田文書（『兵県』近1〈7〉）
36	9・4・14	筑前守秀吉（花押）	別当坊	所領寄進状	明石郡	柿本神社文書（『兵県』中3〈818〉）
37	(9)・6・24	羽藤秀吉（花押）	八但	但州一揆成敗	【出石郡】	惣持寺文書（『兵県』中3〈567〉）
38	10・3・21	筑前守秀吉（花押）	脇坂甚内	知行充行状	出石郡	脇坂家文書（『兵県』近1〈9〉）
39	10・3・21	筑前守秀吉（花押）	片桐加兵衛	知行充行状	揖東郡	片桐文書（『兵県』近1〈9〉）
40	10・3・21	筑前守秀吉（花押）	金田源太郎	知行充行状	明石郡	郡文書（『兵県』近1〈9〉）
41	10・3・21	筑前守秀吉（花押）	水原亀千代	知行充行状	神東郡	畠山文書（『兵県』近1〈9〉）
42	10・8・28	羽柴筑前守秀吉書判	山名殿	知行充行状	加古郡	古文書（『兵県』近1〈10〉）
43	10・9・5	筑前守秀吉判	船越左衛門尉	知行充行状	明石郡	古文書（『兵県』近1〈11〉）
44	10・9・25	筑前守秀吉（花押）	山名伊右衛門尉	知行充行状	印南郡	山内文書（『兵県』近1〈11〉）
45	10・9・25	筑前守秀吉（花押）	福島市松	知行充行状	神東郡	南郷文書（『兵県』近1〈11〉）
46	10・9・25	筑前守秀吉判	明石与四郎	知行充行状	明石郡	伊予小松一柳文書（東大影写本）
47	10・10・9	筑前守秀吉（花押）	田路四郎次郎	知行充行状	宍粟郡	田路文書（『兵県』中3〈250〉）
48	10・10・29	筑前守秀吉（花押）	安積将監	知行充行状	宍粟郡	安積文書（『兵県』中3〈9〉）
49	11・8・1	秀吉（花押）	須賀屋助右衛門	知行充行状	加古郡	新編会津風土記（『兵県』近1〈13〉）

50	11・8・1	秀吉（花押）	加藤孫六	知行充行状	明石郡	近江水口加藤家文書（『兵県』近1〈14〉）
51	11・8・1	秀吉（花押）	片桐加兵衛	知行充行状	揖東郡	片桐文書（『兵県』近1〈14〉）
52	11・10・2	秀吉（花押）	黒田官兵衛	知行充行状	揖東郡	黒田文書（『兵県』近1〈16〉）
53	11・12・21	秀吉（花押）	垂水郷百姓中	祈禱米寄進状	明石郡	海神社文書（『兵県』中2〈5〉）
54	12・1・12	筑前守秀吉（花押）	荒木助右衛門尉	知行充行状	美嚢郡	荒木文書（『兵県』中3〈267〉）
55	12・1・22	秀吉（花押）		年貢請取状	加西郡	尾上文書（『兵県』中2〈377〉）
56	12・7・14	秀吉判	船越左衛門尉	知行充行状	明石郡	古文書（『兵県』近1〈19〉）
57	12・7・18	秀吉（花押）	黒田官兵衛	知行充行状	宍粟郡	黒田文書（『兵県』近1〈19〉）
58	12・7・18	秀吉書判	生駒甚介	知行充行状	神西郡	生駒家宝簡集（『兵県』近1〈18〉）
59	(12)・9・11	筑前守秀吉（朱印）	播州清水惣中	竹木徴発	加東郡	清水寺文書（『兵県』中2〈327〉）
60	?・1・5	羽藤秀吉（花押）	村上源太	百姓成敗	多可郡	村上文書（『兵県』中2〈393〉）
61	?・2・21	筑前守秀吉（朱印）	藤井新右衛門	在々池普請	明石郡	柏木文書（『兵県』中2〈6〉）
62	?・9・5	秀吉（朱印）	河合郷しんへい村	人夫役免許	加東郡	山田文書（『兵県』中2〈374〉）

この時の知行宛行により、新たに播磨に所領を獲得した武将の内容をみると、浅野弥兵衛・脇坂甚内・片桐加兵衛・福島市松など、いわゆる秀吉子飼家臣と、黒田官兵衛・明石与四郎・田路四郎次郎・安積将監などの播磨国衆が中心となっている。これは、播磨を支配拠点として、新たな秀吉直轄軍（いわゆる「播磨衆」）を創設する意図のもとに知行宛行が行われたことを示していよう。

(二)　但馬における秀吉

同時期に進行していた但馬攻略についてはどうであったか。

当該期の但馬は、室町以来の守護山名氏が名目的に君臨していたが、実質的な権力は衰えており、山名四天王といわれた有力家臣たちが割拠していて、大方が毛利氏に誼を通じていた(9)。『信長公記』などによると、この但馬攻略の大部分を任されたのが、秀長だったとしている。では、秀長は但馬支配にどの程度関与し、また秀吉の動向はいかなるものだったのだろうか。

まず、当該期の但馬支配に関する秀吉について検討してみたい（表1・№32）。

銀山正月分公用之事
　合五十まい者、但此内六十めハ三百まいのかけ出し也、
右請取者也、
天正九　　　　ちくせん
　二月十六日　　　秀吉（花押）
　　　　　　いくま左介

これは、但馬生野銀山の銀子請取状である。宛所の生熊左介は、天正十年まで同銀山の代官を務めていたとされる(10)。生野銀山は、毛利氏領内の石見銀山とならぶ日本有数の銀山で、天文期に発見され、中国地方の戦国大名の間で激しい争奪戦が繰り広げられていた(11)。信長も秀吉が但馬を攻略すると、いち早く生野銀山を直轄化した。そして、天正八年一月に、秀吉が別所氏の三木城を攻略して播磨を完全に制圧すると「上様重之預御褒美并御感状ニ、其上但州銀山御茶湯御政道といへとも、我等をハ被免置(12)」と、その褒賞として茶会を開く権利と、生野銀山を秀吉に与えたとしている。これにより、秀吉は生野銀山を直轄化し、重要な財源として直接代官支配を行っていたことがわかる。

この他の発給文書を（表1）にみると、天正五年十一月九日付の但馬朝来郡室尾寺宛の禁制、天正九年の但馬小代谷一揆の討伐に関する軍勢催促状などのみである。

以上のように、当該期の但馬支配に関する秀吉は、発給文書を検討する限り、但馬の広域的な領国統治権に関する支配にのみ関与しており、細かな在地支配や家臣に対する知行宛行は管見では見あたらなかった。

（三）但馬における秀長

一方、但馬における秀長の動向はいかなるものだったか。結論から述べると、但馬の直接的な在地支配の確立は、秀長に任されていたといえる。

先記のように、当該期の播磨支配に関しては、秀長が積極的に働いた史料は一点も見いだせなかった。しかし、こと但馬支配に関しては、比較的史料が残存している。

まず『信長公記』をみると、天正五年十月二十八日の条に「直に但馬国へ相働き、先山口岩洲の城攻落し、此競に小田垣楯籠る竹田へ取懸け、是又退散、則、普請申付け、木下小一郎城代として入置かれ候キ」とある。これは、秀吉の第一次但馬攻撃の記事であるが、この攻撃により、朝来郡竹田城の太田垣氏（山名四天王）を降伏させ、竹田城代として秀長を設置したことがわかる。この時の出兵では、但馬における完全制圧地帯は朝来郡・養父郡に止まったらしい(13)。秀長が竹田城代として置かれたことは、この二郡の統治と、残りの敵対勢力の攻略を任されたといえる。

竹田城代となった秀長は、早速次の文書を発給している（表２・Ａ）。

山口町へ罷出者共事、有付候之様、夫役可令用捨候、謹言、

（天正五年）　　　　　　　　　　小一郎

十一月三日　　　　　　　　　　長秀（花押）

次加野金十郎殿

桜井左吉殿
　　進之候

宛所の桜井左吉は、秀長の小姓だった人物で、秀長の直臣である[14]。もう一人の次加野は不明であるが、桜井と一緒に併記されているので、秀長家臣と思われる。文中の山口町は、播磨と但馬を結ぶ宿場町であり、生野銀山にも近く但馬の重要拠点であった。秀長は竹田城代になると、早速当町に還住指令を発し、在地勢力の懐柔に乗り出していたのである。

また、山口町がある山口郷の百姓中に対しても、秀長発給文書が伝存している（表2・G）。

壱所へ奉公人進入、悪党仕候由候、搦捕可令注進候、隠置候者、其在所之百姓共、悉可令成敗候、自然用儀於在之者、我等墨付にて可申付候、次誰々成共、宿をかり候者、一人ニびた五文、馬一ツニ十五文宛取可申候、令用捨候ハ、、曲事候也、

　　　　　　　　小一郎
五月四日　　　　　長秀（花押）
　　　　山口
　　　　　百姓中

表2　播磨・但馬に関する秀長関係文書

No.	年月日（天正）	差出	宛所	内容	対象地域	出典
A	(5) 11・3	小一郎長秀（花押）	次加野金十郎・桜井佐吉	夫役免許状	【朝来郡】	山口文書（『兵県』中3〈725〉）

B	8・5・15	小一郎長秀（花押）	市左衛門　他3名	鮎漁権付与	【気多郡】	森垣文書（『兵県』中3〈589〉）
C	8・6・25	小一郎長秀（花押）	あさま与三右衛門	鮎漁免許	【養父郡】	加藤文書（『兵県』中3〈594〉）
D	8・6・25	羽柴小一郎長秀　御判	花井殿内 さくまいの助	鮎漁免許	【養父郡】	加藤文書（『兵県』中3〈594〉）
E	⑻8・13	小一郎長秀（花押）	養父太郎左衛門	諸公事免許	【養父郡】	田中文書（『兵県』中3〈615〉）
F	8・10・18	羽柴小一郎長秀（花押）	上坂八郎兵衛	知行充行状	【但馬?】	上坂文書（『兵県』近1〈5〉）
G	(6–9)・5・4	小一郎長秀（花押）	山口百姓中	悪党禁止	【朝来郡】	山口文書（『兵県』中3〈725〉）
H	9・10・11	小堀内寺元久内（花押）	馬庭村四郎左衛門	総論裁許	【気多郡】	田中文書（『兵県』中3〈589〉）
I	⑽6・5	羽柴小一郎長秀（花押）	夜久主計頭	道路往環	【朝来郡】	夜久文書（『兵県』中3〈590〉）
J	11・7・11	小堀新介正次（花押）	光明寺御行事	寺領寄進状	加東郡	光明寺文書（『兵県』中2〈355〉）
K	11・9・16	小堀新介下代弥八（花押）・同少管（花押）	比延宮坊	寺領寄進状	多可郡	比延住吉神社文書（『兵県』中2〈392〉）
L	11・10・7	小堀新介正次（花押）	清水寺御行事	寺領寄進状	加東郡	清水寺文書（『兵県』中2〈325〉）
M	11・10・10	小堀新介正次（花押）	高松寺御行事御坊中	寺領寄進状	多可郡	清水寺文書（『兵県』中2〈391〉）
N	11・10・15	小堀新介　有判	浄土寺御行事	寺領寄進状	加東郡	浄土寺文書（『兵県』中2〈366〉）
O	⑾11・7	美濃守長秀	白国殿	山林預状	飾東郡	白国文書（『兵県』中2〈599〉）
P	12・5・11	小堀三右衛門尉直（花押）	清水惣中	懸茶之儀	加東郡	清水寺文書（『兵県』中2〈326〉）
Q	⑿9・20	小新秀言（花押）	清水惣中	竹木徴発	加東郡	清水寺文書（『兵県』中2〈327〉）
R	⑿12・19	小新新介秀言（花押）	清水寺御年行事	寺領之儀	加東郡	清水寺文書（『兵県』中2〈327〉）

（註）年月日の○数字は閏月をあらわす。
対象地域の【　】は但馬国、それ以外は播磨国の郡名をあらわす。
出典の〈数字〉は頁数をあらわす。
出典の略称は以下の通り。
『兵県』中2は『兵庫県史』史料編・中世2、一九八七年三月三十一日。
『兵県』中3は『兵庫県史』史料編・中世3、一九八八年三月三十一日。
『兵県』中1は『兵庫県史』史料編・近世1、一九八九年三月三十一日。
東大影写本は東京大学史料編纂所所蔵影写本。

この文書は、天正六年から八年頃のものと比定される。この期間は、播磨で別所氏が離反し、秀吉は全勢力をもってその制圧に奔走していたため、但馬の秀長も度々播磨に赴いており、但馬も再び混乱していた様子がうかがえる。秀長は奉公人による悪党的行動の取り締まりを命じ、全ての命令は「我等墨付にて可申付候」と秀長の判物のみが有効であるとしており、但馬の実質的統治者が秀長であったことを象徴していよう。

一方、秀吉も但馬の動揺を未然に防ぐため、天正六年六月に再度但馬に赴き、「羽柴筑前は但馬国へ相働き、国衆前々のごとく召出し、竹田の城に木下小一郎入置かれ候キ」(15)とあるように、帰参した但馬国衆を再度呼び出し、誓紙を徴収して竹田城代秀長への忠誠を誓わせている。しかし、この期間は、両者ともに播磨制圧に奔走しており、但馬支配が後退を余儀なくされた事実は否めないであろう。

こうした状況も天正八年一月十七日に三木城が落城し、城主別所長治が切腹したことにより終息する。秀吉は即座に残党を討滅し、ようやく播磨制圧を完了した。つづいて同年五月、早速秀吉は但馬の完全制圧のために出陣した。これが第二次但馬攻撃である。この時の総大将は、秀長が務めたようである。「是より羽柴筑前守、舎弟木下小一郎に人数差加へ、但馬国へ乱入、即時滞りなく申付け、木下小一郎は小田垣居城に拵へ、手の者共見計らひ、所々に入れ置き、両国平均に候キ」(16)とあるように、秀長による但馬制圧がなされたことがわかる。また、第一次出兵段階での秀長の立場は、あくまでも「城代」であったが、第二次出兵後は「小田垣居城に拵へ」とあるように、秀長は竹田城を改修し「居城」にしたのであり、天正八年以後、但馬における事実上の支配者として、秀長が任命されたことを示していよう。

但馬制圧以降の秀長は、具体的にどのような支配を行ったのであろうか。それについて、次の二点の文書がある（表2・B、C）。

尚々、あゆ取候者、ミかくしき丶かくし申候において、きと可成敗者也、
今日十五日より、於何方ニも、あゆ取可申候、不可有異儀候、次誰ニあミをかり候共、かし候ハ丶可為曲事候、
此四人之外之者召つれ候事、不可有□、仍如件、
天正八
五月十五日　　　　　　小一郎
長秀（花押）
市左衛門
喜□□
家五郎
□□
（与八郎カ）

鮎川之事、今日より申付候、不可有相違候、為其如此候也、
天八　　　　羽柴小一郎
六月廿五日　　　　長秀（花押）
あさま
与三右衛門

これらの文書は、但馬制圧の直後に国内を流れる円山川流域の在地領主に発給した鮎漁免許状である。元来、但馬は山がちで農業生産力が低く、漁業が生活全体に相当な比重を占めていた。秀長はこれらの免許状を与えて、円山川

沿いの土豪・農民の生活保障を図ったものといえよう。
また、これらの文書には別の意味も込められていた（表2・E）。

諸公事令免許之所、不可有違儀候也、
（天正八年）
八月十三日　　小一郎
長秀（花押）
養父
太郎左衛門尉へ

これは、同じく但馬平定直後に養父郡の在地領主太郎左衛門尉に与えた諸公事免許状である。『兵庫県史』(17)の解説によると、この文書が与えられた経緯として、秀長が軍勢を率いて養父郡の円山川にさしかかったとき、太郎左衛門尉が渡河のための船を率先して差し出した功によるものとしている。つまり、秀長は味方に参じた者には所領安堵・諸公事免許などの恩賞を積極的に行って、その懐柔を図っていたのである。前掲の鮎漁免許状も同様の経過により発給されたのであろう。秀長は但馬制圧戦に味方した円山川沿いの在地領主に対して、従来の特権安堵や新たな特権を与え、彼らを支配下に組み込んでいったのである。

味方に参じる者がいれば、新たな支配者に対してあくまで抵抗するものもいる。秀長はこうした敵対勢力に対しては徹底討滅で臨んでいる。

七美郡の小代谷は、辺鄙にして山深く、要害も多かったので古来から反体制勢力が住し、一揆を形成していた。この小代谷一揆が、秀吉の但馬制圧にも従わず、抗戦の構えをみせたのである(18)。これに対し秀長は、家臣藤堂高虎を派遣して一揆の徹底討滅を命じた。伊勢藤堂藩の藩史『宗国史』(19)によると「（天正）九年春正月、公（高虎）在但馬、殺小代七美郡賊、有功、賜賞帖、益禄三千石、為銃将」とあり、『寛永諸家系図伝』[20]の藤堂家天正十年の項では「但州一揆蜂起し、あひた、かふ事二年の間なり、高虎一揆の大将冨安を討捕、その、ち敵横伊岐に要害をかまふ、（中略）其後一揆ことくたいらぎぬ、秀長其功を感じ、采地三千石をくわへさつく」とあるように、一揆の鎮圧に天正八年から二年間もかけている。この一揆はかなり手強く、天正九年六月には「但州一揆為成敗、来廿七日令出馬候」（表１・№37）と秀吉自ら出陣する意向をみせている。

こうして秀長は、敵対勢力の討滅を進めながら順調に但馬支配を深化させていった。これを象徴するのが検地の実施である。先記のように、播磨においては天正八年九月頃に国中検地が行われ、秀吉による一斉知行宛行が実施されていた。注目すべきは、但馬においてもほぼ同時期に検地が実施された形跡が見いだせることである。『兵庫県史』[21]によると、現在の出石郡但東町赤花は、当時赤花村だったが、表紙に天正八年八月十一日付で「赤花始り之水帳」と記された検地帳が伝存していた。これは近世的ないわゆる太閤検地ではなく、かなり中世的慣行を残していたらしいが、播磨と同時期の検地実施が、但馬でも確認されたことは重要である。おそらく、播磨支配に奔走していた秀吉が直接実施したというよりも、但馬の在地支配を任されていた秀長が行ったとみるのが妥当であろう。

以上、当該期の但馬における秀吉と秀長の動向を検討した。当然のことだが、播磨・但馬の支配者はあくまでも秀吉である。しかし、両国の支配内容は大きく異なっていた。秀吉は、播磨に関しては強力な在地支配を行い、家臣への知行宛行や寺社への寺社領寄進も自らが行っている。これに対して但馬に関しては、銀山の直轄化や禁制発給などの広域的な統治権を行使したのみで、自らが在地支配を行った形跡は見出だせなかった。

一方、秀長はどうか。播磨に関しては、秀長が直接在地支配に関与してる形跡はない。しかし、こと但馬に関していえば、在地支配はほとんど秀長が実施しており、実質的な但馬の支配者は秀長だったといえる。

これを証明するものとして、但馬では秀吉の知行宛行状が一点も現存していないが、秀長の知行宛行状は一点だけ現存している（表2・F）。

於但州為給地三百石遣之、全可有知行之状、如件、
天正八　　　　羽柴小一郎
十月十八日　　　　長秀（花押）
上坂八郎兵衛殿
進之候

この知行宛行状には所付もなく、いまだ秀長の支配力も貫徹していないことを示しているが、数少ない秀長の知行宛行状が、この時期の但馬において確認されることが重要である。ほぼ同時期の播磨では、秀吉による一斉知行宛行が行われており、但馬だけ秀吉の宛行状が現存しなかったとは考えにくい。したがって、但馬支配に関しては、かなり秀長に権限が委ねられており、秀長の所領も多くは但馬に存在したと考えられる。この他にも、天正九年十月十一日付で、秀長家臣小堀新介による気多郡馬庭村と山田村の山論裁許状（表2・H）などもあり、秀長は在地の成敗権も掌握していたのである。

また、慶長期に成立したとされる『祖父物語』(22)には、天正十年六月の山崎役の勝利後、秀吉が明智光秀から奪った金を姫路城で一門に分配した記述がある。この中で「木下小一郎へ五百枚是ハ太閤舎弟後号美濃守、但馬一国ヲ領ス」と記しており、本能寺の変以降には、秀長に但馬が与えられていたとしている。

二、但馬・播磨領有期（天正十一年五月～十三年）

天正十一年（一五八三）四月、織田家後継者を決定する賤ヶ岳の役に勝利した秀吉は、帰京の途中近江坂本城に滞留して、はじめて大規模な分国の知行割を実施した。ここに初期豊臣政権の領国体制が形成されたのである。これにより秀長は「播磨但馬守護羽柴美濃守秀長、姫路居城也(23)」とあるように、毛利氏への重要な押さえとして播磨・但馬を与えられ、それまでの秀吉の本城姫路城を居城とした。ここに秀長は名目的にも実質的にも播磨・但馬の領主となったとされている。

しかし、実際この時期の秀長がいかなる領国統治を行っていたのか、また秀吉との関係において、播磨・但馬が完全に秀長の領国たりえたのかなど、未検討な課題が多く残されている。この問題を検討することは、初期豊臣政権において、秀吉が一門に求めた役割と位置付けの解明という点でも重要な問題であろう。したがって、（表１）（表２）から、秀吉と秀長の発給文書の比較検討を中心に、両者の関係と、秀長の動向を検討してみたい。

当該期の政治状況をみると、賤ヶ岳の役後の天正十一年後半は、しばらく平和が訪れる。しかし、翌十二年に入ると、信長の次男信雄と徳川家康が反秀吉同盟を結成し、尾張・伊勢を中心に挙兵した。いわゆる小牧・長久手の役である。この戦いは天正十二年三月から十一月までの期間に及び、天正十二年中は秀吉・秀長ともに戦いに明け暮れ、美濃・伊勢・尾張の各地を転戦しており、秀長も領国に帰った形跡は見られない。つづいて、翌十三年三月には一向一揆の本拠地紀伊攻撃が行われる。戦後秀長は和泉・紀伊に転封され、和歌山城を築き居城とする。さらに、同年閏八月には大和も加増され郡山城を居城とし、俗にいう百万石の大名となっている。

このように当該期における秀長は、各地に転戦していてあまり領国に滞在していた形跡はない。また、当該期は豊臣政権草創期にあたり、秀長は政権運営にも絶えず参加していたものと思われる。したがって、秀長が播磨・但馬を直接支配した期間はかなり限定されることになろう。

(一) 播磨における秀吉・秀長

まず、当該期の播磨の支配状況はいかなるものだったのだろうか。

先記のように、通説では播磨・但馬は秀長が領有したことになっている。しかし、播磨に関する秀吉・秀長発給文書を検討すると、実質的な播磨の支配者は、依然として秀吉であったことがわかる。

天正十一年五月の知行割による播磨の大名配置をみると「播磨但馬守護羽柴美濃守秀長、姫路居城也、東郡三木城前野将右衛門尉長康、西郡龍野城蜂須賀小六正勝、広瀬城神子田半左衛門尉正治」[24]とある。姫路城の秀長を中心として、美嚢郡の三木城に前野長康、揖東郡の龍野城に蜂須賀正勝、宍粟郡の広瀬城に神子田正治を配置している。しかし、前野・蜂須賀・神子田はともに尾張時代から秀吉きっての直臣であり、秀長と主従関係はない。また前野長康の三木城は、東播磨を支配していた別所氏の居城であり、東播磨の最重要拠点であった。秀吉も当初は三木城を播磨における居城に定めたが、黒田孝高の進言により姫路城を居城とした経緯がある[25]。一方、蜂須賀正勝の龍野城は、信長時代から西の毛利氏に対する防衛拠点として重視していた城であった。このように、秀吉は播磨の重要拠点に腹心の直臣を配置し、実質的な直轄支配を行っていたのであり、秀長の権限は大きく制限されていたといえるだろう[26]。

さらに、秀吉が播磨支配に直接関与した地域はそれだけではない。秀吉は当該期の播磨に対して、実に多くの知行宛行状や在地支配に関する文書を発給しているのである。

（表１）をみると、とくに知行充行状では、天正十一年八月一日付で賀須屋助右衛門（加古郡二〇〇〇石）・加藤孫六（明石郡三〇〇石）・片桐加兵衛（揖東郡二〇〇石）、同年十月二日付で黒田官兵衛（揖東郡一〇〇〇石）、翌十二年一月十二日付で荒木助右衛門尉（美嚢郡二五〇石）、同年七月十四日付で船越左衛門尉（明石郡七二〇石）、七月十八日付で黒田官兵衛（宍粟郡一職）・生駒甚介（神西郡二〇〇〇石）など多数が散見される。これらをみて気付くのは、知行宛行の対象地域がほぼ播磨全域に設定されていること、宛所となってるのは黒田官兵衛を除いていずれも秀吉の子飼家臣であることが特徴である。おそらく、彼らは知行地の回りに秀吉の蔵入地を設定され、その代官も兼ねていたと思われる[27]。

こうしてみると、秀吉は播磨・但馬を秀長に与えたといっても、播磨に関してはほぼ全域の知行給付権を掌握していたのであり、秀吉の直轄地がかなり存在していたことを示している。

では播磨支配において、秀長の権力や知行権はまったく存在しなかったのであろうか。

当該期の播磨における秀長の知行充行状は管見の限りみられない。しかし、家臣小堀新介による寺社領寄進状が散見される（表２）。新介は後に和泉・紀伊・大和三国の郡代となり、著名な小堀遠州の父でもある。小堀新介による寄進状は、天正十一年七月十一日付光明寺宛（加東郡・九〇石）・同年十月七日村清水寺宛（加東郡・一〇〇石）・同年十月十日付高松寺宛（多可郡・屋敷方三七石）・同年十月十五日付浄土寺宛（加東郡・三〇〇石）があり、また、小堀新介下代弥八と少管の連署で比延住吉神社宛（多可郡・二反）への社領寄進状がある。これら寄進状には、「秀吉様為御祈禱、御寄進候、以其旨、美濃守殿様無御別儀候」や「筑前様如御書付之、別儀無御座候間、如前々、可有御寺納候」とあるように、秀吉の寄進を秀長が追認安堵する形をとっているものが多く、領主の交替による一般的な知行安堵方法である。したがって、寄進の主体は秀長であり、その地域の領主が秀長であったことを示している。

そして、これら小堀新介の寄進状と秀吉の知行宛行状を比較すると、注目すべき事実が浮かび上がる。それは、両者の対象としている地域が明確に区別されていることである。つまり、秀吉の知行宛行地域は、明石郡・加古郡・揖東郡・加西郡・神西郡・宍粟郡・美嚢郡であるのに対し、秀長の寺社領寄進地域は加東郡・多可郡であり、両者の勢力範囲が明確に区別されているのである。言い換えれば、少なくとも加東郡・多可郡は、秀長の所領として設定されていたことをうかがわせる。

くわえて、姫路城がある飾東郡にも、秀長の文書案が現存している（表2・〇）。

ますゐ山林・ひろむね山之儀、其方預置候間、如前々被肝煎、可堅相留候、然上不寄誰々、伐取者あらは搦取可被上候、自此方之用にて候者、直々可申越候間、其外之儀一切可被停止候者也、

美濃守

霜月七日　　　　長秀

白国殿

進之候

宛所の白国氏は、飾東郡増井山の麓に鎮座する式内社白国神社神主職を代々務めた家で、同氏は播磨守護赤松氏の一族といわれる[28]。文中に「如前々被肝煎」とあるのは、天正八年閏三月晦日付で秀吉から発給された禁制（表1・№14）を受けているると思われ、やはり秀吉から秀長への代替わりにより、白国氏の要請をうけて新領主秀長が既存の特権を認めたのであろう。

このように、播磨における秀長の実質的な所領は、姫路城を中心とした飾東郡・多可郡・加東郡などの極めて限定された地域であり、さらに当該期の秀長は、極めて多忙であって領国にほとんど帰っていなかった。したがって、細

かな領国支配はその家臣たちに委ねられており、小堀新介による諸々の寄進状発給もこうした秀長の繁雑な状況を示しているものと思われる。

しかも、その秀長の所領といえども秀吉の強力な統制下に置かれていた。

一例として加東郡清水寺の場合があげられる。清水寺は平安時代からの天台宗の古刹で、京の清水寺と区別して播磨清水または新清水と呼ばれた寺院である。[29] 同寺は播磨平定後の天正九年十一月二十日に、秀吉より寺領百石を寄進され、寺の存続が認められていた。[30]

これをうけて、秀長も天正十一年十月七日に家臣小堀新介を通して代替わりの寺領安堵状を発給し（表2・L）、清水寺は秀長の支配下に組み込まれたのである。

翌十二年九月、清水寺領の指出が命じられた。しかし、その奉行は秀吉馬廻の矢野左京亮定満が務めており、検地帳も直接秀吉に届けられ、秀長がこの検地に関与した形跡はみられない。[31] また秀長は、代替わり時に前掲の白国氏と同様、清水寺に対しても山林竹木伐取免許の判物を与えていたらしい。[32] しかし、天正十二年九月、突然秀吉から「当寺竹之事、大竹・小竹其数付而、十分一可伐旨」を、奉行森彦兵衛と出月又介に命じて派遣したので、竹以下を差出すよう求めてきた（表1・No.59）。

これに対し、清水寺は秀長の免許状を盾に抵抗したらしい。すると、即座に小堀新介より次の文書が送られてきた（表2・Q）。

尚々、大坂へ申遣、重而可申入候、何様ニも彼御奉行次第ニさせられへく候、以上、

御木奉行衆之被申候様、被仰越候、先度　長秀様御寺へ御墨付被遣候間、御坊立へも様躰申入候つる、さりながら　筑前様御用之事候間、御奉行御存分次第たるへく候、さらに御坊立之御越度ニも不成候、恐惶謹言、

（天正十二年）
九月廿日　　　　　　　　　　　　秀言（花押）
　　　　　　　　　　　　　　　　小新

清水
　惣中
　　御報

この文書をみると、領主である秀長を通さずに直接、秀吉の奉公衆がやってきたことに狼狽した清水寺が、あわてて秀長に陳情したようである。しかし、これに対する秀長の回答は、当然「御奉行衆御存分次第たるべく候」であり、新介「御坊立之御越度ニも不成候」と清水寺側に安堵を与えている。

この清水寺の事例は、当時の秀吉と一門の関係を端的に示しているといえよう。つまり秀長の所領であった清水寺への諸々の徴収権は本来秀長が所持しているものであり、秀長が直接清水寺に竹木徴発を命じれば事はこじれなかったのである。しかし秀吉は、秀長の所領であっても秀長を介さずに権力を行使しようとした。清水寺が驚いたように、こうした秀吉の行動は、当時の観念からするとかなり逸脱するものだったのではないだろうか。

この事例は、秀長所領といっても事実上は秀吉の直轄地的性格が強く、一門はつねに秀吉の恣意による強力な統制下におかれていたことを示しており、秀長もよくそれを了承していたといえる。

(二)　但馬における秀吉・秀長

一方、当該期の但馬の状況はいかなるものだったのであろうか。

前節で述べたように、すでに信長時代から但馬における実質的な支配者は秀長であり、信長没後の天正十年六月以降は、但馬は秀長の領国となっていたと考えられる。(33)つづいて秀吉は、天正十一年五月の大規模な国割を実施し、秀長に播磨を加増して姫路城を居城と定めた。これにより、秀長の領国支配の中心は、おのずと播磨に移っていった。またこの時期は、豊臣政権草創期にあたり、秀長は政権確立のために領国を留守にしがちであったことは先記のとおりである。

残念ながら、当該期における但馬の状況については、秀吉・秀長ともに発給文書がまったくみられない。また他の関連文書もほとんど現存せず、非常に不明な点が多い。そこで本稿では、若干の見解を述べるに留めておく。

前掲の『柴田退治記』には、国割後の但馬における城主の配置が記されている。これによると播磨・但馬を秀長に与え、播磨三木城に前野長康、龍野城に蜂須賀正勝、広瀬城に神子田正治を配した記述に次いで「但馬竹田桑山修理進、木崎木下助兵衛、出石青木勘兵衛」とあり、秀長の元居城竹田城には桑山重晴、木崎（城崎郡）の豊岡城には木下助兵衛、出石城には青木一矩が配置されていたことがわかる。

桑山重晴は、『寛永諸家系図』(34)に「後大和大納言秀長に属し、但州竹田の城に居し、釆地一万石を領す、その後紀州和歌山の城にうつりて三万石を領す」とあり、『寛政重修諸家譜』(35)も同様の内容を伝えている。また、『藩翰譜』(36)には「秀吉世を知り給ひて、但馬国竹田の城を賜ひ、二万石其後舎弟大納言秀長に附けられて、所々の戦に高名して、紀伊国和歌山の城を領す、三万石」とあるように、この時竹田城にて一万石から二万石を領しており、秀長家臣となったとしている。しかし、実際に秀長家臣となったのはこれより早く、天正十年六月、秀長が山崎の役後に明智光秀の旧領丹波の戦後処理に赴いた時、(37)これに同行して丹波各地に禁制を発給している。(38)

これにより、重晴は少なくとも天正十年頃には秀長の家臣（もしくは与力）だったのであり、秀長の但馬領有期からの古参の家臣といえる。さらに重晴は、秀長が和泉・紀伊・大和に移封された時もこれに従い和歌山城代となっている。そして秀長没には、若年の養子秀保を補佐する「年寄」衆として重きをなした(39)。したがって、桑山重晴は当初から秀長の重臣だったと考えられる。

こうしてみると、重晴が但馬領有時代の秀長の居城竹田城に配置されたことは、依然として但馬の国主が実質的には秀長だったことを示していると思われる。

青木一矩は、秀吉の一族とされ、後紀伊守に任官され羽柴紀伊守と称した(40)。一矩がいつ頃から秀長家臣となったかは詳らかでないが、秀長の和泉・紀伊・大和移封にともない紀伊入山城主としてこれに従っている。おそらく一矩も桑山重晴同様に早くから秀長家臣として但馬支配に活躍していたのだろう。また、この時一矩が配された出石城は、元但馬守護山名氏の居城であって、竹田城とならぶ但馬の重要拠点であり(41)、これも秀長の但馬支配の継続を示しているといえよう。

このように、桑山重晴・青木一矩ともに早くから秀長家臣（もしくは与力）だったのであり、彼らが但馬の重要拠点に配されていることからみて、当該期の但馬は、依然として実質的な秀長領国であり、大身の秀長家臣がその支配を代行していたといえる。

しかし、但馬も秀長の完全な領国であったわけではない。

『柴田退治記』には桑山・青木の他に、「木崎木下助兵衛」がいる。木崎とは城崎郡のことであり、その主城は豊岡城であった。木下助兵衛は、諸書に異同が多く特定できないのが現状であるが(42)、助兵衛以前に豊岡城主を務めていたのは、信長から秀吉の与力として付けられてた宮部善祥房継潤であった(43)。当然、宮部継潤は秀長とは主従関係がない。したがって、天正五年以降から豊岡を中心とする城崎郡が他の大名領であったことを示しており、木下助兵衛もその可能性がある。

さらに、延宝年間成立とされる『因幡民談記』(44)には、元鳥取城主で因幡守護であった山名豊国が秀吉の中国出兵により信長に属し、天正九年頃に但馬七美郡を秀吉から賜り村岡城を居城としたと記している。豊国も秀長と直接主従関係はなく、七美郡が他大名領となっていたとも推測される。

このように、当該期の但馬は、秀長家臣が支配する秀長領と、他大名領が混在していたのではないか。また、播磨には比較的少禄の武将が配置され、但馬は大身の武将が配置されていた傾向も見出だせる。

おわりに

以上みてきたように、まず但馬領有期においては、播磨は秀吉の支配、但馬は秀長の支配というように、その担当区域が明確に区分されていた。

確かに両国の支配者は信長で、秀吉は信長によって播磨・但馬を与えられたのであり、秀長が但馬国主だったわけではない。しかし、実質的な在地支配は秀長がおこなっており、立場は国主といって過言ではなかったといえる。秀吉も但馬に関しては秀長の働きに負うところが大きく、秀長による在地支配の強化によって独自の軍団の組織化、いわゆる「但馬衆」ともいうべき軍団の創設を目指していたと思われる。

ついで但馬・播磨領有期では、秀吉が天下一統に邁進し始めた時期でもあり、秀長の身辺も多忙となる。したがって、播磨・但馬の領主でありながら、ほとんど領国支配には関与せず、領国経営は家臣たちに任されていた。また、秀長の事実上の所領も、播磨においては僅か二・三郡であり、但馬に実際どれくらい所領が存在したかも不明である。

このように、豊臣政権草創期の秀長は、その領国といっても事実上は政権の直轄領的性格が強く、秀長自身の知行地はほとんど存在しなかったと思われる。これらは秀長直臣の脆弱さを意味し、戦争の際に秀長が率いる武将たちの多くは、秀吉から付けられた与力的存在であったことを示していよう。

こうしてみると、この段階で秀吉が秀長（一門）に求めていたものは、一般の武将のような一所懸命の精神ではなく、自らの手足となって働くことであり、秀長は最も忠実に、その要求に答えていたといえよう。

註

(1) 奥野高広・岩沢愿彦校注『信長公記』（角川書店、一九六九年十一月）。
(2) 「柴田退治記」（『群書類従』二三）。
(3) 根津袈津之「但馬竹田城を範とした秀吉、秀長と麾下各将の城郭」一～五（『城』一五三・一五四・一五六・一五八・一六〇、東海古城研究会、一九九四年十一月～一九九六年八月）。
(4) 吉田蒼生雄訳注『武功夜話』（全四冊、新人物往来社、一九八七年）。
(5) 永島福太郎「町方と地方」（『国史学』五七、一九五二年五月）、同「織田信長の但馬経略と今井宗久　付　生野銀山の経営」（『関西学院史学』五、一九五九年月）。
(6) 太田順三「秀吉の身分統制と都市・町場支配の前提」（『兵庫県の歴史』一二、一九七四年十一月）。
(7) 「播州御征伐之事」（『群書類従』二三）。
(8) 「太山寺文書」（『兵庫県史』史料編・中世二、一九八七年三月）。
(9) 桜井勉『校補但馬考』（臨川書店、一九二三年五月）。
(10) 太田虎一『生野史』三・校補代官編（一九六六年三月）。
(11) 太田虎一『生野史』四・校補鉱業編（一九六二年一月）。
(12) 山鹿素行『武家事紀』中（原書房、一九八二年十二月）十月十八日付斉藤玄蕃允・岡本太郎右衛門宛羽柴秀吉書状。

(13)『姫路城史』上（一九七三年四月）。
(14)「川角太閤記」（『大日本史料』一一—四）。
(15)『信長公記』。
(16)『信長公記』。
(17)『兵庫県史』史料編・中世三、（一九八八年三月）解説参照。
(18)『校補但馬考』。
(19)『宗国史』上（一九七九年三月）。
(20)斎木一馬・林亮勝・橋本正宣校訂『寛永諸家系図伝』一〇（続群書類従完成会、一九八六年一二月）。
(21)『兵庫県史』三（一九七八年三月）。
(22)『改訂史籍集覧』一三。
(23)「柴田退治記」。
(24)「柴田退治記」。
(25)川添昭二・福岡古文書を読む会校訂『新訂　黒田家譜』一（文献出版、一九八三年五月二〇日）。
(26)これについては、津野倫明氏が「豊臣政権における「取次」の機能—「中国取次」黒田孝高を中心に—」（『日本歴史』五九一、一九九七年八月）で、蜂須賀・黒田両氏がこの当時から毛利氏への「取次」を任されており、領土問題の裁定などに関与していたことを指摘されている。したがって、播磨に彼らが配置されたのも任務上当然であり、彼らを統括する立場として秀長がおり、毛利氏との総合的な「取次」を努めていたと考えられる（なお蜂須賀・黒田は秀長の与力となった可能性もある）。これは、秀長発給文書（拙稿「羽柴秀長文書の基礎的研究」『駒澤大学史学論集』二七、一九九七年四月）からみる吉川・小早川両氏との関係からもうかがえるだろう。また、天正十一年と推定される五月八日付小早川隆景宛木下祐久書状（「小早川家文書」『大日本史料』一一—四）に「委細長秀御返事申入候、（中略）於長秀不可存疎意候」とあるのも、この当時の秀長と小早川隆景（毛利氏）との親密な関係を示している。

(27) 山口啓二「豊臣政権の構造」（『歴史学研究』二九二、一九六四年九月、後、三鬼清一郎編『豊臣政権の研究』吉川弘文館、一九八四年五月一〇日所収）。
(28) 『兵庫県史』史料編・中世二、解説参照。
(29) 『兵庫県史』史料編・中世二、解説参照。
(30) 「清水寺文書」（『兵庫県史』史料編・中世二）同月日付杉原家次書状に「当寺為寄進、以鴨川之内百石之通進之候、筑前守被申出候条」とある。
(31) 「清水寺文書」（『兵庫県史』史料編・中世二）九月六日付・九月八日付の矢野定満書状。
(32) （表2・Q）には「先度　長秀様御寺へ御墨付被遣候間」とあり、代替わり時に秀長判物が与えられていたことがわかる。
(33) 「祖父物語」。
(34) 『寛永諸家系図伝』一一（一九八七年一一月）。
(35) 高柳光寿・岡山泰四・斎木一馬編集顧問『新訂　寛政重修諸家譜』一五（続群書類従完成会、一九六五年九月）。
(36) 「藩翰譜」（『新井白石全集』一、一九〇五年十二月）。
(37) 「小島文書」（『大日本史料』一一―一）天正十年六月日付秀長禁制は丹波氷上郡佐路市場に宛てたものであり、この時期に丹波に滞在していたことがわかる。
(38) 「諸家文書纂」（『大日本史料』一一―一）天正十年六月日付氷上郡佐治庄小倉町宛桑山重勝（重晴）禁制、「妙法寺文書」（『兵庫県史』史料編・中世三）天正十年六月日付氷上郡妙法寺宛桑山重勝・杉若無心連署禁制。
(39) 文禄三年（一五九四）三月、太閤秀吉の命をうけた関白秀次は、弟の大和中納言秀保に領国内秀保蔵入地の算用帳を提出するよう命じた。秀次家臣駒井重勝の「駒井日記」（藤田恒春編纂校訂『増補駒井日記』、文献出版、一九九二年十月）の文禄三年三月二十九日の条に「一、大和中納言（秀保）様并桑山法印（重晴）。大蔵法印（横浜一庵）。羽田長門守（正親）何茂被成　御朱印、大和算用帳面を持、右両三人可罷登之由被　仰遣、一、藤堂佐渡（高虎）者紀州江罷越候故、急可罷登由被成　御朱印」とあり、翌四月一日の条には「大和中納言様算用之儀、年寄共被仰付被差上由」とあるように、桑山重晴・横浜一庵・羽田正親・藤堂高虎らが「年寄」と呼ばれ秀長・秀保の重臣層を形成していたことが判明する。

(40)　高柳光寿・松平年一『戦国人名事典』（吉川弘文館、一九六二年十二月）。

(41)　『校補但馬考』。

(42)　註（38）では秀定としているが、『校補但馬考』では重堅などとしている。

(43)　『校補但馬考』。

(44)　佐伯元吉編『因伯叢書』四（名著出版、一九七二年二月）。

Ⅲ　羽柴秀長の丹波福知山経営
――『上坂文書』所収羽柴秀長発給文書の検討を中心に

小竹文生

はじめに

現在、東京大学史料編纂所に『上坂文書』と題する二冊の影写本が所蔵されている。この文書は近江国坂田郡西上坂村（滋賀県坂田郡北郷里村）を本貫地とした上坂家に伝存していたもので、特に戦国・織豊期の文書を中心に絵図なども含め全九七点の史料が収録されており、当該期の在地領主上坂氏の動向をかなり詳細に検討できる貴重な史料である。

『上坂文書』には、天文～永禄期の浅井亮政・久政・賢政（長政）発給文書や、六角義弼発給文書など、戦国期近江の状況を示す文書も多く含まれているが、何といってもその大半を占めるのは織豊期、特に「豊臣期」の文書である。(1)

周知のように豊臣秀吉の家臣には、石田三成・増田長盛に代表されるように近江出身者が多い。これは、天正元年（一五七三）に信長から江北三郡を与えられ、初めて国持大名になった秀吉が、家臣団増強の必要に迫られ積極的に江北の旧浅井氏家臣を登用したためであり、当時の上坂氏の当主、八郎兵衛と嫡男八右衛門もその例に洩れず秀吉の目にとまり、家臣として召し抱えられた関係で、『上坂文書』には特に「豊臣期」の文書が多数を占めているのである。さらに『上坂文書』所収の「豊臣期」文書を概観すると、後述するように上坂氏の地位は、石田三成等と同様吏僚派の奉行であったらしく、その意味では石田・増田・長束氏など豊臣奉行層はほとんど近世に断絶しているだけに、このようにまとまった文書が現存しているのは極めて貴重なのである。

さて、この『上坂文書』所収の「豊臣期」文書の中に、今回検討する羽柴秀長発給文書が十点収録されている。周知のように羽柴秀長は、秀吉の唯一の弟として信長時代から豊臣政権草創期まで兄を助け、その成功を影で支えた豊臣政権の重鎮である。しかし、秀長家の早期断絶と豊臣政権の滅亡により、その発給文書は散逸してしまい、現存する秀長の発給文書は彼の業績に比し、また兄秀吉の発給文書が数千点現存するのと比してもあまりに少ないといえる。ゆえに一つの家に十点もの秀長発給文書が残されている例はなく、その意味でも『上坂文書』は貴重なのである。

また、この『上坂文書』所収羽柴秀長発給文書は、管見の限りそのほとんどが未刊であり、三鬼清一郎氏の『豊臣秀吉文書目録』(2)にも僅か一点を除き他は収録されていない。さらにこの文書の内容には、これまで秀長の事績としてほとんど触れられなかった丹波福知山に関する文言が散見され、彼の事績を解明する新たな手がかりを与えてくれると思われる。

そこで本稿では、この未刊史料『上坂文書』所収羽柴秀長発給文書の史料紹介を兼ねながら、羽柴秀長の丹波福知山経営について若干の検討を行っていきたい。

一、『上坂文書』所収羽柴秀長発給文書と上坂氏

ここでは、紹介史料の年次比定を行い、宛所にみえる上坂氏について若干の検討を行いたい。

【年次比定表】

No.	年月日（天正）	差出	宛所	内容
1	（年未詳）7・26	羽柴小一郎長秀（花押）	上坂八郎兵衛	伊兵衛・上坂之親類共
2	天正8・10・18	羽柴小一郎長秀（花押）	上坂八郎兵衛	但州
3	（天正10）8・15	小一郎長秀（花押）	上八兵	福知山・姫路
4	（天正10）9・6	小一郎長秀（花押）	上八兵・村久	勝左衛門・村久助・八兵・大津・金山
5	（天正10カ）10・3	小一郎長秀（花押）	上八兵・村久	奥田
6	（天正10カ）10・6	小一郎長秀（花押）	上八兵・村久	
7	（天正10）10・7	小一郎長秀（花押）	上八兵・村久	福知山・小堀新助
8	（天正10カ）10・7	小一郎長秀（花押）	上八兵	勘兵・伝左・又衛門尉
9	（天正11）8・24	美濃守長秀（花押）	上八兵	村山久助
10	（天正11）9・14	美濃守長秀（花押）	上坂八郎兵衛	新庄

『上坂文書』所収羽柴秀長発給文書は、「天正八年（一五八〇）」と明記された知行宛行状を除いて、他の九点には年号が記されていない。しかし拙稿(3)で検討したように、秀長の判の書き方が極めて限られた時期のものであり、それによりある程度の年次比定は可能である。その結果を【年次比定表】として以下にまとめたので参照していただきたい。

まずこれらの文書の下限として、上坂氏が秀吉に臣従するのは、秀吉が長浜城主となった以後というのが妥当と思われるので、天正元年を遡ることはない。さらに【年次比定表】を見ると、秀長は小一郎と美濃守を称している。秀長の美濃守任官は天正十一年五月頃であり、美濃守から参議に任官するのが天正十三年十月なので、これらの文書はそれを下ることはない。さらに、「秀長」とは署名せずに「長秀」と署名している。前掲拙稿によると、秀長が「美濃守長秀」と署名する期間は天正十一年五月から翌十二年九月十二日までの間であり、【年次比定表】No.10の「美濃守長秀」と署名している文書は天正十一年に比定できる。また同様の№９も、後述する杉原家次の福地山領有期（第二章及び註（25）参照）との関係により、天正十一年と比定できる。これにより、必然的に残りの七点は天正十一年五月以前のものとなるが、本文をみていくと、№３・７には「福知山」とあり、№４には「金山」、№５には「奥田」、№10には「新庄」という地名が散見される。これらはいずれも丹波天田郡福知山周辺の地名であると思われ、[4]秀長が丹波経営に関係していた時期のものであることがわかる。後述するように信長時代の丹波は明智光秀の領国であり、福知山には光秀の重臣明智秀満がいたことが確認されるから、天正十年六月の本能寺の変までは秀長が丹波経営、特に天田郡近辺へ関与していたとは考えがたい。[5]これにより、これら四点の文書は少なくとも天正十年六月以降のものと考えられ、いずれも天正十年のものと比定できるのである。残りの五点の文書に関しては、地名などの比定材料が無く確定しがたいが、比定が難しい№１を除いて、後述する秀長と福知山などの関係からいずれも天正十年のものと考えられる。

では、『上坂文書』所収羽柴秀長文書の全文を掲げるとともに、宛所にみえる上坂氏についての検討を行いたい。なお、以下の史料番号は【年次比定表】の番号と照応する。

【史料１】

追而申候貴所御」披官之事ハ不及申」伊兵衛近年召遣候」者共悉可被召返候」以上

貴所之披官共」伊兵衛ニ付候て」在之由候急度」可被召返候其上」上坂之親類共」伊兵衛かたにつめ」て居候者共之」見次なと仕事」不可在之候其意」可被申付候恐々謹言

（年未詳）

七月廿六日　　　　羽柴小一郎

　　　　　　　　　　　長秀（花押）

上坂八郎兵衛尉殿
参御宿所

（註）この文書に関しては、形態や内容から年次比定は難しく（おそらく天正十年頃と思われるが）、また後述する本稿の内容とも直接かみあわないので紹介するに留めたい。

【史料2】

於但州為給地」三百石遣候全」可有知行之」状如件
天正八
十月十八日　　羽柴小一郎
長秀（花押）
上坂八郎兵衛殿
進之候

【史料3】

朝明長々御歌」恐申入候仍先日」之吉住女房之」儀貴所其方ニ」不居候へハ如何も」福知山へおつれ」候て福知山ニ御置」尤候為其申候」御隙明候て夫々」被帰候へく候然者」姫路へ至通候驪而」可帰候間其方とも」十九日出置尤候恐々」謹言
（天正十年）
八十五　　小一郎
長秀（花押）

上八兵
　御宿所

【史料4】

急度申候

一、其許知行已下」旁不可有油断候」

一、勝左衛門大津鉄」炮薬取遣候間」人夫百斗」可指遣候」

一、金山知行之儀」此方へ被越候間無」居住候ハヽ、可為格」別之条其段能」相極候て可渡之条」其通可被入念候」

一、諸事村久助」申渡候趣一々無」油断様専一候」

一、八兵へ申候勝左ニ」綿二把可被」相渡候恐々謹言

（天正十年）
九月六日　小一郎
長秀（花押）

上八兵
村久
進之候

【史料5】

奥田知行之」事千五百石渡」候て残五百石不」渡返候此辺にてと」被申候へ共近所ニ」知行無之候」条其方にて
被」見斗可遣候」次来四日知行」百五十石遣候間」当年ハ半分之」物成可遣候何」れも成其意」可被引渡候」
恐々謹言
（天正十年カ）
十月三日　　　　　　　　　　　小一郎
　　　　　　　　　　　　　　　　長秀（花押）
上八兵
村久
　進之候

【史料6】

返事存知候」知行出入之」儀先日尋申」候へハ余ほと」渡候由承候間尚」又不足由承候」段不審存候」左様候へ
ハ被申」候て尤候然者」な□□申候ハヽ」渡候へく候今迄御」延候事無是非候綿なと」之事も年延候ハヽすみ」
まじく候と」能算用候て」御取候へく候違」候ハヽ両人江対候て」可請取申候可成」其意事尤候」恐々謹言
（天正十年カ）　　　　　　　　小一郎
十月六日　　　　　　　　　　　　長秀（花押）
上八兵
村久御返事

【史料7】

於福知山扶持」方之米小堀」新介者申」次第相渡請」取をとり置」たるへく候」事謹言

（天正十年）
無神月七日　　小一郎
長秀（花押）

上八兵
村久
御両人

【史料8】

返々此状」勘兵かたへ」御持参候て」算用有へく候」又先度も申越候」勘兵知行」不足由候算用」候て早々
御極尤候」次又明日」伝左被帰候」近日候」間又右」次第ニ又衛門尉」馳走可有之
綿之日記」得御意候勘兵」かたへも書状」遣候間被相届」算用候て入候」越候分可被請」取候此方へ取」こし候
て勘兵かたへ」可被遣候勘兵取」こし候て此方」可請取候へく候」何れも算用」次第たるへく候」今度上洛ニ」
ミやけに物を可」申候間綿共能」御あつめ候て可被」置候十日罷上」候間以面可申候」恐々謹言

（天正十年カ）
十月七日　　小一郎
長秀（花押）

上八兵
御返事

【史料9】

急度申遣候」扶持方に被出」置在米之余」之者村山久介」かたへ猶拾石」可相渡候明日ハ」其地迄可越候条」可有其心得者也

（天正十一年）
八月廿四日　　　　　　美濃守
　　　　　　　　　　　　長秀（花押）
上八兵
　　進之候

【史料10】

新庄めし置候」衆の書付を遣候」間扶持方廿日分」可被相渡候然者」石ニ付て四斗宛ニ」駄ちんを算用候て」人足を入可遣候」以上七百弐拾人分候」恐々謹言

（天正十一年）
九月十四日　　　　　　美濃守
　　　　　　　　　　　　長秀（花押）
上坂八郎兵衛殿
　　進之候

上坂氏については、『改訂近江国坂田郡志』(6)第二巻や、近刊『長浜市史』(7)第二巻の第二章第二節（田端泰子氏執筆）

に「上坂氏」という項目を立てて詳述されている。

両書によると、上坂氏の先祖は近江上坂庄の荘官であり、室町時代に近江守護京極氏の家臣化を遂げ、室町時代中期には坂田郡中でも最も有力な国人領主となっていた。そして、当該期の上坂家信・信光父子は京極家中において重きをなし、「筆頭家臣」まで上りつめたとされる。

戦国期に入り同僚の浅井氏が台頭して独立の気配をみせると、主家京極高清を支持する上坂信光はこれに抵抗した。しかし、大永三年（一五二三）三月の戦いに敗れて居城今浜城を奪われるまで勢力は減退し、さらに天文七年（一五三八）には京極高清の死による兄高広と弟高慶の家督争いでも反浅井の立場で参戦したが、結局は浅井氏の軍門に下ったらしい。その後は浅井氏の奉行として江北経営の一端を担いつつ織豊期を迎えたのである。

上坂氏はその勢力の大きさから多くの分家を創出しており、戦国期には多くの上坂名字を名乗る者がいた。その中でも前掲の家信・信光・定信の家系が最も勢力が強く、代々治部丞を称した。これに対し代々兵庫頭を称する上坂氏も室町・戦国期に存在し、一時は治部丞系上坂氏と拮抗するぐらいの勢力があったらしい。紹介史料にみえる上坂八郎兵衛の家系は、この兵庫頭系上坂氏から分流したとされ、代々伊賀守を称したので伊賀守系上坂氏ということになる。そして、浅井氏の江北領国形成が深化してくる永禄・元亀年間には、この伊賀守系上坂氏が浅井氏の奉行として台頭し、他系統の上坂氏は史料上にほとんどみえなくなり、事実上伊賀守系上坂氏のみが江戸時代まで生き残り『上坂文書』を後世に伝えたのである。

さて、『上坂文書』には江戸時代後期成立と思われる「中興累系」という上坂氏の系図が収録されている。また東京大学史料編纂所には、もう一つ『上坂文書』と題する謄写本が所蔵されている。(8)これは後世になって原本（影写本）『上坂文書』の必要部分を写した控のような文書であるが、この中に影写本の『上坂文書』にみられない「上坂

氏系図　内題上坂家族系図伝記」（文政三年〈一八二〇〉成立、以下「上坂氏系図」と記す）という系図も収められている。

両系図をみると、紹介史料にみえる上坂八郎兵衛は名を意信とし、やはり後に伊賀守を称した。また意信には弟定信がおり、こちらは信濃守を称していたとされる。そして兄意信が浅井氏奉行として活躍し、弟定信が本領上坂の経営を主に行うという形態をとっていたようである。

しかし、天正元年織田信長によって小谷城が落城し浅井氏が滅びた後も、兄意信は山籠りをして抵抗を続けていた(9)。これに対し、新領主羽柴秀吉は旧領安堵として「一職」支配を認めるという条件で還住を促し、天正二年頃に和解が成立して意信は秀吉の軍門に下ったのである(10)。そして意信は秀吉に取り立てられて秀長付の家臣となり、弟定信は在地に残って本領上坂に完全に帰農したのであった(11)。

長浜市史執筆の田端氏は、山籠りをして抵抗を続けた上坂伊賀守意信と、秀長に仕えた上坂八郎兵衛を別人として扱っている。これは、前述の上坂氏の還住を促した古田・矢野・卜真斎らのいわゆる長浜三奉行の書状(12)に「上坂伊州」「同信州」とあることから、天正二年頃に上坂意信はすでに伊賀守を称しており、紹介史料の【史料2】で秀長の知行宛行をうけている上坂氏は、天正八年の時点で八郎兵衛を称しているという事実から同一人物ではないと判断されたと思われる。

しかし両系図をみても、当該期に意信以外で八郎兵衛を称した人物は存在せず、「上坂氏系図」には、意信の頃に天正八年秀長の知行宛行を記しており、「伊賀守」と「八郎兵衛」を同一人物の意信としている。またこの当時、弟として信濃守が存在するのも意信と定信の関係だけである。当該期の状況を考えると、意信以外に八郎兵衛を称した上坂氏が存在し、しかも当時上坂氏中の実力者であった意信を差し置いて秀吉に登用される人物は想定しがたい。戦国時代には主家を替えることによって官途などの名乗りを変更することはよく行われており、上坂意信も浅井氏時代には伊賀守を称していたが、秀吉に仕官するに及び、もとの八郎兵衛に改称して心機一転の気持ちを示したとみる方が妥当ではないだろうか。ここでは浅井氏時代の伊賀守と秀長期の八郎兵衛を同一人物の意信と理解したい。

では、秀吉臣従以後の上坂氏の動向はどう推移したのであろうか。

上坂氏伝来の両系図をみると、上坂意信の嫡男を正信といい、初め八右衛門尉、ついで伊賀守を称したとする。両系図の特徴は、この正信を上坂氏中興の祖としてことさら喧伝していることである。例えば「中興累系」によると「太閤秀吉公被　召出知行千石以御墨付御朱印頂戴之御舎弟大納言秀長公ニ被附則和州郡山惣奉行被　仰出郡山破却之後上坂村へ帰郷先祖治部大輔・伊賀守・信濃守屋敷万事相続」とあるように、正信の事績があきらかに誇張されており、逆に父意信の頃には何も記されていない。

しかし、紹介史料をみてもわかるように秀長と関わっているのは父意信の方であり、『上坂文書』には正信と秀長が関わっている史料は一点も見出せない。秀長が和泉・紀伊・大和三ヶ国の大名として大和郡山に在城した期間は、天正十三年九月から病没する同十九年一月二十二日までである。さらに養子の秀保時代を含めると文禄四年（一五九五）四月までが秀長家の大和領有期であり、それ以後は増田長盛が大和郡山城主となった。『上坂文書』には系図に記されている秀吉の「千石以御墨付御朱印」が収められているが、日付は文禄四年九月二十一日付であり、秀長家が断絶して大和は増田長盛が支配していた時のものである。また『上坂文書』には、いわゆる「五奉行」らの上坂八右衛門宛連署状が数点収録されているが、これらもすべて慶長年間のものであり、少なくとも秀長・秀保期の上坂正信関係史料は存在しない。要するに信長時代から豊臣政権確立期に活躍したのは父の上坂意信の方であり、豊臣政権における上坂氏の動向を探るためにはまず彼の事績を追っていくことが大事なのである。

それでは上坂氏は、豊臣政権においていかなる役割を果たしたのだろうか。まず【史料2】によって、上坂意信が天正八年には秀長の家臣として編成されていたことがわかる。しかし、秀長の家臣団に編成された時期はさらに早く、天正五年ごろには秀長の「五人給人衆中」と呼ばれる近江の国人衆で編成された「衆中」に編入されていた。(13)これを裏付けるものとして、「上坂氏系図」意信の項に「天正五年十二月大納言長秀卿ヨリ五十石給、同八年於但州三百石給ル」とあるように、天正五年に秀長から五〇石の知行宛行をうけていたことが判明する。この天正五年は、秀吉による本格的な中国経略（毛利氏攻め）が始まった年で、秀吉は拠点確保のために播磨制圧を図ると同時に、その背後を固める必要から秀長に但馬制圧を一任した年でもある。(14)こうした事情により、秀長も早急に家臣団の増強に迫られたのであり、これを機に上坂意信も秀長の家臣として組み込まれたのではないかと思われる。

こうして秀長の家臣となった上坂意信の役割は、石田三成・増田長盛・長束正家など、他の近江出身者の家臣と同様に、知行方などに関与する吏僚といった側面が強かったことが紹介史料により判明する。例えば「其許知行已下旁不可有油断候」（【史料4】）、「奥田知行之事」（【史料5】）、「知行出入之儀」（【史料6】）、「於福知山扶持方之米」（【史料7】）、「勘兵知行不足由候算用候て早々御極尤候」（【史料8】）、「扶持方に被出置在米之者」（【史料9】）、「新庄めし置候衆の書付を遣候間扶持方廿日分可被相渡候」（【史料10】）と、上坂意信宛の秀長書状のほとんどに「知行」「扶持方」などの文言が散見され、それを上坂意信が「相極候て可渡之条」（【史料4】）や「其方にて被見斗可遣候」（【史料5】）するように秀長から指示されている。これにより、上坂意信が、知行地管理や兵粮米の出納をもっぱらとする吏僚派の奉行として活躍していたことがわかる。また【史料4・5・6・7】で上坂意信と同列で宛所にみえる村山久助も同様に奉行と比定でき、おそらく近江出身の家臣と考えられよう。

さらに、上坂意信は単なる奉行という側面だけではなく、秀長の重要な側近でもあった。これは天正十二年に比定される六月二十日付上坂八郎兵衛宛堀監物丞政次書状[15]に、「将亦長秀様へも、内々以貴札成共御見廻可申上処ニ、手前取紛無其儀、失本意令存候、折々於御前御執成可畏入候」とあり、意信が秀長への「執成」を依頼される取次的役割をも務めていたことからもうかがえる。

このような意信の実績により、嫡男正信も秀吉（もしくは秀長・秀保）に登用されたと思われる。彼がいつ頃父意信から家督を譲られたかは不明だが、天正十五年正月二十六日付で、秀吉が近江上坂氏の人夫諸役免許を指示した松田左近右衛門尉吉久書状[16]の宛所に、「伊賀入道殿・信濃入道殿」とみえており、この「伊賀入道」を家督を譲って本領の上坂に戻った八郎兵衛意信と考えると、八右衛門正信の家督相続は前掲堀政次書状の天正十二年後半から同十五年までの間と比定できよう。しかし史料的には、天正十二年六月以降文禄四年九月までの上坂氏の動向は不明である。

前述のように、秀長家断絶後に秀吉から新たに大和・紀伊の内で千石の知行宛行状をうけていることから、上坂正信が秀長・秀保家臣であったことは推測できるが、一〇〇〇石という知行高からみても決して上級の家臣とはいえず、父意信の役割から勘案しても、中級の奉行人として知行方などの実務面で活躍していたと考えた方がよさそうである。少なくとも両系図にみえる「郡山惣奉行」といわれるような正信の活躍は史料上確認されず、秀長発給文書や『多聞院日記』[17]などの大和に関する一次史料をみても当該期の秀長家臣に「上坂」の名を見出すことはできないのである。

二、羽柴秀長の丹波福知山経営

このように、秀長は近江出身で算用に長けた上坂意信らを家臣として登用し、主に知行地支配を任せていた。しかしここで重要なことは、上坂意信が天正十年（一五八二）頃担当していた地域が出身地の近江ではなく、丹波天田郡福知山周辺だったということである。

丹波福知山は、現在の位置を地図上でみると、但馬から丹波を通り京都へ向かう山陰路（国道九号線）上に位置し、京都へは六〇キロ程で行ける。さらに、北へのびる宮津街道（国道一七六号線）を行けば二十キロ程で丹後の主城宮津城を通って日本海に至り、南東にのびる大坂街道を行けば大坂にも至近という場所に位置し、まさに三丹（丹波・丹後・但馬）を結ぶ水陸交通の要衝である[18]。

この立地条件に最初に注目したのが明智光秀で、天正七年八月の天田郡制圧以後、国衆横山氏の居城を改築して福知山と命名したのが嚆矢とされる。光秀はここに一族の重臣である明智秀満を城代として配し、丹後・但馬方面への押さえとしていたのである[19]。

明智光秀滅亡後の福知山城主の変遷は不明瞭な点が多い。山口架之助氏編纂の『天田郡志資料』[20]によると、天正十一年頃より同十二年九月までは、秀吉正室杉原氏（のちの北政所）の伯父杉原家次が領し、ついで天正十二年九月に杉原家次が没すると、羽柴秀長が領したとしており、福智山城代として桑山重晴・青木一矩が任命され支配を行ったとしている。その後、天正十八年に秀吉家臣で丹波天田郡出身といわれる小野木重勝が福知山城に入り、関ヶ原陣で小野木氏が滅びるまでその支配は続いたとする。しかし史料的にみると、天正十二年九月以降秀長が福知山に関与した一次史料は管見の限り確認されず、桑山重晴・青木一矩にしても、天正十三年閏八月前後から桑山は紀伊和歌山城主となり、青木も紀伊入山城主となっているので、同十八年まで彼等が福知山城にいた形跡は確認されない[21]。これらを山口氏が何の史料によったのかは不明だが、江戸時代中期成立の「福知山支略」[22]にほぼ同様のことが記されており、おそらくこれを典拠としたものと思われ、実証的に著しく劣ることは否めない。

これをうけて大槻昌行氏[23]は、『福知山市史』の「秀吉の支配」の項の中で、天正十年六月の明智光秀滅亡後から天正十一年までを秀長の支配（福知山城代は桑山重晴と青木一矩）、それ以後十二年九月以降から天正十三年頃までを田中吉政の支配、そして始期は不明としながらも天正十五年前後から関ヶ原陣までを小野木重勝の支配であったとしている。山口氏と大槻氏の両者に共通するのは、杉原家次が天正十一年頃から同十二年九月まで福知山城主であったとしていることで、これは『兼見卿記』[24]や発給文書[25]からも確認される。しかし、こと秀長の福知山支配に関しては、杉原家次以後と以前という甚だしい相違点が指摘されるのである。

紹介史料をみてもわかるように、結論から述べれば大槻氏の説が正鵠を得ており、秀長は明智光秀滅亡後から福知山支配に関与していた。ただ当該期の丹波、ひいては福知山に関しては同時代史料が決定的に不足しており、大槻氏が依拠した史料もほとんどが後世の文書や記録類なので、確実な裏付けがなされていないという難点があった。ゆえに福知山に関する同時代史料で、しかも領主であった秀長発給文書が収録されている『上坂文書』はこの点においても貴重なのである。

さて、そもそも従来ほとんど触れられていないが、信長時代から秀長と丹波の関係はかなり深かったと思われる。信長時代の丹波は、八上城主波多野秀治や黒井城主赤井直正を中心に国衆が割拠している状態であり、信長方に投降しない国衆も多く存在した。そのため信長は、天正三年六月に明智光秀を大将として丹波制圧を命じたのである。光秀が丹波一国を平定したのは天正七年九月のことであった[26]。

一方秀長は、兄秀吉が天正五年十月に中国制圧の総大将に任じられ播磨制圧を開始すると、その背後を固める必要から但馬制圧を命じられ、天正八年五月にはほぼその目的を達成した。拙稿[27]で検討したとおり、但馬支配は事実上秀長の手に任されており、山陽道方面は秀吉の「播磨衆」、山陰道方面は秀長の「但馬衆」で毛利氏に当たる作戦、つまり毛利両川体制（吉川元春が山陰道、小早川隆景が山陽道を支配する）を模倣する体制を秀吉は考えていたようである。さらに、但馬は丹波の西隣であり、秀長が居城とした朝来郡竹田城は北を通る山陰路を使えば、二〇キロほどで福知山に至るという近距離にも位置していた。

天正七年四月、信長は一挙に丹波制圧を計り、三方から軍勢を丹波に侵攻せしめた。すなわち山城方面から明智光秀、摂津方面から丹羽長秀、そして但馬方面から羽柴秀長が西丹波に侵攻し、反信長国衆の覆滅をはかったのである。秀長は四千の軍勢を率いて竹田城を出陣し、山陰道から国境の夜久郷を抜けて丹波天田郡に侵入して僅か一月ほどで福知山・綾部方面を制圧したとされている(28)。これを契機として、秀長は西丹波にも精通することになったと思われる。

天正十年六月、山崎の戦いに勝利して明智光秀を滅ぼした秀吉は、光秀の旧領丹波の接収のため秀長を派遣している。これは同月付で丹波氷上郡佐治市場に宛てた秀長禁制(29)、および氷上郡妙法寺宛ての秀長家臣桑山修理亮重勝（後重晴）・杉若藤七無心連署禁制(30)と氷上郡佐治庄小倉町宛ての桑山重勝禁制(31)が発給されていることから確認される。おそらく天正七年の丹波攻略の経験を、秀吉は重視したのであろう。

こうした関係もあり、また光秀旧領である丹波支配の困難さを勘案した秀吉は、当初丹波に秀長を配そうと考えていたようである。これは『多聞院日記』にみえる清洲会議の結果を記した七月七日の条に、「筑前へハ山城一円・丹波一円コレハチクセンカ弟ノ小七郎（小一郎の誤記）へ」とあることで明かであり、秀吉は秀長に丹波を任せることにより、「但馬衆」と「丹波衆」を合わせて山陰道を押さえる強力な一門軍団の創出を計画していたと思われる。

しかしこの計画は実行されなかった。清洲会議が終了して丹波平定も一段落したと思われる十月頃に、丹波の主城亀山城主となっていたのは、信長の四男で秀吉の猶子となっていた御次秀勝であり、彼が名目的には丹波国主となったからである(32)。これは、次なる秀吉の目標が北陸の柴田勝家攻略へと変化したことにより、西の毛利氏とは講和の道を探りながら、秀吉自身は播磨から山城に拠点を移して、北陸への対応に迫られるという政策上の転換に原因がある。すなわち、秀吉なきあとの播磨支配、ひいては毛利氏対策の責任者として秀長が抜擢され、但馬・播磨を生命線とする防衛ラインの堅守を優先させたからに他ならない。

だが、丹波一国も完全に御次秀勝の領国になったわけではなかった。「天正年中明智亡後丹波ハ大坂御蔵入ニ成」[33]とあるように、その多くは秀吉の蔵入地が設定されていたのである。これは、御次秀勝が若年で病弱だったため[34]、とても丹波一国を支配できないことにもよるが、同時期の秀長領但馬・播磨と同様、一門領にその大部分の蔵入地を設定するという秀吉の方針を貫いたものといえよう[35]。その結果、御次秀勝は亀山周辺のみを支配し、他の多くの拠点は秀吉重臣の手に委ねられたのであり[36]、その一つ天田郡域が、但馬に隣接しているという条件からも秀長に任されることになったのである。そして秀長は、ここに上坂意信や村山久助といった吏僚に長けた近江出身の家臣を奉行として派遣し、周辺の知行地・蔵入地管理を任せたのである。

では、紹介史料を中心に秀長の福知山経営を検討してみよう。

【史料２】をみても明らかなように、上坂意信は秀長から知行宛行をうけており、秀長の直臣であった。その彼が天正十年と比定される八月十五日付の【史料３】において、既に福知山に在番していることが確認され、さらに同年十月七日付の【史料７】でも上坂意信と村山久助が、「福知山」の「扶持方」を支配していることが確認される。これにより、清洲会議が行われた同年七月以後ほどなくして、秀長が福知山経営に関与していたことが確実となろう。ちなみに【史料７】にみえる「小堀新介」は名を政次といい、江戸時代に寺社建築などで有名な小堀遠州の父であり、後に秀長領国となる和泉・紀伊・大和三国の郡代をつとめ、当該期にも秀長の意をうけて、播磨の寺社などに寺領安堵状を発給している秀長家中きっての奉行頭である[37]。ここにもみえるように、上坂意信・村山久助らの奉行を、この小堀新介が中心となって統率していたと思われる。

ついで同年九月六日付で発給された【史料4】には、はやくも上坂意信が「其許知行已下」や「金山知行之儀」など、福知山周辺の知行地再編と整理に乗り出している。この文書には「不可有油断候」や「其段能相極候て」とあるように、秀長は福知山の知行地支配を上坂意信や村山久助にほぼ一任していた。さらに翌十月三日付の【史料5】でも「奥田知行之事」を「其方にて被見斗可遣候」と、上坂意信と村山久助に知行給付と知行地宛行の権限を与えており、ここでも事実上福知山経営は、これら吏僚派の奉行の手に委ねられていたことがわかる。しかし一方で「当年ハ半分之物成可遣候」とあるように、知行地給付はいまだ確定されておらず暫定的であり、柴田勝家対策からもとりあえず急場をしのぐ知行政策がとられていたようである。

また、秀長署判から年次比定できなかった【史料6・8】も、「知行」支配に関する文書であり、上坂意信と村山久助が併記されていることや（【史料6】）、【史料4】にみえる福知山における「綿」に関する指示を、同様に上坂意信に与えていることなどからみて、いずれも天正十年の福知山経営に関する文書と考えてよいであろう。さらに（天正十一年）八月二十四日付の【史料9】も、「扶持方」の米を村山久助と上坂意信に指示していることからみて福知山経営に関する文書と比定できる。

これらにより秀長の福知山経営は、秀長自身が直接現地に赴いて直接命令を下すというよりも、上坂氏などの吏僚層に経営を任せる代官支配が中心であった。そして、『上坂文書』から確認できる秀長の福知山領有期は、翌天正十一年と比定できる九月十四日付の【史料10】で、福知山の「新庄」に関する「扶持方」を上坂意信が支配している文書をもって終見となる。現時点では天正十年七月から翌十一年九月までが、確認できる秀長の福知山領有期といえよう。

このように、秀長は丹波福知山を任され知行地・蔵入地管理を行っていたが、秀長の福知山経営にはもう一つ重要な側面があった。それがいわゆる山陰道を中心とする交通路の支配という側面である。

先に紹介した『威光寺文書』には、丹波がほとんど秀吉の蔵入地だったたという記述に続けて「但馬ハ出石・豊岡両城拾弐万石、羽柴秀長公御拝領、福知山ヨリ佐々木・谷久畑（夜久畑カ）へ往還定ル、依之山川悉板橋ヲ懸、所々茶店ヲ被立、上佐々木ハ坂下故御本陣被立宿所ト成、石州・伯州・因州・雲州大小名氷之山越、出石ニ出テ往来甚結構候事」という興味深い記事を載せている。これは江戸時代中期の記録なので確実とはいえないが、秀長が早くから但馬・丹波間の交通路整備に力を注いでいることは、次の書状によっても判明する。

猶以、をん□な其表可遣候、路次等無異儀頼候、以上、

態令啓候、仍其表我等者共細々江州へ上下候処、路次無異儀被送届候祝着候、弥向後往来可在之候条、別而頼入候、於此方用於在之者、聊不可有疎意候、猶六蔵かたより可申候、恐々謹言、

羽柴小一郎

長秀（花押）

六月五日

夜久主計頭殿

御宿所(38)

宛所にみえる夜久氏は、但馬朝来郡と丹波天田郡の国境に位置する天田郡夜久郷を本貫地とする在地領主で、領内を山陰路が走っており、やはり交通上の要衝を支配していた。つまり、前掲『威光寺文書』の「谷久畑」を領していたと思われるのである。

藤田達生氏(39)は、この文書を天正十年の本能寺の変直後のものと比定している。秀長の美濃守任官が天正十一年五月

頃と推定されるので、それ以前のものであり、明智光秀の丹波制圧が天正七年なので、この文書は丹波の交通路の安全が確保されたこの間のものであることは間違いない。ともかく重要なのは、早くから秀長がこうした山陰路沿いの在地領主を懐柔しているということであり、『威光寺文書』にみえる「福知山ヨリ佐々木・谷久畑へ往還定ル」という記事を裏付けている点である。

さらにこと街道支配、ひいては山陰の交通路支配に関していえば、秀長は但馬や丹波天田郡を超えた権限を有していたと思われる。これは、天正十年と比定できる七月十三日付（丹波桑田郡）野々村庄内中八ヶ村の請人・名主百姓中に宛てた秀長書状[40]の中で、「川勝兵衛大夫当知行請人百姓以下ニ至まて、如有来川渡申付次第ニ早々可罷遣候」として、山崎の戦いの後秀吉に帰参した丹波桑田郡の国衆川勝秀氏の所領百姓にたいする「川渡」という河川輸送の命令を下していることからも推測され、秀長が但馬の竹田・出石から福知山にいたり、京都へ抜ける山陰路を支配、整備することによって物資輸送・情報伝達の便を計っていたことがわかる。この結果【史料4】にみえる「勝左衛門大津鉄砲薬取遣候間、人夫百斗可指遣候」という、福知山から近江大津へ人夫を供給できる輸送ラインも、前掲六月五日付夜久主計頭宛の秀長書状にみえる「我等者共細々江州へ上下候処」と同様に、早くから秀長が山陰路を支配していたからこそ可能だったのであり、但馬から近江までの交通路を確保していたからに他ならない。

その点、前述のように三丹の結節点である福知山を秀長が支配していたことは重要な意味をもつであろう。福知山は但馬・丹後などから輸送されてくる様々な物資の集積地として栄えたと思われ、【史料4・6・8】にみえる商品生産物である「綿」を福知山で扱っているのも、山陰各国から様々な特産物が福知山に集められていた一つの傍証となろう[41]。秀長がこうした商品生産物を管理・売買することにより、莫大な利益を生み出していたことは想像にかたくなく、それを秀吉へ供給する輸送路の整備こそが、秀長に課せられた重要任務だったのである。またこの面からも、福知山経営には算用に長けた吏僚が必要だったのであり、近江出身の上坂氏などが配置される必然性があったのである。

山崎の戦いの勝利により、一躍天下取りの野望が芽生えた秀吉にとって、この時期一番頼れるのは山城以西の播磨・但馬・丹波という領国の生産力であった。特に柴田勝家との決戦に備えて、領国から近江方面への輸送路を確保することが急務とされたのである。ゆえに一門筆頭の秀長に但馬・丹波福知山を与え、亀山城にも一門の御次秀勝を置いて山陰道筋の整備を推進したのであり、その成功による潤沢な物資の確保が、後の賤ヶ岳合戦の勝利に大きく貢献したと思われるのである。

おわりに

以上、『上坂文書』所収羽柴秀長発給文書の紹介と、それを材料に若干の検討を加えてきた。

天正十九年（一五九一）一月二十二日、秀長は大和郡山城で病没した。その時郡山城には「金子ハ五万六千枚余ト法印交替、銀子ハ二間四方ノ部屋ニ棟究テ積テアリ、数ハ知レス、料足ノ分斎何万貫アルモ積リハ不存ト被申渡云々」(42)という莫大な遺産が残されていた。これは秀長が相当な蓄財家であったことを示すエピソードとして有名だが、同時に秀長が相当商品経済に精通しており、商業統制の手腕に長けていたことを示唆していよう。このことは、大和領有期の郡山城下町振興政策(43)にも端的に示されており、秀長にはかなりの経済感覚が備わっていたといえるのである。そして、紹介史料にみえる秀長の動向をみても、有能な吏僚派家臣を登用し、知行地支配・商品生産物の統制などに精通している様子がうかがえ、秀長がこの頃から既に経済的にすぐれた手腕を身につけていたことが推測されるのである。だからこそ、秀吉も山陰道の重要拠点である丹波福知山を秀長に任せたわけであり、当該期の秀長の役割には、物資確保と但馬から丹波福知山にいたる山陰路支配という重要任務が存在したのである。
羽柴秀長に関しては豊臣政権における重要性に比してあまりに関係史料が少なく、晩年の約一〇年間を除いて不明な点が未だ多いのが現状である。それゆえ、今回の『上坂文書』のように発掘されていない史料を検討することで、新たな秀長の事績を解明することは重要であり、今後もさらに網羅的な史料蒐集が望まれよう。

註

（1）厳密にいえば、信長時代の文書もあるが、ここでは秀吉に関する『上坂文書』は便宜上全て「豊臣期」文書とする。
（2）三鬼清一郎編『豊臣秀吉文書目録』（一九八九年三月）、同『豊臣秀吉文書目録』補遺一（一九九六年三月）。
（3）拙稿「羽柴秀長文書の基礎的研究」（『駒澤大学史学論集』二七、一九九七年四月）。
（4）『角川日本地名大辞典26 京都府』（角川書店、一九八二年七月）。なお「奥田」という地名は、どの地名辞典を調べても、当該期に秀長が関係した地域には確認されなかった。しかし、現在福知山市の拝師・石場・上小田などの小字に「奥田」がみられるし、他の史料との関係からも福知山周辺の地名と推定した。
（5）『福知山市史』二（一九八二年三月）。
（6）『改訂近江国坂田郡志』二（名著出版、一九七一年五月）。
（7）『長浜市史』二・秀吉の登場（一九九八年三月）。
（8）これ以後、謄写本の「上坂文書」を引用する場合は、謄写本「上坂文書」と記し、影写本の「上坂文書」は特に注記せずに「上坂文書」一、二とする。
（9）「上坂文書」二所収、元和二年（一六一六）三月二日付大窪孫介宛上坂八右衛門尉正信書状写。
（10）「上坂文書」一所収、卯月九日付平野土佐守・不破河内守宛古田肥前守良直・矢野兵部重謙・卜真斎信貞連署状（中川泉三編

『近江長濱町史』一・本編上、臨川書店、一九八八年十一月)。
(11) 朝尾直弘「豊臣政権論」(『岩波講座日本歴史9近世1』、岩波書店、一九六三年九月)、脇田修「織豊政権論」(『講座日本史』四、東京大学出版会、一九七〇年十月)。
(12) 註(10)。
(13) 註(7)。
(14) 拙稿「但馬・播磨領有期の羽柴秀長」(『駒澤大学史学論集』二八、一九九八年四月)。
(15) 「上坂文書」一(『大日本史料』一一―七)。
(16) 「上坂文書」一所収。全文を次に掲げる。

御両人夫諸役」之儀申候へ共」上様御免除」之返事令存間」向後其通相違」有間敷候」恐々謹言

天正十五　　松田左近右衛門尉

正月廿六日　　吉久(花押)

伊賀入道殿

信濃入道殿

御両所人々御中

(17) 竹内理三編『増補續史料大成』四〇～四二、臨川書店、一九七八年五月)。
(18) 『福知山市史』一(一九七六年一一月)。
(19) 註(5)。
(20) 山口架之助編『天田郡志資料』下(一九三六年九月)。
(21) 播磨良紀「秀長執政期の紀州支配について」(『和歌山地方史の研究』、宇治書店、一九八七年六月)。
(22) 『福知山市史』史料編三(一九九〇年三月)。
(23) 註(5)。

(24)「兼見卿記」二、天正一二年九月三日条（斎木一馬・染谷光広校訂『史料纂集』四七、続群書類従完成会、一九七六年一月）。

(25)天正十二年八月十九日付中村五左衛門尉宛杉原家次知行宛行状の所付に「丹州天田郡内」とあり、この頃杉原家次が丹波天田郡を支配していたことがわかる（「天城文書」『大日本史料』一一―八、二五六頁）。

(26)奥野高広・岩沢愿彦校注『信長公記』（角川書店、一九六九年一一月）、福島克彦「織豊系城郭の地域的展開―明智光秀の丹波支配と城郭」（村田修三編『中世城郭研究論集』新人物往来社、一九九〇年五月）。

(27)註(14)。

(28)註(5)。『丹波氷上郡志』上（名著出版、一九七五年四月）など。

(29)「小島文書」（『大日本史料』一一―一、八九三頁）。

(30)「妙法寺文書」（『兵庫県史』史料編・中世三、一九八八年三月、四二八頁）。

(31)「諸家文書纂」一四（『大日本史料』一一―一、八九四頁）。

(32)「時経卿記」天正十年十月十四日条（『大日本古記録』、岩波書店、一九五九年三月）。

(33)「威光寺文書」二号の「寺社御改ニ付一札」（『福知山市史』史料編一、一九七八年十二月、六二二頁）。

(34)「兼見卿記」天正十一年二月五日条など、御次秀勝が度々病を煩っていたことが散見される。

(35)註(14)。

(36)たとえば、天正十年九月二十五日付伊藤掃部助宛筑前守秀吉知行宛行状（「寸金雑録」『兵庫県史』史料編・近世一、一九八九年三月）など、丹波国内において直臣に知行地を与えている例から確認される。また秀吉は、賤ヶ岳合戦後の天正十一年六月五日付で、福島市松（正則）らのいわゆる賤ヶ岳七本槍に対して、一斉に五〇〇〇石、ないし三〇〇〇石の知行宛行状を発給しているが、桜井左吉宛行状にみえる「丹波内」という文言を除いて、他は全て所付が記されていない。山室恭子氏はこれを小姓衆を世間に宣伝するための空手形であったと評価しているが（『黄金太閤』、中央公論社、一九九二年十一月）、桜井左吉のみに「丹波内」と特定されていることは重要であろう。すなわち、桜井は秀吉の小姓ではなく、実は秀長の小姓だったのであり（十一月三日付次加野金十郎・桜井左吉宛小一郎長秀判物「山口文書」『兵庫県史』史料編・中世三、一九八八年三月、七二五頁。「川角太閤記」『大日本史料』一一—四、一一六頁など参照)、「丹波内」とは、おそらく秀長領の天田郡周辺であったと推定されるのである。こうしてみると、山室氏のいうように、この知行宛行はまったくの空手形というより、秀吉小姓には領国中のいずれかの土地を、秀長小姓には秀長領内をというように知行給付をある程度前提としていたと思われ、賤ヶ岳合戦の戦後処理が安定したころに知行給付を行うという約束手形的な意味合いの方が強かったのではないかと思われる。こうした、秀吉が秀長の小姓に対しても知行宛行状を発給しているという事実が、前述の秀吉と一門の関係を端的に示していると思われるが、ともかくこの桜井左吉の事例からも、当該期の丹波に秀長が深く関わっていたことを示唆していて興味深い。

(37) 註(14)。
(38) 「夜久家文書」三四号(『福知山市史』史料編一)。
(39) 藤田達生「織田政権から豊臣政権へ—本能寺の変の歴史的背景—」(『年報中世史研究』二一、一九九六年五月)。
(40) 「古文書」二(東京大学史料編纂所所蔵写真帳、八七頁)。
(41) 当該期の商品生産に関しては、地方史研究協議会編『日本産業史大系6 近畿地方編』(東京大学出版会、一九六〇年三月)を参照した。
(42) 「多聞院日記」天正一九年一月二七日条。
(43) 永島福太郎『奈良文化の伝流』(中央公論社、一九四三年八月)、『大和郡山市史』(一九六六年七月)など。

Ⅳ 豊臣政権と豊臣秀長

播磨良紀

はじめに

天正十九年（一五九一）十二月、豊臣秀吉は関白職を辞し、甥の秀次が新関白となった。この関白職委譲は、秀吉の政権からの引退によるものではなく、太閤となった秀吉と関白秀次が並立して政治を行なうためのものであった。ここに太閤―関白による支配体制が出現する。同じ血族が政権を分与して支配するこの体制については、豊臣政権の性格を考える上で重要な課題であり、さまざまな議論がなされている(1)。もともと豊臣政権は、旧来の守護や戦国期権力などからの出自ではない新興勢力のため、その権力編成には血族など一族大名に頼らざるを得ない性格を有していたのである。

豊臣政権の血族の中で秀次に先んじて豊臣政権形成過程で重要な役割を担ったのは、秀吉の弟豊臣秀長であった。秀長は全国統一戦争では先頭にたって参戦し、多くの戦功をあげて秀吉の全国統一を助成した。また一族大名で最大の石高を有し、官職も徳川家康とともに大納言まで上る豊臣大名の中でもトップの存在であった。

こうした秀長の豊臣政権での役割については研究が少なく、具体的な検討もあまりされていない(2)。そういった中で朝尾直弘氏は、豊臣政権の構造を検討し、当初政権内部では「公儀の事」を司る秀長と「内々の儀」を管掌する千利休の路線による施政担当が行なわれたことを指摘している。(3)さらに、近年豊臣政権下での諸大名への意思伝達体制である「取次」に注目した山本博文氏は、秀長も秀吉関白就任ごろから取次的役割を果たしていたと述べる。(4)

このように秀長の豊臣政権での施政担当の面が指摘はされているが、秀長の豊臣政権で担った役割についての具体像はまだまだ明らかでない。そこで本稿は、豊臣政権形成期においての秀長の役割を検討し、先に述べた同政権の血族の位置づけを行ない、同時期の豊臣政権の政治構造を探っていきたい。(5)

一、秀長の動向と領国

秀長は秀吉の弟として織田信長に仕えるが、その初期の動向は明確でない。(6)秀長の登場は元亀年間ごろで、秀吉の北近江三郡領有の時と思われる。(7)秀長は秀吉が関わる合戦にともに参加し、本能寺の変後も、山崎の合戦、賤ヶ岳の戦い、小牧・長久手の戦いに参戦する。特に小牧・長久手の戦いでは、秀吉の「名代」として織田信雄との交渉に向かっている。(8)

天正十三年（一五八五）の紀州攻めでは副将として参戦する。この紀州攻めでは秀吉・秀長から禁制が出されるが、秀吉は三通、秀長のものは五通残る。(9)宛先も高野山・貝塚寺内といった大寺院に発給する秀吉に対し、秀長は和泉や紀伊の在地や中小の寺社に出している。また、秀長は雑賀衆の籠る泉州の沢城や根来衆の積禅寺を落とし、助命の起請文を出す。(10)このようなことから、紀州攻めでの実質的な軍事統率者は、秀吉よりも秀長であったといえよう。(11)そして、四月紀州太田城を開城させると、紀伊・和泉の統治は秀長に任せられる。(12)このように統一戦争での軍事統率者としての秀長の役割は高まっていく。

さらに、四国攻めでは、当初自ら出陣するつもりであった秀吉に代わり、秀長が総大将となり、紀伊・和泉の軍勢を率い四国に渡る。秀長は長宗我部氏との交渉にあたり、そこでの折衝は秀長に任され、ここでも秀吉の「名代」の役割を演じた[13]。その結果、長宗我部氏は秀長に従うこととなり、四国国分は実施されるのであった[14]。九州攻めでも秀長は先勢として黒田孝高などの諸将を統率し、一五万の軍勢を率いて東回りルートから攻撃する。そして後述のように島津氏との交渉にあたる。そして大納言に昇進し、天正十六年の聚楽行幸には公家衆として参列する[15]。しかし、このころから病気を患い、十九年正月病死する。

このように、秀長は豊臣政権の統一戦争に参戦し、また「名代」として豊臣軍を率いて軍功を治めた。つまり秀長は、秀吉に代わる存在として豊臣政権の主従制を担う役割を果たしていたといえる。「名代」は、『日葡辞書』では「他人の代わりに立っている人、または、代理の地位にある人[16]」とあり、まさに秀長は秀吉の代行者として活躍したのであった。

この「名代」的役割は、ルイス・フロイスの書簡でもみえる。秀吉が朝鮮侵略を念頭に置き、「それ（全国統一：筆者注）が完成すれば、国を弟の（羽柴）美濃守（秀長）殿に渡す[17]」と述べたということからも、秀吉に代わって統治する存在であったことが窺われる。同様に「多聞院日記[18]」天正十四年十月八日条でも、「秀吉ハ新王ニナリ、秀長ハ関白ニ成ル、歟」と当時噂されるように、秀吉の代行者としての存在は世間にも認められていたのであった。

次に秀長の領国をみていく。初期の秀長の領国は史料の残存状況からも不明である。天正五年秀長は但馬竹田城城代となり、天正八年に上坂八郎兵衛に知行宛行を行なうなど天正十年までは但馬を領していた[19]。秀長は播磨国をも領していたとされるが、小竹文生氏によると播磨は秀吉の直轄下であったという[20]。そして秀長は天正十年から丹波福知山をも領した[21]。

紀州攻め後の天正十三年五月には紀伊・和泉に転封し、さらに閏八月から大和が加えられ、伊賀の一部も領する。総石高は一〇〇万石に及ぶといわれ、当時豊臣一族大名の中で最大の石高を有していた。秀吉が秀長に紀伊や和泉の統治を任せたのは、大坂に近い反豊臣勢力がいまだに存在しており、それらを押さえる必要があったからだと思われる。事実、翌十四年に紀州再出兵が実施されるように、紀州にはまだ不穏な動きがくすぶっていた(22)。また、和泉や紀伊には熊野水軍をはじめとする有力な水軍・船手が存在し(23)、その統制も豊臣軍団には必要課題であった。加えて紀伊は木材の重要な供給地であり、聚楽第や方広寺大仏殿など造営がつづく豊臣政権にとってはその管理も求められた(24)。一方、大和は山城と並ぶ中世来の寺社権門をもつ地域で、興福寺を中心に中世の寺社勢力や国人勢力をまとめる強力な体制が必要な油断のならない地域であった。また大和も紀伊同様木材供給地でもあった。

こうした豊臣政権の中枢である大坂や京都に近い地域でありながら、かつこのような重大な対応に迫られている地域の支配を託するには、秀吉は最も信頼のおける一族大名でなければならなかった。秀長の居城大和郡山城は、すぐに政権の中枢である大坂や京都へ向うことができ、政務への参加がしやすい場であった。秀長は、天正十三年閏八月以降、大坂や京都との行き来がみられ、京・大坂には自らの屋敷も有していた。

このように、豊臣政権にとって京・大坂に次ぐ畿内の最重要地域である大和・紀伊・和泉の地を、秀吉は秀長に託したのであった。それだけ秀吉にとって秀長は信頼厚い一族大名であり、実力者であったからだといえよう。

二、秀長と諸大名

山本博文氏は、「取次」が存在する以前に秀長は取次的役割を果たしたとされる。ここで、そのような秀長の他大名との関係を検討してみよう。

まず、小早川隆景をはじめとする毛利氏との関係がある。四国攻めの総大将であった秀長は、秀吉の「名代」としての秀長の役割から中国地方から攻める毛利・小早川・吉川との連絡をしている。そして小早川氏などと秀吉との伝達・交渉の役割を果たす(25)。しかし毛利方と秀吉との「取次」は、黒田長政・蜂須賀家政が担い、秀長は「取次」ではなかった(26)。

一方、秀長は四国攻め終了後伊予を領した小早川隆景を祝し、「自然此表於御用等可被仰聞候」とあるように、畿内への用がある場合、秀長がそれを聞くことを述べている(27)。そして天正十三年（一五八五）十二月隆景や吉川元春らが来坂したおりには、彼らを出迎え茶を振る舞うなどの接待を行なっている(28)。毛利輝元にも、同十六年上洛のおり接待を行ない、大坂だけでなく大和へも招待し、郡山城で大層な歓待を実施し、彼らとの関係を親密にしている(29)。

天正十四年に上洛した徳川家康の接待をしたのも秀長であった。秀長は上京中家康に付き従い、自らの屋敷に宿泊させ、饗応や猿楽能を興業するなどさかんにもてなしている(30)。さらに京の家康屋敷の工事を家臣の藤堂高虎に命じるなど、その接待にはかなり力を注いでいた(31)。また、秀長が病気に伏すと、家康は直接、もしくは家臣の藤堂高虎・桑山重晴を通じて何度もその見舞いを行ない、秀長と家康の親密性が窺われる(32)。

ところで、秀長と家康の関係を示す三河真宗寺院の一件がある。三河の一向一揆は家康によって敗北し、本願寺派は禁制となり、天正十三年十月にようやく七か寺の三河還住が認められ三河本願寺教団は再建される(33)。そして、同十六年方広寺大仏殿作事に際し、家康は京都への材木運搬を三河の真宗寺院七か寺に命じる(34)。しかし寺院側は、門徒衆に申し触れたものの人足の調達ができないと述べ、そのため再び家康から三河を退出するように伝えられた(35)。そうした事態に対し、秀長家臣の羽田正親から下間頼廉に書状が出される(36)。そこでは、秀長が家康に意見をして、材木の件はさしおき、三か寺（上宮寺・勝鬘寺・本證寺）は、諸役免除の文書どおりとするので、三河へ還住するように求めている。さらに秀長自らも文書を出し七か寺の還住を促している。(37)これは本願寺と結びつく豊臣政権の家康領国支配の介入とも考えられるが、(38)秀吉自ら関わらずに秀長が対処している点が注目される。豊臣政権が本願寺擁護の立場でこの件に対するならば、秀吉自身もしくは「取次」の奉行が折衝するであろうが、そういった動きはみえない。秀長自身が「取次」なのかもしれないが、方広寺大仏殿造営には、羽田が大仏材木の調達に関わっており、(39)その主君秀長もそれに関与していたと思われ、そういった関係で秀長が登場したものであろう。つまり、秀吉の方広寺大仏殿造営という政策実施に関わる介入であった。秀長は家康に「御異見」をし、この件を家康も納得をして「約束」するというような内済が行なわれ、解決に向かう。(40)豊臣政権・本願寺・徳川家康といった複雑な関係の中、こうした対処ができるのも、先述の家康入洛の時の秀長接待にみえるように、家康と秀長の入魂な関係からなされたものであろう。

一方、征服をした長宗我部氏や秀吉配下となる大友氏などとも秀長は接触をもち、秀吉と彼らを結ぶ存在になった。長宗我部氏は豊臣政権に降りると秀長の幕下となったとされ、(41)元親が謁見のため上洛した時も秀長がその労をとっている。(42)また九州攻めでは、秀長の指揮のもとに動員される。九州攻めで降伏した島津家久も秀長について奉公しようとしていた。(43)大友氏も秀長と関係が深められ、検地などの領国支配に秀長が関わる（後述）。

このように、秀長は豊臣配下となった有力大名と近しい関係をもち、彼らの上洛に際してはその接待役に務めている。豊臣政権が全国統一を進める中では、臣従した大名が大坂・京都へ出仕して豊臣大名として編成がなされるが、(44)その出仕においては秀長が積極的に関わり、大名と秀吉を円滑に結びつける役割を果たしたのであった。(45)それは当然新たな臣下とはなったものの、依然強力な勢力をもつ大名だけに、豊臣政権に反する可能性をもち、その均衡関係を保つ必要があった。その役割を担ったのが秀長であった。これは、本来秀吉が果たす役割を秀長が介在して円滑にしたものであり、秀吉血族であるからこそできることであった。そして、家康の材木調達一件のように、複雑な様相でも秀長―家康の関係からそれを解決をする。このような秀長の役割も「名代」の役割であったといえよう。

三、「内々之儀」の宗易と「公儀之事」の秀長

今まで出てきたように、秀長は「名代」としての役割が考えられるが、「はじめに」で述べたように、利休は「内々之儀」、秀長は「公儀之事」を司り施政担当をしたとされる。これは、大友宗麟の書状で記されるのであるが、そこで本章では同書状を検討して、「内々之儀」「公儀之事」を考え、またその背景にある九州攻めでの秀長の存在をみていきたい(46)。

天正十三年（一五八五）十月二日秀吉は、大友氏と島津氏との豊後での争いに対し、停戦令を出す(47)。それを受けて翌十四年大友宗麟が島津氏との争いの中、大坂城に秀吉に直訴に現れる。翌日宗麟は国元の家臣に書状でその時の様子を知らせる(48)。

酉刻程○〔に〕罷立候、はる〳〵宗滴手をとられ○〔候て、〕何事も何事も美濃守如此候○〔間、〕可心安候、内々之儀者宗易、公儀之事者宰相相存候、御為ニ悪敷事ハ、不可有之候、弥可申談と諸万人ノ中ヲ手ヲ取組、御入魂中々忝存候、いつと□□宰相殿を頼申候ハてハにて候間、能々御心得可入候、今度利休居士被添心、馳走之様子難申尽候、永々不可忘却候、此元之儀見申候て、宗易ならてハ　関白様へ一言も申上人無○〔之と〕見及申候、大形ニ被存候而者、以外候、とにかくに当末共秀長公・宗易へハ、深重無隔心御入魂専一候、

この書状では、宗麟が秀吉に大坂城で歓待された様子が記されている。その中で秀長は万人が見る中で手を取り、

「内々之儀」は宗易、「公儀之事」は秀長が心得ていると述べたという。そして、宗易は秀吉に対してものを申す唯一の人間で、そのため宗麟は秀長・宗易には心を許して親密になるのが最もよいと述べている。つまり、宗麟と豊臣政権との間では、「公儀」の秀長と「内々」の宗易が必要であったのである。

ここで、注意しなければならないのは、このような行動は大友宗麟が島津に対していた天正十四年という時期である。この時は、島津氏と大友氏との争いで、秀吉は停戦令を命じ、緊迫した状況にあった。大友氏にとってもこの時いかに豊臣政権と結びついて、豊後領国を島津から守るかが重要課題であった。そうした中で出された文書である。

まず、「内々之儀」を司っている宗易について検討してみよう。宗易は、有名な茶人の千利休のことである。利休はその政治的役割は指摘されてはいるが、それが示されるのはこの時期と晩年だけである[49]。晩年のものを除き、このように「内々之儀」がうかがわれる豊臣政権の政治との関わりを示す文書をまとめたのが次の表1である。

表1をみると、いずれも天正十三年～十四年の間の九州大名と関わりをもっていたことがわかる。もちろん「内々

表1　利休九州大名関係文書一覧

年月日	文書名	宛先	奏者	内容	出典
天正13・9・27	秀吉書状	大友左兵衛督	宮内卿法院利休居士	吉光骨啄刀所望	大友家文書録
天正13・10・2	細川幽斎・宗易連署状	伊集院右衛門太夫		綸命より九州の和睦	松井家文書
天正13・12・7	羽柴秀吉判物	大友左兵衛督	宮内卿法院利休居士	島津との出入りを止め、島津返事次第で出兵	大友家文書録
天正13・12・13	島津義久書状	宗易軒		関白の祝儀今度使節差昇り、取合を願う	荻野論文
天正14・6・16	羽柴秀吉朱印状	宗讃岐守	利休居士	九州動座、朝鮮出兵など秀吉への忠節の事	宗家文書

之儀」であるから、史料上に実態が現れるのは困難であるが、逆にわずかながらもこれらが九州大名を中心にみえていることに注目したい。つまりここでみえる宗易が「内々之儀」を果たすのは、九州大名に対するものとみえ、必ずしも豊臣政権全体の政策に関わるものとは考えにくい。このことは「公儀之事」の秀長も当時この九州攻めに主要な役割を果たしていたことからも推察されよう。

さらに「内々之儀」・「公儀之事」をみるために、この天正十三年ごろの宗易・秀長と島津氏との関係を次にみていこう。先述のように秀吉は停戦令を出すが、ここでは宗易と細川幽斎も添状を出し、その斡旋に努めている[50]。しかし、島津と豊臣政権の交渉は、それ以前からもみえる。それを示すのが次の史料である[51]。

「御書案文　鎌刑御使節之刻」

未申馴候之処、対伊集院右衛門太夫・本田下野守御伝書加披見候、御懇情畏悦此事候、抑　関白殿被治天下掌之段、謂非所及筆舌候、殊去夏之比、被成芳檄候、便宜之為体候条、于今申後候、慮外之至候条、為可伸回礼差上使節、幽斎迄申試候、自然之刻、可然様御取成所仰候、仍生糸拾斤進之候、聊補微志計候、恐々謹言

十月廿日　義久

羽柴（秀長）美濃守殿

御宿所

これは、停戦令が出された二〇日間ほど後に島津義久が秀長に対して出した書状であるが、当然停戦令配送の時間差などがあり、この書状が発給された時には島津には停戦令は知らされていない。したがって、停戦令以前に島津から秀長へ出されたものといえる。文頭に「対伊集院右衛門太夫・本田下野守御伝書加披見候」とあるように、この書状が出される前に秀長、もしくは秀長家臣から伊集院・本田に宛てた文書が存在し、これはそれの返書といえる。こ

の書状では、義久は秀吉の関白就任を驚き、それを細川幽斎まで確認をしたことが述べられている。つまり、秀長の文書は秀長から島津に秀吉関白就任を知らせたものといえる。こうして関白の存在を示したすぐ後に関白の立場からの停戦令が出され、島津氏を納得させようとしたのである。このように秀長は島津との交渉を先立って行ない、停戦令の前提の交渉を行なった。それまでにつながりのない島津氏に関白を通知するのは、「公儀之事」として行なわれたであろうし、また「名代」の秀長であるからできたのであろう。

その後、義久は十二月十三日にも宗易に対しても秀吉への祝儀の使節を送るにあたっての取り成しと生糸一〇斤を贈る旨の書状を出している。[52]これは停戦令通知後の宗易への返書と考えられる。この文書では文頭に「連日雖承及候」とあり、停戦令添状だけでなく宗易からの連絡が何度かあったものと思われる。また「於預取合者可為畏悦候」と宗易に使節の計らいを求めていることから、「内々之儀」の宗易の役割がうかがわれる。

このように島津への停戦令発布に関連して、島津氏との交渉を進めるために、「内々之儀」の宗易と「公儀之事」の秀長から文書が出されていたことがわかる。

その後停戦令は受諾され、島津氏と豊臣政権のやりとりが深まっていくが、注目すべきは以後のこれらの交渉には宗易は登場せず、表1にあるように天正十四年夏以降他の九州大名とも関わりをみせなくなることである。つまり、宗易の政治的関わりはこれ以後みえなくなるのである。宗易は、翌十五年からの九州攻めでも九州に赴くものの、それも島津講和後の五月で、博多での秀吉慰労の茶会開催のためであった。[53]

加えて桑田忠親氏によると、天正十四年八月以降宗易は利休号を自筆の手紙に用いるようになるという。利休号は、無位無官の宗易が天正十三年に宮中で茶を点じるために勅賜号として下賜されたもので、そのおり宗易も自ら一日限りのものであるが、以後実名とする可能性も述べていた。[54]「利休」とは鋭利なものが失われた状態で、先が鈍磨した老古錐のことをいったもので、悟りを忘れ果ててたどり着く高い境涯であるという。[55]まさに利休号を名乗るのは、政治に関わっていた宗易がそこから退く心境を示したものといえよう。

一方、このことは後述の石田三成が島津氏との交渉に天正十四年九月以降登場することとの関連が考えられる。三成はこのころから勢力を伸ばしたものと思われ、宗易から三成への交替が想定されよう。さらにこの夏には、表1に利休と同じ交渉者としてみえた宮内卿法印が「曲事」により失脚している。[56]宮内卿法印は松井幽閑のことで、織田政権以来堺代官を務めていた。この「曲事」の内容はわからないが、その失脚後代官に就任するのは三成と小西立佐であった。[57]また同年十一月から自由都市堺の象徴であった外堀が埋められ、豊臣政権による堺支配が強められる。[58]以上のことから、天正十四年夏ごろに宗易など堺の関係者が豊臣政権での地位が低落し、その代わりに石田三成などの勢力が台頭してきたと思われる。

つまり、天正十四年夏ごろに、宗易は何らかの事態によりこうした政治の表から退転し、秀吉から与えられた利休号を名乗ることにより、政治から退き茶道に専念する姿勢をみせるようになる。もちろん以前と同様に秀吉をはじめとする武将たちの前で茶を振る舞うなど、まったく政治的な場から撤退したのではない。しかし、宗易は「内々之儀」を扱う存在ではなくなったものと思われる。そして宗易に代わってその役割を果たすために登場するのが三成であろう。したがって、宗易の「内々之儀」は、対九州大名に対するためのもので、それも天正十三〜四年夏までの限られた時期のものといえよう。

また、「取次」が大名との交渉の上で後見的な役割をし、秀吉への取り成しや内々馳走などの行動を行なうことから、宗易の「内々之儀」[59]はまさにこの「取次」を示すものであったと思われる。後に島津氏の「取次」や「指南」を行なう三成であるから、まさに九州大名への「内々之儀」は、この天正十四年夏ごろに宗易から三成へと移されていったといえよう。

四、秀長と島津氏との交渉

九州攻め後の島津氏との交渉では秀長が深く関わった。本章では、島津氏との関わりから豊臣政権での秀長の役割をみていきたい。

停戦令受諾後、九州国分令が来坂した島津氏家臣鎌田刑部左衛門尉に伝えられる。そして義久は天正十四年（一五八六）九月二十七日付で秀吉・秀長・三成・施薬院全宗各自に書状を出している。(60) 秀吉に対しては国分令返答の使を派遣したことを述べ、秀長には島津が他国へ違乱をしていないこと、三成へは秀吉出勢の噂への不満を訴え、そして全宗には京都に対して親近の思いを述べている。それぞれ内容は異なるが、秀吉や全宗には挨拶程度であるのに対し、秀長・三成へは交渉内容のことが記されている。特に三成には詳細で、交渉がうまくいくように使者への「指南」をも願っている。その意味では、秀長・三成が交渉相手であり、特に三成には「指南」を願うようなより「取次」の役割がみえる。

同年十二月、秀吉は豊後に出勢した島津氏に対して大友氏を支援するため中国・四国の軍勢を派遣するが、島津軍に敗退する。義久は翌年一月再び、秀長・三成に書状を送り、秀吉とは戦う意思はないとの自らの立場を弁明する。(61) この時の秀長・三成への書状は、表現の差異はあるものの、ほとんど同内容である。したがって、豊臣政権に対して弁明をするために、義久は秀長・三成と二つのルートから交渉を行なっていたのである。両文書の相違点は、豊臣政権への逆心がないことを、秀長へは「対京都」と述べ、三成は「対大坂」としている点である。三成へは先の九月の文書では「対京都」とも述べているが、ここでは秀長―京都、三成―大坂と別の対象として示され、何らかの意識の差がうかがわれる。つまり秀長は先にみたように秀吉関白就任を知らせるなど、関白という「公儀」への交渉者であり、秀吉直属の三成は「対大坂」という豊臣政権への「取次」であった。ここでも「内々」宗易と「公儀」秀長と同様の役割がみえているのである。

しかし、義久の書状は功を奏せず、九州攻めは敢行され、その結果島津氏は豊臣秀吉に服属する。そして、戦後処理の交渉も秀長・三成によって進められた。また、このころから三成とともに安国寺恵瓊も「取次」として加わる。(62)秀吉は五月十八日陣を引き払い、日向・豊前・豊後の後の処理は秀長に任せられ、(63)「何事も中納言次第」(64)に仰せ付けられた。(65)これらの国では、国置目・法度・知行宛行が秀長から取り行なわれた。国置目の発令は、検地・刀狩りとともに豊臣政権の仕置令としての戦後処理政策であり、(66)まさに秀長がこの任にあたった。またその後の豊後国検地や境目裁定などでは秀長家臣福智長通・疋田九兵衛尉が関わっている。(67)ここでも秀長は秀吉の「名代」としての役割を果たしているといえる。しかし、すべて秀長に任されているのではなく、「上意次第」や「被達上聞」などとたえず秀吉の意を受けなければならない弱さがあった。

ところで、戦後処理政策として重要なものに、薩摩・大隅・日向を一族で領していた島津領国の国分があった。秀吉は、薩摩国は島津義久に本領安堵をするものの、大隅国は長宗我部元親、日向国は大友宗麟に与えようとしていた。(68)しかし、元親も宗麟もそれを辞退したため、肝付郡を除く大隅国は義久弟島津義弘に本領安堵される。(69)残る日向国については、「真幸郡」を義弘息島津久保に、(70)佐土原城とその周辺の本知を義久弟家久に与えられた。(71)また、島津と戦った伊東祐兵には飫肥・曾井・清武が所領となることになっていた。(72)そして、それら以外の地は豊臣蔵入地に設定され、代官も命じられて秀長の管轄下にあった。(73)

それに対し島津氏は日向奪回の画策を行なう。六月十一日義久は某氏に、宛行地以外の日向国の回復をはかり、一国・半国・三分の一を得た場合の礼銭額を示している。この某氏を、桑田和明氏は秀長とし(74)、山本博文氏は安国寺恵瓊と推測している(75)。義久は秀長に対して常に書状で応対しており、この文書のような薄礼な「条々」として出すのは考えにくく、恵瓊に対して出されたものと思われる。義久は恵瓊に金銭で有利な裁定を求めたのであろう(76)。

しかし、義久の思惑どおりにはことは進まなかった。七月には公領から県・三城・宮崎が高橋氏に、新納・高城・財部・福島が秋月氏に渡される。島津家臣は飫肥郡内の志布志内大崎で違乱を起こし、諸県郡の拝領を訴える。それに対し、秀長側は、綾新右衛門の目録作成による郡分がなされたとしてそれを拒絶する(77)。この時秀吉からの決定がありながらこの訴えが行なわれたということで、秀長家臣福知長通が「安国寺如何御返事被申候哉」と述べているように、この訴えは安国寺経由で進められていたことがわかる。そして、諸県郡拝領の訴えは続き、秀吉の内意を得るようになるが、ここでもその交渉は「其以来かきりと御仁躰も被差上御理も無之」と秀長に対しては無視するように進められて、秀長は「以外御腹立」ていた(78)。そのため秀長側はこうした態度に、「当国之儀秀長如被仰付候(79)」と秀長の「公儀」としての立場を強調したり、「被対　公儀可為御不忠旨候(80)」とその姿勢を非難をしている。

そして、諸県郡の知行は郡境の確定に及び、秀長は郡境の証拠提出を求めそれがなければ認めないとする書状を出す。義久は翌年六月上洛し、秀吉に謁見することとなり、上洛直前に秀長側からの書状を石田三成に見せ相談をする。それに対して三成からは「御気遣入ましき」と伝えられ、安堵した島津側は「諸県郡入組之儀出合候歟、笑止存候」とまで述べている(81)。その結果改めて八月四日、日向国諸県郡一四〇〇町は義久に秀吉から宛行われたのであった(82)。

先にみたように、日向国の知行方は秀長に任せられているはずであり、秀長側で進められるはずであったが、秀長の扱いを不服に思う島津側は、「取次」の安国寺恵瓊や石田三成とで交渉を進め、諸県郡を回復させ境界も有利なものとした。[83]「取次」の安国寺恵瓊や石田三成は、直接秀吉と結びつく「取次」の優位さから「公儀」で「名代」である秀長をも押さえる力を有していたのであった。ここに「名代」の限界がみえているといえよう。

むすびにかえて

以上、豊臣政権における豊臣秀長の役割をみてきた。秀長は秀吉の弟として、血族で一族大名として最高の位置にあり、統一戦争の先頭にたって活躍した。そのため、戦時や交渉には秀吉の権限を代行する「名代」の役割を担った。大友氏の書状にみえる「公儀之儀」は、まさに秀長の「名代」の役割を示すものであった。さらに九州攻めでは豊前・豊後・日向の戦後処理を秀吉に代わって担当したのであった。この代行者である「名代」は、秀吉の代わりに臣従した大名たちとの関係を円滑にし、豊臣大名の編成に功を奏した。

しかし、一方では大名との交渉には大名の後見として内々に折衝する「取次」も存在した。九州大名に対し「内々之儀」を扱う千利休に代わって登場した石田三成や安国寺恵瓊は、秀吉と直接結びつき「公儀」を代行する秀長をも押さえるようになったのであった。

専制的性格をもつ秀吉は、全国統一を進めると、すべてを統轄することができず、ある程度上級権力として権力代行する「名代」や円滑な交渉を進めるための「取次」は必要なものであった。そのため、「名代」は自分の意思が通じ、安心して権限委譲でき、なおかつ配下を納得させられる血族でなければならなかった。秀長は、官位においても信長直系の信雄に次ぐ存在で、大納言を家康とともに与えられ、その地位の高さを示し、「名代」としてふさわしい存在に位置づけられた。[84]その後、秀長は病気となり、奥羽仕置では血族中次に位置する秀次が「名代」として参加するのであった。そして、朝鮮の役では、出兵に専念しようとする秀吉に対して、国内統治を「名代」としての秀次が関白に就任して担当する。これは第一章で述べたフロイス書簡にいうように、本来は秀長の役割であった(85)。
しかし、豊臣政権はこの「名代」と「取次」とを十分に組織化できなかったことに権力としての脆弱性がみえる。本稿でみたように、「取次」が「名代」をも押さえるようになり、朝尾氏が明らかにしたような東国仕置での集権派と分権派の対立があるなど(86)、権力としては不完全なものであった。その結果、秀次事件が起こり、太閤―関白の並列政権も短命でしかなかった。血族中の「名代」を失った秀吉にとっては、あとは非血族であり信頼性が薄い徳川家康・前田利家などの「奉行」による合議制に頼るしかなかったのである。そして、秀吉死後は予想通りの結末が待っていたのである。

註

（1）　朝尾直弘「豊臣政権論」（『岩波講座日本歴史』近世一、一九六三年、後、同『将軍権力の創出』岩波書店、一九九四年、所収）、同「幕藩制と天皇」（『大系日本国家史』三、近世、東京大学出版会、一九七五年、後、『将軍権力の創出』所収）、三鬼清一郎「太閤検地と朝鮮出兵」（『岩波講座日本歴史』近世一、一九七五年、所収）、北島万次「太閤権力の専制化」（同『豊臣政権の対外認識と朝鮮侵略』校倉書房、一九九〇年、所収）、中野等『豊臣政権の対外侵略と太閤検地』（校倉書房、一九九六年）序章、難波正治「『太閤・関白体制』の特質」（『海南史学』三四、一九九六年）など。

（2）　秀長については、渡辺世祐『豊太閤の私的生活』（大阪創元社、一九三九年、後、講談社学術文庫、一九八〇年）、永島福太郎「大和大納言秀長」（『大和志』四―九、一九三七年）、同「大和大納言秀長」（『淡交』一九七二年二月号、後、同『茶道文化論集』下、淡交社、一九八二年、所収）、桑田忠親『太閤家臣団』（新人物往来社、一九七一年）、三浦宏之「豊臣秀長と徳川家康」（『史学研究集録』四、一九七八年）など概略的なもの、拙稿「秀長執政期の紀州支配について」（『和歌山地方史の研究』宇治書店、一

九八七年、所収)、遊佐教寛「秀吉の属人支配から秀長の属地支配へ」(『和歌山県史研究』一五、一九八八年)、宮野宣康「秀長の領国経営」(『豊臣秀長のすべて』新人物往来社、一九九六年、所収)、小竹文生「但馬・播磨領有期の羽柴秀長」(『駒沢大学史学論集』二八、一九九八年)、同「羽柴秀長の丹波福知山経営―『上坂文書』所収羽柴秀長発給文書の検討を中心に―」(『同論集』二九、一九九九年)など領国支配についてのものがある。秀長文書については、小竹文生「羽柴秀長文書の基礎的研究」(『同論集』二七、一九九七年)がある。

(3) 朝尾直弘「豊臣政権論」(前掲註(1)参照)。

(4) 山本博文「家康の『公儀』占拠への一視点―幕藩制成立期の『取次』の特質について―」(『歴史学研究』五三〇、一九八四年、後、同『幕藩制の成立と近世の国制』所収、校倉書房、一九九〇年)。

(5) 豊臣政権の政治構造に関しては、朝尾直弘「豊臣政権論」(前掲註(1)参照)や山本博文前掲註(4)書第一章・第二章、阿部勝則氏の「五大老」「五奉行」の研究(同「豊臣五大老・五奉行についての一考察」『史苑』四九―二、一九八九年、同「豊臣政権の構造」『武田氏研究』一〇、一九九三年)などがある。

(6) 『武功夜話』一(新人物往来社、一九八七年)では、初期の秀長の動向などが記されるが、編纂物という史料の性格上の問題などがあり、ここでの検討は保留しておく。

(7) 秀長文書の確実なものとしての初見は、現在のところ年未詳八月十六日付「木下長秀書状」(「黒田共有文書」『黒田共有文書調査報告書』木之本町教育委員会、一九九九年、一―二号)である。同文書の年代を天正一～二年頃と推定する見解もあるが(小竹文生「羽柴秀長文書の基礎的研究」前掲註(2)参照)、時代背景から元亀年間に比定する太田浩司氏の見解に従う(太田浩司「黒田文書の概要について」『同報告書』所収)。

(8) (天正十三年)正月二十八日付「羽柴秀吉書状写」(「根岸文書」『大日本史料』十一―一三、東京大学出版会、一九六五年、二三八頁)。

(9) これらの禁制については、『大日本史料』十一―一四(一九七二年)参照。

(10) 天正十三年正(三)月二十三日付「羽柴秀長起請文写」(「太田家文書」『和歌山市史』四、一九七七年、五六六号)、同日付「羽柴秀長起請文」（「旦来森家文書」『同市史』五六七号）。

(11)　遊佐教寛氏は、この時の禁制・起請文発給の理解を秀吉が秀長に紀州を与える前提としてとらえるが（遊佐教寛前掲註（２）論文）、禁制は戦時に軍隊の司令官から濫妨・狼藉を禁止するために礼銭などを代償に指揮下の軍勢を対象として出されるものであるから（高木昭作「乱世」『歴史学研究』五七四、一九八七年）、そのような理解にはたたない。

(12)　（天正十三年）五月十一日付「羽柴秀長書状」（「中村不能斎採集文書」『大日本史料』十一―一五、一九七五年、二四〇頁）。

(13)　（天正十三年）七月二十七日付「羽柴秀吉覚書写」（「藤堂家文書」『大日本史料』十一―一八、一九八六年、一九頁）、同日付「羽柴秀吉判物写」（「伊藤文書」『阿波国徴古雑抄』日本歴史地理学会、一九一三年、三一七頁）他。

(14)　藤田達生「豊臣期国分に関する一考察―四国国分を中心に―」（『日本史研究』三四二、一九九一年）。

(15)　池享「聚楽第行幸における行列の意味」（『日本歴史』五四三、一九九三年）。

(16)　土井忠生他編訳『邦訳日葡辞書』（岩波書店、一九八〇年）四〇八頁。

(17)　一五八六年十月十七日付「ルイス・フロイスのインド管区長アレシャンドゥロ・ヴァリニャーノ宛書簡」（『一六・一七世紀イエズス会日本報告集』第Ⅲ期第七巻、同朋舎出版、一九九四年、一一七～一五〇頁）。

(18)　『多聞院日記』（三教書院、一九三八年）。

(19)　天正八年十月十八日付「羽柴秀長知行宛行状」（「上坂文書」『改定近江国坂田郡志』七、一九四五年、一五九頁。なお同文書は現在長浜市立長浜城博物館に所蔵される。）

(20)　小竹文生「但馬・播磨領有期の羽柴秀長」（前掲註（２）参照）。

(21)　小竹文生「羽柴秀長の丹波福知山経営」（前掲註（２）参照）。

(22)　『多聞院日記』（前掲註（18）参照）天正十四年八月二十八日条。

(23)　紀伊・和泉の船手は、以後の秀吉の統一戦争や朝鮮侵略に水軍として活躍する。なお、紀州水軍の朝鮮侵略の動向については、拙稿「豊臣政権の熊野支配と朝鮮出兵」（『鵜殿村史』通史編、一九九四年、第四章第一節第二項）参照のこと。

(24)　拙稿前掲註（２）論文。

(25)（天正十三年）閏七月十九日付「羽柴秀長書状」『大日本古文書家わけ第十一　小早川家文書』一、（東京大学出版会、一九二七年、四八五号）他。
(26) 津野倫明「豊臣政権における『取次』の機能」（『日本歴史』五九一、一九九七年）。
(27)『小早川家文書』一（前掲註（25）参照）二三一号。
(28)（天正十三年）十二月二十六日付「吉川盛林書状」（「石見吉川家文書」『大日本古文書家わけ第九　吉川家文書』三、一九三二年、一〇二号）、「吉川家譜」（瀬川秀雄『吉川元春』富山房、一九四四年、四一六〜八頁、所引）。
(29)「天正記」（『毛利史料集』戦国史料叢書第Ⅱ期、新人物往来社、一九六六年、所収）。
(30)『増補続史料大成　家忠日記』（臨川書店、一九七九年）天正十四年十月晦日条、『内閣文庫所蔵史籍叢刊特刊第一　朝野旧聞裒藁』七（汲古書院、一九八三年）同年十月二十六日条他。家康と秀長の関係は、三浦宏之前掲註（2）論文でも述べている。
(31)（天正十四年）十月八日付「徳川家康書状」（『高山公実録』上、清文堂出版、一九九八年、五四頁）。
(32)（天正十八年）三月十八日付「徳川家康書状」（「円光寺文書」中村孝也編『新編徳川家康文書の研究』上、日本学術振興会、一九八〇年、七六六頁）他。
(33) 新行紀一『一向一揆の基礎構造―三河一揆と松平氏―』（吉川弘文館、一九七五年）第六章。
(34)（天正十六年）二月十三日付「下間頼亮書状」（「上宮寺文書」『新編岡崎市史』古代・中世史料、一九八三年、四五号）他。この材木調達を『同市史』中世二（一九八八年）第四章第二節では、家康の京都屋敷のためのものとするが、京都屋敷の普請で三河からの材木調達は不自然であり、後述のように秀長や羽田正親が介在していることから、同年に本格的に作事が展開する方広寺大仏殿のためのものと考えられる。
(35)（天正十六年）三月二十三日付「三ヶ寺・五ヶ寺連署書状案」（「上宮寺文書」前掲註（34）参照、五七号）他。
(36)（天正十六年）四月二十七日付「羽田正親書状写」（「上宮寺文書」前掲註（34）参照、七二号）。
(37)（天正十六年）六月二十七日付「三ヶ寺・五ヶ寺書状写」（「上宮寺文書」前掲註（34）参照、七八号）。
(38)『新編岡崎市史』中世二第四章第二節（前掲註（34）参照）。

(39) 拙稿前掲註(2)論文。
(40) 前掲註(36)文書。
(41) 「四国御発向幷北国御動座記」(『続群書類従』二〇下、続群書類従刊行会、一九二三年、所収)。
(42) 『高知県史』古代・中世(一九七一年)第五章第二節第五項。
(43) (天正十五年)五月二十六日付「豊臣秀吉朱印状」「大日本古文書家わけ十六　島津家文書』一、一九四二年、以下『島津』と略す、三七九号)。
(44) 藤田達生「豊臣政権と国分」(『歴史学研究』六四八、一九九三年)。
(45) 他の大名の例では、天正十四年の上杉景勝上洛時に秀長は自邸に招き茶を振る舞っている(『覚上公御書集』下、臨川書店、一九九九年、九八頁)。しかし、積極的な関わりはあまりみえず、むしろ前田利家や石田三成がその役割を果たしたものと思われる。また、天正十六年出仕の島津義久は秀長との間は円滑でなかったため、接触はみえない。
(46) 「内々」と「公儀」交渉のルートは室町幕府のころからみえていた(筧雅博「『内々』の意味するもの」(『ことばの文化史』中世四、平凡社、一九八九年、所収)。
(47) 天正十三年十月二日付「羽柴秀吉直書」(『島津』一、三四四号)。この文書の位置づけについては、藤木久志「豊臣政権の九州国分令について」(『日本中世の政治と社会』吉川弘文館、一九八〇年、後、同『豊臣平和令と戦国社会』東大出版会、一九八五年、所収)参照のこと。
(48) (天正十四年)四月六日付「大友宗滴書状」(『大分県史料三三、第二部補遺五、大友家文書録三』、大分県中世文書研究会、一九八〇年、二〇九一号)。
(49) 朝尾氏は、利休の晩年豊臣政権の東国政策での強硬派と対立する宥和派に関与していたとする(朝尾直弘「豊臣政権論」前掲註(1)参照)。
(50) (天正十三年)十月二日付「千宗易・細川幽斎連署状」(桑田忠親編『定本利休の書簡』東京堂出版、一九七一年、八四号)。
(51) 『鹿児島県史料　旧記雑録後編二』(鹿児島県、一九八二年、以下『旧記』と略す)九七号。

(52)　荻野三七彦「古文書研究講座　島津義久書状」(『日本歴史』一五七、一九六一年)。
(53)　「宗湛日記」(『茶道古典全集』六、淡交社、一九五八年、所収)天正十五年六月十四日条、(天正十五年)六月十日付「千宗易書状」(桑田忠親編『定本利休の書簡』前掲註(50)参照、一五四号)。
(54)　桑田忠親『千利休研究』(東京堂出版、一九七六年)一〇八〜一二一頁。
(55)　芳賀幸四郎『千利休』(吉川弘文館、一九六三年)一五七〜一七七頁。
(56)　『多聞院日記』(前掲註(18)参照)天正十四年六月十四日条。
(57)　朝尾直弘「織豊期の堺代官」(赤松俊秀教授退官記念『国史論集』文巧社、一九七二年、後、同『将軍権力の創出』前掲註(1)参照、所収)。
(58)　豊田武『堺―商人の進出と都市の自由―』(至文堂、一九六六年増補版、後、『豊田武著作集四　封建都市』吉川弘文館、一九八三年、所収)
(59)　山本博文前掲註(4)書第1章・第2章。
(60)　『旧記』一八三〜五・一八八号。
(61)　『旧記』二三〇・二三一号。
(62)　九州攻めの経緯や島津氏の降伏過程は、山本博文『島津義弘の賭け―秀吉と薩摩武士の格闘―』(読売新聞社、一九九七年)、稲本紀昭「豊臣政権と島津氏」(赤松俊秀教授退官記念『国史論集』前掲註(57)参照、後、福島金治編『島津氏の研究』吉川弘文館、一九八三年、及び、藤野保編『九州と豊臣政権』国書刊行会、一九八四年、所収)参照のこと。
(63)　(天正十五年)七月二十一日付「福知長通書状」(『旧記』三六八号)など。
(64)　(天正十五年)五月八日付「桑山重晴書状」(『旧記』二九六号)。
(65)　(天正十五年)七月十九日付「福知長通書状」(『旧記』三六六号)。
(66)　藤田達生「国分と仕置令―豊臣政権と統一政策―」(『ふびと』四六、一九九四年)、拙稿「太田城水攻めと原刀狩令」(『封建社会と近代』津田秀夫先生古稀記念会、一九八九年、所収)。

(67) 検地に関しては、(天正十七年) 十月七日付「福知長通・疋田右近連署状写」(『大分県史料三三、第二部補遺五、大友家文書録三』前掲註(48)参照、二二八九号)、境界裁定については、(年未詳) 七月七日付「疋田九兵衛尉・福知長通連署状写」(「牛島文書」『熊本県史料』中世篇四、一九六七年、一三号)、(年未詳) 正月十七日付「疋田九兵衛書状」(『黄薇古簡集』岡山県地方史研究連絡協議会、一九七一年、一三九〜一四〇頁) 他、がある。
(68) 天正十五年五月九日付「豊臣秀吉判物」(『島津』一、三四五号)、同年五月十三日付「豊臣秀吉朱印状写」(『大分県史料三三、第二部補遺五　大友家文書録三』前掲註(48)参照、二二一四号)。
(69) 天正十五年五月二十五日付「豊臣秀吉朱印状」(『島津』一、三七八号)。
(70) 天正十五年五月二十六日付「豊臣秀吉朱印状」(『島津』一、四二五号)、同年五月二十七日付「豊臣秀長書状」(「永吉島津家文書」『宮崎県史』史料編中世二、宮崎県、一九九四年、六五七頁)。
(71) 「九州御動座記」(『近世初頭九州紀行記集』九州史料叢書四一、九州史料刊行会、一九六七年、所収)。
(72) 「九州御動座記」(前掲註(71)参照)、(天正十六年) 三月六日付「福知長通書状」(『旧記』四三三号)。
(73) 天正十五年六月十一日付「島津義久条々」(『島津』三、一一三四九号)。
(74) 桑田和明「豊臣政権下における九州国分について」(『九州史学』七八、一九八三年)。
(75) 山本博文前掲註(62)書、四九〜五〇頁。
(76) 山本博文前掲註(62)書、五一〜五二頁。
(77) (天正十五年) 七月二十一日付「福知長通書状」(前掲註(36)参照)。
(78) (天正十五年) 九月十四日付「福知長通書状」(『旧記』三七六号)。
(79) (天正十五年) 七月十九日付「福知長通書状」(前掲註(65)参照)。
(80) (天正十五年) 七月二十一日付「福知長通書状」(前掲註(63)参照)。
(81) (天正十六年) 六月二十日付「上井秀秋書状」(『旧記』四七五号)。
(82) 天正十六年八月五日付「豊臣秀吉判物」(『島津』一、三八二号)。

(83) この日向国の国分を、秋澤繁氏も島津＝石田三成、伊東＝豊臣秀長両路線の角逐とみられている（同「御前帳をめぐる諸問題―豊臣初期御前帳と大田文―」『年報中世史研究』一八、一九九三年）。

(84) 本稿では、武家官位制の中での秀長の位置づけも考える予定であったが、そこまで検討できなかった。後日を期したい。

(85) その意味で、太閤―関白関係も秀吉とその代行者という関係に考えられる（中野等前掲註（1）書、序章）。

(86) 朝尾直弘「豊臣政権論」（前掲註（1）参照）。

【付記】 本稿脱稿後、中野等「豊臣政権と国郡制―天正の日向国知行割をめぐって―」（『宮崎県地域史研究』一二・一三合併号、一九九九年）に接した。紙数の都合上、本稿で詳細に示せなかった日向国の知行問題を精緻に検討され、秀長の位置づけまで述べられた好論である。本稿と関わる内容であるが、脱稿後のためふれることができなかった。その点おわび申し上げる。

Ⅴ　豊臣政権の取次——天正年間対西国政策を対象として

戸谷穂高

はじめに

豊臣政権をめぐる研究史が膨大なことは周知のとおりであるが、なかでも全国統一過程や政権確立段階において対諸大名交渉を仲介した人物を取り上げた取次論は、政権の内部機構を究明するうえで重要な位置を占めている。そして取次の構成員・役割の分析に焦点を明確に合わせた研究の端緒としては山本博文氏の一連の論考(1)が挙げられよう。山本氏は「諸大名への命令伝達や個々の大名を服属させ後見するといった諸機能を果たし、かつそのような役割を公的に認められ期待される政権の最高級メンバー」を指す概念として取次を定義し、「政権の初期には徳川家康・毛利輝元といった盟友とも言うべき大大名がそれにあたり、次第に吏僚的な秀吉側近がその役割を担っていった」として構成に変化があったことを指摘している。なお、山本氏が挙げた取次の役割をまとめれば、①各大名の後見、②「公」的な命令伝達、③摩擦のない関係を築き上げるための裏のルート、④軍事・兵站面での指示伝達の四点となろう。

それに対して津野倫明氏は、機能面からみた山本氏の定義が曖昧な部分を残しており、取次か否かの判断は史料上に「取次」と確認できるかどうかをまずメルクマールとすべき、との見解を示し、山本氏の論考以来不在とされてきた、のちの「五大老」への取次が存在したこと、そして自発的に取次や指南をおこなう蜂須賀氏らの行動があったことを論証している[2]。この論旨によれば、取次の役割は①軍事動員・軍事指揮、②大名に対する後見・政策指導、③秀吉の意思の伝達・服属の促進の三点にまとめられよう。

そして現在までこの両氏の研究を軸としつつ、多数の取次事例が報告されている[3]が、その大半はある特定の取次―被取次関係の把握と権限の分析に終始し、その多様性が指摘されるのみで、かえって豊臣期取次の輪郭は曖昧になる一方である。この状況を鑑みたとき、改めてこれらの先行研究へ批判的検討を加えることは決して無意味ではないと思われる。

これまでの研究史で豊臣期の取次像が明確になりえなかった要因として、先行研究が政権・各大名間を取り結ぶ各種の人物を取次として包括的に捉え、その活動の微細な相違にほとんど関心を寄せなかった点がまず挙げられる。また天正～慶長年間という長期にわたって考察範囲を設定したため、多様な機能・権限を内包しつつ政治変動に立場が大きく左右される不安定な存在として取次を説明せざるをえなかった面もある。そしてその一方で、定義の明確化を試みた津野氏も「取次」「指南」などの史料用語を政権職制のそれとして即座に解釈する傾向が強く、はたして豊臣期取次の解明に有効な史料のみを用いているか、その立証に大きな問題点を残している[4]。

なお筆者の見解では、天正年間に政権・各大名間交渉に携わった人物は、最高権力者秀吉の権限を公的に委譲された取次及び取次から派生した指南と、各大名の利益実現に私的に奔走する奏者という二集団、細かく見れば三集団に大別されるとの見通しを立てている。

そこで本稿では天正年間の対西国政策に考察対象を限定し、外交交渉や諸政策に携わった政権内部将の活動を機能面から分析していくことで、先述した私見を裏付けていきたい。また取次やその類似概念を再定義することで、政権の内部構造及び全国統一過程における政策基調とその正統性の源泉を考察するうえでの足がかりとしたい。なお本稿では取次・指南などの語を多用するが、以後史料用語に「」、筆者の概念用語に【】をそれぞれ付し、先行研究の概念用語に括弧を付さないことで、包含する意味の差異を明確にする。

一、織田政権下の羽柴秀吉

本節では織田政権期、主に天正年間の羽柴秀吉の活動内容を通覧し、秀吉自身の【取次】観を把握することにしたい。

秀吉が中国地方の対毛利氏交渉に頻繁に登場することは史料上に明らかである。例えば永禄十二年には「今度信長江従元就為御使、永興寺御上国候、拙子可申次之由候」と、毛利氏使者永興寺上洛に際して、それを「申次」ぐよう、信長から命じられている(5)。そしてそれ以後、足利義昭の帰京問題などの案件で小早川隆景・安国寺恵瓊らと交渉を重ねていることから(6)、秀吉は対毛利氏交渉において①音信・贈答の仲介、②政治案件に関わる交渉の窓口という役割を負っていたといえよう。

秀吉の仲介した織田・毛利氏交渉は表面上平穏に推移していったが、天正四年以降は石山本願寺との対決、但馬・播磨・摂津などの国人領主の動向の影響を受け、その間に明確な対立が生まれた。秀吉は五年に播磨国へ派遣され、軍事行動を中心とした政策に従事するが、その際信長は、播磨国姫路領主黒田（小寺）孝高に対して指示を送っている。そこには「動并人質等事、筑前守（秀吉）中次第、別而馳走専一候」とあり、孝高は信長から直接朱印状を発給される直属の立場でありながら、行動の細目は秀吉の指示を受けるよう命じられている(7)。また美作国の領主江見九郎次郎に対しても、「万端羽柴申次第可抽忠節候事専一候也」とほぼ同様の指示が信長から出されており、[8]③担当地域の領主層を指揮し、軍事行動や人質請け取りなどの実務にあたらせる権限を秀吉が有していたことがわかる。

なお、甲斐武田氏の滅亡後「東国の儀御取次」として上野に在国した滝川一益の活動を分析した柴裕之氏は、その任務は1．国衆への知行安堵・宛行、2．与力領主に対する軍事指揮権、3．「目付」としての領主統制、4．所領紛争の調停に大別されると指摘している。[9]播磨在国の秀吉がこれら全ての要素を満たしているかは現段階では不明だが、北条氏・毛利氏という大勢力との接点に在国し、軍事指揮権[10]を発動している共通点により、秀吉も中国地方に対する【取次】と目される存在であったことがうかがえる。

十年六月本能寺の変勃発直後、秀吉は信長の死を隠匿して毛利氏と和睦を締結したが、その際毛利氏に提出された起請文の内容は次のとおりである。[11]

一、被対公儀、御身上之儀、我等請取申候条、聊以不可有疎略事

一、雖不及申候、輝元・元春・隆景深重無如在、我等懸身体見放申間敷事

一、如斯申談上者、表裏抜公事不可有之事

ここから、織田政権の【取次】は④自らの上位者（信長）への取り成しをおこない、相手の身上保証にある程度の実効性を有する職務であったことがわかる。

二、対中国政策

本能寺の変以後、信長の孫三法師を信雄・信孝兄弟、そして柴田勝家ら重臣が補佐する体制に移行しながらも、秀

吉は実質的に自立した外交交渉を展開していくようになった。そのうち毛利氏に代表される対中国交渉の内容とそれに介在した人物について見ていくことにしたい。

冒頭でも触れたように、津野氏は、史料上の表記から毛利輝元、さらには宇喜多秀家に対する取次を黒田孝高と蜂須賀正勝・家政父子が務めていたという結論を導き出した。その根拠になったのが次の三つの史料である。

Ａ　慶長十九年十一月十一日付吉川広家覚書[12]

一、大閤様へ中国より奉得御意候儀、最初黒如水（黒田孝高）・蜂彦右（蜂須賀家政）以御取次之筋目、万事得如水御指南申候、

Ｂ　（慶長五年）十月四日付吉川広家宛黒田孝高書状[13]

一、先年より隆景・元春申談、彦右衛門・拙者中国之儀御馳走申、其続貴殿・隆景無御忘却候、残衆者、備前中納言（宇喜多秀家）
同前之御覚悟候き、

Ｃ　（年未詳）吉川広家覚書案[14]

太閤様御時、黒田如水ハ中国取次候故、

しかし、いずれの史料も慶長年間に往時を回顧して著されたものであって、その発給時点での認識を示すにとどまる。つまり史料Ａ・Ｃから想定される孝高・蜂須賀父子の取次活動が天正年間にまで遡る保証はないのである。一方、Ｂには「中国之儀御馳走」の相手として吉川元春（天正十四年死去）の名前が見え、天正年間より対中国政策に携わっていたとは確かに言えようが、それはあくまでも「馳走」であって「取次」ではない。孝高・蜂須賀父子が中国取次であったか否かの問題は、天正年間における三人の活動を機能面から検証し、他地域の事例と比較していくことではじめて明らかにされるものと考える。

政権の対毛利氏交渉は十一年に柴田勝家を攻滅、佐々成政を服従させた直後に本格化するが、「最前従彼方仕出候

任誓紙旨、国を五ツ此方へ可召置候」と秀吉が要求したように[15]、その焦点は美作・備中・備後・伯耆・出雲という五カ国割譲の履行にあった。そのなかで秀吉は孝高・正勝に対して、「境目城」の請け取りが遅滞しているのは「両人由断」が原因と叱責しており[16]、二人の才覚が交渉の成否に大きな影響力を持っていると認識していたことがわかる。

これを受けて、二人は毛利氏側の安国寺恵瓊・林就長らと境界の画定など細目にわたる交渉を行うことになるが、十一年末に早くも「備中川きり」という譲歩も見られることから[17]、国分交渉は五カ国全体の割譲を絶対条件とした強硬な姿勢を貫いて展開されたものではなかった。そのため備中折半などを盛り込んだ妥協案に根本では折り合いがついたが、その後美作高田など四城の領有を認めるよう毛利氏が「侘言」をおこなったため、秀吉は、さらなる「侘言」を言うようであれば誓紙のとおり五カ国割譲という元の条件に戻す、と警告している[18]。なお津野氏は、この秀吉書状が小早川家に伝えられていることから、正勝・孝高が情報をリークすることによって、危機意識をあおったとしている[19]。二人の才覚の実態に迫る興味深い指摘である。そしてこれ以上の妥協はないという秀吉側の姿勢は、毛利側の恵瓊・就長をも動かし、「児嶋・松山・高田之事ちと多過ぎる御愁訴」をしたうえに、来島帰島が未了の状況では毛利氏の伊予国領有の希望は通らず、長宗我部氏の手に帰することになるだろうと上表させるに至った[20]。

以上、孝高・正勝は自らの才覚で強硬姿勢と譲歩とを使い分け、対毛利氏交渉を有利に運ぶ役割を負っていたことが確認された。しかし、織田政権期の【取次】秀吉が軍事指揮権を一部委任されていたのに対して、二人の活動は上位者秀吉の意思を奉ずる形式で進められた交渉や城郭接収以外に見いだせず、この時期の二人の活動を中国【取次】の立場によるものと評価することの是非については本節の段階では明らかにしがたい。

三、対四国政策（四国国分）

本節では対四国政策のうち、十二年末から活発化した伊予帰属をめぐる毛利氏・長宗我部氏との折衝の経緯を確認したい。

まず（天正十三年）正月十七日付井上春忠宛正勝・孝高書状で「四国之儀、来夏可被及御行之条、伊与・土佐両国可被進置由、被仰出候」と、長宗我部氏を滅亡させたのちに毛利氏に伊予・土佐両国を渡すという秀吉の意思が確認される。(21)

しかしその一方で、前掲（天正十二年）十二月十五日付安国寺恵瓊・林就長書状からもわかるように、ほぼ同時期に政権と元親との間にも和議の動きがあり、元親は讃岐・阿波を返上する見返りに、本領土佐の安堵と伊予の付与を要求していた。つまりこの時点で秀吉は毛利、長宗我部両氏と国分交渉を進めながら、その一方で毛利・長宗我部間相論の調停者の役割を担っていたのである。そしてその調停の模様を窺わせるのが、阿波・讃岐両国の接収に向かわせた弟秀長宛の朱印状である。(22)

尚以土佐一国ニて候ハ丶、長曾我部可指置候、委細甚右衛門尉・三郎四郎ニ申含候、已上、

書状并蜂須賀其方への書中遂披見候、

一、長曾我部事最前申遣候つるハ、土佐一国・伊与国只今長曾我部かたへ進退候分候て、毛利方・小早川方へ安国寺を以令相談、尤与内□ニ候て、右之通ニ可有免与申聞候処、聞違候て、安国寺此方へ罷上、伊与円ニ不給候者、外聞迷惑候与小早川申由候条、与州円ニ小早川ニ遣候、然者土佐一国ニて侘言申候ハ丶、可指置候、委

細尾藤甚右衛門尉（友定）・戸田三郎四郎（勝隆）ニ申含重而差越候条、定而懇可相達候、

一、（第二条省略）

一、甚右衛門尉・三郎四郎ニ申含遣候間、其様子聞候時、蜂須賀方へ相談肝要候、謹言、

ここから、当初秀吉は元親に本領土佐と伊予の当知行（東部・南部）を与える折衷案を提示し、恵瓊を通じて毛利氏側に伝えたものの、隆景からの反対に遭ったため伊予一円を隆景に与えることに決定したことがわかる。なおこの国分最終案に落ち着いた最大の要因は、（天正十三年）六月十八日付隆景宛秀吉書状に「伊与儀其方御望之事候間、不及是非、長曾我部人質相返候上、伊与国一職仁其方進之候」とあるように[23]、【取次】時代からの秀吉と隆景の懇意な関係に求めることができよう。その点で四国国分は多分に情実的側面に左右された政策であり、その後の対九州・関東・奥羽政策で理非にもとづく裁定が標榜されたことと比較すると、その質的差違は明確である。

それでは、不公平な一面を持つこの決定を秀吉はいかにして元親に伝達したのか。改めて前掲秀長宛書状の内容を検討していきたい。まず冒頭に「書状并蜂須賀其方への書中遂披見候」とあることから、先行する秀吉宛秀長書状と秀長宛正勝書状の存在が想定され、正勝が阿波進駐の秀長とは別行動をとり、互いに書状をもって連絡している状況が浮かび上がる。また第三条では知定・勝隆の口上を聞いたら正勝と相談するように指示しており、正勝が四国国分に関わる重要な立場にあったことがわかる。さらに追而書では土佐一国のみであれば元親の領有を認める方針であることを告げ、それを懇切に伝達するように指示しているが、その伝達対象は元親と考えるのが自然である。

以上の検討を踏まえて、当時の四国国分の経緯について一部推測を交えながらまとめておきたい。正勝は政権と元親とを仲介する役割にあり、「伊予の分割統治という折衷案を伝えたところ、元親はそれを承諾した」との報告を秀長宛書状（「蜂須賀其方への書中」）でおこなったものと思われる。しかしその後、秀吉は急遽隆景との友好関係を優

先し、国分を翻案したため、その経緯を六月二十日付秀長宛書状に記した。第一条に加えて追而書でも「土佐一国ニて候ハヽ、長曾我部可指置候」とわざわざ念押ししていることからは、四国に軍勢を派遣している段階に至っても、秀吉が土佐一国安堵という決着により積極的な意思を見せており、正勝はその実現に貢献しうる存在として認識されていたことがわかるのである。

四、対四国政策（戦後処理）

本節では四国出兵の終戦間近における和睦交渉と元親降伏後の戦後処理について、それに携わった人物の行動を重点的に見ていきたい。

（天正十三年）七月二十五日付長宗我部重臣江村親家・谷忠澄宛秀長覚書には次のような起請文言が確認される。[24]

一、長宗我部殿身上之儀土州一国にて御理之段随分不可有疎略事　付内府《秀吉》御同心無之付者非疎略事
一、五日間矢留之事雖無分別候、各達而被申候間、是又得其意候事
一、如此之上ハ抜公事表裏聊有之間敷事

これは明らかに毛利輝元他二名宛【取次】秀吉起請文に内容が類似している。また秀吉は（天正十三年）七月二十七日付秀長宛書状で「実子人質并実子在大坂いたさせ、家老者共人質以下迄美濃守《秀長》申次第可出由申候」と人質徴集に秀長が主導的な立場であたるよう指示し、「各在陣之者共令相談尤候、於同心者秀吉ハ秀長ニ任候事」と在陣の者の同心が必要としながらも和睦交渉一切を委任している。[25]人質徴集という任務が【取次】秀吉にも存在したことを考えれば、四国戦後処理における秀長のこれらの活動が、秀吉に公認された四国【取次】という立場にもとづくものであ

ったと結論づけられる。

続いて、四国国分に関する交渉経路として重要な立場にあったと先に指摘した正勝の活動について見ていきたい。降伏直後の（天正十三年）閏八月五日付正勝宛元親書状には「御状令祝着候、進退儀、今度殿下様御寛宥儀、併貴所御取合故存候、仍証人進置上者、勿論無二之覚悟候、向後尚以御指南所仰候」とあり[26]、国分から和睦交渉に至る正勝の強い関与を示すものとして注目される。この史料について藤田氏は「その後、蜂須賀氏は長宗我部氏に対する「指南」としての役割を担った可能性が高い[27]」、また津野氏は「正勝は四国出兵を契機として秀吉―長宗我部間の「取次」となり、長宗我部氏に対して「御指南」することになった[28]」とそれぞれ評価するが、はたしてそれは妥当なものなのか。

それでは本稿の冒頭で紹介した津野氏の理解に則って、対四国政策における家政（正勝は十四年五月二十二日死去）の役割を検討してみたい。まず①軍事動員・軍事指揮については（天正十四年）八月十四日付黒田孝高宛秀吉直書に「一、四国之人数儀、是又尤候間、長宗我部を初相立、追々千石権兵衛尉（秀久）申付候事」とあるように[29]、十四・十五年の九州出兵で四国衆の軍監の任務にあたったのは讃岐聖通寺城主仙石秀久であって、家政の関与は確認できない。また秀久は援軍を待たずに島津軍に対して戦端を開き敗れるが、（天正十四年）十二月二十四日毛利輝元宛朱印状で秀吉は「若輩之奴原殿下之背御置目、不届動仕」と難詰し、秀久の行動を「越度」としている[30]。ここから秀久にも軍事指揮権は認められていなかったといえよう。次に②大名に対する後見・政策指導であるが、家政が長宗我部氏ら四国大名の領国経営に関与していた明証は確認できない。そして③秀吉の意思の伝達という点でも、先述した四国出兵時の「貴所御取合」以外に蜂須賀氏の仲介は見られず、同年十月の元親上洛時には、秀長とその家臣藤堂高虎の行動のほうがより目をひく[31]。

この検討結果からわかるように、津野氏のいう取次蜂須賀氏の活動は、氏自身の挙げる取次の役割と全く合致せず、それと併せて蜂須賀氏を指南とする藤田氏の評価も根拠のない見解と言わざるを得ない。

以上、対四国政策における蜂須賀父子は、秀吉から軍事動員・和睦交渉など大部分を委任された四国【取次】秀長のもとで実務に携わる存在に過ぎなかったと結論づけられる。

ここで第二節において評価を保留していた中国【取次】について、秀長と毛利氏の関係に着目して改めて考えることにする。四国出兵中、制圧した伊予国の処置に関して、秀長は孝高・正勝に対して、接収した諸城を隆景に引き渡し、隆景の徴収した人質を請け取るよう指示している[32]。また翌年から始まった九州出兵の際には森吉成に対して「別而秀長引立入魂」の人物として吉川経言への便宜を依頼している[33]。そしてその際に採用された秀吉本隊と秀長支隊による両道作戦において、毛利氏ら中国勢と蜂須賀氏ら四国勢は秀長支隊に配属されているように[34]、秀長は主に軍事面で毛利氏ら中国諸大名を指揮下に置いており、彼らとの連絡に孝高・蜂須賀父子を起用していたことがわかる。よって対中国政策においても、孝高や蜂須賀父子ら実務に携わる人物の上位に中国【取次】として秀長を想定することができよう。

五、対九州政策（停戦令から島津氏降伏まで）

九州は政権版図との間に毛利領国を挟む遠隔地であるに加えて、秀吉にとって元来縁故の薄い地域であった。よってその初期条件の影響を受け、政権は正統性の根拠として「天下静謐」に代表される論理を生み出すと同時に、九州大名との交渉を仲介する人物の構成にも一定の変革を加えた可能性を予測できよう。そしてその変革の一つとして、十四年六月二十五日に毛利輝元が部分的な国替を条件に「九州取次」に任命された例が挙げられる[35]。

毛利氏は大内氏旧領を手中にした弘治年間以来、基本的に大友氏と対立関係にある一方、島津氏とは友好関係を保つ形で対九州交渉を展開していた。具体的には天正六年に足利義昭が毛利氏の後援で再上洛を試みたときには、背後を脅かす大友氏への対策として島津氏に日向への出兵を要請したほか[36]、十三年に龍造寺政家が島津氏に服属した際には毛利氏の仲介があったものと見られ[37]、島津氏家老伊集院忠棟は「累年御方《吉川元春》爰許別而御懇志之間候之条、弥不可有疎意候」と友好関係を確認している[38]。つまり毛利・大友間の和睦締結が成就すれば、大友・島津両氏に友好関係を持つ豊臣大名が誕生することになり、政権内に九州との関係を持つ人物が少ないなかにあって、九州全域にわたって発言力と交渉経路を有する貴重な存在となる可能性が大であった。そして毛利氏のその特性ゆえに、秀吉は（天正十三年）十二月七日付大友義統宛直書にて「義統・輝元間柄儀、入定有之様、宮木右兵衛《豊盛》入道・安国寺西堂《恵瓊》頓而可差遣候条、少々之出入被相止」よう命じるなど[39]、大友・毛利間の武力衝突を終息させることで、毛利氏の九州【取次】としての立場を確立させようとしたのである。

それでは続いて【取次】毛利氏の活動を確認していくことにするが、先述した史料上の初見に先行して、毛利氏には政権と九州諸領主との間を取り結ぶ活動が見られることも事実である。例えば島津氏が十三年末に「京都之御刷」「和睦之筋」を根拠とした釈明をおこなった際にその仲介にあたったのは毛利氏であった[40]。そして【取次】に任じられた十四年秋以降はさらにその活動が顕著となる。

毛利氏仲介のもと島津氏に服属した龍造寺政家であったが、その年内に毛利氏、特に隆景の仲介で政権に接触しており、臣従を認められている。（天正十四年）二月二十三日付政家宛隆景書状からは、前年冬に隆景とともに政家の使僧が上洛し、太刀などを進上した結果、政権との交渉が首尾よく進んだ経緯を読み取ることができる[41]。また隆景は

「九州之儀…静謐之義」に関する「京都御下知」が出たとして、政家にその旨を心得るよう指示し、人質の上坂を促している(42)。そして（天正十四年）七月二十一日付政家宛隆景書状では、「薩州衆取出之儀」について注進するために派遣された政家使僧が隆景の同道でいったん毛利氏本拠である安芸国吉田に向かい、「内証」について誓約を取り交わした後、安国寺恵瓊の案内で上洛していることがわかる(43)。人質上坂や戦況報告など政家の積極的な対応はやがて当知行安堵の確約・戦功に応じた新知宛行の約束という形で結実するが(44)、この際発給された秀吉朱印状の仲介者として隆景・恵瓊の名が見え、政権の対龍造寺氏交渉の経路として毛利家中の仲介が確立していたことが確認されよう。

以上、九州【取次】毛利氏が以前からの友好関係を利用し、諸領主の編入を促進していた事例を挙げたが、政権はこれ以外にも自前の交渉経路を用意していたことが確認される。

十四年に大友宗麟（宗滴）が上洛した際、秀長が大友氏の「公儀之事」を担当する意向を披瀝したことはよく知られているが(45)、秀長はまた島津氏に対しても、十三年の秀吉関白任官を報じたほか(46)、九州出兵の最中に足利義昭を介して自らの「存分」を伝えているのであって(47)、相論の二大当事者との意思疎通に努め、島津領国全域の武力制圧を回避するため主導的な立場で交渉に臨んでいたことが窺える。

また国分令の受諾返答期限が切れ、島津氏攻撃が命じられた十四年九月に義久は弁明の使者として長寿院盛淳・大善坊快順を派遣し、羽柴秀長・石田三成・施薬院全宗に書状を送っているが(48)、三成宛のみに「先々為御返答、両使申付候、殊若輩候之間、諸篇可被加御指南事頼入候」とあり、四国・中国衆が島津領国に向けて進発しているとの風聞に触れて「不令納得候」と不満を表明し、「是非共邪正御糾明之儀大望候」と事実の糾明を要請している点は注目される。同日付の秀長・全宗宛に比べ、その釈明に多くの語を費やしており、島津氏の存分を代弁する三成の取り成しに期待を寄せていることがわかる。

以上、直接境界を接しない九州諸領主に対して、政権は、一族の秀長、戦国期以来の外交関係に加えて政権の調停によって九州全般にわたる友好関係を手にした【取次】毛利氏、島津氏から取り成しの依頼を個人的に受ける三成といった複数の交渉経路を確保して、政権内への編入を促していたといえる。

六、対九州政策（戦後処理）

十五年五月九日の義久降伏によって九州出兵は決着するが、秀吉は秀長軍に従軍中の毛利輝元ら宛同月八日付直書(49)で「中納言（秀長）相談、路次通法度以下堅申付」け、自らの陣所へ来るように命じており、またその目的は「九州置目等事為申聞」であったことが確かめられる。秀吉は秀長を主体、毛利氏をその相談・補佐役とすることで各種の「法度」および「置目」を執行する戦後処理を推し進める構想を抱いていたといえよう。

それでは続いて秀長の活動を具体的に確認していきたい。九州仕置に抵抗する島津家中北郷時久に対して、政権は人質の提出を前提とした知行安堵を提示し、不履行時には成敗する方針を公にしているが、その仕置軍には「中納言（豊臣秀長）」を筆頭として「毛利右馬頭（輝元）」ら中国勢や「蜂須賀阿波守（家政）」ら四国勢、さらに「島津修理大夫（義久）」が予定されていた(50)。さらに肥後国の隈部氏・城氏らが起こした一揆対策として秀吉は、「毛利右馬頭九州へ被相越、堅可申付之由被仰出候」と先陣に毛利勢をあて、「一廉無之付てハ、大和大納言（秀長）・江州中納言（秀次）・備前宰相（秀家）其外四国之者共を始、不残出陣之儀可被仰付候」と成果が挙がらない場合には秀長を筆頭とした軍勢を派遣するとしている(51)。これらの記述より秀長は中国・四国・九州に対する軍事指揮権を秀吉から委任される存在であったことがわかる。

また「日向・豊前・豊後三ヶ国置目法度領智かた、何も中納言被仰出候(52)」と家臣福知長通が述べたように、秀長はこれら三国の仕置を任されており、特に日向国知行割にあたって伊東・高橋氏らと島津氏の存分をそれぞれ聴取し、双方から提出された証文をもとに境目を画定する活動も見られる[53]。

なお九州における秀長同様、秀吉から「置目」執行を委任された人物として、十八～十九年の奥羽仕置における浅野長吉を挙げることができる。長吉は会津黒川に動座していた秀吉から「其国之儀も検地之事并御置目等条数」を差し遣わされ[54]、和賀・稗貫両郡を北限とする地域の検地・城郭破却・刀狩・知行地境目画定にあたったが、長吉は小田原北条氏包囲中に伊達政宗への「指南」を前田利家とともに秀吉から命じられた存在でもあった[55]。類似した活動内容や秀吉の類縁という共通点から考えて、秀長も長吉と同等の存在、いわば九州の外様系大名に対する【指南】として位置づけることができよう。

なお日向国知行割の過程で石田三成・安国寺恵瓊らが島津本宗家の利益実現のために奔走していたことは、すでに多くの先学[56]が指摘するところであり、またそれは秀長の裁定を覆そうとするもの、そして日向支配をめぐる両者の対立、さらには政権を二分する派閥抗争の象徴として捉えられてきた。しかし島津義弘に対して恵瓊が秀長家臣福知長通への接触を勧め[57]、また義弘が秀長を介して秀吉へ上表する[58]など、十五年時点での三成らの活動は基本的に【指南】秀長の権限を侵す性格のものではなく、あくまでその範囲内における最大限の利益実現を志向するものであったことは見逃してはならない。

そしてこれらの事例にみえる三成のように、特定大名の利益実現のために様々な馳走をおこなっていた人物の位置付けについても従来は取次という曖昧な分類を与えられてきたが、例えば対関東・奥羽交渉の場で積極的に活動した富田一白が自らを「義光《（最上）》奏者」と呼び[59]、また対上杉氏交渉の増田長盛・石田三成が上杉景勝に「両人之奏者」と呼ばれていた[60]ことをみれば、当時取次に任命されていた明証が存在しないかぎり総じて【奏者】として扱い、【指南】【取次】と厳密に区別するのが適切である。

しかし肥後国一揆が鎮圧され、新たな知行割も確定した十六年五月頃から【取次】毛利氏に替わり【奏者】三成らが対九州大名交渉に積極的に関与し始める。これを取次の交代と見なす見解は山本氏以来の先行研究に共通しており、本稿もそれに従うが、新しい【取次】の活動内容が具体的に把握されているとは言い難い。そこで対島津氏交渉における細川幽斎・三成の働きについて、簡単ではあるが二つの事例をもとに確認したい。

十六年五月に上洛した義弘は実子に宛てて長文の書状を送っており、そこには在京中の出来事が事細かに記されている(61)。その一節に「急速御目見えの事被取成候する由、石治少《(石田三成)》雖被思候、長《(長岡)》幽斎丹後へ下国候て、上洛被相待候故及遅々」として、三成は早期の拝謁を狙っていたものの、丹後下向中の幽斎の上洛を待ったため、実現が遅れたとある。つまり三成・幽斎が揃って初めて秀吉への拝謁が実現するのであり、二人以外の人物の取り成しでは不可能であったことをうかがわせる。また義久に対して摂津・播磨両国に計一万石の在京賄料が宛われた際に、三成は（天正十六年）八月十日付島津龍伯宛書状(62)で、「先々播州之儀、所々散在候て在之事候条、外手間可入候」として、散在の傾向にある播磨から先に奉行を派遣するよう知行方法を忠告している。

おわりに

本稿では天正年間における政権の対西国政策を概観し、それに介在した諸部将の位置付けをおこなってきたが、ここで改めて要点のみまとめておきたい。

まず対諸領主交渉に介在する政権内部将は【指南】【取次】【奏者】の三階層に分かれていたことが明らかになった。

対中国・対四国交渉では、織田期以来の関係を継承し、秀長を【取次】に据え、黒田孝高・蜂須賀父子ら実務に携わる【奏者】のもとで国分などの戦後処理に臨む一方、政権にとって介入の正統性に乏しかった対九州交渉では、「天下静謐」を謳った停戦令に代表される新たな論理を導入するとともに、毛利氏を【取次】に起用した。しかし政権は毛利氏に対して中国・四国【取次】秀長に付与されたような軍事指揮権は認めず、毛利氏の持つ九州諸領主との交渉関係や軍事力を利用するのみであった。そして中国・四国【取次】と権限面でほぼ同水準に位置する九州【指南】という階層を新たに創出したのである。

【指南】秀長は①大名の身上保証、②軍事指揮権、③新服属地の「置目」執行を役割・権限としており、【取次】毛利・小早川氏は①諸領主に対して政権への臣従を促進、②出兵時には先陣を担当、③仕置では【指南】による「置目」執行の補佐という役割を負っていた。そして仕置終了後は石田三成ら直臣層に移管され、彼らは①秀吉謁見や陳情の際の独占的な披露・取成、②政策面の忠告をおこなった。そしてこれ以外の人物は、【奏者】として事実を誇張・歪曲させて伝えるなど自らの才覚で諸領主の臣従を促し、政権内において大名個々の利益の代弁や取り成しをおこなった。

しかし、以上の枠組みが政権末期まで堅持されたわけでないことは言うまでもない。周知のとおり十九年正月二十二日には秀長が死去しており、すなわちそれは中国・四国【取次】と九州【指南】の空位を意味した。よって黒田孝高や蜂須賀家政、三成らの役割がその前後で変質した可能性も否定できないのであり、時期を異にする史料を無批判のうちに援用して【取次】像を構成するのは危険である。【取次】に代表される職制の構成員及びその権限を考察する際には、当該期の政情変化や時代背景に十分留意する必要があろう。なお紙幅の関係上、停戦令など諸施策の細部及び対東国政策については全く論及できなかった。これらの問題については稿を改めたい。

註

（1）山本博文ａ「家康の『公儀』占拠の一視点―幕藩制成立期の『取次』の特質について―」（『歴史学研究』五三〇、一九八四年）・ｂ「豊臣政権の「指南」について―浅野長政と伊達政宗―」（『論集きんせい』一一、一九八九年）。

（2）津野倫明ａ「豊臣政権における「取次」の機能―「中国取次」黒田孝高を中心に―」（『日本歴史』五九一、一九九七年）・ｂ「豊臣政権の「取次」蜂須賀家政」（『戦国史研究』四一、二〇〇一年）。

（3）山本ａ論文発表をうけて斉藤司「豊臣期関東における増田長盛の動向」（『関東近世史研究』一七、一九八四年）や国重顕子「秀吉の国内統一過程における小西行長」（箭内健次編『鎖国日本と国際交流』上　吉川弘文館、一九八八年）など。近年には小竹文生「豊臣政権と筒井氏―「大和取次」伊藤掃部助を中心として―」（『地方史研究』二七九、一九九九年）や西野隆次「南部信直と「取次」前田利家―伏見作事板の賦課をめぐって―」（『地方史研究』三〇五、二〇〇三年）などがある。

（4）この問題点は各先行研究に共通するものであり、津野氏一人の責任に帰するものではないが、史料表記を重視する方針を表明した以上、その吟味には十分意を尽くすべきであった。

（5）（永禄十二年）三月十八日付木下秀吉書状（『大日本古文書　小早川家文書』三九四号。以降『小早川』と略す）。

（6）（天正三年）九月七日付羽柴秀吉書状（『大日本古文書　毛利家文書』三三一号。以降『毛利』と略す）。

（7）（天正五年）九月六日付織田信長朱印状（福岡市博物館『黒田家文書』第一巻三八号。以降『黒田』と略す）。

（8）（天正五年）九月二十七日付織田信長朱印状（東京大学史料編纂所架蔵影写本「美作江見文書」二〇）。

（9）柴裕之「織田政権の関東仕置―滝川一益の政治的役割を通じて―」（『白山史学』三七、二〇〇一年）。

（10）本稿でいう軍事指揮権とは、自軍の大局的方針を逸脱しない限りで、上位者の認可を得ずに開戦・停戦や攻略目標を決定できる権限を指す。

（11）天正十年六月四日付羽柴秀吉起請文写（『江系譜』『大日本史料』第一一編の一、三三三頁）。

（12）『大日本古文書　吉川家文書』九一八号、以降『吉川』と略す。

（13）『吉川』一五四号。

(14)『吉川』九一六号。
(15)（天正十一年）十一月二十四日付羽柴秀吉書状（『黒田』一二二号）。
(16)（天正十二年）一月五日付羽柴秀吉書状（『小早川』二七六号）。
(17)（天正十一年）十二月十八日付安国寺恵瓊・林就長連署書状（『毛利』八五九号）。
(18)（天正十三年）一月二日付羽柴秀吉書状（『小早川』二七八号）。
(19)津野a論文八一頁。
(20)（天正十二年）十二月十五日付恵瓊・就長連署書状（『毛利』八六一号）。なお藤田達生氏はこの恵瓊・就長書状を天正十一年発給と比定し、長宗我部氏が伊予領有を望んでいるとの情報は「恵瓊が十一月の猿懸城での会談の際、黒田孝高との談合のうえで捏造した可能性がきわめて高」い、と述べているが（『日本近世国家成立史の研究』〈校倉書房、二〇〇一年〉三三頁）、この指摘には首肯しがたい。藤田氏が念頭に置いているであろう註（17）書状とこの書状とでは、文面に見える城郭接収の内容に明らかな差が見られ、同年に比定できないためである。
(21)『小早川』四三一号。
(22)（天正十三年）六月二十日付羽柴秀吉朱印状（「平岡政靖氏所蔵文書」藤田前掲書六二頁を参照）。
(23)『小早川』五五一号。
(24)『土佐国蠹簡集』（『高知県史』古代・中世史料編）四六〇号。
(25)「藤堂文書」（『大日本史料』第一一編の一八、一八頁）。
(26)東京大学史料編纂所架蔵影写本「蜂須賀文書」七二～七三。
(27)藤田前掲書五二頁。
(28)津野b論文五頁。
(29)『黒田』六一号。
(30)『毛利』九五一号。

(31)（天正十三年）閏八月二十九日付江村親頼書状写・（天正十三年）十月四日付長宗我部元親書状写（『高山公実録』上巻、五〇頁）。
(32)（天正十三年）八月十四日付羽柴秀長書状（『小早川』二一六号）。
(33)（天正十四年）十一月十一日付豊臣秀長直書（『吉川』七〇九号）。
(34)（天正十五年）三月二十一日付豊臣秀吉朱印状（『黒田』八五号）。
(35)（天正十四年）六月二十五日付豊臣秀吉朱印覚書（『毛利』九五五号）。
(36)（天正六年）九月十二日付吉川元春・小早川隆景連署書状（『大日本古文書　島津家文書』一一一一号。以降『島津』と略す）。
(37)（天正十三年）四月十六日付島津忠平書状（『古川』七二号）・（天正十三年）四月二十六日付島津義久書状『吉川』七三号）。
(38)（天正十三年）四月二十三日付伊集院忠棟書状（『吉川』六二四号）。
(39)『大分県史料　大友家文書録三』一五三頁。
(40)（天正十三年）十二月十三日付島津義久書状案（『島津』一四三四号）。
(41)東京大学史料編纂所架蔵写本『御代々御感書類』七。
(42)同前。
(43)東京大学史料編纂所架蔵影写本「龍造寺文書」二、三二。
(44)（天正十四年）十月十七日付豊臣秀吉朱印状写（『御代々御感書類』六）。
(45)（天正十四年）四月六日付大友宗滴書状写（『大分県史料　大友家文書録三』二二七頁）。
(46)（天正十三年）十月二十日付島津義久書状案（鹿児島県史料『旧記雑録』後編二、九七号。以降『旧記』後編二と略す）。
(47)（天正十五年）二月二十六日付足利義昭直書（『島津』一〇七号）。
(48)（天正十四年）九月二十七日付島津義久書状案（『島津』一四三六〜一四三八号）。
(49)『毛利』九五二号。
(50)（天正十五年）五月二十六日付豊臣秀吉朱印状（『島津』三七九号）。
(51)（天正十五年）十月二十一日付豊臣秀吉朱印状（『大日本古文書　相良家文書』六九六号）。

(52)（天正十五年）七月十九日付福知長通書状（『旧記』後編二、三六六号）。
(53)この裁定における島津豊久側の証拠書類は綾新右衛門尉提出の目録と大友氏・島津家久・伊東氏が提出した知行指出であった。（天正十六年）閏五月三十日付福智長通書状（『旧記』後編二、四七〇号）。
(54)（天正十八年）八月十一日付豊臣秀吉朱印状（『大日本古文書　浅野家文書』六〇号）。
(55)（天正十八年）六月六日付伊達政宗書状（「登米懐古館所蔵登米伊達家文書」『仙台市史』史料編一〇、六九七号）。
(56)秋澤繁「御前帳をめぐる諸問題─豊臣初期御前帳と大田文─」（『年報中世史研究』一八、一九九三年）・小竹文生「豊臣政権の九州国分に関する一考察─羽柴秀長の動向を中心に─」（『駒沢史学』五五、二〇〇〇年）・中野等「豊臣政権と国郡制─天正の日向国知行割をめぐって─」（『宮崎県地域史研究』第一二・一三合併号、一九九九年）など。また播磨良紀氏は「豊臣政権と豊臣秀長」（三鬼清一郎編『織豊期の政治構造』吉川弘文館、二〇〇〇年）で、「公儀之儀」を担った秀長を秀吉「名代」と評価し、取次とは別概念として捉えている点で大いに参考になる。しかし他氏同様、秀長の裁定が三成らの運動によって覆される可能性を含んでいたとする点で本稿と見解を異にする。
(57)（天正十五年）六月十四日付安国寺恵瓊書状（『旧記』後編二、三四七号）。
(58)（天正十五年）九月十四日付福知長通書状（『旧記』後編二、三七六号）。
(59)（天正十七年）一月二十八日付富田一白書状（『伊達』四〇五号）・（天正十六年）閏五月三十日付福知長通書状（『旧記』後編二、四七〇号）。
(60)（天正十六年）十二月二十八日付上杉景勝書状写（「別集奥羽文書纂所収文書」八号、『山形県史』古代中世史料一）。
(61)（天正十六年）六月六日付島津義弘書状（『旧記』後編二、四七一号）。
(62)『旧記』後編二、五〇一号。

【付記】①註（20）において、十二月十五日付恵瓊・就長連署書状（『毛利』八六一号）を天正十二年と比定したが、藤田達生氏ほか先行研究による理解のとおり、同十一年が正しい。よって撤回する。

②本稿において、【指南】―【取次】―【奏者】の三階層区分を提起したが、拙著『東国の政治秩序と豊臣政権』（吉川弘文館、二〇一一年）一九・三四三頁でも述べたとおり、現在は【指南】―【奏者】の二階層区分へと遷移している。

Ⅵ

豊臣秀長と徳川家康

三浦宏之

はじめに

徳川家康の社会的地位の向上は、永禄九年（一五六六）十二月二十九日に近衛前久、吉田兼右らの尽力によって朝廷の勅許を得、従五位下三河守に叙せられたことに始まる。その後家康は三河、遠江さらに信長死後は、駿河、甲斐、信濃まで勢力を伸ばしていった。しかし畿内や尾張以西を制圧した秀吉との間に摩擦が生じてきた。その両者の衝突が小牧長久手の戦いである。この戦いを機にそれぞれの勢力、地位、立場が決定していく。そして本稿のテーマである秀長と家康の交流が始まる。まず、秀長とはどのような人物なのか略歴を概観しようと思う。

一、豊臣秀長について

秀長は言うまでもなく、秀吉の弟である。

しかしながら、その出自については秀吉の実弟説と異父弟説がある。これは、旧来より秀吉自身の出自についての数多の研究によっても未だに確定的な結論がないことによる。

先ず、兄秀吉の出自の定説となった根本史料は『太閤素生記』である。これは江戸幕府の旗本であった土屋知貞による書で、彼は武田信虎の旧臣土屋昌遠の孫、後に家康の御伽衆となり、家光の代まで仕えた人物である。彼の父円都や養母（尾張中々村代官稲熊助右衛門の娘）、飯尾豊前守連龍の娘である祖母キサたちから伝え聞いた話を四十条にまとめたもので、十七世紀中頃に成立した。これによると、父は木下弥右衛門で、織田家に仕える鉄砲足軽だったが、秀吉が八才の時に死去したため、母親大政所なかは中々村の竹阿弥という織田信秀の同朋衆だった者と再婚したと書かれている。

しかしながら鉄砲伝来は天文十二年（一五四三）であり、年代的に合致しないこと、また「木下」姓を名乗っていることへの疑問などから、作者の土屋知貞の先入観や聴き間違いによる記述であるとも指摘されている。

豊臣秀次や加賀前田家に仕えた儒学者小瀬甫庵による『甫庵太閤記』や、清須朝日村の柿屋喜左衛門が祖父の見聞をまとめた『祖父物語（朝日物語）』によれば、母親の再婚相手である竹阿弥が実父としている。

また、竹中半兵衛の子重門による『豊鑑』（新校　群書類従　合戦部十一巻三七九）には、

尾張国愛知郡中村とかやとて　あつ田の宮よりは五十町はかり乾にて萱ふきの民の屋わづか五、六十ばかりやあらん　郷のあやしの民の子なれば　父母の名もたれかは知らむ

とあり、両親や一族などの名前もわからないと書いているほどである。

昭和三十四年の伊勢湾台風によって現江南市の吉田家（旧前野家）の土蔵が崩れ、その中から発見された『武功夜話』には、尾州中村在、村長の倅とあり、名主クラスの農民だったとされている。

母親なかの再婚相手の竹阿弥も織田信秀の同朋衆というが、これも確かな事はわからない。

さて兄弟について『太閤素生記』には、再婚後、男子一人と女子一人を秀吉との腹違いの子として持ったとの記述

がある。つまり秀長と旭姫のことである。『甫庵太閤記』や『祖父物語』でも秀長は再婚相手の竹阿弥の子としている。また百歳まで生きた医師江村専斎の友人伊藤坦庵が専斎の談話を基に記録した『老人雑話』では、秀吉、秀長の種が違うとして二人は異父兄弟と記しており、従来はこれが定説とされてきた。しかし、以上に挙げた書物は、一書のみの記述もあるし、江戸幕府の正当化の宣伝を目的とする箇所も見受けられるため、一概には信用はできない。

秀吉は天文六年二月六日の生まれ、秀長は大徳寺過去帳などにより天文九年三月二日、旭姫は没年から数えて天文十二年の出生となる。父弥右衛門の没年の最も信用のおけるものは京都瑞龍寺の木下家系図であり、秀吉の姉日秀の下には次のように書かれている。

日秀　羽柴武蔵守一路室一路法名建性院殿　三位法師日海大居士、慶長十七年壬子年八月十五日逝去　御父妙雲院殿栄本虚儀天文十二年癸卯一月二日逝去　御母天瑞院殿一位春厳桂村儀天正廿年壬辰七月廿一日逝去

これからすると父弥右衛門の没年である天文十二年より以前に四人とも出生していることがわかる。このことから桑田忠親博士はその著『豊臣秀吉研究』の中で実弟説を発表している。なお、『信長公記』巻十三には「羽柴筑前守、舎弟木下小一郎廿人数差加へ但馬国へ乱入」との記述がある。また、大村由己によって書かれた『天正記』（続群書類従巻五八九）の中の「惟任謀反記」の秀吉西国出陣の部分にも「舎弟小一郎秀長」の記載がある。「四国御発向并北国御動座記」には「御舎弟羽柴美濃守秀長」としての記事がある。また史籍集覧所載の田中吉政家臣であった川角三郎右衛門の手による『川角太閤記』にも「御舎弟美濃守殿　是は後に大和大納言殿と申し候事」とある。これらによれば全て舎弟とあり、舎弟とは実弟のことを指すと思われるため、秀吉の兄弟四人は皆、弥右衛門となかの子供達であり、秀長は秀吉の実弟であるという事になる。

なお、参考に妹の旭姫について『幕府祚胤伝』には、「豊臣関白太政大臣秀吉公之妹君　天正十四年丙戌四月廿三

日御和平時、於大坂城而御結納被為受之、五月十四日浜松城江御入輿、御婚姻」また、『徳川幕府家譜』には「豊臣太閤秀吉胤替の妹君、織田信秀同朋筑阿弥の女、大和大納言秀長同胤同腹なり」とある。

さて、秀長の略歴であるが、

『信長公記』巻七の天正二年（一五七四）七月、長島一向一揆の際に木下小一郎の名が見え、桑名を守っている。同様に巻十の天正五年十一月、巻十一の天正六年には播磨国竹田城の城代として、木下小一郎の名があり、巻十三天正八年秀吉が但馬国へ攻め入る際には、舎弟木下小一郎が出石に入り、鳥取城攻めに参加と書かれている。この頃秀吉の下で播磨、但馬両国を支配するようになった。『甫庵太閤記』には、「天正十一年城主定之事　但馬兼播磨　羽柴美濃守　秀吉御舎弟」とあり、四月の柴田勝家を滅ぼした論功行賞によって姫路城を与えられたのである。この頃の支配経営状態については、『豊臣秀長のすべて』所収の宮野宣康氏の「秀長の領国経営」に詳しい。

『郡山町史』などによれば、秀長は、天正九年には姫路城を守り、十年には丹波ついで但馬出石に入り、この頃美濃守となっているとある。そして名も天正十二年半ば頃に長秀を秀長と改めている。

そして天正十二年の小牧長久手合戦に際して、秀長は長久手に近い守山に陣して家康に備え、四月七日には織田信雄の属城伊勢松島城を攻めて滝川雄利を逃亡させた。六月八日には近江土山に陣して普請を行った。信雄との和に際しては、正月二十五日に秀長自ら訪ねて行って交渉をしている。そして十三年の紀州征伐などに功績を残したため、紀伊、和泉領を与えられて領主となり、岡山（現和歌山）に居城を構えた。この地は海賊が往来横行して掠奪を行い、また背後に山々があって山賊も多く、住民たちは安心できなかったらしい。そこで秀長は入国後、軍規を正し法制を定めて良く統治した。

天正十三年四月には、紀三井寺、淡島大明神、社家郷に禁制を下している。五月には四国征伐のため兵を発し、九日に、和泉、紀伊の浦々の舟はすべて協力する様にと、舟の調達を命じている。六月阿波に渡海して七月には戦況を秀吉に報告し、秀吉の出馬を止めさせて威力によって征討することを勧め、秀次や毛利、吉川、小早川ら中国地方の武将らと共に攻めて長宗我部元親を降参させ、秀長の幕下とした。帰国後の八月には、紀伊国中の検地を行ない、国人衆の家臣化を図っている。そして閏八月に寺社勢力の強い大和国に封ぜられ、郡山に入った。郡山は前領主筒井定次の頃から条里制を活かした碁盤目状の町並みだった。先ず、入国に先立って国中社寺に指出を命じ、住民に対しても厳しく年貢徴収や規制を行なっている。

我等入国以前、自然下々猥之族在之者、即搦捕可有注進候、
猶入国之上ハ成道以下可申付者也
閏八月五日　美濃守　秀長（花押）
（大和古文書聚英　廊坊家文書）

これらについて、『多聞院日記』十二月晦日条では、国中の百姓が迷惑極まりないことだと記している。
また多武峰衆徒に対して武器武具の提出を命じたのを始め、寺社に武装を解除させて商人と隔離し、宗教活動に専念させた。この政策は秀吉が同年に高野山に対して七ヶ条の政令を発して武器携帯を禁じたものと同様であり、天正十六年の刀狩令の先駆といえるものである。これを皮切りに、指出検地を命じ、十月には、「ナラ中ハ一切ノ万ノ商売被止之、於郡山可有売買ト云々、ミソ、サケ、柴、木、菜、ノリ、ユワウ以下一切ノ物一種モ無売買」とした。この禁制は十五年にも、更に秀長没後の天正二十年にも下されている。郡山城下以外での商売禁止政策は城下発展と共に、大和国内の商業発展や交通網の発展にも寄与した。
秀長に従って、堺や奈良など他所から商人や職人が多数移住してきたことや、前領主筒井の時代に基礎がある程度

できていたものから、城下は更に発展し、わた町、こんや町、ざい木町などの郡山十三丁を中心に箱本制度なる自治町政が機能したようである（天正十六年の『郡山惣町分日記』や『郡山町史』所収の「箱渡之日記」にも十三町の名がみえる）。秀長は城下発展の一つとして、十五年十一月に多武峰を郡山城西北隅に遷座した。その後、多武峰衆徒は終始帰山の運動を続け、十八年十二月帰山に成功した。僅か二年九か月の遷座期間であったが、寺社統治、民衆統治の一環として利用された。『多聞院日記』や薬師寺、長谷寺等には、寺社対策や寄進の記録が多々見られる。秀長は、他の寺社に対しても指出を求め、天正十三年、さらに十四年にも指出を強制している。

次に政策のいくつかを『多聞院日記』から挙げてみる。

天正十四年六月、興福寺領の指出が織田信長時代、惟任滝川の徴収した指出と八千石も違っていると指摘した。七月にも十一月にも指出についての相違の記載があり、かなりの厳しさで臨み、寺社勢力の無力化を図っていたことがわかる。

一方では、春日社、室生寺、談山神社、長谷寺、四天王寺、興福寺、東大寺、大安寺等への寺社造営や寄進の数もかなり多い。

十月九日には奈良中の升を京升に統一し、古い升を使用した者には成敗を加えると触れた。『多聞院日記』にも難し事ばかり申しつけるものだと書いている。翌十五年一月には、奈良郡山の諸公事や座の廃止を行なっている。三月には根来寺の大門を郡山に移すため、奈良中の人夫を徴発して木挽に使った。十七年四月には木津から郡山へ塩を壱石ずつ運ぶことを奈良中の家々に下知している。九月高円山麓の岩淵谷に灌漑用池を造営。十月奈良中の金子一枚一万石分を強制的に借り上げた。

以上のような政策は民政の成功例として、秀長の大和統治は後年の秀吉の畿内統治の先駆ともいえよう。厳しいと思われる諸政策ではあるが、町の発展や酒造業の保護等々の民政により、民衆は後に墓所（大納言塚）の造営や祭礼などで秀長を敬ったとのことである。

さて秀長の人柄について、著名な例がある。「大友文書録」所収の天正十四年四月六日付けの大友宗滴書状より一部を抜書すると、

（前略）はるはる宗滴手をとられ候て、何事も何事も美濃守如此候間、可心安候、内々之儀者宗易、公儀之事者宰相存候、御為に悪敷事ハ不可有之候、弥可申談と諸万人ノ中ヲ手ヲ取組、御心魂、中々忝存候、いつと、この宰相殿を頼申候ハてハにて候間能よく御心得可入候、（後略）

温厚で誠実、人との付き合いが良く、兄秀吉の欠点を補い良く助けたといわれている。また、この文書により、天正十四年時点の秀吉政権内の施政担当が推察される。そしてそれがかなり強固とした統一支配力を持っていたと思われる。

また、古渓宗陳の『蒲庵稿』では「威ありて猛からず、靄然とし仁有り」と評している。なお、古渓は秀長葬儀の引導の師を務めている。『武功夜話』では「御舎弟小一郎様、朴訥仁義に厚き御仁に候」「小一郎殿温顔奸邪の心更に無し」とある。

しかし三年後の鶴松誕生と秀長の発病によって、この分担の弱体化と淀君派の台頭がみられてくる。家康からすれば、当然、後述する秀長との交友から、旧来路線と北政所派の協力者であるが、この頃からの秀吉政権の変革と脆弱性を感じてきた事であろう。

つまり、豊臣政権下における秀長の位置、役割の大きさが理解できるのである。

二、豊臣秀長と徳川家康

天正十四年四月の秀吉の政略による妹旭姫と家康との婚儀成立に際しては、秀長は不同意であったと思われるが、これは秀吉の家康懐柔策であり、婚儀は成立した。その後しばしば秀吉は家康の上洛を促すが、家康は腰を上げなかった。七月、家康に従三位参議叙任がなされた。これまでの従五位下からの一気の昇進である。当然秀吉との親戚関係による叙任であろうが、家康はこの年の九月七日に、遠江の三ヶ寺に三位中将藤原家康名で禁制や諸役免許状を出している。中村孝也氏は、その著『徳川家康文書の研究』上巻のこの三通の解説部分で、「この種の内容と性格とを有する文書に特に三位中将藤原家康と署名することは作為的な感じがする。九月七日といふ日、三通に限り署名する必要は何により生じたか。不可解の疑義である。」と述べている。これは朝廷からの官位授受に対する嬉しさと上洛決意の現れではなかろうか。かつ十一日には浜松から駿府への移転を公表していることからも心中が伺われる。二十四日には秀吉からの使者が大政所の下向を伝えに岡崎に来た。秀吉は、母大政所を質として行かせる代わりに家康の上洛を求め、次のような書状を送った。

来年春筑紫江出馬可仕存、就其談合申儀候、美濃国迄御出合可被下候
若又聚楽江御見廻候者、外聞実可忝候、左候者二人与無之老母於浜松迄相越可申候
馬衆一人不添可進走候　恐々
九月　日

この文書は『朝野旧聞裒稿』に見えるところであるが、秀吉の外交の巧みさ、表現のうまさがよく伺える。そして

二十八日家康は上洛を公表した。秀長はこの秀吉の交渉を武門の恥として諫め、もし家康が従わないならば戦おうと説いたが、秀吉は受け入れず、旭姫の見舞い、対面という理由で、十月に大政所を岡崎へ向かわせた。それを受け、家康は岡崎を発し二十四日に入京して茶屋四郎次郎亭に入り、二十六日に大坂の秀長邸に着き、その夜密かに秀吉の訪問を受けるのである。『徳川実紀』によれば、秀吉は家康の耳もとに口を寄せて大坂城での協力を要請し、翌日の対面式の成功を依頼した。その結果、秀吉の権威が十倍になったとの事である。二十八日秀長は猿楽能の高砂・田村・金札の三番を催しもてなした。この頃から両者の交友が始まる。

これ以前、秀吉は家康のために聚楽第内へ屋敷を造営することを秀長に命じた。家康が十月八日に屋敷の普請責任者である秀長の家臣藤堂高虎に宛てた「屋敷普請之儀付而被入情候由、真以為悦此事候」という感謝の書状がある。藤堂とも、この頃から普請を通しての交友が始まるのである。家康の上洛時の宿亭は今後しばらくはこの屋敷なのである。

十一月五日、家康と秀長は二人同時に正三位に叙せられた。家康の上洛謁見臣従によって安心したのであろう秀吉は、十二月十九日に太政大臣に任じられ、豊臣姓を賜っている。翌十五年、秀吉の九州征伐があり、その凱旋時に家康は上洛して祝し、八月八日秀長とともに権大納言従二位に叙任された。なおこの年の十月には北野大茶会があった。天正十六年二月、家康が在京時の屋敷普請のため、三河の本證寺、勝鬘寺、上宮寺等の一向宗七ヶ寺に材木五千本の調達を申し付けた。しかし門徒たちは諸役の過重や国内仏法専念のため拒否したのである。そこで秀長は一向宗本拠の本願寺下間頼廉を間にして諸役の免除を約束させるなど、五か月近くに渡って家康への助言や協力体制をとった。

なお、この屋敷は聚楽第の南外門の南側、宇喜多秀家、織田信雄邸に挟まれた好位置にあったようである。（現在の浮田町、中村町あたりか）。秀長の屋敷も聚楽の南東（現在の吉野町）にあったと考えられ、家康邸とは近い。秀次邸は秀長邸に対する形で聚楽の南西にあった。しかし、この聚楽第は秀次の自害と共に、徹底的に破却されてしまった。ただ家康邸は外郭にあったため、直ぐ南側の京都所司代の役所、住居及び二条城の築城まではしばらく使用したと思われる。ちなみに令和二年、京都御苑の仙洞御所から慶長二年から縄張りが始まった京都新城の遺構が発掘された。詳しくは今後の調査によって明らかになっていくと思われるが、今回発見された石垣が聚楽第本丸西堀西肩とほぼ一致することから二つの城の本丸の規模は近いものらしい。また、京都所司代の建物や池跡も発見された。

天正十六年三月、旭姫が上京し、続けて家康も後から上京して大坂から来る秀吉を東寺に迎え、二十九日に仲良く放鷹している。そして同日、秀吉の執奏で信雄、秀長、秀次とともに清華成している。「清華」とは、公家において摂関家に次ぐ家格で、摂関にはなれないが、太政大臣まで昇進可能な家のことである。秀吉が関白の位にあったので、後陽成天皇を迎えるにあたり、諸大名を公家の序列として創出したのではないかと思われる。そして天皇を聚楽第に迎えて接待の中、秀吉は諸大名に三箇条の誓紙を提出させ、絶対服従を誓わせたのである。秀吉政権の絶頂期とも言えよう。家康は月末に駿府に帰った。

十六年六月に郡山に来ていた大政所が病を発したため、家康と旭姫は再び上洛して見舞い、秀吉も朝廷に奏請して御神楽や諸社寺での平癒祈禱を行なっている。幸い大政所は全快した。旭姫はその後も聚楽第に逗留し、駿府には戻らなかった。

聚楽第は天正十四年に工事が始まり、翌十五年九月十八日に秀吉が入城している。諸大名が上洛の折には、先ず聚楽第に出仕して秀吉に臣従の礼を取った。その際の席次も全て官位中心で高い順から着座していた。いろいろな行事の際にも座次は常に家康、秀長の順であった。『毛利輝元上洛日記』等から、この年十六年の七月から八月にかけての輝元、秀長、家康の交流の様子を挙げてみる。

七月二十三日　聚楽第出仕。

三十日　秀長の招待、秀吉の御成により聚楽第から秀長邸まで大仰な行列、五番の能組を見ながら饗宴。

八月一日　八朔儀礼で聚楽第で秀吉への参賀。

二日　秀次邸で饗宴。秀吉も御成。

六日　輝元が秀長の寄合に招待される。

七日　輝元が曲直瀬邸を借りて信雄、家康、秀長を饗応するための準備中、秀吉が囲碁をするので見に来るようにとの連絡があり、聚楽第へ行く。その後、家康と秀長の案内で聚楽第内の座敷や台所等隅々まで見て回った。同日利休の茶の湯。

八日　曲直瀬道三邸で饗宴。輝元が信雄、家康、秀長を招いた。

十四日　秀次の茶の湯。

十五日　秀長の茶の湯。聚楽で月見の和歌会。

二十日　秀吉が初鮭を振る舞うので聚楽第へ。家康、秀長も相伴。

以上の様な行事が続いた。このようにこの一か月、お互いの接待やら出仕やら同じ人物との交流が盛んに行われ、親交を厚くしている。

二十七日に京から帰っていた秀長は、二十九日郡山へ赴く途中の家康を木津まで迎えに出向いている。そして奈良で遊んで交誼を厚くし、二日に上京する家康を笠置まで見送っている。秀長はこの直後の四日にも、大友宗麟、吉川、小早川、毛利らが訪ねてくるので近くまで出迎えに行き、心を尽くして茶会や囃子などを催して饗応している。『多聞院日記』八月二十四日条に「東西北国の大名衆、爰元へ近日ニ下ルトテ、奈良中寺辺ノ掃除コレアリ」とあり諸大名が地元へ帰る際に奈良近辺を見学することを見越して掃除をさせたのであろう。秀長の性格を物語る一例である。

十七年になると、家康は二月末に上洛。また五月鶴松誕生により上洛し、秀長、秀次、信雄、宇喜多秀家らと参内して、太刀、馬を献上した。その後、家康は七か条定書を遠江・駿河・三河・甲斐に発令して、統一基準を決めて、領国支配を強化した。十一月四日秀長の摂津有馬湯治行きを聞き、藤堂に宛てて次の書状を出している。

…亜相御煩気之由候て、至有馬御湯治之由、いかが無御心元候、次女共煩之儀少能候由、大慶此事候、

（徳川家康文書の研究　上巻）

亜相は秀長のことである。ただ秀長は、前年九月十日にも有馬へ入湯している。これは前述した家康や毛利たちへの接待疲れかもしれない。この文書の女共というのは妻である旭姫のことで、彼女が病のために聚楽第で療養しており、多少良くなったことを高虎から聞いて喜んでいるのである。しかし旭姫はちょうど二か月後の十八年正月十四日に病没してしまう。法号は南妙院殿光室総旭大姉、東福寺に埋葬された。墓は東福寺と静岡市の瑞竜寺にある。家康は前年十二月に上洛して北条征伐の儀に参加したが、中旬には駿府に帰っている。その間旭姫とは対面したであろうが、葬儀には参列できなかった。

この後、家康は親戚関係にある小田原北条氏との和平工作に苦心したが、秀吉はついに十一月二十四日をもって小田原攻めを決定し、家康も和平の無駄を悟り、その準備にかかることになる。

十八年になると、秀長・家康両者の文書内容は秀長の病に関することが増えてくる。『多聞院日記』においても、祈禱や法楽の興行などの語が頻出し、三月三日条には、「既ニ死ヲ深ク隠スヤ」とあるほどである。

次は、小田原征伐のため、賀島に陣している家康から多少快方に向かっていると言ってきた秀長を見舞っているもの。

少御煩気之由承候、実儀候哉、無御心元存以使者申入候…三月四日

その後、三月十八日には小田原の状況とともに次の見舞い文を送っている。

御煩追日被得験気由、大慶不過之　弥養生専一候

（徳川家康文書の研究拾遺集）

四月十九日には秀長老臣桑山太夫重晴から秀長の病気本復の連絡と虫薬を送ってきたことに対し、お礼の返書を出している。

大和大納言殿御煩、弥御本服之由、目出候　次其家秘方之虫薬被入念候而給候

重宝為悦之至候

（徳川家康文書の研究　上巻）

桑山の虫薬とは、おそらく桑山薬として珍重されたもので、薬好きの家康と共通する感情があったと思われる。

この頃、実際に秀長の病は回復したようで、春日社へ自ら参詣もしている。また、小田原陣中の秀吉から大政所に宛てた消息の中にも、「大なんこそくさいのよしなによりなにより御うれしく候いよいよようせうせんにて候よし御申候へく候」（妙法院文書）とある。家族思いの秀吉の心情が伺える。六月には、端午の祝いとしての秀長の差し入れに対し、そのお礼と関東の状況報告とともに、「其方弥得快気之由、珍重候、養生之儀不可有由断候」と手紙を送っている（名古屋市博物館編『豊臣秀吉文書集三』）。七月には秀吉から小田原落城の報告があり、二十五日秀長自ら上京している。

秀長は九月には東大寺八幡宮の造営を監督するが無理がたたったのか、十月四日には諸社寺の所領を返付する安堵状を発している。秀吉も諸社寺へ祈禱の依頼をしたり、秀次も多武峰惣山中に対し「今度宿願意趣者　大和大納言秀長卿当病於本復者　大職冠如先々可為御帰山寺社領等可被寄附条」と出して病の平癒を祈っている。

その後も、秀長の病は一進一退を続け、十一月十一日の羽柴秀勝の多賀出雲守宛書状において、「御煩日々能御座

候て可御心安候」とあり、快方に向かったことがわかる。

この年末秀長は、奥州の一揆について書を大和から飛脚を発して家康に送った。それについて家康は十八日に伊達政宗が二本松にいる浅野長吉の陣に参会してすべて静謐に帰したので、自分も出馬の準備していたが、延引となったので安心してほしいという返事とともに、病状も本復に向かっているそうだが、大切にという文書を送っている。

翌天正十九年、家康は陸奥出陣のため江戸を発して岩槻に向かい、たびたび飛脚を郡山に発して秀長の病状を心にとめていたようである。次の正月晦日付けの藤堂高虎宛の文書が最後のものとなる。

度々以飛脚申候処　于今不罷帰候　御煩如何候哉　承度候

（徳川家康文書の研究　中巻）

家康は秀長の病状が快方に向かわないので、たびたび飛脚を送ったが、返事が帰ってこない。そこで高虎に自分の上洛予定を知らせ、秀長との面会を願ったのであろう。

しかしながら、この時にはすでに秀長は歿していたのである。

大納言秀長卿昨日二十二日ニ死去云々、五十一才（『多聞院日記』正月二十二日条）

大光院殿前亜相春岳紹栄大居士

墓所は、大和郡山市箕山町　大納言塚と京都大徳寺大光院にある。

おわりに

本稿は、昭和五十三年に、國學院大學大学院会「史学研究集録」に掲載したものを全面的に、加筆訂正したものである。掲載後、豊臣秀長については、補佐役とかナンバー2として多く取り上げられて一段とその評価も上がり、現代社会の経営学や生き方においても参考とされる人物になっている。秀長と家康は豊臣政権内における地位はいつも同等であり、秀吉から見れば、兄弟として二人を扱っている。一地方大名の上洛に際して中央政権の補佐役が宿亭を建ててもてなすという交友の始まりが、歳も近いこともあってお互いを尊重し合う温かい関係に成長していったことが伺える。家康から見れば、豊臣政権や中央情勢を直接知ることができ、かつ人望の厚い秀長を通して中国、四国、九州の大名や家臣の藤堂高虎や桑山重晴らと昵懇となれた。そして、秀長の病や鶴松の誕生などによる秀吉政権の弱点や分裂を感じながら、政権内での立場や地位を形成していったのである。

家康の後の天下の土台は秀長との交友から始まると言っても過言ではない。

Ⅶ

豊臣政権の九州国分に関する一考察

――羽柴秀長の動向を中心に

小竹文生

はじめに

小稿は、豊臣秀吉による九州攻撃（島津氏「征伐」）から国分に至る政治過程を、主に秀吉の弟である羽柴秀長の動向を中心に検討するものである。

豊臣惣無事令を提唱された藤木久志氏(1)によると、九州国分は秀吉が「惣無事」論理を具体的に戦国大名たる大友・島津・毛利氏をめぐる領土紛争に適用した最初の国分であるとされる。そして、これに従った毛利・大友氏を「尤神妙」として赦免すると同時に、無視した島津氏は「勅諚」に背く罪で「征伐」するという大義名分が成り立ったわけであり、その意味で九州国分は、後の関東・奥羽「惣無事」令へと続く、秀吉の「平和」政策の画期をなしたと規定されている。

この藤木氏の成果を批判的に継承した藤田達生氏(2)は、「惣無事」令そのものの存在を疑問視し、秀吉による国分過程の詳細な検討を通じて、豊臣政権の極めて独善的で好戦的な性格を明らかにした。また、九州国分については、それ以前の北国（一次）・中国・四国・北国（二次）国分と九州・関東・奥羽の国分とでは、前者が豊臣領の境界と直接に接しており、秀吉が境界紛争の一方の当事者として関与していたのに対し、後者は豊臣領とは境界を接することなくかつ直接的には敵対関係のない地域を対象とするものであって、政権の成熟度により国分にも質的な段階差があることを指摘され、その画期をやはり九州国分に設定して詳細な検討を行われている。

両者には、九州国分、ひいては豊臣政権における国分の本質をめぐって若干の意見の相違をみるが、関白就任を契機とし、九州国分を通じて豊臣政権が新たな段階に到達したとする見解では一致するであろう。また、秀吉がたびたび九州を「五畿内同前」(3)と述べているように、この国分の完了をもって朝鮮出兵の夢が具体的な現実性をおびたことも、九州国分が以後の豊臣政権の政策を規定した意味で重要な画期となったことは間違いないであろう。(4)

九州国分については、こうした「惣無事」をめぐる全体的な評価がなされていると同時に、豊臣蔵入地(5)と朝鮮出兵(6)の問題を中心に個別具体的な研究(7)がかなりなされている。しかし、東西九州を中心に、初期の政治情勢、とくに豊臣政権への編成過程について不明な点が多いように思われ、小稿でとりあげる羽柴秀長も国分時に東九州に深く関わっていたことは周知の事実ながら、具体的な検討はあまり行われていないようである。ゆえに小稿は、九州国分過程における羽柴秀長の動向を検討することにより、東九州の豊臣政権への編成過程について若干の考察をおこなうものである。

一、羽柴秀長と大友・島津氏

天正十四年(一五八六)八月、秀吉は同年三月に島津氏に提示した停戦命令と、九州国分案(後述)への回答がないことを理由に島津氏「征伐」を決意して、順次軍勢を派遣することを決定し、これを筑前で島津軍と戦っている立花統虎と高橋紹運に報告した。その中で秀吉は「抑九州事、帯条目、豊薩芸江加下知候之処(8)」と述べており、九州国分は大友・島津・毛利氏間の問題、すなわち旧来からの領土紛争を秀吉の「下知」に従わせるために執行することを宣言した。ここにみえるように、秀吉は九州国分の当事者を大友・島津・毛利三氏と認識していたわけであり、彼等をどのように処置するかが国分の最大の焦点であった。では、秀長は国分以前にこれら三氏とどのような関わりをもっていたのだろうか。ここでは、紙幅の都合上大友・島津氏と秀長との関係をそれぞれ個別に検討することによって、国分過程における秀長を検討する上での前提作業としたい。[9]

1、大友氏との交渉

まず大友氏と秀長との関係を考察する。次の史料をみていただきたい。

（前略）はる〳〵宗滴手をとられて候て何事も何事も美濃守如此候間、可心安候、内々之儀者宗易（千利休）、公儀之事者宰相（秀長）存候、御為ニ悪敷事ハ、不可有之候、弥可申談と諸万人ノ中ヲ手ヲ取組、御入魂中々忝存候、いつと□□宰相殿を頼申候ハてハにて候間、能々御心得可入候、今度利休居士被忝心、馳走之様子難申尽候、永々不可有忘却候、此元之儀見申候て、宗易ならてハ　関白様へ一言も申上人無之と見及申候、大形ニ被存候而者、以外候、とにかくに当末共秀長公・宗易へハ、深重無隔心御入魂専一候[10]（後略）

これは、天正十四年三月、島津氏の猛攻の前に存亡の危機にさらされた豊後の大名大友宗滴（宗麟）が、前年十月の秀吉停戦令を受諾し、それに応じない島津氏の非違を訴えて、九州への豊臣軍派兵を要請しに上坂した時の模様を、詳細に国元の家老に送った有名な書状の一部である。これによると、大坂城で秀吉に謁見して援軍の確約を得た宗滴は、その帰路秀長の宿舎をも訪問した。そこで秀長から「内々之儀者宗易、公儀之事者宰相存」ており、「御為ニ悪敷事ハ、不可有之」であるから安心して欲しいという言葉をかけられていたく感動し、何事も「宰相殿を頼申候ハてハにて候」として、当時の豊臣政権においては秀長と千利休が一切を統べており、その両者よりの支援をも取り付けたとの認識を示しているのである。これは実際、豊臣政権の全面的な支援を取り付けたことを意味し、そのように政局は動くわけであるが、その背景には「公儀之事」を任されていた秀長の絶大な後見があったことをまず確認しておきたい。

では、秀長がここにいう「公儀之事」とはいったいどのような内実をさしているのだろうか[11]。この秀長の言葉は、当時における豊臣政権の権力機構の一端を示す貴重な証言との評価がなされており、度々豊臣政権論[12]において触れられているが、ここにいう秀長の「公儀之事」は、千利休の「内々之儀」[13]と比してあまり検討されているとはいいがたい。「内々」と対比されている以上、「おおやけごと」「公的なもの」を意味することは明らかであり、秀長の立場から推測して国政を補佐する権限をさしていることは異儀のないところだが、より内実を絞るために、秀長が自身の発給文書において「公儀」文言をどのように使用しているかを検討してみよう。

秀長発給文書にみる「公儀」文言は三例ほど確認され、その何れもが外様大名吉川広家に対して発給されたものである。その内二例[15]は「公儀」＝秀吉（豊臣政権）をさしていることは明白だが、一例だけ「公儀拙子請取置候」[16]という使用例があるのに注目したい。これは天正十五年六月、広家兄元長（吉川家当主）の病気で、九州攻撃に参陣できないという報告に接した秀長が、元長の病状を気遣いながら「是又非等閑候」と疎意しない旨を述べたあとに続けた言葉である。これのみみると、ここでいう「公儀」の意味はとりづらいが、同年十二月二十七日付吉川広家宛書状[17]において「追而来春早々上洛、輝元御同前可然候、最前如申候、諸事馳走其方之儀拙子請取置候」とあるように、前述の「公儀」がここでは「諸事其方馳走之儀」に置き換えられていることがわかる。つまり、秀長がいう「公儀」には外様大名に対して「諸事」にわたり「馳走」する権限が含まれているのであり、大友氏に述べた「公儀之事」も公式な（この場合千利休と対比して「表向きの」という意味であろうが）大友氏への「馳走」は今後秀長が任されたという意味に解釈でき、千利休の「内々之儀（＝私的ルート）」と補完しあいながら、秀長＝利休路線によって大友氏の後見を保証したと解釈できよう。そして、この秀長の「公儀之事（＝外様大名への「馳走」権限）」には、山本博文氏(18)が規定する「政権の最高級メンバー」が行いうる「取次」「指南」としての職権も多分に含まれており、それは、後述する秀長と大友氏との関係をみるとより明らかなのである。

2、島津氏との交渉

一方、秀長と島津氏との関係はどのようなものだったのだろうか。まず秀長と島津氏との初交渉を示す史料をかかげる。

未申馴候之処、対伊集院右衛門太夫・本田下野守御伝書加披見候、御懇情畏悦此事候、抑　関白（秀吉）殿被治天下掌之段、謂非所及筆舌候、殊去夏之比、被成芳檄候、便宜之為躰候条、于今申後候、慮外之至候条、為可伸回礼差上使節、幽斎（細川）迄申試候、自然之刻、可然様御取成所仰候、仍生糸拾斤進之候、聊補微志計候、恐々謹言、

十月廿日　義久

羽柴美濃守（秀長）殿

御宿所(19)

これは天正十三年と比定できる島津義久書状であり、藤木久志氏は「豊臣方と九州島津方との公式の連絡」が、この書状をもって始まったと評価されている(20)。これは島津家老臣伊集院忠棟と本田親貞宛に送られてきた秀長書状に対する返書なので、実際に秀長が島津氏に書状を送り交渉を開始しようとした時期は、おそらく同年閏八月下旬から九

月初めにかけてと思われる。[21]その内容としては、閏八月十八日に畿内近国を統一した秀吉が、近江坂本にて全所領規模の国分を実施し、政権基盤を確立[22]（＝「被治天下掌之段」）したことと対応し、これを秀長が島津氏に伝え穏便な服属を要求したものであったと推測できる。結局この義久返書は秀長の元に届けられなかったらしい[23]が、ともかく注目すべきは、島津氏に対しても当初の「公式」な交渉相手は秀長だったということである。

ついで同年十月二日、関白秀吉は「就　勅諚染筆候」で始まる有名な九州「鉾楯」停戦令を交戦中の島津義久・大友宗滴に宛てて発給した。[24]これは藤木久志氏により惣無事令の原型を示すものと評価されている文書である[25]が、秀長に関連して注目したいのは、秀吉書状の副状発給者として細川幽斎と並んで千宗易（利休）が登場することである。この副状[26]は、「関白殿内証之趣」を承って発給したと述べられているように、両名は「内証（＝内々）」のこととして島津氏に対応していることが特徴である。これと前述の秀長の「公式」（＝おおやけ＝公儀）な書状のやりとりをみると、秀長が大友宗滴に述べた「内々之儀者宗易、公儀之事者宰相存候」という体制が島津氏においても貫かれていることが措定され、この秀長＝利休路線が、豊臣政権初期の外様大名政策に重要な位置を占めていたことが、ここにも確認されるのである。

翌十四年三月、前年の九州「鉾楯」停戦令に対する回答（実際には細川幽斎への返書）を携えた島津氏の使者鎌田政広が上坂し、さらにほぼ同じ頃、前述の大友宗滴も大坂に到着した。秀吉はまず、三月中頃に鎌田政広を引見し、「過半九州島津殿進退之由聞得候間、肥後半国・豊前半国・筑後、是を大友殿へ被去渡候へ、又肥前一国を毛利殿へ、筑前ハ京都より知行可有候、其余此方より御格護候て、平均可目出之由也、来七月より内ニ、鎌刑罷登被申候へ、無其儀候ハヽ、七月必此方へ出馬候する由也[27]」と鎌田に国分案を提示して、七月までの回答を求めた。そして、翌月五日には大友宗滴を引見し、同様の国分案を提示したことは藤木氏の指摘するところであり[28]、それが前述の秀吉と大友氏の会見の主題だったのである。結局、九州をほぼ制圧しかかっていた島津氏にとって、秀吉の国分案は受け入れられるものではなく、拒否することとなるが、それによる秀吉軍来襲の報を聞いた島津義久は、弁明のため九月に再度使者を上坂させることにした。この時、島津義久が秀吉への取成を頼む相手として書状を送ったのが秀長・石田三成・施薬院全宗であり[29]、ここに初めて、島津氏と後に「取次」となる石田三成との関係がみられることが注目されるのである。そして、この三成宛書状に「去春差登使節候之刻、万般御才覚故凡相調下向仕」とあるように、三成と島津氏の関係は四月の鎌田正弘の上坂時に三成が全てを「才覚」した事に起因するものであった。これにより再度の使者上坂に対して「諸篇可被加御指南事頼入候」と三成のみに「指南」を頼んでいることは、四月の時点ですでに三成が島津氏の「取次」的な地位についており、服属の促進を図っていたことを示していると思われる[30]。これに対し、秀長宛書状では前年来の関係をもとに「入魂」を依頼（施薬院宛書状もほぼ同文）しているのみであり、単純にみても島津氏交渉の実務は石田三成が担っていたことが文面からも推測されるのである。

このように島津氏の場合をみると、当初の「公式」な交渉相手は秀長であったが、天正十四年の大友・島津両氏の上坂により、大友氏を支持する秀長＝利休路線（秀吉の方針）と島津氏を支持する石田三成・細川幽斎らの路線が存在していたことがわかる。しかし当初は、これらは対立するものではなく、あくまでも島津氏の穏便な服属（国分案に従ったうえでの）を必須と考えていた秀吉にとって、その実務面を担当する「取次」が必要だったのであり、鎌田上坂時に「才覚」した三成を「取次」として適任であると判断したのだろう。そして、秀長はその総括者として、大友氏を後見しながらも島津氏との関係をも持続していたのではないだろうか（ちなみに、大友氏と石田三成の交渉史料は管見の限り見出せなかった）。それが、翌十五年正月における島津氏最後の赦免嘆願交渉相手が、秀長と三成である[31]ことにも端的に示されていると思われる。そして、島津氏にとって総括者秀長と「取次」三成という秀吉への二本のルートが存在していた意義は大きく、後の寛大な赦免もこのルートを確保していた結果といえよう。

以上のように、ここでは秀長が大友氏との関係だけではなく、島津氏とも緊密な関係を形成していたことが重要である。これに毛利氏との緊密な関係をも勘案すると、九州国分の当事者たる三大勢力すべてに秀長が主役として関わっていたことが確認されるのであり、秀長は単なる九州攻撃の総指揮官[32]というだけでなく、その前段階（国分後も含む）から九州国分の総括者と位置付けられていたのである。

二、九州国分と羽柴秀長

本章では九州国分とそれ以後における秀長の動向を検討する。

九州攻撃は、結局さして大きな戦闘もなく島津氏の降服という形で終結した。島津氏老臣伊集院忠棟をはじめ、島津義久・義弘・家久らがすべて秀長を通じての降服という過程[33]をみても、秀長の事前工作の成功と島津氏側が秀長を豊臣軍の総指揮官・国分の総括者と認識していたあらわれであろう。

そして、島津義久が降服して戦局の見通しがついた天正十五年（一五八七）五月十三日、秀吉は秀長に対して最初の国分案[34]（第一次）を提示してその奔走を命じた。これは十四カ条からなる長文のものだが、概略すると、①大隅・日向国衆からの人質徴収②大友宗滴への日向宛行と伊東祐兵への一郡宛行③長宗我部元親への大隅宛行④伊集院忠棟への大隅一郡宛行⑤大友氏老臣志賀・佐伯両氏に対する日向内一城宛行⑥大友義統への豊後宛行⑦肥後・筑後・筑前は未定⑧筑前博多の蔵入地化⑨豊後・日向・大隅の城普請と豊前の城割、となるであろう。これらを、秀長が大友宗滴・義統らとよく談合の上執行せよという内容であり、秀吉が豊前・豊後・日向・大隅を中心とした東九州（旧大友領国）の国分を秀長に委任していたことが判明する。

しかし、同月十九日の島津義弘の出頭、二十三日の大友宗滴の死去などにより、国分案（第一次）は大幅な修正を余儀なくされる。その結果、秀吉は六月下旬に正式な国分[35]（第二次）を発表する。その概略は筑前・筑後に小早川隆景、豊後一国は大友義統、薩摩・大隅は島津義久・義弘、島津氏老臣伊集院忠棟には日向内一郡、伊東祐兵にも日向内一郡、日向の残は蔵入地として代官支配、肥後一国は佐々成政、肥前は龍造寺政家、豊前は三分二を黒田孝高、三分一を毛利吉成に与えるというものであった。実際はより詳細な国分がなされたわけだが、ここでは、秀長との関係からとくに豊前・豊後・日向に焦点をあて、国分による諸勢力の動向と秀長との関係を検討したい。

前述したように、秀吉は、東九州の国分を秀長に委任していた。その中でも「日向・豊前・豊後三ヶ国置目法度領智かた、何も中納言（秀長）被仰出候条[36]」とあるように、とくに日向・豊前・豊後に関しては、秀長が置目法度を制定し、領知境目の確定を行うことになっていたのである。このうち豊前は秀吉直臣の黒田孝高と毛利吉成が配置されており、秀長の影響力はかなり薄かったと思われ、豊前支配に直接関与した史料も管見の限りみられない。しかし、豊後・日向に関しては秀長主導の下に豊臣領国化を推進している。以下それぞれをみてみよう。

1、豊後大友氏権力の確立

国分後の大友氏と秀長の関係[37]は、前掲の国分案（第一次）に明記されている。

（七条）一、大友休庵（宗滴）召寄、右之内々之儀、可申渡候休庵被居候城は休庵次第可然事、

（八条）一、（前略）知行出し候儀は、休庵と可然可致談合候（後略）

（九条）一、豊後国にて、去年以来表裏を仕候者之儀は、城を受取可致破却、其中にも城を置候はで不叶城は、

大友左兵衛（義統）身に成候者に相持せ可然候哉、夫は左兵衛督と致談合可為分別次第事、

（十一条）一、豊後国は大友左兵衛督に一職に出し候間、諸事置目左兵衛ため可然様にいたし候て、可然候事、

ここにみえるように、秀長は大友氏のために知行割・城割・置目制定などに関して、大友氏と「談合（実際は秀長の指導であろう）」して諸事を宰領せよと命じられており、権限的には、危機に瀕していた大友領国の建て直しと、豊臣大名化の推進を大前提として、大友氏を中心とした東九州の秩序回復を目的としていたといえる。

そこで、秀長による具体的な秩序回復の動向をみると、まず隣国豊前黒田氏との領知境目相論の裁定という事実があげられる。前述のように国分により豊前には黒田孝高・毛利吉成が入封したが、豊後に隣接したのは中津城を主城とした黒田孝高であった。しかし、この両者の間はかなり険悪だったようで、天正十八年三月に大友義統は荏原八幡宮に捧げた願文(38)において「爰于黒田勘兵衛近年豊前国居住誠斯悪逆仁不背神明、妨人心、恣振、吉統曽而雖非存諫意、至、豊州非道歴然タリ」と黒田孝高を言葉を尽くして非難している。こうした関係もあってか、両者の間で境目相論が発生し、この訴訟が秀長の裁定にもちこまれたのである。

猶以、其方口才者之条遣候、有様ニ諸事聞届可申付候、

大友・黒田申分、福智三河守口上聞届、急度罷下、最前三河守如是諸事可申付候、委曲疋田九兵衛可申候也、

正月十六日　　花押

伊丹甚大夫とのへ(39)

これは『黄薇古簡集』所収の書状であるが、発給者は「花押」とのみあり確定されていない。しかし、秀長家臣福智長通と、副状発給者として度々登場する疋田就言がここでも副状発給者としてみえることから、秀長発給文書と比定して間違いないだろう。また、年代も大友氏と黒田氏の間で境目相論が起きるのは、国分直後とそれに続く肥後一

揆の混乱によるものとするのが妥当であるので、天正十六年と比定できよう。この書状には「大友・黒田中分」と記されているのみなので、具体的な内容は不明だが、翌日付の疋田就言副状[40]には「豊後・豊前境目儀付而」とあり、「中分」とは両国間の境目相論であったことがわかる。さらに、同年四月二日付疋田就言宛黒田長政書状[41]などをみると、領知境目と牢人問題がセットになっていたようであり、前年に起きた肥後一揆の影響で豊前・豊後でも一揆が起きて大量の牢人が発生したと思われ、この余波による相論であったといえよう。これに対する秀長の裁定は、残念ながら史料が残ってないため不明である。しかし、この相論の経過で留意すべきは「貴所御下候へと被仰出候、口才成仁御下候ハんかと浅弾（浅野長政）被申候へハ、御太儀不及是非候[42]」とあるように、秀吉の意を承けた浅野長政から、秀長に対し「口才成仁」の上使派遣が要請されているのであって、直接秀吉が裁定しているのではないということである。あくまでも豊前・豊後に関して上使を派遣して裁定できる権限をもつのは「日向・豊前・豊後三ヶ国置目法度領智かた」を預けられた秀長だったのである。

つぎに、大友領国検地を主導した形跡があげられる。

①豊後国中知行方、検地申付入組無之様、家中者共以指出之員数、令支配可遣候、法度以下、厳重可申付候、義統置目等自然相背族令成敗、軍役入精、忠節輩可加扶持候、猶大和大納言（秀長）可申候也、

「日付、署名、宛名等闕」

②豊後国検地事、如五畿内辺、念入可被申付候、給人申付事者、以検地上入組無之様、可被相渡、何茂国侍妻子、其方居住之所江在府可仕之旨、可被申付候也、

「日付、署名、宛名等闕」

これらは『大友家文書録』天正十九年九月条所収の断簡[43]であり、いずれも日付・署名・宛所が切り取られて不明で

ある。しかし、①は一読して秀吉書状とわかる。副状発給者として「大和大納言」、すなわち秀長を指名できるのは秀吉だけであろう。そして②は、①を補完している内容や、「被」という尊敬表現の使用から判断して①の「大和大納言」すなわち秀長の副状と思われる。[44]年代としては秀長が大納言に任官するのが天正十五年八月八日であり、[45]大友義統が「吉統」へと改名するのが翌十六年四月末から五月初め頃[46]といわれているのでこの間に発給されたものである。これにより、国分直後に大友氏領国において指出検地が行われ、錯綜した知行関係が整理されると共に、府内城下町への人質徴収によって、著しい大友氏権力の強化が企図されていたことが判明し、それを秀長が主導していたことがわかる。

他に大友氏と秀長の関係として二三の事例をあげると、大友吉統と高橋元種（日向宮崎城主）との婚姻指示、[47]天正十七年十月の豊臣政権による諸大名妻子在聚楽の大友氏への命令、[48]秀吉への大鷹巣献上命令[49]などもすべて秀長によって指示伝達されていることがわかり、少なくとも秀長の在世中は、その主導の下に大友氏権力の強化が図られていたのである。

以上のように、秀長は大友氏権力強化のために様々な「馳走」をし、政策の「指南」をしており、秀吉朱印状に副状を発給する「取次」までつとめていたことがわかる。これを一概に山本氏が規定する「取次」「指南」に当てはめられるかは、秀長の一門筆頭という立場上なお検討を要するが、少なくとも「取次」「指南」同様の職権を秀長が特定の大名に行使していた事実は指摘できよう。[50]

2、日向をめぐる秀長と島津氏

最後に日向について検討したい。前述のように、日向は基本的には豊臣蔵入地として設定され、その「代官」には秀長家臣の福智長通が就任した[51]。しかし、当初から島津久保に諸県一郡、島津豊久に佐土原・都於郡などが漸次安堵され、新しく筑前から秋月種実・高橋元種兄弟にそれぞれ新納院や宮崎、日向出身の牢人伊東祐兵に飫肥などが与えられた。さらに、遅くまで抵抗していた島津氏御一家衆北郷時久も都城を安堵されるなど、日向は最終的に中小大名と島津領が乱立する状態となり、豊臣蔵入地はわずかしか設定されなかったようである[52]。この背景には、島津氏による日向回復の猛烈な抵抗運動があったのであり、この島津氏と秀長との交渉過程は稲本紀昭氏[53]の研究に詳しいので詳述は避ける。以下、秀長と日向、または島津氏との関係について若干の気付いた点を述べてみたい。

まず命令系統の問題として、同じ日向国内であっても、島津宗家とそれ以外の秋月・高橋・伊東氏らに対する秀吉命令の伝達は、明確に区別されていたということである。結論から述べると島津宗家は「取次」石田三成・細川幽斎、それ以外は概ね秀長の指示伝達によっていたのである。まず秋月・高橋氏について知行宛行の事例からみてみよう。

今度為御恩地、日向国高鍋城被仰付候条、同其廻明所分之事、被宛行畢、但知行方目録従中納言請取之、全令領知、自今以後可抽忠功之由候也、

天正十五

七月三日　（秀吉朱印）

秋月三郎《種長》とのへ[54]

これは、筑前大隈城主であった秋月種長を日向高鍋城へ移封する旨を伝えた秀吉朱印状であるが、ここに「知行方目録」の引き渡しは秀長によるものとされているのである。これに対し、同年五月二十五日付で島津義弘の嫡子久保に日向国真幸院付一郡が宛行われたが[55]、ここには秀長は登場していない。つまり、秋月氏に対しては知行の引き渡しは秀長が行っているが、島津氏は直接秀吉から（おそらく「取次」を介して）行われているのである。この他にも「日

州御公領分之儀、秋月・高橋被仰付[56]」と述べられているように、秋月種長の弟高橋元種も日向に移封されており、同様に秀長から「知行方目録」を引き渡されていたと思われる。さらに、両者は「日州御公領之儀」つまり豊臣蔵入地において知行を宛行われているわけであり、この管理を秀長が行っていたからこそ知行方目録の秀長による引き渡しとなったのであろう。前述の秀長による「日向・豊前・豊後三ヶ国置目法度領智かた」の「領智かた」は、境目紛争の確定と同時に、豊臣蔵入地管理が重要な職務だったのである。

　ついで伊東氏であるが、秀長が伊東氏への知行宛行に直接関与している形跡は見出せない。しかし、つぎの史料をみていただきたい。

①当国鷹巣本之儀、堅被申付之由尤候、鷹守為給地八代料所申付候間、入勢次第可加扶助候、弥所々無油断可被申付事肝要候、尚福智方可申候也、

　　九月十日　　　御直判

　　　伊東民部（祐兵）太夫殿[57]

②於日州鷹巣奉行事、被仰付候条、慥成者付置、可相守段肝要候、猶石田治部少輔可申也、

　　九月廿五日　　（秀吉朱印）

　　　島津兵庫（義弘）頭とのへ[58]

　これは、天正十五年の秀吉による日向鷹巣奉行設置に関する史料であるが、②はいいとして、①も収録している『日向古文書集成』の編者は秀吉書状と比定している。また、「戦国武将と鷹」でこの文書を引用した芥田龍男氏[59]も同様に秀吉書状として扱っている。しかし、①の副状発給者の「福智方」は、秀長家臣福智長通であるし、発給者の

「御直判」は花押のみが据えてあったことを表しており、当該期の秀吉書札礼[60]と矛盾してしまう。故に当該期に花押のみの書札礼を用い、福智長通を副状発給者とするのは秀長しかおらず[61]、①は秀長発給文書と確定できる。これをみると、日向全域の「鷹巣奉行」として島津義弘が任命されたが（②）、①でわかるように実際にそれらの命令を伊東氏に指示していたのは秀長であり、ここにも命令系統が明確に区別されていたことがわかる。おそらく、伊東氏同様秋月・高橋氏らも秀長から指示をうけていたと思われる。

またこの鷹献上についてみると、外様大名同士の暗闘が、そのまま政権内部の主導権争いに直結している様子がうかがえる。

史料②の指示をうけた島津義弘は、翌十六年四月に「然者先度日向巣儀被朱印候、雖為誰々知行内、堅申付、従其方巣鷹被可申上候[62]」とある秀吉朱印状を再交付され、日向全域の「誰々知行内」であっても巣鷹徴発の権利を得た。しかし、実際にはこの体制は上手くいかなかったらしい。これは、同年十一月二十五日付松浦隆信宛島津義久書状[63]で「随而今度於京都巣鷹御用之由候、日州巣者近年無之不及力候之間」とあるように、日向巣鷹の徴発がまったく上手くいかず、変わりに「高麗巣若鷹」の譲渡を松浦隆信に求めていることがわかる。この原因は「巣鷹之事、惣別山内之儀、当時者他領ニ罷成候間、とても才覚罷成間敷之段[64]」と島津義弘も嘆いているように、日向山内領を押さえていた伊東祐兵が巣鷹徴発を拒否したためと思われ[65]、おそらく祐兵は①のパイプを通じて直接秀長から秀吉へ巣鷹を献上していたことを推測せしめるのである。つまり、石田三成の後ろ盾をもつ「鷹巣奉行」も、一門筆頭の秀長の後ろ盾をもつ伊東祐兵らには通用しない状態があったのではないだろうか。こうした事例をもう一つあげると、日向知行割をめぐる秀長と島津氏の交渉過程にも、秀長と三成との権力抗争を読みとれる史料がある。

一、又七殿《島津豊久》御為可然様ニ諸県郡境之儀、大納言様《秀長》・藤堂与《藤堂高虎》より書状差下候内ニ驚申候へ共、彼郡境之証人・証文無之候へ者不及力候、乍去古図田帳其方へ御座候之間、以其日記　武庫様《島津義弘》御上洛候て被仰分候ハヽ、如何様可為御理増と存候キ、就中其比従貴所之御書面ニ、大納言様御書・藤堂与之状をも石田殿へ見せ御申候へハ、御気遣入ましき由、石治少輔被仰由承候、けにも成軒上洛之時、諸県一郡之儀不可有異儀候間、其首尾無相違段案中之由申候処ニ、於于今諸県郡入組之儀出合候歟、笑止存候[66]（後略）

これは、天正十六年六月二十日付で、島津義弘老臣上井秀秋が京都に詰めている伊勢貞世に送った書状の抜粋である。この書状は全文七ヶ条からなる長文の書状であり、抜粋した部分は六条目にあたる。これを見ると、島津義弘拝領予定の諸県郡と甥豊久[67]拝領予定地が隣接して入組んでおり、それに対して秀長と老臣藤堂高虎から、豊久に「可然」する内容の「御書」と「書状」が義弘の下に届けられていたのである。これは義弘側にとってはかなり不利だったらしく、あわてて諸県郡の境界を示す「古図田帳」を、伊勢貞世のもとへ遣わして奔走させていた。そして、同年閏五月に島津義弘が上洛し、その「古図田帳」をもって秀吉へ「仰分」れば事は有利に進むだろうと予想していたようである。注目されるのは、ここで伊勢貞世が、ことをさらに確実なものにするために、秀長の「御書」と藤堂高虎の「状」を「取次」である石田三成に見せて馳走を頼んだことであり、これを見た三成は「御気遣入ましく由」と快諾し、諸県郡を義弘の望むままにしようと述べていることである。ここでこの三成の言葉に、秀長への軽視を看取することは推測にすぎるであろうか。三成にとってはたとえ秀吉の弟である秀長の裁定であっても、直接秀吉へ言上すれば覆せると思っていたようであり、そのような体制（奉行機構＝秀吉側近の形成）が確立されつつある状況がここに如実に見て取れるのではないだろうか。しかし、現実は三成の言葉に反し「於于今諸県郡入組之儀出合候歟、笑止存候」と相論はいまだ解決しなかったのであり、ここに豊臣政権内部において、豊久を支持する秀長と義弘を支持する三成との争い、ひいては政権の主導権をめぐる暗闘を読みとることができよう。

九州国分の結果は、来るべき朝鮮出兵の前線基地にするという秀吉の構想から、主要な外様大名が温存されたために、彼等の旧来からの対立をそのまま政権内部に包摂することになってしまった。そして、政権内部で醸成されつつあった秀長＝利休路線と、三成ら奉行層の主導権争いにそれぞれが結びつき、複雑な利害がからまることによって徐々に対立を深刻化させていったのであり、後の関東・奥羽「惣無事」の過程で顕在化する派閥抗争(68)（分権派対集権派）の原因も、九州国分に起因する点が多いのではないだろうか。

おわりに

以上、豊臣政権による九州攻撃から国分の過程を、主に羽柴秀長の動向に焦点をあてて考察してきた。内容としては、はなはだとりとめのないものになってしまった感があるが、要点をまとめると以下のようになるだろう。
①秀吉が九州国分の当事者として認識していたのは毛利・大友・島津氏であり、秀長はそのいずれとも、攻撃以前から密接な関係を形成していた。秀長は事実上九州国分の総括者だったのである。
②①の前提のもとに秀吉は、秀長を事実上九州攻撃の総指揮官とし、毛利・大友氏らを率いさせ島津氏主力部隊と戦わせたのであり、①の関係を通じて島津氏の早期降伏・赦免も実現したといえる。
③国分後の構想によると、豊前・豊後・日向の「置目法度領知かた」はすべて秀長に任されていたのであり、とくに日向蔵入地と中小大名の管理、豊後大友氏の豊臣大名化への後見が重要な職務であったことがわかる。そして、大友氏に対してはほぼ「取次」「指南」的な権限を行使しており、東九州の「五畿内同前」化が秀長の主導のもとに

推進されたことが判明する。

④一方、この過程を豊臣政権内部の問題としてみた場合、天正十四年四月段階では「公儀」を秀長、「内々」を千利休が管掌する秀長＝利休路線がいまだ主流であり、行政機構が未熟で不安定な段階では、秀吉の意志をシンプルに伝達・実行するのに有効に作用していた。しかし、四国・北国国分から九州国分を通じて膨張した政権を運営するには軍事・行政・財政など個別分野で特殊能力を発揮し、実務をこなす奉行機構の整備が必須となり、そこに石田三成らが台頭してくる要因があった。そして、九州国分による大幅な外様大名の温存は、彼等が元来鋭い対立を内包していただけに、政権内部の新旧勢力対立と結びつき加速度的に派閥抗争を誘発したのである。後の分権派対集権派という派閥抗争の原因は、九州国分に起因する所が大きいと思われる。

今後はこうして明らかになった点をふまえ、朝鮮出兵をも視野に入れた上で、秀吉による政権構想の全体像を位置付けなおす作業を行いたい。

註

（1）藤木久志『豊臣平和令と戦国社会』（東京大学出版会、一九八五年五月）。

（2）藤田達生「豊臣政権と国分」（『歴史学研究』六四八、一九九三年八月、以下藤田（a）論文）、同「豊臣政権と天皇制―九州国分から聚楽第行幸へ―」（『歴史学研究』六六七、一九九五年一月、以下藤田（b）論文とする）。

（3）『鹿児島県史料　旧記雑録後編二』（一九八二年一月、以下『旧記』と略す）、三九〇号など。

（4）北島万次『豊臣政権の対外認識と朝鮮出兵』（校倉書房、一九九〇年九月）。

（5）森山恒雄『豊臣氏九州蔵入地の研究』（吉川弘文館、一九八三年三月）など。

（6）註（4）北島氏著書、中野等『豊臣政権の対外侵略と太閤検地』（校倉書房、一九九六年四月）など。

（7）　主なものとして、桑田忠明「豊臣政権下における九州再国分について」（『九州史学』七八、一九八三年十月）、同「豊臣政権下、九州における「与力」「与力・合宿」編成について」（『九州史学』八二、一九八五年三月）。個別的なものとしては、とくに北九州の小早川氏と南九州の島津氏において盛んである。小早川氏に関しては、西村圭子「豊臣政権下における小早川氏の筑前支配」（『福岡県史』近世研究編・福岡藩（三）、一九八八年二月）、『西南地域史研究』一一（一九九六年二月）所収の木村忠夫・本田博之論文など参照。島津氏に関しては、註（4）北島氏著書第四章、山本博文『幕藩制の成立と近世の国政』（校倉書房、一九九〇年四月）第二部など参照。なお、一九八〇年代までの九州史研究を包括的にまとめたものとして、藤野保編『解説・文献目録』九州近世史研究叢書一五（国書刊行会、一九九〇年一月）がある。また九州攻撃の詳細に関しては、参謀本部編『日本戦史　九州役』（村田書店、一九六九年一月）参照。

（8）　竹内理三監修・田北学編『増補訂正編年大友史料』二七（一九六八年五月、以下『大友史料』と略す）、一九四号。なお九州国分に毛利氏をも含むことは、すでに藤木氏が註（1）第一章第二節四で指摘されている。

（9）　秀長と毛利氏の関係は、信長死後はじまる中国国分をめぐって緊密になったと思われ、なかでも小早川隆景と秀長は当初から相当入魂だったようである。これは、小早川隆景宛の秀長発給文書（拙稿「羽柴秀長文書の基礎的研究」『駒澤大学史学論集』二七、一九九七年四月参照）に歴然であり、当初から、隆景を通じて毛利氏と緊密な関係を形成していたことが判明する。また、中国国分に関しては、藤田達生「豊臣期国分に関する一考察―四国国分を中心に―」（『日本史研究』三四二、一九九一年二月）を参照。

（10）　『大友史料』二七、一五七号。

（11）　豊臣政権における「公儀」に関しては、佐々木潤之介『幕藩制国家論』下（東京大学出版会、一九八四年五月）、朝尾直弘『将軍権力の創出』（岩波書店、一九九四年九月）所収の諸論文参照。

（12）　朝尾直弘「豊臣政権論」（『岩波講座日本歴史九　近世一』、岩波書店、一九六四年一二月）、藤木久志『日本の歴史一五　織田・豊臣政権』（小学館、一九七五年三月）など。

（13）　芳賀幸四郎『千利休』（吉川弘文館、一九六三年七月）、桑田忠親『千利休研究』（東京堂、一九七六年一二月）、村井康彦『千利休』（日本放送出版協会、一九七七年四月）、米原正義『天下一茶人　千利休』（淡交社、一九九三年三月）などにより、利休が秀

吉の茶頭として私的に密着し、豊臣政権の政策決定に関与していたことが明らかにされている。

(14) 註（12）藤木氏著書、一八七頁。藤木氏は留保しながらも「内々」を家政、「公儀」を国政と峻別したうえで、秀長が軍事・国法など公儀を補佐する地位を占めていたと評価されている。

(15) 「吉川家文書」二（『大日本古文書』家わけ第九―二）、八六九・八七一号。

(16) 「吉川家文書」二、八六五号。

(17) 「吉川家文書」（『大日本古文書』家わけ第九―一）、一一〇号。

(18) 豊臣政権の「取次」「指南」については、註（5）山本氏著書第一部、津野倫明「豊臣政権における「取次」の機能―「中国取次」黒田孝高を中心に―」（『日本歴史』五九一、一九九七年八月）、拙稿「豊臣政権と筒井氏―大和「取次」伊藤掃部助を中心として―」（『地方史研究』二七九、一九九九年六月）などを参照。

(19) 『旧記』、九七号。

(20) 註（1）第一章第二節二。

(21) 藤田氏は註（2）の（b）論文で、京都から南九州まで使者がかかる片道の日数を一月に満たないと推定されている。

(22) 天正一三年閏八月国分の重要性については、註（2）藤田（a）論文参照。

(23) 註（1）第一章第二節二。

(24) 島津氏宛は、『旧記』九一号。大友氏宛は『大友史料』二七、一〇八号。

(25) 註（1）第一章第二節二。

(26) 「松井氏所蔵文書」（『大日本史料』一一―二一、一〇頁）。

(27) 「上井覚兼日記」下（『大日本古記録』一九五七年六月）、天正十四年五月二十二日条。

(28) 註（1）第一章第二節四。

(29) 『旧記』一八三・一八五・一八八号。

(30) 『旧記』二七八号の「樺山紹劔自記」に、島津氏降服後の記事として「義久様御上洛候、国元ハ武庫様御座候而納り候、京都之取次ハ石田殿・細川幽斎、此両人ニて何事も取合せ候」とあり、三成・幽斎の島津氏「取次」が、天正十五年の降伏後に決定されたように記されているが、その前提はこの頃の関係によるものと思われる。
(31)『旧記』二二〇・二二一号。
(32)註(1)第一章第二節五において、藤木氏は秀長を九州攻撃の総指揮官と規定されている。
(33)『旧記』二九三・二九五・二九七号。
(34)『大友史料』二七、五四六号。なおこれをみると、秀吉は当初大友氏を中心とする九州秩序の回復を図っていたことがわかる。
(35)「九州御動座記」(九州史料刊行会編『九州史料叢書四一　近世初頭九州紀行集』、一九六七年九月)の「九州御国分之次第」。
(36)『旧記』三六六号。
(37)直接秀長には触れていないが、豊臣政権期の大友氏に関しては、中野等「豊臣政権期の豊後」(『九州史学』一〇八、一九九三年十二月、後註(6)同氏著書第三編第一章に所収)を参照。
(38)『大友史料』二八、一五一号。
(39)(40)(41)「黄薇古簡集」(斎藤一興編『岡山県地方資史料叢書八』、一九七一年八月、一三九・一四〇頁)。
(42)註(40)。
(43)『大友史料』二八、二二四・二二五号。
(44)中野等氏は、註(37)において、この②も秀吉書状としているが、いままでの経緯から秀長書状と比定する。
(45)註(9)拙稿参照。
(46)『大友史料』二八、四四号。
(47)『大友史料』一二五号。
(48)『大友史料』一三七号。
(49)『大友史料』一三八号。
(50)秀長はこれ以前に、筒井・長宗我部氏を与力として編成しており(「四国御発向並北国御動座事」『続群書類従』二〇・下)、大友氏も史料上はみられないが、与力として編成された可能性がある。そうすると文禄二年十一月、甲斐移封と同時に徳川家康以外の関東・奥羽大名を与力として付けられ、その「取次」に任じられた浅野長政（「浅野家文書」『大日本古文書』家わけ第二、三二一号）の権限と同質である可能性があり、より巨視的に秀長の動向をみると畿内以西における西国全体の「取次」的役割を当初は期待されていたのかもしれない。また、単に「取次・指南」をするだけの者（石田三成ら）と、与力に編成した上で「取次・指南」を行う者（秀長・浅野長政ら）の相違点について、特に軍事指揮権の問題（黒田基樹氏のご教示による）を中心に、今後より検討する必要があろう。

(51)『旧記』三六〇・四三五号。
(52)『宮崎県史　通史編　中世』（一九九八年三月）、第五章五節一福島金治氏執筆分参照。
(53) 稲本紀昭「豊臣政権と島津氏」（赤松俊秀教授退官記念『国史論集』（文巧社、一九七二年十二月）。また、山本博文『島津義弘の賭け―秀吉と薩摩武士の格闘―』（読売新聞社、一九九七年八月）も詳細である。
(54)「秋月文書」（『日向古文書集成』一九三八年六月、一四七頁）。
(55)『旧記』三三〇号。
(56)『旧記』三六六号。
(57)「伊東文書」（『日向古文書集成』四七二頁）。
(58)『旧記』三七九号。
(59) 芥川龍男「戦国武将と鷹」（豊田武博士古希記念『日本中世の政治と文化』吉川弘文館、一九八〇年六月）。
(60) 小林清治『秀吉権力の形成―書札礼・禁制・城郭政策―』（東京大学出版会、一九九四年十一月）、第一章参照。
(61) 註（９）拙稿参照。
(62)『旧記』四三七号。
(63)『旧記』五五〇号。
(64)『旧記』五七二号。

（65）伊東氏にとって、島津氏は日向を逐われた仇敵であり、それは国分から江戸時代に至っても変わらなかった。註（52）、日高次吉『宮崎県の歴史』（山川出版社、一九七〇年六月）など参照。

（66）『旧記』四七五号。

（67）島津豊久については、父家久時代に島津宗家から独立傾向を示しており（『旧記』三三八号）、豊久も秀吉から個別に知行宛行状（『旧記』四九九号）を発給されるなど独立大名として扱われていた。また、豊久宛秀吉朱印状（『旧記』四五〇・五五八・一一八二・一二四五・一三四六・一四二三・一四四三など特に返礼状）をみると、その副状発給者として長束正家が圧倒的に多く、彼が「取次」を行っていた可能性も指摘できる。秀長は国分時から家久・豊久を支持していた（『旧記』三四〇・三四二号など）。

（68）註（12）朝尾氏論文参照。

Ⅷ　豊臣政権と国郡制——天正の日向国知行割をめぐって

中野　等

はじめに

戦国大名島津氏の支配下にあった日向国は、豊臣秀吉の九州平定ののち、鹿児島島津領・佐土原島津領の他、秋月・高橋・伊東氏らによって分割されることになる。九州平定後における「国分之次第」については大陸侵攻体制の形成といった視点から論じられることはあったが、そこで日向地域の問題が主題的に位置づけられることはなかった。ところが、近年この日向国知行割の過程は、秋澤繁氏の画期的な報告によって俄然注目されることになった。すなわち、日向国知行割は天正十六年日向国御前帳に拠ったこと、またその御前帳が太田文の継承に他ならないこと、したがって初期豊臣政権が中世の国家的土地支配権の吸収、正当性の継受などを意図していたのではないか、といった指摘である(1)。一連の議論はさらに深められ、氏の「太閤検地」理解における重要論点を形成する(2)。こうした指摘をふまえつつ、福島金治氏は『宮崎県史』などで豊臣政権下の日向についてより詳細な叙述を進められ、議論の背景にある諸事象などが明らかとなってきた。とりわけ秋澤氏が国衙在庁系の流れをくむのではないかと想定され、知行割りにきわめて大きな役割を演じたとされる「綾新右衛門尉」なる人物を、伊東氏譜代の家臣として位置づけ直した点などは高く評価されよう(3)。

しかしながら、秋澤氏による問題提起を批判的に継承するといったスタンスでの研究はまだない。関係史料は必ずしも潤沢ではなく、論点自体もすでに秋澤・福島両氏の先行研究によって出尽くした感は否めないものの、すべての疑問が解決されたわけではなく、また何よりも、豊かな論点を内包する「問題提起」を、それだけで終わらせる愚は避けなければならない。いずれにしろ、これまでの論述からも、ここで具体的に検討する日向知行割りの問題が、豊臣期の地域研究としてはもとより、政権レヴェルにおいても重要な論点たりうることは歴然であろう。本論でもこれら先行研究をふまえ、「国郡制」の問題を念頭におきつつ、政権論へのアプローチを試みることとする。

すなわち、本論で述べる曲折を経て、日向の知行割りが確定するのは天正十六年八月上旬である。その際秀吉から発給された知行方目録は島津義弘充て（当初の給付対象者は島津久保であったが最終的には実父義弘充ての知行充行状・目録が発給されている。こうした重要な問題についても先行研究では言及がない。なお彼の名乗りは九州平定後しばらくの間は「義珍」のままであるが、本論では史料引用の外は「義弘」に統一して記述をすすめる。）、島津豊久充て、伊東祐兵充て、秋月種長充て、高橋元種充ての五通が確認されている(4)。充行状は島津豊久・伊東祐兵・高橋元種に与えられたものは「於日向国所々」という書き出しから始まるのに対し、義弘充てのものに限って「於日向国諸県郡」で始まる(5)。これらはいずれも石高ではなく地積表示を採っているが、以下知行目録についての特徴を簡単に整理しておこう。地積の単位は「町」を基本として一部に「反」がみられ、「高知尾」などは「無田」となっている。所付は院・郷・名などをともなうものもあるが、大部分は地名のみが記載される。こうした一般的傾向に比して、注目すべきは他の郡に属す地域については郡名が明示されないか、あるいは「日向国内」とのみ記されるのに拘らず、「諸県郡」のみは郡名を所付にもっているという事実である。たとえば、伊東祐兵に与えられた知行目録を抄録すると、つぎのようになる。

日向国内知行方目録

一、百町　　南方
一、百町　　北方
一、四十町　　郡司方
（中略）
一、七百町　　飫肥
一、三百町　　南郷
合　千七百三十六町
天正十六年八月五日　御朱印
伊東民部太輔とのへ

伊東氏の領知は諸県郡域に及ばないので、右のような書式となるが、秋月種長領や高橋元種領の場合には領知内容が諸県郡と他郡とにわたるため、いささか変則的なかたちを採る。ここでは秋月種長に与えられた目録を例示することにする。

日向国知行方目録
一、三百町　　新納院
一、四百町　　櫛間
以上　七百町
一、拾弐町　諸県郡之内　かねさき
一、拾弐町　同　いわち野

（中略）

一、拾六町　　　　同　　　　三ケミやう

以上　百九拾八町九段

都合　八百九拾八町九段

天正十六年八月五日　　（豊臣秀吉朱印）

秋月三郎とのへ

既述のように諸県郡についてのみ郡付がみられ、さらに諸県郡域とその他の領知とは一旦別に算出されている。最後に、全域が諸県郡に属す島津義弘充ての目録は

日向国知行方目録

一、五百五拾町　　日向国諸県郡　真幸院

一、九拾町　　　　同　　　　救仁院

一、百六十町　　　同　　　　救仁郷

（中略）

一、拾七町　　　　同　　　　い井田

都合千四百四町

天正拾六年八月五日　　（豊臣秀吉朱印）

羽柴薩摩侍従とのへ

という具合で全編に郡付を伴っている。一連の知行目録のなかで「諸県郡」のもつ特異性が改めて注目されよう。

こうした状況を前提にすると、日向国知行割の問題を中世の国家的土地台帳の吸収・継承といった原理的解釈を行う前段として、知行割のプロセス自体を能う限り克明に追求する必要があるように感じられる。そこで本論では日向国における知行割りの過程を追い、最後に豊臣政権下の「国郡制」について展望的に述べることとする。

一、九州平定直後の日向

戦国大名島津義久の降伏によって、豊臣秀吉による九州平定は終了し、戦後経営の第一歩として九州の国割が開始されることになる。その全般的な論究はここでの課題ではないので、以下では日向の問題とその前提となる旧島津領の処置に限定して議論を進める。周知のように、天正十五年五月九日付で義久に対して薩摩一国が安堵される[6]。その後二十五日に至って次弟義弘に「新恩」として大隅国が充行われることとなり、そのうち肝付郡が伊集院右衛門太夫忠棟＝幸侃に与えられ[7]、同じく二十五日付で義弘の子で義久の女婿であった久保にも日向国内での領知充行状が発給される[8]。この間二十日足らずの懸隔が生じているが、これは後者つまり日向・大隅の処置が既定のものではなかったことに因る。すなわち、記述が時間的に前後してしまうが、天正十五年五月十三日付で秀吉が豊臣秀長に指示した「条々」の冒頭には次のようにある[9]。

一、大隅・日向両国之儀、有人質、不残請取可申候、自然不渡城於有之ハ、義久・島津兵庫頭・島津中務両□人に相届、右之不渡城を可取巻候、渡す城をは□主を懇にいたし、其在所に足弱等かた付候時、□□以下迄も政道堅申付、猥成儀有之者、可為一□□□□、

一、□□□□□、大友休庵へ出し候間、休庵被居候□□候ハん城を相拵、在付候様に可申付候、立候□て不叶城

を八、日向之内に三ツも四ツも可然候哉、其内之城を一ツ大隅之方へつけ、城に一郡相添、伊東民部大輔に是を取せ、休庵為与力、合宿させ可申事、

一、去年、千石権兵衛置目を破、不届働をいたし、越度を取候刻、長曽我部息弥三郎を討死させ、忠節者之事候間、為褒美大隅国――を長曽我部宮内少輔に為加増被下候条、長曽我部居候而能城に置、普請等申付、国之内に置候ハて不叶城を三ツも□□□、普請何茂申付、長曽我部に可相渡事、

大友休庵とはすなわち、義鎮＝宗麟のことであり、日向一国は彼に与えられることになっていた。さらに同じ文書の別の箇条に「日向国者、大友休庵為隠居出し候間、日州にて取□知行之役者、休庵覚悟次第たるへき事」とあることから、こうした措置が隠居料としての意味合いに因るものであったことが分かる。秀吉は平定後の日向には数カ所の城をのこし、そのうち大隅に近接したものに伊東祐兵を入れ、一郡を付けて宗麟の与力とするように命じている。また、大隅については一郡が伊集院幸侃に与えられる他は、土佐の長宗我部元親に加増される事となっていた(10)。

しかしながら、宗麟、元親ともに辞退したため、この計画は未然のものとなり、日向については大隅に近接した城に「一郡」を付して伊東に充行という事項のみが実行されるに至る。また伊集院幸侃に付与される地も一時「日向之内一郡」に擬されたようであるが、結果的には幸侃の知行も大隅国肝付郡に定められた(11)。

さて、再び五月二十五日付の充行状に戻るが、既述のように、宗麟の辞退を受けて久保に日向国内の領知が認められる。この文書は大きな論点を形成する事になるので、つぎにあげることとする。

日向国真幸院付一郡之事、被宛行訖、全令領知、向後可抽奉公忠勲候也、

天正拾五

五月廿五日　（豊臣秀吉朱印）

島津又一郎殿

さて、秀吉はこの翌日五月二十六日付で、つぎのような「覚」を発する。『九州御動座記』によれば、この日は大隅曽木まで入った秀吉が兵を退く当日にあたる。さきに述べた義弘・久保への処置を含め、薩隅日の諸勢力に対する政権の基本姿勢を述べたものであるが、とりわけ日向に関連する内容なので、長文にはなるが、やはりこちらも次に全文を引く(12)。

覚

一、義久・義珍御赦免之儀忝存付而、不残心底人質致進上、并兵庫頭居城日向内にて候とて、御理不申明可申之由、被及聞召候、左様候へハ、兵庫頭可在之所不相定、可迷惑候間、右之飯野城ニ付、真幸郡又一郎ニ可取之候事、

一、大隅之儀、物主可被作付ニ雖相定候、右両人始伊集院無親疎躰被見及候間、兵庫頭ニ大隅之儀可被遣と思召候事、

一、此上者兵庫頭質物別ニ一人可出候、又一郎儀者御そはニ被召仕、自分之為部屋栖、真幸郡被下候、其上御扶持方等上かたにて可被仰付候、左候へハ、兵庫頭覚悟相ちかひ候共、又一郎儀者不便被思召候条、人質ニ成間敷事、

一、大隅之内、伊集院右衛門大夫居城ニ付候一郡之儀者、最前　右衛門大夫ニ被仰付候条、可得其意候事、

一、島津中務少輔儀、人質を出居城を明、中納言ニ相つき、上かたへ罷上、似合之扶持をうけ可有奉公由、神妙被思召候間、日向之内佐土原城、并城付之知行以下あげ候とて、可被召上儀ニあらす候間、是又中務少輔ニ可被返下事、

一、島津右馬頭儀者、義久次第ニ致覚悟、人質を召連御本陣へ相越候間、向後まて彼城相立、本知無相違様、兵庫頭可申付事、
一、北郷儀、人質を出候ハヽ、大隅之本知不相違様可申付事、
一、日向之内ニ北郷当知行千町計在之由候、これハ国切候事候間、人質之外ニ子を一人、又一郎同前ニ相つめさせ、奉公於在之者、右之千町其身ニ可被下事、
一、両条ニ一ヶ条於相背者、彼北郷可被成御成敗候間、得其意、彼城可取巻人数之事、
一、中納言・毛利右馬頭・備前少将・大友左兵衛督・小早川左衛門佐・吉川治部少輔・宮部中務卿法印・蜂須賀阿波守・長宗我部宮内少輔・尾藤左衛門尉・黒田勘解由・島津修理大夫・同兵庫頭、両国之人数を召具取巻討果可申、左様候者、其跡職大隅之内之儀者、兵庫頭ニ可被仰付候事、
一、右北郷於相背御下知者、其面在陳之衆へ、悉不残兵粮可被下候間、可得其意候、猶安国寺・石田治部少輔可申候也、

五月廿六日　（豊臣秀吉朱印）

島津兵庫頭とのへ

いささか記述に混乱が見られるようであるが、まず一箇条目と三箇条目で、日向「真幸郡」を義弘・久保父子に与えることを述べている。これは義弘の居城が日向飯野にあったためである。義弘自身には大隅が与えられるので、充行の対象は久保ということになった。前半三ヵ条の方針は既述のように、五月二十五日付の領知充行状に顕然している。つぎに五箇条目であるが、ここでは義久の三弟にあたる中務少輔家久の佐土原領有を認める旨が述べられる。この点については翌二十七日付で豊臣秀長が家久に「今度身上之儀言上候処、佐土原城并本知可返付之由候之条、可被

得其意候」旨の判物を発することになる。つづく七箇条目以降において北郷氏に対する処分を述べている。北郷氏は大隅の本知分はもとより、人質を出すことを条件として日向における「当知行千町計」の知行も認められようとしているが、これに従わない場合は討伐の対象となる。十箇条目に秀長以下の諸将がみえ、最後の十一箇条で兵粮の手当について述べている。北郷氏の対応を細かに追うことはできないが、結果的には北郷氏も服属していったとみられる。

さてこれにさきだって、日向の旧主ともいうべき伊東祐兵への「飫肥」給付が実施されたようである、もとより「城を一ツ大隅之方へつけ、城に一郡相添、伊東民部大輔に是を取せ」という既定方針の具体化であるが、領地引き渡しは必ずしも円滑には進んでいない。

飫肥之事、伊民江可去渡之段、度々申下候之処、于今堪忍候之哉、就夫幽斉・石治少以之外御気色悪候、然処又ハ於飫肥喧嘩出合候由、被聞召付候之故、長門父子可及迷惑之様雖相聞候、雑説候之歟、其後菟角之儀無之候、儅者片時茂急可相渡事肝要候、自然尚々於難渋者、即当家之為ニ成間敷候之条、聊不可有油断旨、長門入道へ可被仰越者也、

五月廿一日　　　　　　　　龍伯（花押）

鹿之
老中へ(13)

右の史料に見える「長門」は上原長門守尚近（尚常とも）に比定されよう。すなわち『本藩人物誌』によれば、尚近は伊東氏没落ののち「同年（天正六年）日州飫肥院東方五百町地頭職被仰付、衆中千人被召付候、同七年三月高原縄瀬之地ヲ賜フ、同八年二月飫肥他東別府之地ヲ賜フ、遂ニ国老ニ挙ラル」とあり(14)、九州平定時にもこうした体制が

継続しており、目白坂合戦に敗れた後も飫肥に籠城を続けた。右の史料はこうした状況を伝えたものであろう。上原長門は飫肥退去を承伏せず、恐らく伊東氏側を相手に武力衝突＝「喧嘩」まで惹起している。同じく『本藩人物誌』には「飫肥ニ致籠城候処、竜伯様依御下知、下城イタシ候、此時　竜伯様ヨリ閏五月十一日之御書被下候」とあるが、「閏五月」とあることから結果的に義久の命によって下城するのは天正十六年閏五月以降のこととなる。飫肥の事情についてはのちにも触れるが、ここではとりあえずこの地域が伊東祐兵に充行われたという事実のみを確認しておこう。

上記のように、事態はきわめて混乱しているのであるが、平定直後、天正十五年五・六月の段階で知行割りが決定していたのは比較的南部に限られており、その他の地域については当面政権の直轄領＝「御公領」とされた。しかしながら、島津側はこうした事態をただ黙視していたわけではない。あるいはさきの上原長門の動向なども通底するものであろうが、次に引く「条々」からも明らかなように義久は日向の旧領回復を企図して積極的な巻き返しを計ることになる(15)。

条々

一、日向国一円於被下置者、為礼儀貴所江金子二百枚可進事、

一、右国半国於被下者、金子百五十枚為礼儀可進事、

一、右国三分一於被下置者、為礼儀金子百枚可進事、付秤目可為京目事、

一、右彼趣被仰出候而後、一ヶ月之外無延引、礼義可相済事、

一、於彼国、又一郎・中務跡目・伊東民部太輔従最前知行之儀被仰出候間、於此儀者中分有間敷事、

一、拙者家来之者、於彼国御直御知行等自然被下族雖在之、是者拙者ニ被下置分と可存候、

一、右之御訴訟貴所頼入、彼ヶ条以相調上、若被下置儀直被仰出候之歟、不然者当時之以御使被仰出候之共、貴所御馳走と可存之間、右之趣相違有間敷事、

天正十五年

六月十一日　嶋津義久（花押）

内容が内容なだけに充所が切り取られてしまったとみたいが、諸々の表現から政権サイドの人物に充てたものと考えられる。ともあれ現状では明確な受給関係が把握されない。この点が史料の位置づけを困難にはしているが、ここに読みとれるのは政権の既定方針を前提としつつ、義久が「御訴訟」＝政治交渉を通じて「御公領」と暫定された地域の島津領帰属を実現しようとする姿勢であり、またたとえ秀吉の直朱印であっても島津の家臣に与えられた領知は当主義久のものであるという論理の主張である。ここには「戦国大名」島津氏の本国たる薩隅日における義久の「公儀」意識とでもいうべきものを見いだすことも可能であるが、逆に言えば「敗戦」による島津領国の瓦解を未然に防ぐため、失地（もとより単に地理的な意味ではなく）を最小限に抑えようとする意図が看取される。飫肥の混乱状態と通底するのではという、さきの指摘はむしろ後者に関わる。実際問題としても、こうした目論見は島津氏側の独善的な観測のみに拠っていたわけではない。つぎの安国寺恵瓊書状[16]はそうした事情を読みとるに充分な内容であろう。

宮崎事、福智三河守方ニ申談候之条、早々一人御差出候而、可被仰談候、過分之下地にて候間、御礼儀等一廉可被成御分別候、尚使者ゟ申候、恐々謹言、

六月十三日　安国寺　恵瓊（花押）

上井伊勢守殿　御宿所

充所の上井伊勢守は『上井覚兼日記』の記主として知られた覚兼で、周知のように宮崎の地頭を勤めていた人物で

ある。また、本文中に登場する福智三河守長通は九州平定に際し日豊方面の責任を負った豊臣秀長の家臣である。恵瓊の指示は運動のあり方によっては宮崎の回復も不可能ではないと示唆しているようである。恵瓊は石田三成とともに、既引五月二十六日付朱印「覚」の伝達を担っており、秀吉に近侍していたと見なされる。いずれにしろ日向の知行割り、とりわけ島津側の領国をどのラインで確定するかという問題については、いまだ流動的な要素が払拭されていない。恵瓊はさらに翌日付で義弘に対しても次のように書き送っている(17)。

尚々中納言殿ハ日州ニ今少可為御逗留候、早々一人御出候て、御礼儀尤候、

真幸院付郡諸県之事、色々中納言殿雖御存分候、申調候、可被成其御心得候、福智三河守日州土持ニ被残置候、何篇可被仰談候、御座所にて弥無別儀候様ニ可申調候、可御安心候、尚御使僧江申候、恐惶謹言、

六月十四日　　安国寺　恵瓊

義珍様　人々御中

さて、ここで右の書状をうけて、つぎにその背景となるいくつかの問題について整理しておきたい。まず、色々と「御存分」があるとされる「中納言」はさきにも触れたように、秀長のことをさしている。『九州御動座記』によると、平定戦において秀長は大友・毛利・宇喜多勢などの十五万の軍勢を従えて豊日路を南下したが、秀長は島津氏降伏後もそのまま豊日方面の支配にあたることとなる。既述のように、主力を率いた秀吉は五月二十六日には曽木から兵を退き、六月七日には筑前箱崎に戻っているが、文書の袖書から明らかなように、秀長はさらにしばらく日向に残留することになっている（七月上旬までには「帰陣」したことが確認される）。ただし、実際に島津氏側との交渉にあたるのは、本文に見える福智三河守長通であり、彼は土持に駐した。一方島津側は当主義久が六月十五日に鹿児島を発って二十六日に秀吉に拝謁、そのまま上洛ということになるので、秀長や福智長通との交渉に当たるのは義弘となる。

さて問題の核心にはいるが、これは久保に与えられた「日向国真幸院付一郡」をどう解釈するかという点に収斂される。これまでに引いてきた諸史料からも明らかなように、秀吉の戦後処置は「郡」を一つの単位として進められており[18]、その限りでは一般的な措置と言いうるのであるが、ここには統治行為を行う上で非常に大きな問題が潜んでいた。すなわち、「日向国真幸院付一郡」なる表現は天正十五年五月二十五日付の秀吉朱印充行状にみえるものであるが、既述のように翌二十六日付の「覚」では「真幸郡又一郎ニ可取之候」などとあって、同じ対象を「真幸郡」とよんでいる。これが恵瓊書状では「真幸院付郡諸県之事」と微妙に変化していることに気付く。中世を通じて郡や郷が変貌するという事実は夙に知られている[19]。すなわち、改名や境域の移動、分割・併合などである。とりわけ南九州では本来荘名たるべき「寄郡」「――院」が郡名として扱われたという事例が報告されている。これは主として鎌倉期に確認されるものであるが、ここで具体的に問題となっている「真幸院」についても、たとえば建久九年二月二十二日付で島津忠久に充てられた御教書案[20]には「島津荘内郡司弁済使等名田事」として「真幸院郡司名田」とみえる。こうした表現が何時を下限とするのか詳細については不明であるが、朱印状を発給した秀吉の意図がこの程度の境域、すなわち真幸院を含む一定の規模を「真幸郡」として想定していたことは間違いなかろう。しかしながら、「真幸郡」はあくまで「俗称」であって、「正式」にはこの地域は「諸県郡」に属すのである。したがって、政権側の意図が別のところにあったとしても、「日向国真幸院付一郡」が諸県郡全体を指す、とよむことは充分に合理的な解釈となる。こうして、島津氏は秀吉朱印状の権威を逆手にとって「諸県」郡全域の合理的領有を主張することになり、「真幸院付一郡」の領域をめぐって政権と島津氏との関係は紛糾するのである。問題はひとり飫肥の上原長門に限ったものではなかった。

尚以国中拙者為名代、西田等介財部ニ在之儀候条、毎事被添御心御馳走頼存候、左様ニ者無之、為御下々申

事出来候様ニ候へ者、御外聞、拙者も外聞旁以不可過御ふれ候、以上、

急度申入候、仍而御公領所へ河上大炊助其外御家中衆、種々御違乱之由申越候、如何有之儀候哉、公儀被聞召候て者、以外不可然存候、早々被仰付御尤候、御同前ニ候者、直ニ可致御注進由申遣候、拙者事御用候て豊後へ被召連、直ニはかたへ祗候申候、惣別御公領之儀候条、至下々迄御堅固ニ被仰付候ハて不相叶、義珍如此猥御家中衆にて者無御勿体存候、殊先度於野尻色々秀長へ御理候へ共、御存分不謂由、被仰出相究候処ニ、右之御仕合以外不可然、御存分ニハ被懸御目之条申入候、恐惶謹言、

六月廿九日　　福智三河守　長通（花押）

島津兵庫頭　御宿所[21]

「御公領所」で種々違乱をおこす河上大炊助は旧来から財部城に関わっており、ここでの「御公領所」とは諸県郡財部地域をさすものと見られる。もとより、久保に与えられた「真幸院付一郡」内とも、「真幸郡」からはずれた「御公領」とも読み替えが可能な地域である。問題解決のため、陣所のあった日向野尻で秀長との直接交渉がもたれたことが右の文書から読みとれるが、結局双方の合意には至っていない。こうしてみてくると、この時期日向諸県郡の島津氏「旧領」に留まって、実効支配を続け、ときに政権や伊東氏側とも衝突した島津家臣の動向を単に「私」的な闘争や抵抗といったレヴェルで解釈できないことになろう。

さて、右の文書には福智が博多へ伺候とあるが、用件は彼の推察通り日向公領の知行割りであったと見られる。すなわち、七月初頭には公領とされてきた地域が秋月・高橋両氏に充行われる決定がなされる。こうした決定をうけて、個々の領域確定が急がれることになるが、この点について次に章を改めて考えていくこととする。

二、「諸県郡」をめぐる在地の混乱

暫定的に「御公領」とされた地域は、七月初頭までに秋月種長、高橋元種に充行われることが決した。すなわち、七月三日付で秀吉は次のような朱印状を発する。(22)

今度為御恩地、日向国高鍋城被仰付候条、同其廻明所分之事、被充行畢、但知行方目録従中納言請取之、全令領知、自今以後可抽忠功之由候也

天正十五

七月三日　（豊臣秀吉朱印）

秋月三郎とのへ

同内容のものは高橋元種にも与えられたと考えられるが、知行方目録は秀長から受領するようにとのみ指示し、具体的な領知対象は明示されていない。結果的にこの領知確定は翌十六年の八月まで持ち越されることになる。その意味での暫定性は否定されないが、秀吉は筑前箱崎の陣をはらい、『九州御動座記』によれば、「七月二日に関戸迄還御候、翌日三日は御休息にて毛利殿御成を被申上…」とある。これについては三日に赤間関着を報じる文書もあり、上記三日付の朱印状がどこで出されたのか微妙である。いずれにせよ日向「御公領」の措置を決定することが九州平定の完了を意味するものであったことは疑いなかろう。

伊東氏に加え秋月・高橋両氏の日向移封が決まったことで、各大名領の領域確定が急がれることになるが、ここでも引き続き問題となるのは諸県「郡」をめぐるものであった。いたずらな境域紛争を未然に防ぐ目的からか、秀長は

早くも五日付で日向の内で「千町計」の当知行を認められた北郷氏に対し次のように書き送っている(23)。

尚以先度申越候法度之旨、聊無御由断被申付之由尤候、御用事如何様共可承候、旁三河守申聞候、以上、
帰陣以来不申越候、未豊前国小倉城普請申付在之事候、仍日州之儀、秋月・高橋被仰付相越候、堅固可申付旨候間、雖有入魂、自然境目以下申事於在之者聞届、速可申付候条、可被得其意候、京都御用いか様共可被申越候、聊不可有疎意候、尚福智三河守可申越候、謹言、
七月五日　秀長（花押）
北郷左衛門入道殿

ここでの秀長書状は比較的穏健な論調であるが、「諸県郡」問題を抱える現地の状況は未だ緊迫したものであった。すなわち、福智長通はわずか数日の間に次のような文書を義弘に充てて発している(24)。

猶以それ様へ者、無双上様御懇ニて御座候之条、若無御届様ニ被思召候ハヽ、如何候条、存寄通不残心底申入候、当国之儀秀長如被仰付候、諸事申付候て罷帰候、御分別肝要存候、以上、
日州御公領分之儀、秋月・高橋被仰付、二三日以前到土持罷下候、秀長以直札被申候条、令進覧候、仍飫肥郡志布之（志）・大崎を初、其外方々御構之由候て、各訴状を以被申上候、先度於野尻、安国寺拙者を以御理候条、御取成雖申入候、真幸郡御給之事候之条、諸県之儀毛頭同心不被申候、日向・豊前・豊後三ヶ国置目・法度・領智（知）かた何も中納言被仰出候条、不可過御分別候、恐々謹言、
七月十九日　福智三河守　長通判
島津兵庫頭　人々御中

猶以当国案内者綾新右衛門尉、秀長へ目録仕候て上申候、郡分上様へ御進上候、其写進之候、被懸御目付而、為御分別如此候、於野尻御理之由候、一円秀長無御同心候、乍去被達　上聞、被仰出次第と御返事ニて候、
安国寺如何御返事被申候哉、以上

先書如申入、秋月・高橋御公領分被仰付、在国之儀候、諸事被仰談、可有御馳走事肝要ニ被思召旨、為拙者相心得、各へ可申達通、堅　御諚候、自然為下船之験在之者、被対　公儀可為御不忠旨候、殊諸県郡御拝領之由候て、都於郡同前候飫肥郡志布之（志）・大崎御違乱之由候、不可然存候、日州・両豊州之儀、秀長へを以、被申付候、可被成其意事専用存候、恐惶謹言、

七月廿一日　　福智三河守　長通判

島津兵庫頭　まいる御宿所

まず、前者十九日付のものからみていこう。六月末西田等介に留守を託し秀吉のもとに伺候した福智長通は、秋月・高橋領の設置決定をうけて、この数日前に土持に戻ってきている。志布志・大崎その他での島津家臣による「御構」、不服従ないし敵対行為を謂うものであろうが後者の文書などからみて少なくとも志布志・大崎では武力を伴うものであったとみられる、という事態は許容できない旨を報じている。ここですでに問題としている「真幸郡」に加え、新たに「飫肥郡」なる表現も現れている。もちろん志布志・大崎も「正式」には「諸県郡」に属す。ここを「飫肥郡」と称していることは、恐らくこの段階では志布志・大崎も伊東領とする認識が背景にあったものと判断される[25]。ともあれ、島津氏に給されたのは「真幸郡」であって、それを「諸県」全郡と「拡大解釈」することを厳に諫めている。この主張は従前からつながるものであるが、ここで豊日三ヶ国の「置目・法度・領智かた」は秀長に託されている旨を殊更に強調していることが目に付く。福智が自らの発言に正当な根拠を与えたものとみることも可能であるが、

むしろ政権内部での路線対立を前提とするものではなかろうか。すなわち、政権内部に島津氏に対して協調的ないし妥協的勢力が存在し、これに後押しされることで島津氏は出来得れば諸県全域の領有も可能ではないかと考えていたようである。豊日三ヶ国、ここではとくに日向の統治権が秀長に委ねられていることを強調するのは、そうした動きを牽制する意図に因るものであろう。

後半の文書も大略は、十九日付のもの同様の主張である。こうしたなかいささか気に懸かる文言としては「殊諸県郡御拝領之由候て、都於郡《とのこおり》同前候飫肥郡志布之（志）・大崎御違乱之由候、不可然存候、」がある。都於郡は結果的に佐土原領に組み入れられる地域であり、鹿児島島津家が「諸県」全郡を拝領したとして、佐土原領でもおこなったような「違乱」を志布志・大崎でおこすことを制止しているようである。家久―豊久（初名忠豊）と継承される佐土原領が鹿児島の島津家とどのような関係にあったのか、その一端をうかがえる記述ではなかろうか。つぎに、目を引くのは袖書に登場する綾新右衛門尉であろう。すでに秋澤氏の指摘にあるごとく、この人物は「当国案内者」「代々日向国中之目明」といった表現で、当時の文書に登場する。彼について秋澤氏は国衙在庁系の国人ではないかと想定されたが、ここでは福島金治氏の考証をうけて、伊東氏の譜代とみたい。ただし、福島氏の想定する石田三成との二重の臣属関係については疑問が残る。[26]『日向記』によれば、「案内者」綾新右衛門尉は「美濃守」＝豊臣秀長から召し出されて「所々知行割有」とあるが、確認される限り一次史料における初見はここである。新右衛門尉は「目録」を作成して秀長へ呈上し、さらにこの「目録」を指すと思われる「郡分」は秀吉のもとに上げられたとある。福智はこの「目録」・「郡分」の写しを島津側へも送付し、秀長としては先度野尻で開陣された島津氏の主張は聞き入れないことを改めて述べているが、最終的な判断を秀吉に委ねることを伝えている。もとより、日向領域交渉は国元のみならず政権の中枢部においても進められていたわけであり、袖書の最後に登場する安国寺からの返事とは秀吉自らの意向を意味するとも考えられる。いずれにせよ、ここでも政権と島津側との交渉チャンネルが複数存在していたことは明らかであり、それらが相互に別々の解決を模索していたのではないかという可能性は既述の通りである。

さて九月までには秀吉による裁定が下ったようである。つぎにあげる天正十五年九月十四日付の義弘充て福智長通書状(27)がその間の事情を伝えてくれる。

尚以諸事御堅固可被仰付儀肝要候旨、能々為心得可申入由候、以上

真幸郡之儀、御息へ被仰出候、然者諸県郡可有御存知よし候而、度々御状、殊伊雅楽并伊右太入段々承候間、具大納言様得御意候之処、上意次第可被仰付由候て、安威五左を以被仰上候、則被達　上聞、御諚趣以墨付被申上候条、案文写我等　為御分別可進之由候間、先伊右太・雅楽へ為御徳心、懸御目御理申候へ共、弥為御届如此候、能々御存知候て、所々速可被止御違乱尤存候、毛頭秀長様被対貴所へ非御疎略候、懇右太入へ申渡候、其以来かきりと御仁体も被差上御理も無之、被任御存分御仕合不可然由候て、以外御腹立ニ候、御分別専一存候、恐々謹言、

九月十四日　　福三　長通判

島兵様　人々御中

秀長（天正十五年八月、権大納言に任ぜられる）は安威五郎左衛門（のち摂津守、了佐）を通じて秀吉に事の次第を言上し、「則被達　上聞」れた結果が「御諚趣」として、恐らく安威から秀長に「墨付」というかたちで伝えられたのであろう。文書中に登場する島津側の「伊雅楽・伊右太入」はそれぞれ伊勢任世斎、伊集院幸侃を指す。このうち、幸侃は島津義久にしたがって上洛し、肥後一揆の鎮圧に関連して十月に一旦薩摩へ戻るまでは滞在を継続している。任世斎の上国はしばらく遅れるようであるが、両者共にこの時期は京ないしは大坂に居たものと見なされる。秀長は

まず彼らへ「御諚」の趣を伝えている。こうした伝達経路は日豊三ヶ国の「置目・法度・領智かた」を委ねられた秀長の政治的立場を反映したものであろうが、「御諚」そのものはもとより、その内容をうけた「墨付」も、さらに「案文写」と見なされるものも管見しておらず、詳細にわたる論究は不可能である。ともあれ、ここであげた福智長通書状は、そうした秀吉レヴェルでの判断、上方での過程をふまえて発給されたものであり、その意図は決定の通達及びそれに基づく現地の「違乱」停止命令を内容とする(28)とみて大過なかろう。したがって、この文書に拠る限りでは、秀吉の裁許が秀長サイドの主張を大きく受け入れたものであったように見なされる。しかしながら、後述するように、その後も飫肥に籠城し続ける上原長門の問題などを勘考すると、この段階の「御諚」が決定的ではあったとしても、いまだ完全に暫定性を払拭出来ていないとみるべきであろう。すなわち、「日向・豊前・豊後三ヶ国置目法度領智かた」は秀長に委ねるという政権の原理とは別次元のところで島津側の政権中枢への働きかけは続いていたと言うことである。こちらサイドの工作が一定の反応を示している間は、いかなる裁定も現地レヴェルでは「暫定」的なものでしかなかったのである。

　こうした問題とも関わることであるが、本章の最後に、秀長サイドの主張を支えたと見なされる「目録」・「郡分」について若干触れておきたい。綾新右衛門尉が作成したものと伝えられ、周知のように一連の議論を規定していく史料である。ところで綾新右衛門尉の署名をもち「日向国五郡分」なる表題のもとに伝世した史料は「天正十九年十一月十三日」の日付をもつ。問題は天正十五年段階に新右衛門尉が秀長に呈上した「目録」・「郡分」と十九年年紀の「日向国五郡分」との関連であるが、この点について七月二十一日の福智長通書状の袖書を再びみてみよう。そこには秀長が秀吉に進上した「目録」・「郡分」の写が、福智を通じて島津側にも送達されており、それによって義弘の得心を促そうとしている。こうしたプロセスから、文書発給者であり秀長サイドの現地における交渉を司る福智長通が

「目録」・「郡分」の具体的内容を把握していないとは考えにくい。それにも関わらず、既引のように彼は九月十四日付の文書に至るまで引き続き「真幸郡」「飫肥郡」といった表現を使い続けている。もとより、こうした郡呼称は十九年年紀の「日向国五郡分」には見られない。そこでは「真幸　五百五十町」も志布志・大崎と割注のある「救仁院」・「救仁郷」もともに「諸県郡」の内にあげられている。したがって、とりわけ七月二十一日付文書にみえる「飫肥郡志布之（志）・大崎」といった表現には違和感を禁じ得ない。十五年段階の「目録」・「郡分」との十九年年紀の「日向国五郡分」との間には郡の構成などにおいてより本質的な差異が存在したとみるべきではなかろうか。したがって、綾新右衛門尉が「申上」げたという日向国の「従先規之有姿」を十九年年紀の「日向国五郡分」にストレートに重ね合わせることには慎重にならざるを得ない。

三、領域決定の最終局面

ここでは、日向国知行割りの最終局面として、天正十六年の状況を見ていくこととする。前章で見たごとく、政権と島津氏の間における政治上の問題は天正十五年九月までに決着がついた。こうした状況をうけて、天正十六年二月義弘は北郷一雲・忠虎父子に充てた起請文のなかで、北郷領に接することとなる伊東氏の間に「私的」な交渉（義久・義弘の承諾なしに）を持たないことを要求している。[29]

こうした起請文の背景には、伊東領が予定されている飫肥における混乱が未だ解消していないという問題があった。時間的には前後するが、『日向記』は天正十五年十二月十三日に飫肥城からの退去を命ずる秀吉の上使が上原長門入道常近のもとへ派遣され、殺害されるという事件を伝えている。[30] 編纂史料による情報であり、具体的な時日については再考の余地もあろうが、上使殺害自体は一次史料からも認められる確定的な史実である。政権―大名権力レヴェルでの合意とは裏腹に在地の混乱は十六年の前半まで継続することになる。もとより、本来飫肥は那珂郡に属するものであり、ここで問題としている諸県郡の問題とは別なようにも感じられるが、既述のように「飫肥郡志布之・大崎」といった表現もみられ、ひとまずその延長上にある問題と考えてよかろう(31)。

さて、退城しない上原に業を煮やした伊東祐兵は四月二十五日付で、つぎのような書状を義弘に発する(32)。

追而申候、此中上長被申候処ハ、飫肥之儀、如何様共貴所御下知次第ニ可仕之由被申候つる、到于今相延候事、貴所御下知ニて候、無心元存計候、如此之子細、急度京都へ可申上之覚悟候、為御存知候、以上、

先日者以使僧申越候処ニ、御返事具得其意候、仍上長入へ異見被成、此方へ可承之由候之間、此中雖相待候、兎角之儀不承之故、一昨日上長入へ可被相渡日限、可承之由申越候之処ニ、上長被申候趣者六月迄も可相延由被申候、左様ニ候て、彼地於荒候者、京都之御公役一円難成候条、井手・溝之普請等為可申付、人数少々差越候様子、猶彼使僧可申候、恐々謹言、

卯月廿五日　　　　　　　　　　　　伊民　祐兵判

島津兵庫頭殿　御宿所

島津側への不信感を顕わにした書状内容であるが、ここにいたっても上原長門は六月までの滞留を要求しており、伊東氏側のさらなる顰蹙をかっている。こうした要求は福島氏も指摘されるように夏麦の徴収実現を意図したものであろうが、伊東祐兵は引き渡し時期がずれ込んで、在地が荒れてしまえば政権への公役が果たせないことを嘆いている。袖書で祐兵は義弘の指示では埒が明かないことを察知して、ここまでの次第を政権側に通告する旨を述べており、この文書はいわば在地レヴェルでの当事者間交渉打ち切りの通告ともいえよう。政権中枢による干渉が不可避とする

伊東の認識はもちろん誤ったものではないが、この場合はむしろ実弟ではあっても義弘は当主の義久の立場に立ち得ない、という島津氏の権力構造に因るところが大きいのではなかろうか。秀吉に敗北したとはいえいまだ「一揆」的構造を保つ「戦国大名」島津氏の権力構造の中では、当主たる義久であっても家臣団を充分に統御し得ていない。ところが義久は秀吉に従って上洛し、この時点でも在京中であり、領国支配は義弘が代行している。ここでとりあげた日向の問題でも現地交渉は福智長通と義弘の間でなされていることは既述の通りである。しかしながら、島津家中は代行者たる義弘の命に諾々として従っていたわけではない。こうした点は拙著でも詳述したので繰り返さないが(33)、上原にしても飫肥下城の契機となるのは、つぎに引く義久（竜伯）から発せられた書状であった(34)。

□□毎度忩之仕立、不可然□□条、長門守可罷上之由、従治少□□早々致上国、去年已来之出入言上候而、肝要候、少茂□□可有油断候、
□□□□□令口能、其後数ヶ□□□文申下候、于今飫肥へ堪忍□□□道断曲事候、片時茂□□似可致退出事専一候、彼儀□□薩隅之為ニ悪儀可有之候之歟、笑止千万候、尚於遅怠者、長門身上之儀者不及是非、与力之者迄可為迷惑候、其上六ヶ敷儀等者、至我々可被仰懸様相聞候之条、畢竟不忠之至候、然間聊油断有間敷候、仍為後日備筆候、恐々謹言、

閏五月十一日　　　　竜伯（花押）

上原長門入道殿

この辺りの経緯については『本藩人物誌』の記述をもとに、一章において略述したとおりである。文書の送達時間を勘案すると、閏五月下旬には上原の飫肥下城も完了した可能性が高いが、伊東祐兵からの言上によりいまだ混乱の収まらない事態を知った秀長の意を受けて、福智長通が義弘へ次のような書状を発する(35)。

猶以御用之儀承度存知如此候、聊以秀長御疎略之様ニ被思召間敷候、御無案内之所柄目明之新右衛門罷出、従先規之有姿申上、殊大友殿・御同中務殿・伊藤指出被召寄、以其上右被仰出候キ、御存知之前ニ候へ共、到拙者式迄、毛頭不存疎略御理ニて候、被加御分別御済候段肝要存候、以上、

未被成御出仕由承候、如何、若御用之儀候者、於如何様之儀も可被仰付候、以参上申入度存候へ共、于今行歩不相叶候条、為御見廻令啓候、随而日向御知行方之儀、高橋・秋月・御同又七郎去年以来御違乱之由ニて、高橋殿も被得上意、在大坂之儀候、秀長以御判任上意被仰付候処ニ、猥之御仕合之由候て、以外御腹立被申候、殊於飫肥御朱印之御上使被討果候、段々於　御前可有御取沙汰由候、被懸御目候間、為御分別申入候、度々如申旧候、綾新右衛門尉代々日向国中之目明候、以其目録被仰付候条、更秀長非御疎略候、尚於御不審者、新右衛門尉仕候目録可懸御目候、追而可得御意候、恐惶謹言、

後五月晦日　　　　福智三河守　長（花押）

島津兵庫頭殿　人々御中

福智の主張自体に新たなものは無いが、混乱により領国入部が果たせない高橋が在坂しているという記述は興味深い。さきにも述べたように飫肥城自体は那珂郡に属すが、ここで規定的なことは郡域ないし郡概念の混乱であり、この書状から「諸県郡」問題が諸県郡のみに留まらないことが逆照射される。また、ここでも領域決定の根拠が綾新右衛門尉の「目録」にあることが明言され、島津氏として承伏が行かないのなら、重ねてその「目録」を見せる用意があると述べている。なお、袖書に綾新右衛門尉への言及があるので少し見ておく。さきに管見される限り一次史料での初見は天正十五年七月二十一日付書状であると述べた。具体的には秀吉に進覧される「目録」に関連して彼の名がみえるが、ここでの言及は時間的にそれを遡るものとなる。すなわち、新右衛門尉は秀長に「先規之有姿」を「申

上」げているが、その内容は「大友殿」と島津家久および伊東祐兵の代理者といった従前の日向に関係した諸氏の検討・協議に附されている。周知のように、中務少輔家久は天正十五年六月五日には没しており、「先規之有姿」の検討はそれ以前にもたれたことになる。さらに「大友殿」を五月二十三日に死去する宗麟に擬すと、その時期はさらに早まることとなる。もとより「大友殿」は義統（吉統）である可能性も高く、またここでの議論は協議の日時を決することにはないので、さらなる検討を試みる必要はない。ともあれ綾新右衛門尉の活動は、間接的ではあれ九州平定の直後から確認できた。ただし、この文書の表現に忠実に従うと換言してもよいが、当初的には「先規之有姿」を「申上」げるといったかたちの関与であり、必ずしも「目録」といったかたちの資料を保持していなかった可能性も高いのではなかろうか。

さて、豊臣政権の正式な裁定が下った後も島津氏側は飫肥城の不法な占拠を十ヶ月近く継続したわけであるが、こうしたプロセスのなかで秀長サイドが主張の拠り所とした綾新右衛門尉の作成にかかる「目録」が次第にオーソライズされていく状況を看て取ることができよう。なお、この後まもなくして義弘が上洛することになる。この文書の書き出しや、朱印状を帯びた上使殺害の一件は「段々於　御前可有御取沙汰」といったくだりを読むと、義弘上洛の目的が一連の日向問題の弁明にあったとみて大過無かろう(36)。つぎに引く史料は、義弘上洛時における島津家上層部の声を伝えるものである。かなり長文にはなるが、非常に興味深い記述も多いので、煩をいとわず、袖書を除いた全文をあげることとする(37)。

横源木之上西市、去十五日亥刻下着、并御書状慥請取、拝見仕候、

一、白尾五兵差出候日向図田帳、去歳成就軒上洛之時、是を題目ニ被随身候、帰国之時、彼日記不被持来候事如何与、成軒へ相尋申候へハ、彼本書之事ハ、宗圓老慥請取被置候間、聊心遣有ましき由被申候、此旨　貴殿様

も具被聞召届候、殊竹左将・宮伊なと、何も存知之前ニ候条、彼図田帳之事、成軒任舌通、今日迄者宗圓御随身必定与存候処、去年成軒へ持せ被下候由、今度示給候之条、彼僧へ此由申理候へハ、宗圓老へ手渡ニ上候、其後此日記之儀とかく不承候由堅被申候、爰元老者中各被申候趣、不軽事ニ候之条、彼僧被罷登様子被申分候而、可然由出合候故、頓ニ彼方被罷上候間、不及口能候、

一、去夏始、以良識房、成軒被持下候図田帳、早々可差登由被仰下候、相届候哉、否之由、此度承候、弓箭八幡も御照覧、従良識曾以不承候、承候ハヽ成軒へ申理糺明可申候へ共、無其儀候間、菟角無沙汰候キ、此趣を以、従良識拙者へ不承候之旨、能々御得心所仰候、

一、良識就図田帳之儀、被申届候条之事、新日記ハ余多ニても不用立候、古之日記をいくつも集候て差登せ候へ、又者堂宮之棟札風情にも可用立程之物をハ尋求、又者祝子なとの神事読立なとの類にも、諸県郡境のためニ成事にてさへ候ハヽ、能々肝煎申候て専要之由、貴所被仰旨承届候、此段者如此良識閇目にて候、余者不存候、

一、右任御意、此方彼方へ承刷候へ共、去年貴所御上洛前如御存知、証文ニ可成様之物無之候、希者白鳥般若寺辺之棟札ニ、諸県と云二字もかなと申候へ共無之候間、更不及了簡候、我々油断にも非す候、可有御察候、彼図田帳失却故、定何篇不証跡ニ可罷成事、実たゝ事ならぬ事歟と驚存候、

一、古日記棟札迄種々相尋候へ共、無之旨帖佐彦なと上洛之砌、貴所へ不申入候、是者拙者由断迄に候、併白尾五兵よりの日記其元へ差登候之間、彼一巻にて可相調与、頼母敷存候へハ、無其儀候、笑止に候、

一、又七殿御為可然様ニ諸県郡境之儀、大納言様藤堂与より書状差下候内ニ、驚申候へ共、彼郡境之証拠人・証文無之候へ者、不及力候、乍去古図田帳其方へ御座候之間、以其日記、武庫様御上洛候て被仰分候ハヽ、如何様可為御理増と存候キ、就中其比従貴所之御書面ニ、大納言様御書・藤堂与之書状をも石田殿へ見せ御申候へ

ハ、御気遣人ましき由、石治少輔被仰由承候、けにも成軒上洛之時、諸県一郡之儀不可有異儀由候間、其首尾無相違段、案中之由申候処ニ、於于今諸県郡入組之儀出合候歟、笑止存候、何と様にも、貴所御才覚可被廻事可目出候、

一、木之上西市へ為路銭、銀子廿目分量至合点候、又早船悉皆調申候、旁為御存知候、恐々謹言、

六月廿日　　上井次郎左衛門尉　秀秋（花押）

伊勢雅楽入道殿　御宿所

まず受給環境を整理しておこう。充所の伊勢雅楽入道は既引した天正十五年（推定）九月十四日付け福智長通文書に「伊雅楽」とみえる伊勢任世斎であり、ここにいたるまで上方での滞在を継続している。伊勢は帰国する「横源」らに上井秀秋に充てた書状を託しており、本文書はその返書である。秀秋は覚兼の実弟であるが、叔父三河守親秋の家を継いで、この時期は島津家宿老の地位にあった。

長文の史料であるが、前半は「日向図田帳」をめぐっての問題である。すなわち、一箇条目によれば、この図田帳は「白尾五兵」なる人物が差しだしたもので[38]、去る天正十五年「成就軒」上洛の折り携行し、「宗圓老」に託したものである。もとより日向の領域決定に寄与すべき島津側資料としてである。ところが、京都の宗圓のもとにあると思われていたこの「日向図田帳」がいかなる事情かによって紛失してしまう。島津側にとって事態巻き返しの切り札とも謂うべき「日向図田帳」が天正十五年成就軒に携行された後、どのように扱われたのかは不詳である。ここまでの交渉の場に活用された様子も、管見された史料からはつかめない。こうした点非常に訝しいのではあるが、ここにいたって紛失という事実が確認されたのであろう。「今日迄者宗圓御随身必定与存候処、」という表現からは非常に緊迫した様子が読みとれ、この文書自体「日向図田帳」の消滅という新たな事態に対応する善後策をしめしたもの、とは

いっても実態は述懐に終始したものであるが、と位置づけることができよう。

つづく二・三箇条目にみえる「良識房」も在京の人物と思われるが、彼は頻りに「日向図田帳」の送達を促していたのである（こうした指示の背景にはもちろん成就軒が図田帳を国元に持ち帰ったという認識があった）。さてその時期であるが、島津氏の豊臣政権への服属は天正十五年五月上旬であり、その後成就軒の上洛、図田帳の宗圓への預託がおこなわれた。こうした事態の推移から「去夏始」を十五年のこととは考えにくく、十六年の四月頃とみたい。すなわち、ここでの「去」は昨年の意ではなく、過ぐる夏の始め頃と解釈される。さきに、秀吉の判断をうけた政治的裁定が天正十五年九月までには下ったことを述べたが、島津氏はその後も交渉のチャンネルを保持しつづけ、現地では「御諚」をうけた裁定とても、必ずしも決定的なものとは見なされなかったのである。ここにみえるように、島津側は図田帳や「古之日記」はもとより、はては堂宮の棟札や神事読立などまでを徴して、諸県郡境界についての巻き返しを計っている。しかしながら、秀吉の裁定がでている以上、一連の動きは水面下のものであり、あくまで良識房の計略として位置づけられていた。こうした指示のもと、在国する家中も様々な資料収集に奔走したようであるが、「証文」ともなるべき資料は見いだすことが出来なかった。こうした結末はすでに十五年の段階（任世斎上国以前の段階）でもある程度予測されていたことであり、ともかくはじめにも述べた白尾五兵から差し出された「図田帳」の紛失は決定的な痛手であった。四箇条目にみえる白鳥般若寺は現在のえびの市に所在し、真幸院のまさに中心に位置するのだが、ここの棟札に「諸県」の二文字がありさえすればという嘆息には実に生々しい響きがある。無論真幸院の中枢に位置する堂宮の棟札に「諸県」と明示してあれば、「真幸院付一郡」とは紛れもなく「諸県郡」全域を指すことになるからである。

つぎの六箇条目はいささか複雑な構造になっているので、しばらく逐語的にみてみよう。まず大納言様＝秀長及びその家臣藤堂与（右衛門）＝高虎の書状に言及するが、書状の内容は諸県郡の郡境を又七殿＝佐土原城主島津豊久の「御為可然」ように設定するという趣旨であった。九州平定ののち佐土原は義久・義弘の弟家久に安堵されたが、まもなく没したため、子の豊久がその跡を継承した。佐土原領は鹿児島島津領と隔絶して設定されているが、佐土原領の「御為可然」ように郡境を設定するとは、とりもなおさず鹿児島領には不都合な結果を意味する。鹿児島島津氏としては外に然るべき証拠人・証文も無いが、日向図田帳を根拠に、このたび上洛する武庫＝義弘が弁明すれば、何とか事態を打開できるとの心算をもっていたようである。併せて件の書状を石田三成に見せたところ、三成から「気遣」は無用である旨、返答があったという。こうしたやりとりが行われた「其比《（頃）》」が具体的にいつ頃かを確定することは困難であるが、義弘の上洛が決定した前後とみられるので、閏五月の末から六月はじめ頃のことであろうか。さらに、石田の関与については遡って言及がある。すなわち「成軒上洛之時」とあるから、一箇条目に言及された十五年の成就軒上洛の時を指すと考えられるが、その折りも「諸県一郡之儀不可有異議」との言質をもらっている。島津氏の主張が受け入れられるであろうとの含意であろうが、そうした目論見に反し諸県郡問題は紛糾し、結果はこれまでに述べてきたように島津側に不利な方向へと進んでいる。したがって、ここでも石田の後ろ盾とても万全なものとは見なされておらず、国元としては任世斎の「御才覚」に期待するしかないと結んでいる。

いささか冗長にはなったが、この六箇条目について注目すべき点を二つあげておこう。まず、第一に注目されるのは「郡境」が所与のものとして存在するものではなく、明証が無ければいわば「任意」に設定されうるものであったという事実。もう一点は諸県郡問題への石田三成の関与である。ここまで、豊日三ヶ国の統治を担当する秀長からの指示とは別に、島津氏が政権との交渉チャンネルを保持していたのではとの可能性を述べてきたが、この文書から具体的に石田の関与が確認される。石田は上原長門入道の飫肥下城を命ずる島津義久（竜伯）書状にも見えており、政権と島津氏を結ぶ仲介を担っていた。石田の存在が秀長サイドから出される指示にどういった影響を与えるものであったのは詳かにできないものの、関与はすでに天正十五年段階からと判断され、また留意すべきはその言説が時に秀長のそれと齟齬する内容のものであったということである。

さて、成就軒が宗圓に託したと主張する「日向図田帳」が最後まで「発見」されなかったのかどうかは史料的にも明らかではないが、義弘の上洛によって日向国知行割りも最終的な段階を迎える。しかしながら、義弘の入洛から知行充行目録の発給に至る八月上旬までの間、どのような交渉がもたれたのか管見する史料からは詳かにできない。そこで冒頭にもあげた目録の内容などからいくつかの特徴をあげ、この間の分析にかえたい。まずはじめにも指摘した諸県郡にのみみられる郡付の問題であるが、これは何より郡域の確定としての意味を考えなければならない。ここまでの議論を敷衍するまでもなく、郡概念の混乱が紛糾の大きな前提であり、知行目録はそうした混乱に政権として終止符を打つものであった。また、この問題と関連して、「諸県郡」の救仁院・救仁郷が島津義弘に充行われている点が注目される。同地域は志布志・大崎と俗称されるところであり、福智長通の書状でも「飫肥郡」として位置づけられ、島津家中の「御構」が度々糾弾された経緯を持つ。既述のように、「飫肥郡」とある以上、当初は飫肥城にはいる伊東祐兵に付される計画であったと考えられるが、最終的には義弘に与えられており、島津側の主張がある程度認められたようである。あるいは問題の「日向図田帳」が最終局面で「発見」され、島津側の主張を支えたのであろうか。いずれにしろ、救仁院・救仁郷の島津氏への給付という事実から最終的な知行目録の充行に至るプロセスも既定的な事実に向けて事態が直線的・一方的に進んだ訳ではなく、ここに至ってかなりの曲折があったと見なすことができよう。ところで、こうして見てくると、いささか気になる文書が存在するので、つぎにあげておこう(39)。

御前帳之儀ニ付て、使者上着、被入念候之段尤存候、兼又諸県辺之事、弥被添御心候者可為本望候、細々彼使者

へ相含候之条、不能一二、恐々謹言、

七月五日　　　　　　義弘（花押）

又七殿

何やら文献史料の限界を証明するような史料であるが、「上着」の文言から義弘の在洛が前提であり、諸先学の比定される通り天正十六年の文書であろう。したがって、ここでの「御前帳」は天正十九年徴収のそれではない。しかしながら、秋澤氏の如く「同（天正十六）年知行割に当り、豊臣政権が編成・掌握していた筈の基礎土地台帳」と言い切れるものでもなかろう。すなわち、文書の後半からはこの「御前帳」の解釈、とりわけ「諸県辺之事」のことについて、義弘は豊久への協力を依頼しており、未だ確定的な資料ではなかったことがうかがえる。この「御前帳」が具体的に何を指すかは不明であるが、ここでは「失却」したはずの「日向図田帳」あるいはそのものではないにしろ、それに準じるような性格の資料であったと考えたい。義弘はこれを秀吉の「御前」に提出して、日向知行割りに際しての島津側の立場を弁明するという状況ではなかろうか。豊久に対する「弥被添御心候者可為本望候」という言い方も、そうした文脈のもとで、解釈すべきであろう。既述のように、亡父家久は綾新右衛門尉が「申上」げた日向国の「先規之有姿」を吟味した経緯をもち、当代の豊久は、秀長によって「御為可然様ニ諸県郡境」を設定されようとする立場であった。彼の対応如何が「諸県郡」問題の決着を大きく左右すると意識されたのであろう。したがって、この文書の背景には、いささか恫喝のようなニュアンスを感じざるを得ないが、既述のように最終的な決定に向けて曲折があったことは確実であろう。最後に、「はじめに」でも簡単に指摘していたが、日向真幸院をはじめとする地域の給付対象が従前の久保から義弘に変更されているという問題がある。屢述したように、ここで見た「諸県郡」問題は天正十五年五月廿五日付の島津久保充て秀吉朱印状に見える「日向国真幸院付一郡被充行訖」なる文言に端を発する。久保から義弘への変更は地域紛争における久保の責任追及という側面もあろうが、より本質的な要請は件の朱印充行状の失効にあったのではなかろうか。しかしながら、不用意な訂正は朱印状そのものの権威、そのことはとりもなおさず秀吉という存在そのものの権威失墜につながる訳であり、政権は充所を替えることで従前の朱印状自体を白紙に戻したのである。以上のようなプロセスを経て「はじめに」でみた天正十六年八月四日・五日付の「知行方目録」が諸大名に発給され、日向の知行割りが完了する。

まとめ

天正十五年から十六年にいたる日向知行割りの政治過程をみてきたが、最後に政権論に資すべきいくつかの論点を整理することで「まとめ」としたい。

まず、表題にも掲げた「国郡制」の問題についてみてみる。本論でも言及したように、大枠としての「国郡制」は継続しつつも、その構成実態ともいうべき「郡」の沿革は中世を通じて変容を続けたのである。こうした展開は戦国期にまで影響を残し、中央と地方あるいは権力の中枢と在地といった対比のなかで「郡」をめぐる解釈あるいは理解が多様化するという事態を招来していたのではなかろうか。豊臣政権は、かりに暫定的ではあっても、統治・領知単位として「国」や「郡」を選択するのであるが(40)、如上の事実を前提とすると、政権と領知を受ける大名との間にとりわけ「郡」の実態をめぐって解釈に齟齬を生じる危険性が存在した。日向の知行割りをめぐる問題は、島津氏の権力構造に規定される部分が大きな比重を占めていたとはいえ、まさしくこうした「郡」をめぐる矛盾が顕現化したものに他ならない。もとより、こうした問題は日向ないし南九州の地域性に規定された例外的なものではないかとの判断もあろう。たとえ問題自体は地域的・例外的であったとしても、ことは政権の統治原理に関わる重要事であり、解決へのプロセスは決して平坦なものではなかった。政権は上使を殺害され、最終的には秀吉の発給した朱印状の撤回にまで追い込まれたのである。統一政権としては、かかる問題を地域的・例外的として処理することはできなかった。「郡」の沿革が混乱するということは確たる証拠や証人が存在しなければ、郡境の設定も任意であるということを意味する。こうした事実も問題解決の過程で見えてきたのであるが、事態解決の過程の中で、豊臣政権は「国」や「郡」という地域編成の枠組みは決して静態的なものではなく、したがって所与のものではないことを認知するに至ったのである。

こうした判断はまた、研究史上にも反映させるべきであろう。すなわち、豊臣政権は決して統治原理たる「国郡制」を単に継承・再生産したわけではないのである。ここでみたように、すでに「国」や「郡」という枠組みが分裂してしまった地域もあった。そこではむしろ地域権力との葛藤のなかで、新たな「国」・「郡」の枠組みを設定しようとしたとも言えよう。端的に表現すると、日向知行割りを経ることで豊臣政権の「国郡制」に対するスタンスは原理的継承のもとでの、実態レヴェルにおける再編という複合的なものへ変化していったと考えられる。奥羽仕置に際しても「郡」は「当知行分」と並んで充行の単位として位置づけられており、今後詳細な検討を試みていきたいが、周知のように天正十九年の御前帳徴収には「郡図」がともなっていたとされる。この「郡図」の作成・徴収の契機は、複合するスタンスの後者にひきつけて考えるべきであろう。「郡」の沿革・概念を一元的に整理するという段階を踏まなければ、「郡」が有効な統治単位たりえないからである。「郡図」の作成・徴収という過程の中で、恐らく在地レヴェルから個々の大名さらに豊臣政権・朝廷にいたる「郡」の確認が完了したのである。決して国制原理の継承といった側面のみで解釈すべきではない。政策の実質は「郡」に対する共通認識を担保することにあった。ここではこうした政策の実質を支えた発端的契機を、日向知行割の過程に求めたい(41)。

つぎに、上記の論点とも関連するが、「日向五郡分」について考えてみたい。行論中にも述べたように、現在確認される限り「日向五郡分」としては綾新右衛門尉の作成にかかる天正十九年十一月十三日付のものがあり、これが近世の日向に流布したものである。秋澤氏はこの「日向五郡分」について内容と年紀の不整合性を指摘され、本来十六年であった帳が権威ある十九年帳に仮託されたものか、再度十九年に調整されたものであろうとされるが、いずれにしろこの「五郡分帳」を基幹として「天正十六年日向御前帳」が編成されたものであろうと指摘された。「天正十六年日向御前帳」の存否を別にすると、筆者の当該史料の年紀についてはほぼ同様に考えているが、その位置づけについてはいささか見解を異にする。すなわち、秋澤氏の議論には文書上に確認される綾新右衛門尉の「目録」「郡分」とこれら「五郡分」や「天正十六年日向御前帳」なるものとの近似性が前提されるわけであるが、第二章の後半にも述べたように、それらの資料に拠って主張を展開する福智長通らの文書に「真幸郡」、「飫肥郡」といった表現が見えており不可解である。もとより、「真幸郡」や「飫肥郡」は日向五郡として存在はしておらず、のちの史料からは消滅する。したがって、この段階における綾新右衛門尉の「目録」「郡分」は「五郡分」ではなかった可能性が高く、むしろ両者の間の断絶を考えるべきではなかろうか。既述したような「郡」概念の混乱や、秀長サイドの証人として非常に高い政治性をもった綾新右衛門尉の立場などを考えても、「豊臣政権」が中世太田文の正統的継承を企図していたという見解には同調できない。「五郡分」はむしろ、知行割りの最終局面で島津側の主張を支えるべき資料が「発見」され、それらの内容を勘案した上で、整合的に「国」「郡」の枠組みを再編成したものと考えられないであろうか。

以上、豊臣政権の「国郡制」へのスタンスを考える上での論点を二つあげた。拙論の表題からすると、ここで筆を擱くべきであろうが、いましばらくおつきあいいただきたい。付説すべき論点のひとつは豊臣秀長についてである。これまで彼の政治的立場については「内々の儀は宗易（千利休）、公儀の事は宰相（秀長）存じ候」という評価にひきつけて説明される事が多かった[42]。しかしながら、ここで見たように、対島津の交渉チャンネルは秀長の独占するところではなく、一方に石田三成に代表されるグループと島津氏とを結ぶルートが存在し、一定の機能を果たしていたのである。日向の問題については秀長の立場が優先したようであるが、薩摩方面に関してはあるいは石田の存在が優位にあったのではなかろうか。さらに言えばある段階まで「豊臣政権」としての意思統一があったかどうかも疑問である。いずれにせよ、「公儀の事」を秀長が専管していたという状況では決してない。そこで上記の文言が天正十四年四月という九州平定直前の段階で「豊後」の大友宗麟に発せられた文言であるという事実を再確認する必要があろう。

行論でも度々触れたように、秀長は日豊方面の統治権を委任されており、宗麟に発せられた言葉もこうした役割を予定的に述べたものにすぎないのではないか。すなわち、秀長に委ねられた「公儀」は地域限定（あるいは加えて時限的）的に読む必要があるのではないか、という事である。いずれにしろこれまで「内々の儀は宗易、公儀の事は宰相存じ候」という文言が「一人歩き」してきた側面は否定されず、ここでの検討などをふまえて新たな秀長像を模索する必要があろう。さて最後になったが、かつて筆者は小林清治氏の『秀吉権力の形成』（東京大学出版会、一九九四年）に対する書評をおこなう機会を与えられた[43]。その際島津氏に「日向国」を所付とする「禁制」が発せられている問題について、「服属大名に与えられた禁制は軍令下にはいることを条件に当該地の「安堵」を意味するもの」とされる氏の見解に疑義を呈したことがあった。この時期の日向に対する明確な位置づけを踏まえた上での批判でもなく、氏には大変失礼なコメントとなった。随分長くはなったが、ある意味で本稿は小林氏のご高著に対する拙評の続きと考えており、疑義の背景について筆者なりの説明を行ったつもりである。

註

（1）「御前帳をめぐる諸問題―豊臣初期御前帳と太田文―」、中世史研究会二十周年記念大会。報告要旨は『年報　中世史研究』第一八号、一九九三年に掲載。
（2）岩波講座『日本通史』第一一巻／近世一、一九九三年。
（3）『宮崎県史』（通史編／中世）のほか、「戦国期日向国の山と領主の間に生きた案内者」（『歴史地名通信』第二一号、一九九七年）など。
（4）順に「島津家文書」（大日本古文書）三八三号文書、『鹿児島県史料・旧記雑録後編二』四九八号文書、『日向古文書集成』第二類三一七号文書、『日向古文書集成』第一類一四七号文書、『宮崎県史料編近世1』高橋氏時代四号文書。
（5）『島津家文書』三八二号文書、『鹿児島県史料・旧記雑録後編二』四九九号文書、『日向古文書集成』第二類三一六号文書、『宮崎県史史料編近世1』高橋氏時代三号文書。
（6）『島津家文書』三四五号文書。
（7）『島津家文書』三七八号文書。
（8）『鹿児島県史料・旧記雑録後編二』三三〇号文書。なお、本史料集の利用にあたって島津家文書については東京大学史料編纂所の写真帳で、その他の文書については旧記雑録の原本での校合をおこなっている。その結果として鹿児島県史料本の読みを改めた箇所がある。
（9）『大分県史料三三　大友家文書録三』所収。この「条々」は山鹿素行の『武家事紀』にも収められており、同書によって文意を補った箇所もある。
（10）両者の辞退に至る経緯は、外山幹夫『大友宗麟』（吉川弘文館、一九七五年）二七九頁、平尾道雄『長宗我部元親』（人物往来社、一九六六年）一三四頁。
（11）「九州御動座記」（九州史料叢書『近世初頭九州紀行記集』所収）にみえる「九州御国分之次第」として、
一、薩摩・大隅両国をは島津父子に被宛行候、其上に日向之内一郡伊集院に被下候、是は今度主之命為可助捨一身、中納言殿

御陣取へ走入たる心中をかんじ被思召、一郡右衛門大夫に御扶助之事、
一、日向ノ中に而、又一郡伊東屋形に被下候、残郡には御代官を被仰付候事、

とあるが、この状況はまさに宗麟・元親の辞退によって、国分の計画を見直さざるを得なくなった五月二十日前後時点のものである。したがって、その後の展開をみても明らかなように、この内容はきわめて暫定的なものといえる。

(12)『島津家文書』三七九号文書。
(13)『鹿児島県史料・旧記雑録後編二』三三五号文書。
(14)ここでは鹿児島県史料集本を利用。同書一一四頁。
(15)『鹿児島県史料・旧記雑録後編二』三四三号文書。
(16)『鹿児島県史料・旧記雑録後編二』三四五号文書。
(17)『鹿児島県史料・旧記雑録後編二』三四七号文書。
(18)たとえば、同じく九州平定後の知行割りに際し、筑後柳川の立花統虎（のちの宗茂）には天正十五年六月二十五日付で「今度依忠節、為御恩地、於筑後国山門郡・三潴郡・下妻郡・三池郡合四郡之事、被充行訖、但三池郡事　対高橋弥七郎可引渡…」という内容の朱印状が、また豊前中津の黒田孝高には天正十五年七月三日付で、「今度為　御恩地、於豊前国京都・築城・中津・上毛・下毛・宇佐六郡之事、被充行訖」という朱印状が発せられている。それぞれ、文書の後段には与力分等の割愛を指示しているが、充行が「郡」を単位としたことに疑いはない。
(19)たとえば、今谷明「鎌倉・室町幕府と国郡の機構」（朝尾直弘他編『日本の社会史』第三巻　権威と支配　所収、岩波書店、一九八七年）など。
(20)『鎌倉遺文』第九六五号文書。
(21)『鹿児島県史料・旧記雑録後編二』三六〇号文書。
(22)『日向古文書集成』第一類一四六号文書。
(23)『鹿児島県史料・旧記雑録後編二』三六二号文書。

(24)『鹿児島県史料・旧記雑録後編二』三六六号文書、同三六八号文書。
(25)ここで「九州御動座記」の「九州御国分之次第」にみえる「日向ノ中に而、又一郡伊東屋形に被下候」という表現を想起されたい。「飫肥郡」とはまさしく飫肥城に付く「一郡」と観念されたのであろう。
(26)ここでは史料雑纂本を利用。『史料雑纂　第二』四八七頁。
(27)『鹿児島県史料・旧記雑録後編二』三七六号文書。
(28)この時点以降の福智長通の所在は詳かにできない。七月の中旬には土持に戻ってきており、二十一日付の書状も恐らく同所から発せられたものであろうが、この九月十四日のものは在京する伊集院幸侃らと直に交渉を持っているようにも読め、日向滞在を継続しているものかあるいはこの間に京ないし大坂へ帰還したものか判断できない。
(29)『鹿児島県史料・旧記雑録後編二』四一九号文書。
(30)『史料雑纂　第二』四八八頁。
(31)註(35)として後引する閏五月晦日書状から判明するように本質的な問題は前提となる領域把握にズレが生じていることに由る。
(32)『鹿児島県史料・旧記雑録後編二』四四六号文書。
(33)豊臣政権服属後の島津氏の権力構造については拙著『豊臣政権の対外侵略と太閤検地』(校倉書房、一九九六年)第三編第二章を参照されたい。
(34)『鹿児島県史料・旧記雑録後編二』四六五号文書。
(35)『鹿児島県史料・旧記雑録後編二』四七〇号文書。
(36)肥後境からの撤兵を促す天正十六年(推定)二月二十一日付の文書において、秀吉はすでに義弘へ「日州知行分出入之由申越候、罷上候節、是又可被仰付候、猶石田治部少輔可申候」と書き送っていた。
(37)『鹿児島県史料・旧記雑録後編二』四七五号文書。
(38)『上井覚兼日記』の天正三年二月廿六日条(大日本古記録、上巻九二頁)には次のような記事がみえ、島津氏が論地の解決にあたって「図田帳」を参照・活用していた事実がうかがえる。

一、廿六日、如常出仕申候、和泉より一昨日之使者之意趣、御老中へ申候、其趣者、先刻宮原筑前以承候泊野之事、東郷へ付可申之由承候、是者去年挌護申候へと候つる、然処に又々東郷へ付申せと候、無御心元由候、次ニ者けしかり畠地之事、従泉も誰被参、従東郷も誰参候て、左右方之口法第扱可被成由承候、尤候、乍去、天満宮国分殿へしか〳〵図田帳御座候、彼方へ御尋被成候て可然由候也、

(39)『鹿児島県史料・旧記雑録後編二』四七八号文書。

(40)統治単位・領知単位ともに必ずしもこなれた概念ではないが、ここでは領知単位を知行充行など主従制原理に支えられた給付対象を構成するもの、統治単位はさらにそれを規定するものとして国家・国制レヴェルの構成ユニットと考えている。つぎの注でも言及するが、「国郡制」の議論を実態的なレヴェルですすめていくうえでも国制的次元での支配と主従制に基づく支配とは峻別すべきであり、実態としては重なり合うことも多い両者を概念のレヴェルで対置しようとしたのが統治単位・領知単位である。

(41)議論が輻輳するので註のかたちをとるが、豊臣政権の統治・領知単位が一貫して「国」「郡」にあったと考えているわけではない。全国的に検地が実施されることで、領知単位は石高制に裏打ちされた「村」へとその役割を移す。逆の説明をおこなうと、領知単位として村が成立する以前の段階では、ほんらい統治単位たるべき国や郡、とりわけ郡が領知単位としての機能を代行していたともいえる。かつて分析した筑後国における領国の異動をそうした典型例と考えているが（前掲拙著第二編第二章）、以後は統治単位としての国郡とそれに支えられた領知単位としての村が併存する体制に移行する。概念の検討を含め、詳細は別の論稿に譲りたい。

(42)たとえば、朝尾直弘「豊臣政権論」（岩波講座『日本歴史』近世一、一九六三年）など。

(43)『日本歴史』五七三号、一九九六年。

第2部

豊臣一門大名秀長の領国支配と一族・家臣

Ｉ　豊臣秀長の築城と城下政策

秋永政孝

一、大和大納言

秀長は秀吉にとって異父弟であるが、豊臣政権の大黒柱ともいうべき立場にあった人である。父は信長の茶坊主を勤めた筑阿弥で、天文九年（一五四〇）三月二日、尾州に生まれた。はじめ木下小一郎長秀と称し、のちに秀長と改めた。兄秀吉に従ってしばしば戦功をたて、天正九年（一五八一）、姫路城をまもり、十年、丹波国を治め、やがて但馬国出石に入った。この頃、美濃守に任ぜられたが、十三年閏八月、郡山城に入って大和・和泉・紀伊三か国の大守となった。その知行高は一〇〇万石（あるいは八〇万石）と伝えている。この年の十月、参議三位中将、十四年十一月、中納言に昇進、十五年八月、大納言に叙せられている。世間では「大和大納言」と通称される所以である。関白秀吉にとっては唯一人の弟であるから、その信頼は強く、宰相として天下の政務に関与していた。秀長も秀吉に似てきわめて人なつこい、恩威ならび行われるといった型の武将であったらしく、豊臣政権における表向のことは秀長が預かり、内々の事は千利休が預かるという、二人が相応じて豊臣政権の支柱となっていた（「大友宗滴書状」）。千利休の失脚が、秀長の死と微妙な関係にあったことでもわかる。

二、刀狩と侍衆払

秀長の郡山入部とともに、秀吉の厳しい政策は秀長を通じ実現しはじめる。天正十五年（一五八七）閏八月二十四日、多武峯僧徒のもつ弓・鑓・鉄砲・具足・甲・大刀・刀など一切の武器を没収、中世以来、多武峯一山が蓄えていた武力を根こそぎ取払ってしまった。紀州根来・雑賀の僧徒の武力反抗にこりた秀吉が天正十三年四月、高野山の武器をすべて没収してしまったのがはじまりである。これを世間では「刀狩」と呼んだ。寺社につづいて一般百姓の武器携帯禁止も厳しくなり、天正十六年七月、この禁止の定書は全国的に発せられている。その理由として、百姓が不要な道具を持ち、年貢を怠り、一揆を企てることがあってはその身を亡すもとである。この没収した武器類はこれを鋳潰し、大仏建立の釘やかすがいに使用するので、今生はもとより、来生まで救いになるのだと説明している。この「刀狩」の結果、寺院や農村の武力は一掃せられ、武士と農民との区別も明らかになり、秀吉の企図した新しい封建制における身分制度を規定する基礎となった。

また、入国にさきだち秀長は国中諸社寺に指出を徴した。その朱印高決定まで随分交渉を重ねている。しかし興福寺一山の如きも天正八年の指出にくらべ七千石も削られ、一応、一万五千石に落着いた（天正十五年一月十九日）。他の寺社もおして知るべきである。また八年の指出にあった国衆の分は十三年の筒井氏の伊賀への国替につれ当然消滅して、秀長の直轄下に入った。それでこの十四～五年に及ぶ指出の時、村単位の検地も行われた。検地に手心を加えてもらおうと賄賂をおくった国内の庄屋三十七人が厳罰に処せられている（『多聞院日記』天正十五年八月一日）。この時の検地の状況はよく分らない。天正十四年九月十一日付の「平群郡くほた村付をとし帳」から察するに、天正八年の指出に修正を加えたもののようである。やがてこれが基礎となり、文禄四年（一五九五）の検地で完成する。しかし天正十五年十月十日付の吉野郡十津川郷内村々検地帳はまとまっているし、これがはじめての検地であっただろう。

こうした検地の強行の結果、問題になるのは伊賀国に移らなかった国衆の処置である。秀長に召し出され、その家臣として活躍したものは別として、在来のように土着のまま、郷士的な扱いをうけ、秀長の郷代官として地方支配の一翼を担うものもあった。これとて秀長の歿後は多く郷士的身分をうばわれ、百姓扱いになっている。さらに郡山の城下に近く、かなり勢力もあり、反抗的であったためか、十市郷の侍衆は全部追放されている。十市常陸守のごときは別に知行を与えるということで在地を追われ、伊予国に流れ、ここで死んでいる。また十市家の重臣であった長柄殿もこの侍衆払いで行方不明になり、棄てられたイザリの子は乞食になり、ついに頸をくくって死んだという。

おだやかだった順慶在世中の政治とことなり、大和に残る旧来の勢力は秀長の入部とともに急角度にその貌を変えてきた。年貢の緩和方を願ったということだけで和泉国の百姓三十人が罰せられているほどである。たしかに天正十三年は大和国を中心に、急激な社会変化のあった年である。それにこの年を中心に、わが国地震災害史上にも特筆される年にあたっている。

三、郡山築城

築城といった大事業は一朝一夕に出来上るものでない。郡山城も筒井順慶にはじまり、豊臣秀長の時代に主要部が完成、二代秀保を経て、次に入った増田長盛の時代に外堀をつくり完成したもので、その間実に二十か年を要した。

近世の郡山城地は、中世の郡山土豪中殿・辰巳殿・薬園殿の三つの館を含み、薬園村と郡山村の地籍、さらに一部は新木村の地籍にまで喰い込んでいる。『郡山城旧記』に「領邑合テ三千石、只今の本丸かき上ケにて住居、二ノ丸に家老を初め、家来百姓入交りて居候よし申伝候」とあるのが、中世末期の郡山城の姿である。天正六〜七年（一五七八〜九）の頃から筒井順慶がこの地に目をつけ縄張りをはじめた。もともと筒井氏多年の本拠である筒井城も近世的な築城法に変り、南北に通ずる街道をはさんで立派な城下町も発達し、少し離れた会ケ峰（額田郡の丘陵地）には鉄砲を鋳造する造兵工廠まで出来ていたのである。しかし筒井城ではどうしても平城であって、砲火を交えた戦闘には適しないし、水攻めにされる心配もある。そこで郡山城に本拠を移す計画をたてたのである。天正八年八月、信長は畿内にある城郭は一国一城主義によりその多くを取りこわした。大和国では郡山城だけ残されることになり、順慶はこの年の十一月十二日、郡山城に入った。

順慶時代にどれほど工事がすすんだものか判明しない。記録によると、廃城となった多聞山城の大石を郡山に運んだこと（天正七年八月一日）、種々構築があり、奈良中の大工を郡山に招集したこと（天正九年五月）、信長の命令で明智光秀が工事の見廻りのため郡山に来ていること（天正九年八月）、郡山城天守閣を急造したこと（天正十一年四月）などがわかる。とにかくこの城の縄張りに明智光秀が関与しているということは興味あることである。

本格式の築城は天正十三年九月、豊臣秀長が入部して以後のことである。百万石の大守の居城ということで、筒井氏の時代よりその規模ははるかに大きくなった筈である。しかし結果的には郡山豊臣家の在城は僅か十か年間であったので、百万石大守の居城としての規模を持つにはいたらなかったと見るべきであろう。『多聞院日記』の記事をさがしてみると、郡山築城に関するいろいろな記事を見出すことが出来る。

紀州根来寺の大門を、大坂を経て淀川を上り、木津に陸上げし、郡山に運び城門としている。随分立派な大きいものであったらしく、国中からその運搬に人夫が徴せられている（天正十五年三月）。

春日社の水屋川（水谷川）から大石を切り出し郡山に運んだ（天正十五年八月）。石切場の少い大和のことで、信仰の春日山に入りこむので土着の人との争いも多い。日に何百という大小さまざまの石が切り出されてゆく。奈良じゅう、家並に五郎太石を二十荷ずつ出さなければならない。諸方で石の取りあいもおこり、人々は大変に困った（天正十六年一月）。

それでもなお石が足りないので大寺院の礎石・庭石・五輪塔・石地蔵などまで持去られ、寺々では非常に困惑した（天正十七年六月）。困りはてた寺々は郡山に歎願したものとみえ、西京薬師寺には石取りは罰するという触状を出している。この書状は天正十八年二月二日付のものと推定出来るが、それまでに可成り多くの伽藍石が持去られた。天守台の野面積になった石垣のなかに羅城門の礎石（松香石でくり出しのある天平様式の礎石）と伝えるものをはじめ、多くの礎石・石地蔵・五輪石など、わが国の記念すべき優れた石造物がおしげもなく積み込まれてある。天守台以外の石垣のうちにも多い。この石垣が郡山城の見所であり、中世的なものが一掃せられ、新時代の訪れを如実に示すものとうけとれる。また光秀の築いた丹波の八上城もこうした石塁があるということで、何か悪魔除けの意味であったともいわれる。

さて、こうした記録をたどってみると、城を築くことが如何に大事業であるかということは諒解されるのであるが、秀長時代にどこまで出来たかといったことは一寸《ちょっと》いえない。『郡山城旧記』など多くの類似の記事によると、秀長の時代に出来たのは「本丸幷二ノ丸堀ノ石垣城普請等有之、天守ノ材木ヲ生駒山鬼取山ニテ伐大概ニ築ト云トモ地震ニテ崩レ其後止ム」と伝えている。ほぼ信じてよいことであろう。江戸時代の細分された郭名でいうと、本丸・毘沙門曲輪・法印郭・二ノ丸・キリン郭・縁郭・玄武郭までは出来たのであろう。後にいう五軒屋敷には家老羽田長門（知行四万八〇〇〇石）をはじめ家中十人（知行高十二万石）の屋敷があり、北の堀際に小川下野（三万五〇〇〇石）の屋敷があった。今に小川町の名が残っている。筆頭桑山一菴法印（五万石）の屋敷は法印郭にあり、その他、福地三河守の屋敷が五左衛門坂の上（今日の病院の位置）にあるなど、各所に点々と侍屋敷が建ちはじめたというのが実況ではなかっただろうか。この頃は百万石の城郭だといって、すべての家臣団が城下に集められている時代ではない。領国各地に代官として派せられ、郡山城内には秀長の直臣と三家老（桑山一菴・羽田長門守・小川下野）・八老中といわれた重臣たちが屋敷を賜わっているにすぎない。例えば八老中の一人である小堀新助正次は秀吉から秀長への付人として仕え、葛上・宇智両郡のうちで知行高三〇〇〇石を与えられ、大和・和泉・紀伊三国の郡代として民政に手腕を振るった。新助は城内にも屋敷を賜わっている。

天正十七年の頃になると豊臣政権の基礎も固まり、諸大名衆ならびにその妻女の三か年間の在京を命じている。江戸時代の参観交代制のはじまりである。このことと関連して在京中の諸侯には、天下の宰相の居城たる郡山城に敬意をはらうものが多かった。十六年九月、徳川家康・大友宗麟・毛利・吉川・小早川の諸氏が相前後して訪れ、しばしば茶会を催している。秀長の茶事については『津田宗及茶湯日記』・『宗湛日記』にも見えるし、また『松屋日記』に秀長がみずから茶を点てて、三十六人の郡山衆を招待し茶会を催したことが見える。城内には茶事にふさわしい建物もつくられていたことであろう。また秀長は能楽にも親しみ、金春大夫を召出して百石の扶持を与え、大政所を慰めるため城中で能を催している。秀長の生活の一面がわかるとともに、城内の風情をも察することができる。秀長の歿後、養子秀保の時代にも郡山城完成に力を注いでいるが、文禄四年（一五九五）夭逝し、郡山豊臣家は十一年間で亡び、そのあと郡山城に入部したものは増田長盛である。長盛の知行高は二十万石であったので、おのずと郡山城も二十万石にふさわしい城郭に出来上った。

長盛は入部の翌五年から外廻り惣堀、つまり外堀の普請にかかった。この時代になると家中も漸次城下に集中せられ、約一万を数え、侍屋敷も多くなり、城下町の発達もあり、これら全部を包含する外濠が必要になってきたのである。桃山時代の城下町にはこの傾向が強い。外堀は東側において秋篠川の流路を東にかえて佐保川に落し、もとの川跡を堀に利用した。南は箕山を限り、西は丘陵の断崖に添い二～三の溜池を利用して連ね、北は凹地に添う堀を巡らした。総延長五十丁十三間、内側に土居を設け外側が堀になっている。土居は老松あるいは藪に覆われた雄大なものであるが、いま旧観を留める部分は少ない。

外堀の完成により、郡山城の規模は定まる。こうして郡山の城づくりは順慶・秀長・秀保・長盛と四代二十年間の歳月を要している。しかも百万石の規模で出発し、二十万石の規模に落着いている。秀長・秀保の時代には郡山の地に不安を感じて城の移転を策し、額田部丘陵全域に及ぶようなことを計画したこともあるし、また天嶮高取城を詰城として非常な力を注いでいたことも注目しなければならない。

四、城下繁栄政策

城づくりとともに秀長は町づくりに力をいれた。この頃は諸大名が競うて立派な城や城下町をつくっている。江戸時代の藩庁所在地はすべてこの頃に基礎がおかれている。

郡山の町は筒井順慶の時代に、ある程度の町づくりが行われていた。城の移転とともに筒井城下の商家を郡山に移した。毎月、六斎市がたち、塩のような日常不可欠のものをはじめ、木綿・魚などは郡山城下であきなわれた。塩については中世、大乗院が塩の本座・新座をもち、いわばその配給権を握っている。内海方面からはるばる立野・竜田・世屋のものが百二十疋の馬の背に積み、竜田越で運び込んだものである。天正の頃からこの塩座はすたれ、大坂から川船で木津に陸上げして郡山に運び込んだ。町名からみて、本町筋の成立は一番早く、塩町・魚町はこれにつぐ町並であろう。

秀長は入部とともに郡山城下町の経営にとりかかった。お手本は信長の経営した安土城下の山下町にある。郡山城下の急速な繁栄をはかることが秀長の急務であるとするならば、門前町奈良に断圧を加え、極端な郡山城下保護の政策により、一挙にその繁栄を移してしまうほかにない。はたせるかな秀長は入部間もなく、奈良における商売は一切これを禁止し、商売希望のものは必ず郡山で行えという厳しい命令を出した（天正十三年十月）。当時の日常品であるミソ・サケ・柴木・菜・ノリ・ユワウなど、すべて郡山城下においてのみ商売を許されるというのであるから、奈良としてはまことに大打撃であった。奈良の商人は何とか緩和してほしいと百方陳訴につとめた結果、幾分かは許されたとしても、秀長の郡山城下保護のための根本的な態度に変更はなかった。二代秀保の時代になってもこの方策を踏襲している。

禁　制

一、南都郡山の外、在郷にさけを作る事

一、郡山の外に市をたて候事

一、他国より商売として酒を入候事

右条々入国以来堅御停止、今更不珍候、若背御法度、みたりの儀於有之者、悉可処罪科之旨被仰出候也

天正廿年六月十日　　大蔵卿法印

小堀新介

（春岳院文書）

酒造りは南都と郡山に限り、市は郡山に限り許可するという態度をとっている。この政策はただ郡山城下に限られた政策ではなく、豊臣政権が畿内直轄地域に対してとった根本的な政策である（関白秀次書状）。

その結果、中世門前町奈良の繁栄は、日を追うて郡山城下に移ったことはいうまでもない。また国中農村にあった商工業的な要素も、すべて郡山城下に結集されてくる。天正十六年（一五八八）の「郡山惣町分日記」（春岳院文書）によると、本町・魚塩町・堺町・柳町・今井町・綿町・藺町・奈良町・雑穀町・茶町・材木町・紺屋町・豆腐町・鍛冶屋町の十四町があらわれてくる。うち鍛冶町（鍛冶屋町と日記にはある）は本町の枝町であるから、あとの十三町が郡山城下の基本となる「箱本十三町」のはじまりを示している。その成立の詳しいことはわからないが、本町以下幾町かは順慶時代すでに成立していた。しかし「家居宜ク町ノ様躰然ルベ」くなったのは秀長の経営による。

町名のうち堺町・今井町・奈良町はそれぞれの町から移ったことをもの語っているし、柳町は城下町に通有な細長い町の姿による命名である。また魚・塩・藺・雑穀・茶・材木・紺屋・豆腐など商品名の町は同業者が町を形成し、営業上の独占権を占めている。つまり、秀長は郡山商工業保護の政策として、町々にそれぞれの特許状を与えている。たとえば紺屋の業は、国中ほかでは一切禁止、郡山の紺屋町に住む同業者にだけ営業権を認めている。紺屋町の速水家にはこのことを裏書する秀長の掟書が保存されている。この掟書は天正十五年のものと推定するが、同様な掟書は魚塩町以下の町々にも与えられていたものであろう。

この秀長の保護政策の結果、めだって郡山城下は栄え、商人の頭や職人の司は同業者を率いて国中の各所から、あるいは他国から城下に大挙移住してきた。この頃、社寺の保護にかかる諸職、特権を背景とした中世的な座商業はうち破られ、楽市・楽座と呼ぶ自由商業に代わってきた。これは信長以来の政策ではあるが、大和でも天正十五年正月、諸公事座が打破せられ、これに代わり郡山城下の町々は新領主秀長の力で特別な保護を与えられたのである。これが後世、株仲間に発展する。

城下保護の政策として挙げなければならないことは「箱本十三町」の地租を免除したことである。天正十九年八月、一晏法印・小堀新介の名で、郡山町中に宛てた次のような書状が春岳院に残っている。

其町中地子之事、自当年可被成御免之旨被仰出候、可成其意候、猶帰候て様子可申聞候、謹言

以　上

八月廿三日　一晏法印

良　慶（花押）

小堀新介

正　次（花押）

郡山町中

この年の正月、秀長は死去、秀保が在来の保護政策を踏襲している。奈良では屋地子に「四把利」を付けて取るという断圧ぶりであるのに、郡山町家に対しては、大坂なみの保護を与えていたのである。郡山に住む人々はそのはかり知れない恩恵に感謝したことは申すまでもないが、後世にいたってもこれを徳として、箕山にある大納言塚は土地の人々により、手厚くまもられてきた。

この地子役の免ぜられたのは、本町以下十三町と、枝町として次第に成立した鍛治町・車町・新紺屋町にも及んでいた。幸い車町には天正十九年の町の定書が残っていて、当時の町の模様なり、風習をうかがうよい資料であるから次に掲げる。

車町家持定之事

一大納言様当年郡山町中家地子御赦免　被成被下候ニ付　車町之家数合拾六間、内壱間ハ年寄分、壱間ハ月行司、壱間ハ丁代、〆テ三人引残テ拾三間車町役家也　則　御公儀様箱本御帳ニ付申候　就其今度　御公儀様ゟ被為仰付候役車町ゟ拾三間分何時ニ而も御用ニ立可申と御公儀様江請合証文仕差上置申所実正也　然ハ車町家持何方へ成共若奉公出申者於有之ハ車町之家兄弟成共有之候而役仕候者居申候得ハ別義無御座候　若左様も無之借屋何者月行司代として壱間役ニ壱ヶ年ニ銀子弐拾目宛町江取可申事　若又しやうざい之勝手ニて外之町江出申　車町家借屋仕置候者も右同断也　〆テ二口同断也　家屋敷売買ニ付弐拾分一町江取可申　其上年寄町五人組頭其家之五人組衆振舞可申事　家買主町江出申時　かを見せ銀として銀子壱枚町江取可申事　〆て三口の家売買之定也

右之趣ハ車町家持相談上相定置申候処実正也　為後日如此ニ候

天正拾九年十一月十五日

一、九間　惣九郎　一、五間　新兵衛　一、四間半　与一郎　一、六間　与九郎
一、五間半　長四郎　一、六間半　孫四郎　一、三間　源次郎　一、三間半　茂作
一、拾間半　二郎四郎　一、四間　彦九郎　一、七間　九右衛門　一、四間　久三郎
一、七間半　（新八助八）　一、五間半　弥平次　一、四間　宇兵衛　一、三間　庄五郎
二間　善九郎　一、四間　仁左衛門　一、四間半　甚九郎　一、五間　惣右衛門
一、五間半　治兵衛

車町年寄次郎四郎

それぞれ町に年寄・月行司・丁代の世話役があり、町の自治にあたる。車町の場合、家数十六軒、そのうちの三役を除き、残り十三軒が役家として箱本帳簿に記載登録される。ここにいう家数は家持（本家）すなわち役家の数であ

って借家を含まない。家持は領主の公用に応じなければならない義務のある反面、町役人となり、町政に参与し得る公民権を持っている。借家は町役を負担しないかわりに町政に参与し得る公民権を欠いている。家持はたとえ自分の家屋敷を貸し家にしても町役家の義務はまぬがれ得ない。一か年間に一軒役として銀子二十目を町に出す掟になっていた。また家持と借家の区別は絶対的なものでなかった。借家人は家持の株を買得することによって家持になり得た。こんな場合、車町では売買値段の二十分の一を町に出し、そのうえ、年寄や五人組頭、それに同じ五人組の人々に御馳走して「振舞」わなければならない。買主は顔見世銀として銀子一枚を町へ出すことになっていた。

以上は車町の場合で、天正の昔からこんな風習が出来ていた。柳町一丁目の定でも「顔替り料」であるとか「名替り料」などの名目で買得した場合の詳細な規定があり、町内の軒役は一ツ名前で三軒役以上は持てない規則をつくっている。また塩町の場合、他町から慥かな請人一札を取らなければならないといったように、町々の事情で手続きに多少の違いはあるが、借家から家持になる機会は相当多く、農山村における本百姓と水呑百姓との区別ほど固定的なものではなかった。

さて車町について町の構造・機能について述べたが、これら郡山の町々はその屋地子を免ぜられるという保護をうけていた反面、役家としての義務があり、「町中伝馬弐拾三疋」を出し、公用に奉仕しなければならなかった。しかも彼ら役家は「箱本御帳」に記載されていたというが、「箱本」とはなんであろうか。

さきにも「箱本十三町」ということを述べたが、これは江戸時代に入って「内町廿七町」に発展する。「内町」とは惣堀の内にあって地子免の特権を有する町々をいう。それでもなお「箱本十三町」の名で通っていた。「箱本」というのはまことに面白い制度で、郡山町中の民主的な自治組織である。その起源は秀長の時代にあるが、江戸初期に完成したものと思われる。

町中のことはすべて「箱本」で決定したのである。郡山町中のもっている特権を主張する根拠となる文書を箱に納め、封印して一か月切りに本町以下十三町に、この箱を持ち廻りする。当り月にはその町が「箱本」となり、町中のことを自治的にさばく。箱に納めた一連の文書とは、天正十九年八月二十三日付の郡山町中地子免の書状、天正二十年六月十日付豊臣秀保の禁制、それに無年号（文禄二～三年か）九月六日付、関白秀次の書状、あわせて三通を指す。これら三通の文書は郡山町中に与えられた特権を主張する根拠であり、権威の源泉として神聖視されていた。歴代の郡山藩主はこれにより町中の特権を認め、かわりに藩の公用に奉仕せしめる習慣が生れていた。伝馬役二十三疋の掟もかなり古くから生れていたようである。

「箱本」に当った町では、この朱印箱を町内の会所におき、表に長さ二尺の紺地木綿に白字で「箱本」と染め抜いた小旛を二間余りの竿に付けて立てる風習となっていた。「箱本」に当った町では、その町の年寄が一ヵ月間、全責任をもって郡山町中全体の世話をする制度となっている。重要な問題は跡・先・当箱本の三者で処理する。もともと内町十三町に限られていたが、のちに外町の成立で、種々な公用は内町三分減で「外箱本」と号し、外町の自治に当る風習をも生じていた。延宝八年（一六六〇）十二月の郡山町内の大火で、その古くから持ち伝えた記録の大半を失ったので、初期のことは明らかでない。しかしその「箱本」に課せられた任務は、公用伝馬・警備・火消・課税・訴訟その他一切の民政に関する政務を自治的に、町の順番にしたがい交代して執り行うところに特色がある。多くの城下町では総年寄が世襲的に支配権を持っている。これにくらべ郡山町の場合は非常に特色のある町方自治の制度であった。江戸の初期には奈良町や今井町（高市郡）にも箱本制度の芽生えはあったが、郡山のように長続きしなかった。たしかに「箱本」の制度は伝統古く、特色ある面白い制度であるが、これは秀長の時代からはじまっている。

五、多武峯大織冠の郡山遷座

秀長の町づくりの一つとして、多武峯大織冠を郡山城内に遷したことを述べなければならない。

多武峯一山は中世その武威を振るったことで知られている。ところが秀吉の勢力が大和にも深く入り込むようになり、全山の武器は没収、衆徒らは退散、全く昔日のおもかげを失った。秀吉の寺社に対する政策は、寺社がこれまでのように政治的・軍事的に活動することを欲しない。宗教本来の面目にかえすことを目的としていた。したがって新興武家の立場からするならば、「国家の安穏」を念じてくれる、また新しい政権に権威付けをしてくれるような存在であってほしかった。こうした考えから秀長は大織冠を郡山の地に迎えようとした。入部早々、多武峯に対し、寺領六千石を寄進するという条件で、郡山への遷座をはかった。しかし多武峯一山の僧徒は永年の由緒ある土地から離れることを嫌い、度々の厳命にもかかわらず、なかなか実現しなかった。そこで秀長は天正十五年（一五八七）十一月、郡山城に続く丘陵上に新多武峯の社殿を造営し、翌十六年三月二十六日、社寺奉行前田玄以を通じ、遷座の綸旨を発するという強硬手段にうったえた。

来月三日至于郡山大織冠遷宮之由被聞食訖、弥可奉抽宝祚長久、国家安全懇祈之旨
天気如此、仍執達如件
天正十六年三月二十六日　　右中弁（中御門宣泰）（花押）
多武峯衆徒中

こうして四月三日、青蓮院門跡以下出仕して、無事に遷宮の儀式も終り、新多武峯は郡山城のまもりとして一応は

鎮座したのである。しかし僧徒にとって由緒ある故地を棄てることは堪え難いことであり、何としてでも故地に戻りたいという強い一念に支えられていた。たまたま秀長が天正十五年末から霍乱になやみ、湯山に出たが、その甲斐なく、そのうえ郡山城中に奇怪な出来事が続くのを幸いに、僧徒は熱心に帰山の運動を続けた。「秀長の病気に、いくら祈禱しても効目のないのは、大織冠の祟りである」と説き、遂に帰山の願いを叶《かな》えられた。こうして天正十八年（一五九〇）十二月二十八日、勅使今出川晴季以下多数公卿の参列があり、帰山の儀式を終った。ちょうど秀長が死去する一か月前の出来事であった。新多武峯は僅か三年足らずに終っているが、いまも郡山に大織冠なる地名を留めていて、その史的意義は大きい。

六、秀長の死

天正十八年（一五九〇）七月、小田原城は陥り、ここに豊臣氏の覇権は確立した。「日本国六十余州嶋々迄一円御存分に帰了」ということは、当時の人にとってまことに驚きのほかなかった。こうして確立した豊臣政権の宰相として重きをなした秀長も、とかく健康がすぐれず、様々な手当の甲斐もなく、天正十九年正月二十二日、郡山城中で死んだ。時に年五十二歳、郡山城にあること僅か六か年余にすぎなかった。縁者の少い秀吉にとって、秀長の死はまことに痛手である。親しく郡山にその病床を訪れたこともあった（天正十八年十月十九日）。

秀長跡目のことは、二十七日、秀吉の使者長谷川藤五郎により、安堵の朱印状が伝えられた。すなわちこれまでのように与力・大名・小名はすべて侍従殿（秀保）をもり立て、すべて一晏法印の采配に従えということであった。当時郡山城中には金子五万六千枚余、銀子は二間四方の部屋に棟までギッチリ積みあげられていたというから、その財力ははかり知れないほど厖大なものであった。

秀長の葬儀は二十九日、大徳寺古渓和尚の引導で行われ、南都の両門跡をはじめ良家衆・自類衆以上四十五人の参列があり、「京衆・高野衆・甲乙人見物衆」およそ二十万人の人出で、野も山も崩れんばかりの盛況であったという。戒名位牌に「新捐館、大光院殿前亜相春岳紹栄大居士神儀」とある。箕山の大納言塚はその墓地であるが、当初はこの辺（墓所の東南方四町ばかりのところ）に建てられた菩提寺大光院が管理にあたっていたが、豊臣家滅亡後、大光院は藤堂高虎の手で京都の大徳寺塔頭として移され、塚は元和五年（一六一九）の頃全く荒れはて、秀長の供養塔のみ建立された。大光院退転のあと郡山の東光院が秀長の位牌を託され、その法名により春岳院と改め、位牌所菩提寺として引継がれた。春岳院に関係古文書の多いのはこのためである。しかし大納言塚の保護にまで手は及ばなかった。江戸の中期、春岳院栄隆法師の発起により、墓所修築の計画がたてられ、爾来二十年の歳月を要し、住職二代にわたり、町民の協力を得て、ようやく安永六年（一七七七）に完成したのが今日の大納言塚である。

七、大和中納言

秀長の跡目は秀保に譲られた。秀保は三位法印一路（三好氏）の子、母は秀長の姉、関白秀次の弟にあたる。秀長に嗣子がないので養子となっていた。まだ弱年であるので一切の支配は家老一庵法印に委ねられていた。参議従四位から権中納言従三位にすすんだので、世に大和中納言という。

朝鮮の役にあたっては郡山家中、加藤三左衛門・多賀新左衛門・池田伊予守など出陣、秀保自身も一万の軍兵を率い、天正二十年（一五九二）三月、九州名護屋におもむいた。その出立がまことに立派で多数の見物人があり、城下は出征軍人の話でもちきりであった。「唐入」のため、奈良に住む五十歳未満の医師は徴用をうけて名護屋の本営に呼ばれたし、また一般人夫も多数郡山から徴用された。また槍の皮鞘をつくるため奈良中の犬が捕殺されたともいう。大陸に対し大きく兵をすすめた時代の有様を伝えている。

秀保の在陣は二か年、文禄二年（一五九三）十月、郡山に帰った。もともと「暴漫」な人で身治まらず、臨月の婦人を捕え、腹を切らせて胎児を見たという尼ヶ池伝説さえ残っている。また忍者と蛇ヶ池にまつわる話にしても、いかにも秀保の尋常でなかった性格をもの語っている。そのため吉野郡十津川の温泉に出懸け、しばらく保養につとめていたが、数十丈の断崖から、小姓の者が秀保を抱いて川に飛び込み、共に横死するという非業の最期を遂げた。時に文禄四年（一五九五）四月十六日、秀保わずかに十七歳であった。法華寺の尼の引導で、京都六条に葬る。華嶽春英瑞光院はその法名である。郡山豊臣家の跡目については、家臣藤堂大学の三男治郎八を養子に跡目として願い出たが、その死場所がよくないというので許されず、二代十一年で断絶した。この郡山豊臣家の滅亡は郡山城下の発展に、一頓挫をきたしたことはいうまでもなく、すくなくとも当初計画された百万石の城下としての規模が、非常な縮小をみたことは事実である。

Ⅱ　豊臣秀長と藤原鎌足

黒田　智

毎年三月に催される多武峯八講祭は、奈良県桜井市多武峯周辺の集落が輪番で行なう肖像掲揚儀礼である。当役となった集落の堂では、『談山権現講式』が読誦され、「多武峯曼荼羅」と称する藤原鎌足像が掲げられる。この「多武峯曼荼羅」を子細に見てみると、鎌足が着ている朝服の平緒に描かれた五七の桐紋に気付く（次頁写真参照）。現存する一〇〇点余の鎌足像群を見渡しても、桐紋を意匠とする平緒は他に例を見ない。

何故、藤原鎌足像に桐紋が描き込まれたのだろうか。

その理由は、八講祭の起源を説く奈良県明日香村八釣区所蔵『談山権現講式』の奥書（昭和十八年〈一九四三〉書写）により判明する。すなわち、天正十三年（一五八五）の豊臣秀長による多武峯・鎌足木像の大和郡山遷座を嘆き悲しんだ二三ヶ村の村民たちが、新たに鎌足像を制作し、八講堂を組織して輪番で奉祀したという。

鎌足像に描かれた五七の桐紋とは、豊臣秀吉の正紋だったのである。それは、十六世紀末の多武峯と藤原鎌足の歴史的イメージの形成に豊臣政権が深く関与していたことを示している。

天正十三年（一五八五）七月、羽柴秀吉は関白に就任し、十二月には五摂家に並ぶ新たな「豊臣」家を創出した。当初、近衛前久の猶子として藤原姓を称した秀吉は、氏族の始祖である藤原鎌足を祀る大和多武峯の支配に着手する。閏八月二十五日、「一山僧俗法度」の改定を指示し、刀狩令を断行した。九月三日、秀吉は弟秀長とともに大和郡山

多武峯曼荼羅全体図（右）と拡大図（左）　八講祭奉仕区蔵

入城を果たし、翌日多武峯の郡山下山を決定したのである。多武峯の郡山遷座は、秀長の個人的発案ではなく、豊臣政権による宗教統制の一環であった。

新たに大和国主として入国した豊臣秀長は、郡山築城と城下町の整備に取りかかる。大織冠社は、秀長の本拠を守護する鎮守としての役割を期待された。城の西方に位置する犬伏山に二〇余の坊舎・院宇が造営され、天正十五年（一五八七）十一月には神殿が落成した。天正十六年（一五八八）四月三日に鎌足木像が遷座し、「新峯」・「新寺」・「新多武峯」と称した。

他方、京都では、天正十四年（一五八六）から「新大仏」の建立が構想され、天正十六年（一五八八）夏頃から、京都方広寺の造営が本格的に着工する。「新多武峯」とは、この「新大仏」（後の「新八幡社」・豊国大明神社）と無関係ではあるまい。「新多武峯」と「新大仏」は、摂関家の始祖＝多武峯の藤原鎌足と鎮護国家の教主＝東大寺の大仏を並び移して、豊臣政権による新たな宗教秩序を創造する構想であった。

ルイス・フロイスによれば、天正十四年（一五八六）三月に秀吉が秀長への日本国禅譲を表明したとされる（十月十七日付書簡）。同年四月六日付「大友宗麟書状」に「公儀の事は宰相《（秀長）》相存じ候」とあるように、「公儀」を司る秀長は、「内々の儀」を管掌する千利休とともに豊臣政権を支える屋台骨であった。『多聞院日記』同年十月八日条によれば、奈良では「秀吉ハ新王ニナリ、秀長ハ関白ニナル、歟」との噂が立っていた。当時、秀吉とその「名代」たる秀長を中心とする枢軸体制が構想されていたのである。

大和入国以来、秀長の春日社参詣は約二〇回を数えて頻りであった。天正十六年（一五八八）の聚楽第行幸で「かけてけふ行幸をまつの藤なみのゆかりうれしき華の色哉」と詠じた秀長「松にかかれる藤浪（天皇を輔佐する藤原摂関家）」との由縁に自覚的であった（『天正日記』）。

「新多武峯」とは、天皇を補佐する藤原摂関家の始祖を膝下に祀ることで、秀長が秀吉の輔佐者であることを知らしめる政治的メッセージではなかったか。

つまり、豊臣秀長による大和郡山「新多武峯」遷座は、京都方広寺「新大仏」建立事業と対をなして、秀吉・秀長を支柱とする豊臣政権の政治秩序を宗教的に補完するものであった。豊臣秀長は、いわば豊臣政権における藤原鎌足であった。

けれども、「新多武峯」遷座後、郡山城中は鳴動し、秀長の妻女・大政所に続き、秀長自らも病に倒れてしまう。天正十八年（一五九〇）十二月二十八日、鎌足木像が多武峯へ帰山した。秀長が死去したのは、それから一月足らずの天正十九年（一五九一）正月二十二日であった。

豊臣秀長死去の経緯は、藤原鎌足のイメージに重なり合う。

第一に、秀吉が病床の秀長を見舞う点である。天正十八年（一五九〇）三月三日、小田原征伐に際して立ち寄った秀吉を、秀長が病を押して郡山城門前に出迎えている。また同年十月十九日には、秀吉が再び郡山へ赴き、春日社に五〇〇〇石を寄進して平癒を祈願している。それは、かつて天智天皇が病中の藤原鎌足邸へ行幸する姿のダブル・イメージである（『日本書紀』）。

第二に、秀長による鎌足木像の大和郡山遷座と死の直前の多武峯帰山は、その後の秀吉による善光寺如来像の京都方広寺移座とその死の直前の信濃還御の経緯に、不気味な程よく似ている。慶長二年（一五九三）七月、地震で大破した大仏に代わって、信濃善光寺如来像が方広寺に移座された。上洛後まもなく秀吉が病に倒れ、死の前日の八月十七日に信濃国へ帰座していた。

大織冠像と善光寺如来像は奇妙なアナロジーに彩られている。「新多武峯」と「新大仏」によって構想された豊臣政権の政治秩序は、藤原鎌足像と善光寺如来像の帰座という宿命的な蹉跌を約束されていたかのようである。

【付記】　本論文発表後、本図の制作が十六世紀初頭にさかのぼる可能性が指摘されている。その場合、永正の勧進と「多武峯縁起」の叡覧などの多武峯再興事業との関連を検討する必要があるが、初出のままとしておく。

Ⅲ 秀長執政期の紀州支配について

播磨良紀

はじめに

紀州の豊臣期は、研究の空白の時代である(1)。この時期については、太田城水攻め・根来寺焼打ちといった事件は有名ではあるが、それ以外の歴史像はほとんど不明である。ようやく最近、紀州の太閤検地についてその実施過程が解明されてきたものの(2)、いまだその政治や支配体制すら明らかにされていない。私も以前豊臣期のいくつかの問題についてふれたことがあるが(3)、ほんの一側面を述べただけである。この時期は史料が少なく、その検討は非常に困難であるが、今後広く史料収集に努め、同政権の諸政策を比較検討して、当期の諸問題を明らかにしていかねばならないであろう。

本稿では、特に豊臣秀長執政期の支配の問題を考えようとするものである。しかし、未だ史料収集も完全ではなく、見通し的なものしか述べれないが、少しでも、当時期の諸相が明らかになれば、幸いである。

一、秀長と和泉支配

秀長は、大和・紀伊・和泉の三国を支配し、その石高は一〇〇万石に及んだという。したがって、この時期の紀州を考えるならば、紀伊だけではなく、大和・和泉の両国をも併せてみていかねばならない。

秀吉は、天正十三年（一五八五）三月二十五日から太田城水攻めを行ない、その最中の四月十三日に秀長を当地に置くことを述べている(4)。そして、五月十一日付の秀長書状では、秀長が紀伊と和泉の両国を拝領したことが記されている(5)。したがって、まだこの時点では、秀長の領したのは、紀伊と和泉で、大和はまだ領国にはなっていない。秀長が大和を秀吉から拝領し郡山城に入るのは、同年閏八月十九日からであり(6)、それまでは秀長は和歌山を中心に活動していたのであった。

さて、この間の泉州の状況を知らせる貴重な史料がある(7)。

返々ここもと《此許》ニおき御よう《用》候ハヽ、おほせきけ《仰聞》られ候ハ、まんそく《満足》可申候、まゑまゑ《前々》御め《目》おかけ《懸》られ候事、ゆミや《弓矢》八まん《幡》御存、わすれ《忘》申さす候、御ちかつき《近付》ノ御事かけ《欠》申候ましく候へとも、にあわせ《似合》の御よう《用》候ハヽ、御ほうこう《奉公》可申候、世上このふん《分》にてあるましく候、かゝひやうへ《加賀兵衛》もまいり《参》いて《出》申候、御よう《用》候ハヽ、おほせきけ《仰聞》られへく候、にしさと《西里》さい〱さんくわい《参会》申候、御うわさ《噂》申まいらせ候、御返事なから《乍》御懇ニしめし《示》たまハり候、さそ〱そこもと《其元》御きりもり《切盛》すいれう《推量》申候、一両と《度》御ふミ《文》にて申候つるめ《か》、つき《着》申さす候よしうけ給候、ここもとめつら《珍》しく《衍カ》き御事御さ《座》なく《無》候、とうこく《当国》くわしゅ《桑修理》ミ《リ》の殿めし《召》なおされ申候、さりなからほんち《本知》ハいまたおほせ《仰》つけられす候、てらたきやうたい《寺田兄弟》、そのほか《其他》ミな《皆》ミなまかり《罷》いて《出》申、きしのハた《（岸和田）》ゐハくわやましゆり《（桑山修理）》殿と申人御入候、か《（か）》ミ二かうり《（郡）》ハはねた《（羽田）》ちうひやうへと申人御大くわん《（代官）》にて候、下二かうり《（郡）》ハい《（井上）》のうゑけん《（源）》五と申もの大くわん《（代官）》申され候、そこもと《（其許）》にておほしめし《（思召）》候よりも、こゝもと《（此許）》しつまり《（鎮）》申候、御里のしゆ《（衆）》御いけん《（意見）》なされ、御なおり候ハゝ、しかるへく候ハんや、かいつか《（貝塚）》ハけつく《（結句）》御てらしゆ《（寺衆）》くう《（公）》人はらい《（払）》と日々ふれ《（触）》申候、いまたきし《（岸）》ゐくわ《（桑）》山しゆり《（修理）》殿御入なく候、にんせい《（任世）》ハおうミ《（近江）》ゐまこへいし《（孫平次）》殿と御とも《（伴）》申され候、しあわせ《（幸）》よくなく候、ミの《（美濃）》殿御よひ《（呼）》候へとも、まこへいし《（孫平次）》とうしん《（同心）》申され候間敷候、かいつかもんせき《（貝塚門跡）》も、おさか《（大坂）》のきわゐ《（極）》御のほり《（登）》にて候、こゝもと《（此許）》しつまり《（鎮）》候ハゝ、こゝもとおほせ《（仰）》御あわせ候て、きし《（岸）》ゐ御入候人ニ御あんない《（案内）》おほせ《（仰）》られ、こゝもとニ御きつかい《（気遣）》なく御入候ハゝ、しかる《（然）》べく存候、恐々謹言

五月廿三日　　　　やまと《（大和）》入

成もしさま

人々御中

ここにみえるように、天正十三年五月二十三日の時点では、和泉の岸和田城代として桑山重晴、和泉上二郡の代官に羽田忠兵衛、下二郡の代官に井上源五が申し付けられた。それ以前まで岸和田にいた中村一氏は、同月八日に近江甲賀郡へ転封しており、(8)この文書はその後の和泉の支配体制を述べている。したがって、秀長は、和泉を領すると、以前の中村一氏の支配から自らの配下の桑山・羽田・井上といった人物によって、泉州の支配を行なったのであった。(9)

しかし、秀長は和泉一国をそのまま支配し続けたのではなかった。『多聞院日記』天正十四年正月十八日条では、「和泉国へ宰相殿《（羽柴秀長）》御知行之処、家康ノ内石川伯耆へ被下了云々」とみえており、秀長が和泉一国を領しているにもかかわらず家康の配下の石川数正が和泉の地の知行を得たのであった。(10)この石高は一説に一〇万石ともいわれるが、そ

は疑問視されている。また、同年三月二十七日には、秀吉が片桐且元に和泉国泉郷の内、上条郷一〇七〇石の地を加増している。[11]さらに、和泉岸和田には、小出秀政が入部する。秀政も、秀吉の配下で、秀長とは主従関係はなく、秀長の領国に他の大名が入ったことになる。それも、和泉の支配の中心となる岸和田に入部したのである。秀政の入部した年代は、『寛政重修諸家譜』によれば、天正十三年となっているが、秀政は、天正十五年二月八日に播州高砂の地を秀吉から与えられており、[12]まだ岸和田に入部していなかった可能性があり、また、天正十五年九月二十四日には秀政の息子の吉政が和泉国南郡加茂利郷などを秀吉から知行を得ていることから、[13]秀政の岸和田入部は、天正十五年ごろではないだろうか。

このように和泉国は天正十三年には秀長の領国となり自らの配下の家臣を配置していたが、翌十四年ごろから、秀吉配下の諸将などが和泉の所々の地を知行することとなった。秀長は天正十四年二月二十一日に、和泉国中に対し、農民統制を述べた掟書を発しており、[14]まだこの時点では一国支配権もある程度有していたものの、その後、他の大名などが入部し、和泉は秀長の領国というより秀吉の蔵入地的な性格に変わっていったものと思われる。[15]したがって、実質的な秀長の領国は大和と紀伊であった。このことは、秀長の亡くなる数ケ月前の『多聞院日記』天正十八年十月二十日条で、秀吉が秀長死後の処置について、「和泉ト伊賀トハ余人ニ被遣、紀伊国・当国《（大和）》ハ不替侍従殿《（羽柴秀保）》被遣」とみえているように、秀長から養子の秀保へと紀伊・大和の両国が伝来していることからもわかる。

二、在地領主との対応

紀州攻めによって、雑賀一揆など多くの在地領主が、秀吉に抵抗し、滅ぼされた。しかし、すべての在地勢力が、抹殺されたのではなく、紀州にはいまだ多くの在地領主が残存していた。豊臣政権は彼らをいかに支配していったのであろうか。

そこで、「南紀士姓旧事記」[16]によって、紀州攻めと旧在地領主の動向をみてみよう。この史料は、江戸時代に入って編纂されたものではあるが、紀州藩初代藩主徳川頼宣が藩学者李一陽・鳥居源兵衛を要して国々の諸士の行状を調べ、それをまとめたものである。石高の数字などはあてにはならないものもあるが、内容的にかなり信用できるものと思われる。それをまとめたのが、表1である。なお、この表は、他に「紀伊国地士由緒書抜」[17]によって補った。

これをみると秀吉に抵抗したかなりの在地領主が滅び、その土地から離れている。彼らは、多くの所領を有していたが、その滅亡とともに、所領は没収された。つまり、紀州の大半の土地が、豊臣政権に収公されたといえよう。また、半面秀吉に味方したものは、本地（知）を安堵されている。しかし、それらは、まったく以前とそのままであるものもあり、また、かなり減少されているのもある。この数字はあてにはならないが、大体において石高が高いほど減らされ、少ないものはそのまま安堵されている。つまり、「本地安堵」の言葉通り、所領の主要部分のみ認められたのではないのだろうか。当然これらは、検地がおこなわれて整理されたことと想像にかたくないが、次にその点についてみてみよう。

紀州の検地の初見は、すでにあきらかにされているように、天正十三年閏八月九日付の羽柴秀長書状である。[18]しかし、この文書でみえているのは、あくまでも検地指令であって、その実行を述べたものではない。実施はその後と考えられる。紀州の最初の検地を示すのは、「日高郡古文書」にみえる天正十五年九月十六日付の日高郡江川村検地帳がある。[19]井戸佳子・藤本清二郎氏が述べているように[20]、この史料は、表紙に「日高郡和佐村手取山城主玉置民部少輔領知之内」と書かれていることから、この検地は、玉置氏の領地に対して行なわれたものである。もちろん、これは

表１　紀州在地領主表

氏　名	領　地	石高	豊臣期	その他
堀内氏善	新宮	60000	本地安堵 23000	慶長5改易→加藤清正 2000
湯川	日高郡	25000	折々合戦　秀長 3000	関ヶ原後浪人→浅野 700
玉置	日高郡和佐村他	15000	本地安堵 3500	尾張徳川　奉公
畠山殿	在田郡宮原荘地	10000	浪人	片桐市正 300
神保	在田郡石垣庄 40 ケ村	10000	内通味方 7000	徳川　和州 7000
白樫	在田郡湯浅荘７ケ村	5000	味方　大坂 3000	大坂役後浪人
貴志	在田郡保田庄６ケ村他	4000	熊野へ→浪人	
宮崎	在田郡宮崎庄７ケ村	3000	本地上がり→浪人	池田備中守長中 400
山本	牟婁郡	3000	切腹	子孫山本作兵衛 伊予守へ
玉置　小兵太	?	2000	秀長 2000	
賀茂	海土郡賀茂庄10ケ村	2000	本地上がり	不明
周参見主馬	周参見庄	2000	秀長 2000	関ヶ原後 知行上がる→浮人
安宅	牟婁郡安宅	2000	本地上がり 浪人	子 安宅作右衛門 勢州 浪人
真砂　庄司	牟婁郡真砂	2000	本地上がり 浪人	松平忠直 1000→松平忠昌
安宅　玄蕃	牟婁郡安宅	1500	秀長 1500	
小山式部大輔	牟婁郡富田庄	1300	味方 本領安堵	関ヶ原後 知行上がる→浪人
山地	日高郡山地之庄	1200	牟婁へ→杉若越後	浪人→浅野長晟→広島
土橋　平之丞	海土郡雑賀庄土橋	1000	本地上がり	浅野幸長 400 →広島→勢州
土橋　若太夫	海土郡雑賀庄土橋	1000		
川野　左近	那賀郡神野庄	1000	本地上がり 浪人	
寒川	日高郡寒川庄6ケ村	1000	本地安堵	関ヶ原後 浪人→浅野→徳川
小山　助之進	牟婁郡古座谷20カ村	800	無相違	関ヶ原後破れ→杉本伯耆守
高川原　帯刀	塩崎庄14ケ村	800	秀長 800	関ヶ原後 知行上がる→浪人
津田　監物	那賀郡小倉庄	※800	秀長 600→増田	浅野幸長 400 →小早川秀詮他
色川　三九郎	色川40ケ村	500	秀長へ	関ヶ原後浪人
田所	名草郡五ケ庄	500	本地上がり	そのまま
平野　弾正	那賀郡荒川庄	400	小早川秀詮 1000	浅野幸長 400 →浪人
奥　源兵衛	那賀郡荒川庄	400	?	浅野幸長 400
奥　専兵衛	那賀郡荒川庄	200	?	浅野幸長 200
家永	名草郡宮郷	200	奉公	神前中務祖父
林	名草郡五ケ庄	200	本地上がり	六十人衆
梶原	海土郡大崎村	170	浪人	
鈴木孫市重秀	海土郡雑賀庄平井村	?	秀吉奉公	徳川　水戸 3000
矢嶋七郎右衛門	在田郡	?	?	松平伊予守忠昌 700
佐竹　伊賀	名草郡鷺森	?	堀内奉公　秀長代官	浅野幸長 500 →広島 3400
的場　源四郎	名草郡中ノ島	?	桑山法印へ知行	
岡崎　彦次郎	名草郡岡崎庄	?	本地上がり	百姓
中　権大夫	那賀郡調月庄		没収	応其より 50

註「南紀土姓旧事記」「紀伊国地士由緒書抜」から作成
　※は加地子高　数字は石高

玉置民部少輔に対する指出検地であり、一般的に行なわれた検地ではない。つまり、この時点で、旧在地領主の所領に対し、豊臣政権の介入が行なわれたのであった。

同じく、天正十五年九月には、秀長の所領大和の十津川でも、検地が行なわれている。[21] そして、それに基づき同年十一月に知行宛行状が出されている。[22] したがって、ここにその所領が、検地→知行宛行という政策で豊臣政権によって、旧来の所領が認められたのである。天正十五年の検地がどれほど旧在地領主に対して行なわれたのかはわからないが、十津川なども同時期に検地が行なわれていることからも、かなり一斉に行なわれたものと推測される。紀州でも同時期に知行宛行状が残っている。

以上

三百四拾石余知行遣之候也、弥奉公可仕者也

天正十五

十一月一日　　　　　　　　　　（花押）（羽柴秀長）

小山式部大夫とのへ[23]

これは、秀長が紀南の小山式部大夫に対して出した知行宛行状で、現在私見で確認した紀州で唯一の秀長のものである。これは、十津川同様、この少し以前に行なわれた検地に基づいて出された知行宛行状であろう。また、「紀伊国地士由緒書抜」にもいくつか「知行弐千石　玉置小平太、右ハ大納言秀長卿折紙」というようにみえており、他の旧在地領主にも秀長からこうした知行宛行状が出されていたことがわかる。したがって、紀州の旧在地領主に対して、豊臣政権は、天正十五年の検地→知行宛行という形式で、彼らの所領を認めたのであった。しかし、それらは、指出であっても、その過程で所領はかなり削減され、知行も整理されていったものと思われる。

ここで、旧在地領主で、かなりの所領を有していた玉置氏をみてみよう。玉置氏の所領は、「南紀士姓旧事記」によると日高郡和佐村を中心に一万五〇〇〇石を領していたという。そして、秀吉に内通して本地安堵され、昔三五〇〇石あったが、検地が行なわれて、領地は三分の一になった。しかし、秀吉に嘆きもとのように三五〇〇石になったとある。残念ながらも「玉置家文書」[24]には、豊臣政権からの知行宛行状は残っていないが、ここでも、味方↓検地↓安堵が行なわれていることがわかる。「玉置家文書」には、天正十三年五月八日付の四国攻めの触れを述べた朱印状・同年五月の陣中定が伝わっており、玉置氏は、秀吉に味方してすぐに四国攻めの軍役を果たしている。その後も慶長三年の山地一揆制圧に出陣もしており[25]、豊臣政権の配下に収まっている。このことは、先程の小山氏でも同様で、小山氏も朝鮮の役での軍役を負担している。

したがって、彼らは、紀州攻めで豊臣政権に味方し、その配下となることで旧所領の一部を安堵されたのであった。豊臣政権は、紀州攻めの後四国攻めを行なうが、紀州の浦々に船の動員を触れており[26]、紀州の水軍に注目していた。朝鮮の役では、紀伊国の軍役を水軍として負担させている。この旧在地領主を豊臣政権の配下に入れることは、こうした水軍としての役割を考えていたからではないであろうか。

このように、豊臣政権は、紀州の在地領主に対し、抵抗したものは滅ぼし、味方をしたものは配下にいれ、指出検地を行なってその所領を安堵していったのである。

三、秀長の家臣と紀州支配

秀長は、天正十三年閏八月十九日以降大和郡山城に入り、紀州支配は彼の家臣たちに任される。紀州の支配体制としては、和歌山に桑山重晴、田辺に杉若無心、新宮に堀内氏善が置かれたといわれている[27]。しかし、彼らの役割も城代といった以外はわからず、いつからこの体制になったのか具体的なことは何もわからない。また、彼らだけで紀州の支配が行なわれたのであろうか。

そこで、紀州攻め以前から秀長に仕えていた家臣が、紀州で知行を得ているかどうかをみてみよう。秀長の家臣については、ほとんど明らかではないが、『寛政重修諸家譜』や、高柳光寿・松平年一編『戦国人名事典』などをもとにして、判明した秀長執政期（天正十三年〜十九年）の家臣の知行を表わしたのが、表2である。

これによると、家臣の知行地は和泉にはまったく無く、大和と紀伊にみえる。このことは、第一章でみたように、和泉が秀長の実質的な領地でなかったことを表わしている。秀長に旧来から仕えていた家臣は、大和に領地を得たものが多く、紀州で知行地を得たのは、杉若無心・青木一矩・桑山重晴・藤堂高虎・吉川平介のみである。すでにみたように、旧在地領主の領地は少しはあるものの、検地も秀長期にはまだ完全には終えてはおらず、紀州の大半の地は知行化されていなかったといえよう。

ところで、天正十三年に紀州を平定したものの、在地では相変わらず抵抗があった。天正十四年八月熊野地方で一揆が起こり、秀長はそれを鎮圧しようとする。

猶以、堀内同前ニ相動馳走かん用《肝要》候、以上

先度者九兵衛かたまて書状令披見候、殊ニ誓紙到来尤候、我等儀奥郡成敗可仕存、今日三日ニ広まて出馬候、明後日たなへ《田辺》ニ至而罷出候、悉不残一揆可討果候、然者其面より堀内可相動之由申付候間、其元路次等作馳走候て、同前之忠儀専一候、其許之儀副札を□政道之儀直ニ堀内ニ申聞候間、狼籍《藉》等候者、此方へ可申候、謹言

九月三日　　秀長（花押）

表2　羽柴秀長家臣知行表

氏名	年代	知行地	石高	備考
杉若無心	天正 13 カ	芳養丁村	?	田辺城代
青木紀伊守	天正 15	紀伊入山城主	1000	天正 15 秀吉へ
桑山重晴	?	紀伊和歌山	20000	和歌山城代
藤堂高虎	?	紀伊粉河カ	5000	
吉川平助	?	紀伊湊	7000	紀伊国の大将
羽田正親	天正 13	大和添下小泉城	40000	
本多利久	天正 13	大和高取	25000	
加藤光泰	天正 13	大和秋山	11000	秀長→天 13 カ秀吉へ
小堀正次	天正 13 カ	大和葛上・宇知	3000	
秋山右近将監	天正 13 カ	大和	3000	秀吉→秀長へ
多賀常直	天正 17	大和十市	2000	
横浜茂勝	?	大和	17000	
寺田光吉	?	大和	10000	
桑山貞晴	?	大和	2500	
多賀秀種	?	大和葛上	2000	
的場光政	?	大和箸尾	1827	
村越　光	?	大和	1000	
福島高晴	?	大和宇陀秋山城	?	
布施左京亮	?	大和	?	
島　清興	天正 13	?	?	
安芸忠左衛門	?	?	2000	

註　秀長執政期（天正13年～19年）のみを対象とした。
　　大和・紀伊の旧在地領主は除いた。

本宮
　□当坊
　其外社人
　　　地下中(28)

この文書には年紀がないが、秀長の署名の仕方から天正十四年以降のものといいうる。『多聞院日記』天正十四年八月二十八日条で、「熊野牢人衆打出トテ、宰相殿(羽柴秀長)紀伊国へ今日出陳(陣)」とみえ、九月二十三日条では収まったことを記しており、この文書は天正十四年に比定できる。ここでは、一揆の制圧に堀内が動員されていることがわかる。また、（天正十四年）九月十二日付「羽柴秀長書状案」（玉置大膳介宛)[29]では、「山地居屋敷自焼仕」とみえ、この一揆は日高郡山地にまで広がっていた。「寛永諸家系図伝」[30]の桑山重晴の項では、「紀州山地を征伐するとき、重晴手つから首級の功あり、秀長感状をさつく、証文一玄所持す」とあり、桑山重晴もこの一揆の制圧に出陣していた。この桑山の征伐は後の慶長三年（一五九八）の山地一揆とも考えられるが、秀長の感状が残っているということから天正十四年のことを指すといえる。このように、秀長は、天正十四年の熊野の一揆に対して、桑山・堀内といった家臣を擁して、制圧していた。

さらに、天正十六年北山地方では検地反対の一揆が起こる。この蜂起に対し秀長は、吉川平介・同三蔵を遣わし、鎮圧にあたる。その後、北山地方は藤堂高虎・羽田正親両名で二つに分け、彼らを代官にさせたという。[31]

また、北山の処分について次の書状がある。

小堀新介かたへ之書状相見候、北山赦免仕之由、青木・杉若所より申遣候哉、努々不聞届事之間不実候、谷年内大雪被支、成敗不墓行候者、明年成共北山者儀ハ悉可刎首候、成其意此刻忠儀専一候也

　十月二日　（花押）（羽柴秀長）

　　ささの坊[32]

ここでみえるように、青木一矩・杉若無心が北山赦免について関わっていることがわかる。

以上のように、紀州の一揆については、紀州で知行を得ていた桑山・杉若・堀内・吉川・藤堂といった人物がその鎮圧の任にあたっていた。もちろん、羽田正親のように、紀州で知行を有していないものもいたが、知行を得たものはこうした一揆鎮圧などに出向いていた。ここにみえる城代以外の青木・吉川・藤堂・羽田も秀長の代官として、いろいろと紀州支配の役割を担った者たちであると考えられる。

そこで、次にこの青木・吉川・藤堂・羽田といった人物を具体的にみてみよう。

青木一矩は、秀長の家臣であり、紀州攻め後紀伊入山城主となったといわれる[33]。しかし、天正十五年からは秀吉に仕え、播磨立石城主となり、紀州支配から離れる。したがって、紀州支配での青木一矩の役割は天正十五年までであったと思われる。先程の一揆制圧以外一矩の紀州での行状は全くわからない。ただ、日高郡入山城主としてこの地域を支配したのであろう。

吉川平介については、次の『多聞院日記』天正十六年十二月七日条に次のような記事がある。

平介ト云人、大納言殿ヨリ紀伊国ノ大将トシテ、サイカニ城拵、富貴シテアリシ、熊野山ノ木ヲ売ヘキ由被申付、二万本エリ切テ大坂ヘ遣、ウリテ代金毎月過分ニ上之、関白殿ヘ被聞、曲事トテ被召捕、一昨日五日於西大寺被誅了、主ニハ一円無過事也、大納言殿天下ノ面目失儀也

これによると、平介という人物が豊臣秀長から紀伊国の大将として雑賀に城をこしらえていたことが記されている。また、彼は熊野の木材を売買することを命ぜられていたが、儲けにはしり、そのため西大寺で殺されたのであった。この平介が吉川平介とはいいきれないが、この事件については、薩摩藩関係史料を蒐集した「旧記雑録後編」[34]所収の天正十七年正月二十三日付「伊地知重秀宛島津義弘書状」にも、「已大仏殿材木之儀付、紀州ニて山奉行吉川平介と申候ハ、不届儀在之由候て、首をはねられ、於洛中さらされ候、是も材木不料簡之故候」と記されており、ここにでてくる平介は、吉川平介であった。これらの史料にみえるように、彼は紀伊国の大将、または材木を扱う山奉行といった存在であった。

また、「譜諜余録」[35]三六、稲葉丹後守之付家臣、松屋庄太夫の条では、次のようにみえる。

洛中洛外町方并寺社門前ゟ出候書付

京都三条通菱屋町
松屋庄太夫

庄大夫曽祖父吉川平助与申者、信長御代伊勢大湊西紀州浦迄之船奉行致候、太閤御時代知行七千石被下紀州湊ニ罷在候処、其後致浪人候、明智反逆之時分　権現様堺ゟ伊賀越勢州江　御成之時、曽祖父平助伊勢浦之者共ニ御船之儀申付候故、従　権現様御書頂戴仕候写

就今度船之儀、被馳走大湊迄着岸喜悦之至候、然者当国迄無異儀渡着候可心安候、恐々謹言

権現様
(天正十年)十一月十二日　御諱御判
吉河平助殿

この史料は、平介の子孫が書き上げたもので、ここでみえるように、平介は、織田信長の時代に、伊勢国大湊から紀州浦までの船奉行をしていた。家康の書状が伊勢浦の者に与えていることからも、元来紀州在住の者ではなかったと思われる。秀吉政権下では紀湊に在住し、七〇〇〇石を知行していたという。豊臣政権は、紀伊国の水軍を重視しており、吉川平介の登用もこういった関係からであろう。

平介は、先の『多聞院日記』にみえるように、雑賀の城にいた。このことは、後世の史料であるが、安養寺平安綱の記した「南紀府城下近里旧記」(36)にも、

一　湊砂山古来城有之、大和大納言秀長公ノ城代吉川平助、今ハ町ニ成リ

とみえており、このことを裏付ける。この城は砂山にあったとされ、『多聞院日記』では雑賀の城とあるが、先の「譜諜余録」にもみえるように、広い意味で紀湊であった。したがって、これは、和歌山城の近くに建っていたもの

と思われる。紀湊の城は、天正十三年秀吉が紀州攻めをした時にもみえ、秀吉はここから紀伊国に置目を発している(37)。つまりこの城は和歌山城が出来る以前から紀州支配の重要な拠点となっていた。和歌山城が築造されるのは、天正十三年四月二十五日からであり(38)、その完成までは、紀湊城が紀北地方支配の役割も担っていたと推測される。桑山重晴の和歌山城入城は、不明であるが、先の和泉の状況や熊野一揆制圧から考えて、天正十四年ごろではないかと推定され、それまで紀湊城は、雑賀地方の押さえとなっていたのであろう。

また、天正十六年ごろから方広寺大仏殿の造営により、紀州の木材が用いられ、紀湊がその集散地になっていた(39)。紀湊城主吉川平介は、山奉行と称され、また「大仏材木」を売り捌いていることから、この木材調達の任務を果たしていたものと考えられる。したがって、紀湊城主吉川平介は、単に雑賀地方の押さえだけでなく、大坂への材木調達・管理などの役割も果たしていた。しかし、この平介の役割も天正十六年十二月に処刑されるまでの短期間であった(40)。

藤堂高虎の紀州との関わりも、明らかではない。「本譜太祖公(41)」によると、天正十三年紀州攻めの功により、五四〇〇石を加増され、同十五年粉河で万石を得て、都合二万石を領したとある。『寛永諸家系図伝(42)』では、最初二〇〇〇石で、紀州攻めの功で五〇〇〇石を加増され、九州での戦功で一万石が加わり、そして、秀俊（保）死後伊予で七万石を得たという。これらによれば、藤堂高虎は、紀州で領地を得たが、その領地は明確ではなく、「藤堂家文書(43)」でも、高虎の紀州での知行宛行状はみえない。しかし、次の史料をみていただきたい。

紀伊国之内、藤堂佐渡守分五千石為加増令扶助訖、本知壱万石、合壱万五千石事、全可領知候也

文禄四

八月三日　（朱印）

本田因幡守とのへ(44)

これは、秀長の養子秀保死後、藤堂高虎が伊予宇和島の代官になるに伴って、高虎の跡の知行を宛行った文書である。ここでは、藤堂高虎が紀州で五〇〇〇石の知行を有しており、それを本田利朝が知行するよう述べている。このように、藤堂高虎は紀州で知行地を有しており、その石高は五〇〇〇石であったことがわかる。五〇〇〇石は『寛永諸家系図伝』などの最初に紀州で得た知行と同じである。藤堂高虎は二万石ほど領していたといわれるが、この五〇〇〇石以外の知行地は紀州以外の地ではないだろうか。最近、発見された『武功夜話』(45)によれば、天正十三年の藤堂の所領地は羽柴秀次付きで、近江に一万二〇〇〇石を領していたとあり、他地方で知行を有していたことは充分考えられよう。

このように、藤堂高虎は紀州では五〇〇〇石の知行地を有していた。なお、『紀伊続風土記』粉河荘粉河村には藤堂の城があったと記している。このことから考えるならば、藤堂も桑山などと同様に粉河を支配の拠点としていたと思われる。しかし、矢田俊文氏が明らかにされたように(46)、豊臣期の紀州の城下町もしくは領主が直接支配した町は、岡・田辺・新宮・広・湯浅であり、粉河は「粉河村」として把握されて、城下町ではなかった。したがって、桑山や杉若や堀内のように、支配の拠点とはなりえなかったのであろう。なお、藤堂高虎の紀州での役割については、朝鮮役という大きな問題がある。これについては、簡単にはふれえないので、また別の機会に考えたいと思う。

羽田正親は、大和添下郡小泉に四万八〇〇〇石の知行を有しており、紀州には、領地は持っていなかったようである。しかし、彼は紀州支配に関連していた。大仏造営の材木調達を行なっていた。

熊野奥山中在之大仏材木事、大木出兼候分は板にひき候て可相居候、一日に何程ひき候と相図無油断可申付候也

三月朔日　朱章

羽田長門守殿

藤堂佐渡守殿㊼

秀吉から羽田正親・藤堂高虎に大仏造営のための熊野の材木を届けるよう申付けている。また、次の文書でも材木について触れている。

尚々、ふきいたまても無用候也、巳上

山々奉行定可被仰出迄ハ、材木至厚板等迄出申間敷候、自然違背輩於在之者、其主之儀ハ不及申、在所中迄可為曲事者也

正月十日

藤堂佐渡守　判

羽田長門守

正親　判

熊野山中㊽

ここで、「山々奉行」とみえるように、山の材木を管理する者がいたことがわかる。それが、藤堂と羽田かどうかはわからないが、いずれにせよ、この二人が「山々奉行」か、もしくはそれを統括する役割であったということができよう。その他にも、羽田正親は藤堂高虎とともに、大仏材木について関わっている文書は多くあり、熊野の材木を管理する役割であった。藤堂高虎と羽田正親は、先の北山一揆の時も北山の代官を行なうようにみえていることからもそのことは知れよう。

以上のことから考えるならば、紀州の支配は天正十六年ごろまでは、和歌山・田辺・新宮の三城だけでなく、紀湊や入山といったところにも、城があり雑多な状況であった。これは、いまだに抵抗する在地勢力に対したためかもし

れない。しかし、旧在地領主に対し指出検地も済み、一揆も押さえ安定すると、支配の拠点となるのは、和歌山・田辺・新宮という三城体制が整ってくる。さらに、紀州支配はその他に、熊野などの材木などを管理する役職があった。それは「山奉行」と呼ばれたりしており、先にみた吉川平介・藤堂高虎・羽田正親といった人物が担当した。この時期、方広寺大仏殿造営など作事が多くあり、紀州の材木管理は重要な意味を持っていたからであろう。

おわりに

秀長執政期の紀州について、とりとめのないことを述べてきた。まだまだ、検討しなければならないことや、残された課題も多い。特に豊臣政権期の紀州については、秀保期、秀保死後の時期も併せて考えなければならない。本稿ではその時期まで含めて検討するつもりであったが、紙数の都合上、秀長期にのみ止どまらざるを得なかった。また稿を改めたい。

最後に本稿作成にあたり、和歌山県史編さん班の方々、梶木良夫氏にいろいろとお世話になった。紙面を借りてお礼を申し上げる。

註

（1）紀州の豊臣期を扱ったものとして、代表的なものとして、伊東多三郎「近世封建制度成立過程の一形態―紀州藩の場合―」（『社会経済史学』一一―七・八、一九四一年）がある。

（2）安藤精一「紀州の検地」（『紀州経済史文化史研究所紀要』三、一九八三年）、井戸佳子・藤本清二郎「紀州における太閤検地と

石高制の成立」（『和歌山地方史研究』七、一九八四年）。

（３）拙稿「桑山重晴について」（『和歌山市史研究』一二、一九八四年）、同「豊臣期紀州に関する二つの史料」（『和歌山地方史研究』九、一九八六年）など。

（４）「羽柴秀吉書状」（「前田長雅氏所蔵文書」（『和歌山市史』第四巻、一九七七年、戦国五七九号文書。以下、『市史』戦五七九と略す）。

（５）「羽柴秀長書状」（「中村不能斎採集文書」『大日本史料』一一―一五、所収）。

（６）『多聞院日記』天正十三年閏八月十九日条他。

（７）「中家文書」（三浦圭一「根来寺と和泉国―天正十三年の紀泉戦争前後―」『根来寺に関する総合的研究』一九八三年、所引）。

（８）「宇野主水日記」（『石山本願寺日記』下）天正十三年五月八日条。

（９）桑山が秀長の家臣であることはいうまでもなく、井上源五もその後、奈良代官となった人物で秀長の家臣と考えられる。羽田忠兵衛は、羽田正親かもしくはその一族ではないであろうか。四国攻めの時、忠兵衛は、雑賀の米の出納に関わっており（海部郡古文書）、秀長の配下と考えてさしつかえないであろう。

（10）『藩翰譜』五（一九六八年、人物往来社）にも、天正十四年正月十八日に和泉国を拝領したことが見える。

（11）「片桐文書」（『和泉市史』第二巻、一九六五年）。

（12）「大坪文書」（東大史料編纂所蔵影写本）。

（13）「金井文書」（東大史料編纂所蔵影写本）。

（14）「吉田家文書」（『阪南町史』上巻、一九八三年、所収）。

（15）『阪南町史』上巻（前掲）でも、和泉の約七割が秀吉の蔵入地であったとしている。

（16）和歌山県立図書館所蔵写本。その他、写本が多く残る。また、東大図書館所蔵の「紀伊国旧家地士覚書」（『大日本史料』一一―四、所収）も同じ史料である。

（17）『大日本史料』一一―一四、所収。

（18）「神前家文書」（『市史』戦六〇八）。

(19)「紀伊国古文書」(国文学研究資料館所蔵)。
(20)井戸・藤本前掲註(2)論文。
(21)『十津川』(一九六一年、十津川村役場)第一章第五節。
(22)天正十五年十一月三日付「豊臣秀長知行宛行状写」(「十津川郷宝蔵文書」『十津川』前掲、所収)。
(23)「小山文書」(東大史料編纂所蔵影写本)。
(24)『和歌山県史』中世史料二(一九八三年)。
(25)山地一揆については、立花秀浩「山地一揆について」(『和歌山県史研究』一三、一九八六年)を参照のこと。
(26)(天正十三年)五月八日付「羽柴秀吉書状写」(「高山公実録」『市史』戦五九六)。
(27)伊東多三郎前掲註(1)論文。なお、桑山重晴については、拙稿「桑山重晴について」(前掲)・「再び桑山重晴について」(『和歌山市史研究』一五、一九八七年)を、杉若無心については、松平年一「戦国武将杉若無心の生涯」(『日本歴史』三四九、一九七七年)を参照のこと。また、堀内氏善については、最近、笠原正夫「徳川頼宣の入国と所領支配の確立」(『紀州史研究』一、一九八五年)でまとめている。
(28)本宮大社文書。なお、この史料については三尾功・小山誉城氏にご教示いただいた。
(29)「玉置家文書」(『和歌山県史』中世史料一、前掲)。
(30)内閣文庫所蔵。
(31)『田辺市誌』(二)(一九七一年)第二章第七節。
(32)「十津川郷宝蔵文書」(前掲)。
(33)高柳光寿・松平年一編『戦国人名事典』(吉川弘文館、一九七三年)「青木紀伊守」の項。『紀伊続風土記』には、入山城を青木勘兵衛の居城としている。
(34)「旧記雑録後編二」(『鹿児島県史料』鹿児島県、一九八二年、所収)。
(35)内閣文庫影印叢刊(国立公文書館、一九七五年)。

(36) 吉備慶三郎氏所蔵文書。
(37) (天正十三年) 三月二十五日付「羽柴秀吉書状」(『大日本古文書　小早川家文書之一』二八四号文書)。
(38) (天正十三年) 卯月二十六日付「次右衛門尉宗俊書状」(三浦圭一「羽柴秀吉の紀州攻撃と大坂」『大阪の歴史』六、一九八二年、所引)。
(39) 三鬼清一郎「方広寺大仏殿の造営に関する一考察」(永原慶二・稲垣泰彦・山口啓二編『中世・近世の国家と社会』東京大学出版会、一九八六年)。
(40) その他、吉川平介は、「熊野年代記」にも「木奉行」とあり、神倉に火をつけたことが記されており、他の史料にもいくつかみえている (橋本嘉文「天正十六年に火をつけた平助と三蔵」『熊野誌』一―三、一九五九年)。
(41) 『宗国史』上巻 (上野市古文献刊行会、一九七九年) 所収。
(42) 『寛永諸家系図伝』第一〇 (続群書類従完成会、一九八六年)。
(43) 東大史料編纂所蔵影写本。
(44) 光徳寺文書。
(45) 『武功夜話』三 (新人物往来社、一九八七年)。
(46) 矢田俊文「中世後期紀伊国における領主権力の自立」(有光友學編『戦国期権力と地域社会』吉川弘文館、一九八六年)。
(47) 「賜書録」(『宗国史』前掲)。
(48) 「三里郷音無里見所蔵文書」(「牟婁郡古文書」国文学研究資料館蔵)。

【付記】 本稿執筆後、秀長の熊野支配については、『鵜殿村史　通史編』(三重県三重県南牟婁郡鵜殿村、一九九四年)、『熊野川町史　通史編』(和歌山県新宮市、二〇〇九年) を記した。併せて参照いただければ幸いである。

Ⅳ　近世社会への歩み

三尾　功

一、豊臣秀長と城代桑山氏

雑賀での秀吉

天正十三年（一五八五）の約一か月間、雑賀（和歌山市）の地に滞陣した秀吉の行動を見てこう。

秀吉が雑賀の地に足を踏み入れたのは、三月二十五日であるが、雑賀は自滅し、ほぼ平穏であった。秀吉はその日のうちに、太田城籠城衆へ降伏勧告の使者を送り、紀三井寺見物に赴いている。小早川隆景に「秀吉儀は、紀湊《きいみなと》に城を拵《こしら》え、国中置目《おきもく》などを申し付く可きため、逗留せしむべき覚悟にて候」と書き送ったのも、この日である（『和歌山市史』第四巻　戦五七三号。以下、『和歌山市史』所収の場合は書名を略す）。

翌二十六日には、水攻めの築堤に取りかかった（「太田城由来幷郷士由緒記」）としているが、前田玄以あて羽柴秀吉書状によると、この段階では、まだ、「鹿垣《ししがき》」を結い廻し一人も漏らさず「干殺」（兵糧攻め）する予定であった。水攻めは、四月五日付の秀吉朱印状に「懲らしめのため候間、築堤水責めにさせ、一人も漏らさず責め殺すべき調儀にて候」とあるように、三月二十六日ごろから四月五日までの間に築堤を進めたのであろう。その間、本陣は太田城の北部北黒田に置き、その後、秀吉は「毎日御動座」あって進捗状況を視察したが、水攻め中も玉津島・吹上・和歌

浦・藤白方面を見物し、

　打出て　玉津島より　ながむれば　みどり立そう　布引の松

の一首を詠んだと伝える。また、新しい座敷を設け、朝から暮れまで雅客を集めて茶会を開いたとも記されている（戦五六九号）。在陣中、本願寺教如・織田信雄・徳川義伊らが陣中見舞いに訪れ、秀吉の労をねぎらっているが、余裕に満ちた戦陣であったと言えよう。宣教師グレゴリヨ・デ・セスペデスも、聖堂建立に対する秀吉の助力に礼を述べるため雑賀の地を訪れ、「全軍隊環視の中に、城を囲んだ土壁の上で筑前殿（秀吉）に面会したが、羽柴は甚だ親切に語り、途中の労苦を謝した。パードレは彼の強大な軍隊を見、また川をここに引いた構造を見て驚いた。」（戦六〇九号）と報告している。

　四月二十二日に女、子どもが、翌二十三日に城内の者が悉く退城して、太田城の水攻めは終わった。「熊野浦迄平均申し付け」たので、後事を秀長に託し、二十四日、秀吉は開陣して大坂城へ引き揚げることになった。貝塚本願寺では、顕如・教如らが道中へ御茶屋を設け、戦陣の労を慰めようと待ち受けていたが、開城をめぐって齟齬《そご》を生じたのであろうか、秀吉の「御腹立」のため出発が延期された。秀吉は翌二十五日、一か月ぶりに雑賀を離れ、道中本願寺の接待を快く受け、二十六日に帰坂した。この頃、本願寺と秀吉の間は何の隔意もなく、かつての「法敵」という意識はまったく見られない。二十六日付次右衛門尉宗俊の書状は、この間の太田での悲惨な出来事を生々しく伝えている。

「和歌山」の初見史料

　紀ノ川河口平野は、古くから「紀湊《きいみなと》」とか「雑賀《さいか》」と呼ばれていた。天正十三年（一五八五）七月二日付、遠藤山城守基信あて羽柴秀吉書状に、「紀州和歌山に拙弟秀長置き候。居城相拵《あいこしら》え、紀・泉両国、残らず申し付け候」と記されている（戦六〇二号）のが、「和歌山」という地名の初見史料である。ただ、この書状は写ししか残っていない。

『紀伊国名所図会』巻之一には、「和歌山」を「弱山、また若山」とも書いたとして、その地名の語源について、

一　岡山は、長く和歌浦につづきて、一堆の丘山、あたかも臥龍《がりょう》のごとし、されば和歌浦につづける山なれば、かくは名づけしという。

二　弱とは、『古事記』に「国稚如浮脂（くにわかく、うきあぶらのごとし）といへるごとく、此地後年いつとなく干潟となりて、あらたに出来し地なるをもて、稚《わか》く弱き心をとりて、かくはよべるか。

三　此地をむかしは岡の里といひて、大伴姓・榎本姓等の采邑《さいゆう》なり、岡山といふもあれば、岡の訓の弱に似通ひて、後人訛り転じてかくよべりといへり。

の三説を挙げている。そして、「国祖南龍賢君御入国のはじめ、……旧名によって字をあらため、和歌山とはなし給ふ」と述べて、徳川頼宣によって「和歌山」と表記するようになったとしている。しかし、それが誤っていることは、天正十三年（一五八五）以前に「若山」「弱山《わかやま》」と用いられた例はなく、確実な史料には、天正十三年以後、「和歌山」の使用例が多く見られることで明らかである。「畠山記」や「室町殿日記」に、「若山」「弱山」と記されているが、これらの諸書は、いずれも江戸時代に成立した記録であり、地名を追称したと考えられる。『紀伊続風土記』巻之四に、「元禄年中、若山の文字に定めらる」と記しているが、それを裏づける史料は見当たらず、幕府の公的な記録にも現れない。「和歌山」を「若山」と書くことは、表記の便や、好字であることから国学者を始め一般に使用されてはいるが、公的な呼称ではない。しかし、「和歌山」の語源について、その呼称を定めた直接の史料は、まだ発見できない。前述の三説のうち、一の、古来有名な「和歌の浦」と、城の位置する「岡山」を合わせて名付けられ、

城の呼称として、また、城下町の名として、天正十三年以降使用されたと考えるのが、もっとも妥当な説と思われる。

豊臣秀長と和歌山

紀州攻め開陣以後は、秀吉の異父弟羽柴秀長が紀・泉両国を拝領し、支配することになった。四月八日付の紀三井寺に対する禁制（戦五七六号）を始めとして、淡島神社（戦五八〇号）・社家郷（戦五九〇号）への禁制、開城後、太田二郎左衛門にあてた書状（戦五八九号）は、羽柴秀長の名で発せられている。

羽柴秀長は、織田信秀（織田信長の父）の同朋衆を勤めたという筑阿弥を父とし、母は百姓弥右衛門に嫁して秀吉の姉（瑞龍院）と秀吉を生み、弥右衛門病死後、筑阿弥と再婚した大政所《おおまんどころ》（天瑞院）である。したがって、秀長は秀吉の異父弟となる。天文九年（一五四〇）三月生まれと伝えるから、秀吉より三歳下になる。兄秀吉に従って中国攻めに参加し、天正十年（一五八二）の山崎の戦いの後、従五位下美濃守に任ぜられ、播磨・但馬を領していたが、紀州攻めにも参加し、その功によって紀伊・和泉の二国を拝領したのである。秀長を和歌山に留め、城普請を命じたことは、既に四月十三日付の惟任越前守長秀あての羽柴秀吉書状（戦五七九号）に見えるが、そのころ、秀吉の胸中では、四国の長宗我部氏を攻める構想が練られていた（戦五八一号）。秀吉は五月八日に、来月三日に出馬するから、半数の人数を召し連れ、堺から南部、紀州諸浦の船を手配するよう秀長に命じた。それをうけて秀長は出陣準備にかかり、沿岸の浦々へ「船一そうも隠すにおいては、後日に成敗」すると厳しく申し渡している（戦五九八・六〇〇号）。

四国出兵については予定より遅れ、秀長が渡海したのは六月十六日のことであった。長宗我部元親は秀吉の軍勢に抗し得ず、八月六日に至って秀長を頼って降伏し、秀吉もそれを許して元親に土佐一国を安堵《あんど》した。秀吉は四国攻めの功を賞して秀長に大和国を与え、九月三日には秀吉・秀長が連れ立って大和郡山城に入っている。これ以後、秀長は和歌山城に帰ることはなかった。

秀長の紀伊・和泉・大和三国の支配体制についてみると、天正十三年五月の段階で、和泉の岸和田城代に桑山重晴、和泉上《かみ》二郡（大鳥・和泉）の代官に羽田忠兵衛、下《しも》二郡（南・日根）の代官に井上源五が申し付けられているが、翌十四年ごろには秀吉の家臣が和泉に知行地を与えられており、秀長は和泉国に対してある程度支配権を持つものの、秀長の領国というよりも秀吉の蔵入地的な性格に変わっていたといえよう。したがって、紀伊・大和の二国が秀長の実質的な領国であった。

紀州の支配は秀長の家臣にゆだねられ、和歌山には桑山重晴、田辺に杉若無心、新宮に堀内氏善が置かれた。その時期については明らかではないが、代官と呼ばれた彼ら以外にも藤堂高虎・吉川平介のように紀州で知行地を与えられた者もあり、それらが当時頻発した検地反対一揆などの鎮圧に当たっている。

天正十五年（一五八七）三月の九州遠征に、秀長は出陣して島津攻略に奮戦した。同年七月に凱旋すると、その功によって従二位権大納言に任ぜられ、その後は大和大納言と称されている。秀長は軍事面での活躍のみでなく、恩威ならびに行なう武将で、豊臣家の逸材であったと

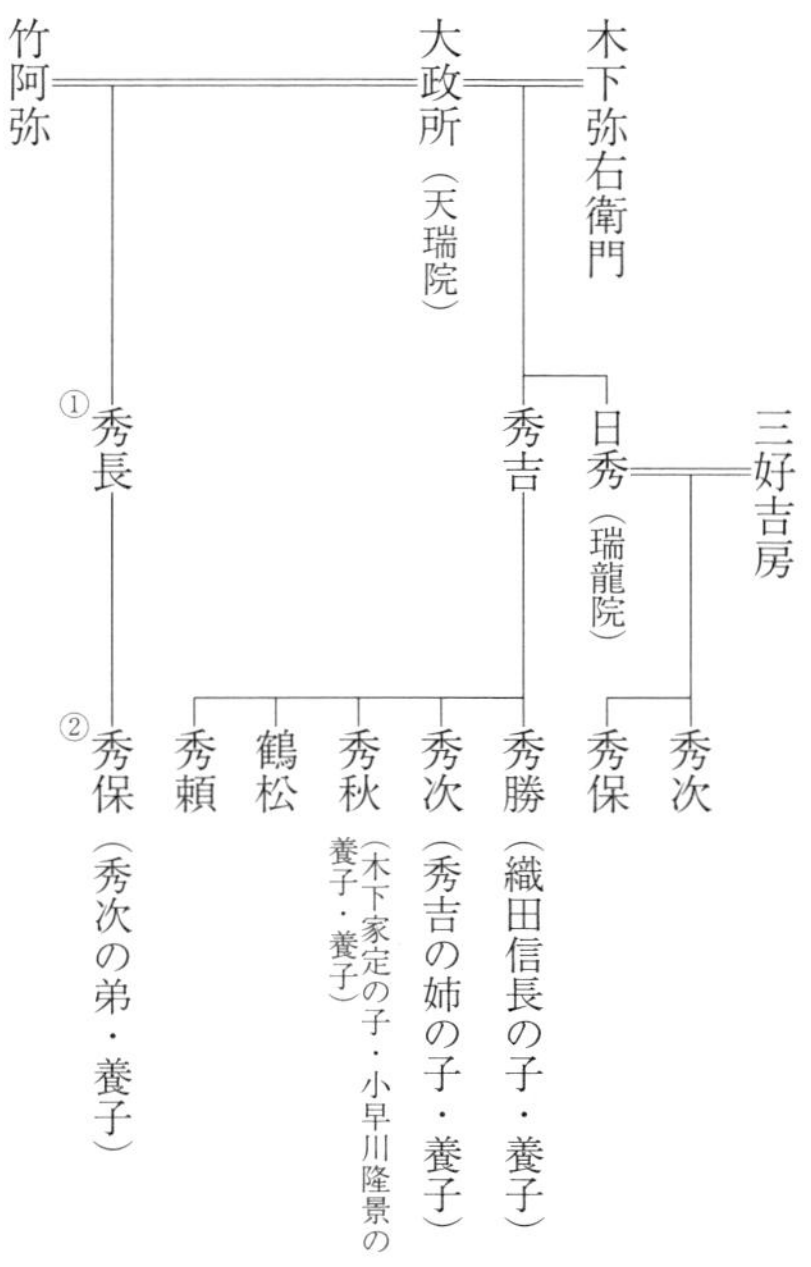

豊臣氏系図　番号は家督継承を示す

伝えられている。

天正の検地

豊臣秀吉が、全国統一を進める過程で、一定の「条目」に基づいて施行した「太閤検地」は、近世封建社会成立の基礎をなすものと考えられている。

秀吉による検地は、天正十一、十二年（一五八三、八四）ごろに、検地施行の組織や検地条目などが整備されたと言われ、その検地条目によると、田・畠・屋敷を一筆ごとに六尺三寸（一・九七メートル）＝一間竿で丈量し、一間四方を一歩、三〇〇歩を一反として、等級（品位）を定め、石盛《こくもり》（等級別・地種別の反当たり基準生産高）に基づいて、一筆ごとの土地の石高《こくだか》（基準生産高）、村ごとの石高（村高）を確定するものであった。その石高に一定の租率（五公五民、四公六民など）を乗じ、年貢を収納するようにしたのである。検地の結果は、一地一作人の原則によって名請人を定め、検地帳に記載された。名請された百姓は、その土地を離れることは許されず、年貢納入の義務を負うことになる。名請人に、どの階層の百姓が登録されたのか、議論のあるところだが、在地領主制の否定を企図したことは確かであろう。この太閤検地は、従来の複雑な土地所有関係を、領主権力による土地領有と検地登録人による土地保有に整理することになり、領地は石高で表示されて全国的知行制が確立し、封建的土地所有関係を確定する重要な役割をになうことになった。

紀州における検地については、次の史料が初見である。

其許、検地申付候について、小堀新介差し越し候。百姓罷《まか》り出で、庄堺何も答え落しこれ無き様に仕《つかまつ》る可く候。掟目等の儀、新介に申し含め遣し候条、其の意を成し、諸事新介次第申し付く可き者也。委曲口上に任せ候。謹言。

壬八月九日

秀長（花押）

紀州国中

惣百姓中

これは、神前《こうざき》文書の中の羽柴秀長書状（戦六〇八号）であるが、これによって天正十三年（一五八五）八月ごろ、小堀新介を検地奉行として、検地を紀州で施行するよう命じたことがわかる。

ここに登場する小堀新介正次は、浅井長政の家臣であったが、のち羽柴秀長に仕え、三〇〇〇石を領し、大和・紀伊・和泉三国の郡代を勤めた。彼は秀長の死後、秀吉に仕え、慶長三年（一五九八）の越前検地、同七年（一六〇二）の近江検地に奉行人《ぶぎょうにん》として現われるから、検地の実務家として活躍した人物である。ちなみに、その子小堀遠江守政一は、古田織部門下の茶人として有名な小堀遠州である。

この時、掟目＝検地条目も示されていることから、検地は施行されたと考えられるが、紀州では慶長六年（一六〇一）の浅野幸長によるいわゆる「慶長検地」を「古検」と呼び、それが幕末まで検地の基本とされてきた。しかし、慶長検地の分析や、浅野家家臣に対する慶長検地以前の知行目録の残されていることなどから、慶長検地帳に先行する「先帳」の存在が予想されていた。

ところが近年になって、天正十五年（一五八七）九月十六日の「紀州日高郡江川村検地帳」写（和歌山県日高川町、国文学研究資料館「日高郡古文書」）、紀南北山地方の天正十八年（一五九〇）の「紀州室北山こもり村検地帳」（三重県熊野市）、同年十一月七日の「紀州室郡北山下尾井村検地帳」（和歌山県北山村）の存在が明らかになった。また、高野寺領では、翌天正十九年（一五九一）九月に施行された「紀州南賀郡大津村検地帳」（同紀ノ川市）、「紀州南賀郡岸村御検地帳」（同前）などが発見されており、そこに「小新内」＝小堀新介内と表記されていることから、この時も検地奉行として小堀新介正次が活躍したことがわかる。

　北山地方の天正検地と慶長検地を比較して、天正検地に記載様式の不統一が見られることから、「天正検地帳は、土豪勢力の強く残り、しかも、自己の領地ではない北山地方に対して施行された検地であり、多分に土豪勢力との妥協を残している」、それに対して、「慶長検地は、現に各地の検地奉行として、太閤検地の実際的な施行者であった浅野氏が、自己の領地に対して行なったもので、その経験と直接の利害関係から、より徹底した、より合理的な調査であった」（速水融「紀州北山地方の検地帳」『三田学会雑誌』五一ノ三）と述べられているが、こうした事情が高野寺領や紀州藩領の天正検地にも反映している。いずれの天正検地帳を見ても、差出帳的な性格が強い内容になっていると言える。

　天正検地の結果を示すと思われる「慶長三年（一五九八）検地目録」（『大日本租税志』）によれば、紀州藩領の石高は二四万三五五〇石であり、慶長検地の結果を示す慶長十八年（一六一三）「紀伊州検地高目録」（和歌山県海南市　間藤文書）では、三七万四二四五石であって、慶長検地でかなりの打ち出しがあったことが知られ、両検地の相違を明確に示していると言えよう。

　ここで、現和歌山市域における検地の施行時期について、田地売券に見える文言の変化から考えてみよう。天正十三年（一五八五）以降の売券には、それ以前の文言との相違は認められないが、天正十七年（一五八九）六月の左近大夫田地売券（戦六二七号）に、「合而前者、九十歩　堂晩定斗也。今者弐畝　弐斗四升、有処八幡田」と記されており、また、天正十八年（一五九〇）三月の甚五郎田地売券（戦六三一号）にも、「只今ノ御代には六畝、六斗六升にて候」と、面積のみでなく石高を記している。天正十六年（一五八八）十二月の四郎大夫田地売券（戦六二二号）の端裏書に、「今ハ上々田七畝、壱石三斗四升」という追筆がある。これらの売券は海部郡加太浦（和歌山市）のものであるが、その文言からみて、天正十七年（一五八九）にも藩領で検地が施行されたことを示している。「今者」「只今の御代には」という表現に、「石高制の代」を見出すことができるようである。したがって、紀州での検地は、天正十三年から同十七年にかけて藩領、同十八年に熊野地方、同十九年に高野寺領で施行されたのではないかと思われる。

紀州では、ことに土豪勢力が強かったために、代官支配が、それらと妥協しなければならなかったことが、検地の遅れた最大の理由であろう。天正十四年八月の山地《さんち》一揆、同十六年の北山一揆は、統一に反対する土豪の動きであった。のちの浅野氏による慶長検地の際、名草郡岩橋《いわせ》村の検地が六か年も遅れ、北山一揆が起こるなど、在地土豪の抵抗が強かったことを考えれば、天正検地の施行が遅れた事情も、そこにあったとしてよかろう。秀吉による紀州攻めの後遺症は大きかった。しかし、在地に深く根を張った土豪層を根絶するには、まだかなりの時が必要であった。

桑山氏城代に

紀伊国の領主豊臣秀長が、大和郡山城に在城したため、その代官として桑山重晴が和歌山、杉若無心が田辺、堀内氏善が新宮に派遣された。和歌山城城代について『紀伊続風土記』は、「明年（天正十四年）秀長其臣桑山修理《しゅり》大夫重晴に三万石を与へ、本国の城代として若山に在城せしむ」と述べ、『南紀徳川史』は、「桑山相模守重晴……同（天正）十五年ヨリ城代トナッテ居住ス、是レ和歌山城ノ権与也」として、着任時期について両書に一年の差異が見られるが、いずれが正しいか傍証史料は見当たらない。天正十三年（一五八五）五月二十三日付成真院あて大和入道某書状に、紀州攻め開陣間もないころの和泉国の状況が記されている。

とうこく《（当国）》くわしゅミ《（桑修理）》の殿めし《（召）》なお《（直）》され申候。さりなからほんち《（本知）》ハ、いまたおほせ《（仰）》つけられす候。きしのハた《（岸和田）》えハ、
くわやましゅり《（桑山修理）》殿と申人御入候。

この史料によれば、和泉国へは桑山修理が召され、五月ごろ岸和田城に入ったことがわかる。その後、和歌山城へ移ったのであろうが、その時期は明らかではない。岸和田城への入城や天正十四年の熊野一揆への出撃などを考えれば、天正十四年ごろに和歌山城へ入ったと推定するのが妥当ではないかと思われる。

『寛政重修諸家譜』（巻第九百九十一）によると、桑山氏の先祖は尾張国海東郡桑山庄（愛知県津島市）を領したと伝えるが、族譜を失い、重晴までの世系は明らかでないとしている。桑山重晴は大永四年（一五二四）尾張国に生れ、秀吉に仕え、のち秀長に属した。但馬国で一万石を拝領し、竹田城（兵庫県朝来市和田山町）に在城した。秀長に従って雑賀攻めに加わり、戦功によって二万石加増されて三万石を領した。さらに、慶長元年（一五九六）和泉国谷川（大阪府岬町）で一万石加増され、合計四万石を領した。重晴は、彦次郎、重勝、修理大夫、入道してからは治部卿《じぶきょう》法印、果法院宗栄とも称したとしている。

しかし、桑山重晴の知行高については、『寛政重修諸家譜』に述べるような合計四万石ではなく、紀州への知行替で新たに二万石を与えられ、のち和泉で一万石加増されて合計三万石を領したとするのが正しいであろう。また、重晴の官職名の変遷については、天正十五年（一五八七）六月から同十六年（一五八八）二月までの間に修理亮《しゅりすけ》から修理大夫となり、さらに、天正二十年（一五九二）九月から文禄二年（一五九三）十月までの間に剃髪して治部卿法印になったとされている。

重晴の嗣子一重《かずしげ》も、父と同じく秀長に仕えていたが、天正十年（一五八二）四月、若くして竹田城で没したため、一重の子一晴《かずはる》が、祖父重晴の後を継ぐことになった。慶長五年（一六〇〇）、重晴は退隠した。桑山氏は慶長六年（一

六〇一)、大和国葛下《かつらぎしも》郡布施《ふせ》に移封され、一晴は慶長九年(一六〇四)二月二十八日、重晴は慶長十一年(一六〇六)十月一日没し、いずれも京都紫野大徳寺内の清泉寺に葬られた。

和歌山に在城した桑山重晴、一晴の二代に関する在地史料は、極めて少ない。梶取《かんどり》総持寺への制札(戦六四三号)、加太淡島神社への田地寄進状(戦六四五号)、同春日神社の棟札銘(戦六四六号)、水門《みなと》・吹上両神社への畠地寄進状、桑山法印あて書状(戦六五二・六五四~六・六五九号)を見出すのみである。

茶人、桑山重晴

一五か年にわたる桑山氏在城の時代は、秀吉紀州攻めの後をうけて、その復興期にあたる重要な時期であるが、桑山氏の事蹟はほとんど跡を留めていない。が、茶人としての桑山重晴の名が、「茶会記」などに散見する。彼は、千宗易(利休)の高弟であった山上宗二に師事して茶を学んだという。彼の仕えた秀吉が利休に学んでいたから、家臣である重晴はその弟子に師事したのであろうが、「茶器名物集」という秘伝書を宗二から贈られていることからも、彼の茶道における精進を察することができよう。

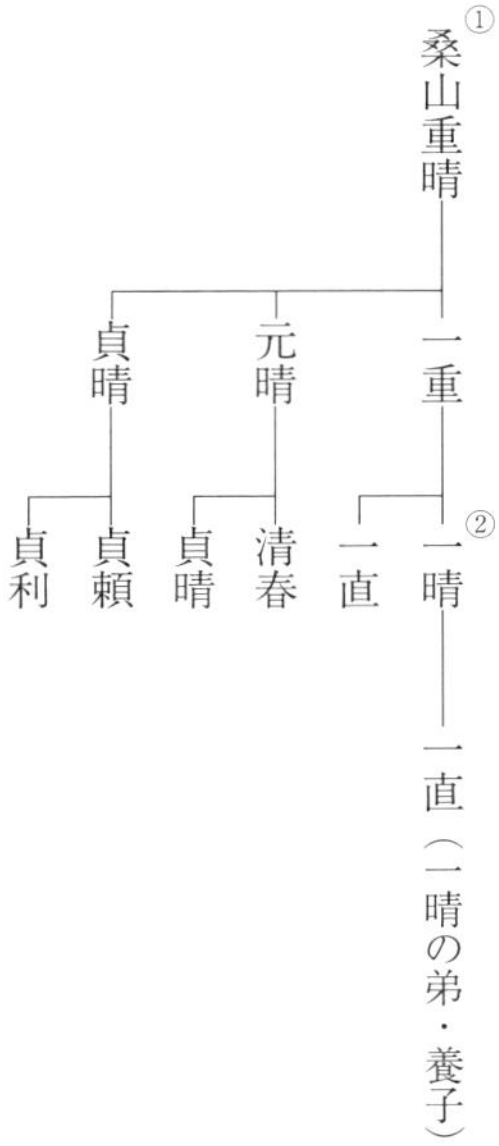

桑山氏系図　番号は家督継承を示す

「津田宗及茶湯日記」の天正十八年(一五九〇)七月九日条によると、桑山重晴を主人とした茶会が開かれ、毛利輝元・津田宗凡(宗及の子)が客として招かれている。当時、小田原攻めが行なわれていたが、病弱な秀長と共に京都で聚楽第の留守居をしていたためであろう。また、文禄二年

（一五九三）十月二十七日、「大和衆桑山法印」らが御用のため京都に登ったことが知られ（戦六三七号）、さらに、翌文禄三年（一五九四）三月二十九日に、「大和中納言様並びに桑山法印」らが大和算用帳面を持って京都へ登ったこと（戦六三九号）が見えている。そうした記録から見ると、重晴は羽柴秀長のいる大和郡山に滞在することも多く、和歌山城の城代とはいえ、在城の期間は案外少なかったのではなかろうか。したがって、城下はもとより領内に対する領主権も、単なる代行者に過ぎなかったのである。

「紀伊国ノ大将」吉川平介

『多聞院日記』天正十六年（一五八八）十二月七日条（戦六二一号）に、

平介ト云人、大納言殿（豊臣秀長）ヨリ紀伊国ノ大将トシテ、サイカニ城ヲ拵エ、富貴シテアリシが、熊野の木を売るように申し付けられ、二万本伐って大坂へ売ったところ、過分の利を得たことが関白殿（豊臣秀吉）に聞こえ、曲事《くせごと》（誤り）として西大寺で誅せられたという記事が見える。加えて、秀長も関白殿の不興をかっているというのである。この平介は、吉川平介といい、「紀伊国ノ大将」、船奉行・木材奉行といった存在であった。また、北山地方の土豪征服に活躍した人物である。

元禄期の記録「南紀府城下近里旧跡」（湊安養寺安綱の著）に、「湊城山、古来城コレ有リ、大和大納言秀長公ノ城代吉川平助、今ハ町ニナリ」と記されている。「湊城山」は現和歌山市内久保町四丁目付近の小名で、紀伊湊を眼下に見る砂丘上に和歌山城の出城があったという伝承がある。吉川平介はそこを守ると共に、木材奉行を勤めていたと思われ、熊野地方の木材確保、土豪制圧に大きな力を発揮したであろうが、この事件で失脚した。紀州は、桑山氏入城までこうした人物によって支配されていたのであろうし、支配が安定するにつれて、和歌山・田辺・新宮という拠点を中心とする体制が出来上がってきたのであろう。

二、豊臣支配の終焉

豊臣秀保の支配

豊臣秀長には嗣子がなく、天正十六年（一五八八）正月八日、秀吉の姉（瑞龍院）の第三子豊臣秀保を養子に迎えた。関白豊臣秀次、丹波中納言秀勝の末弟にあたる。この秀保については、『武徳編年集成』、小瀬甫庵の『太閤記』をはじめ、「秀俊」と誤記した記録が多い。豊臣秀俊は、秀吉の猶子となったころの小早川秀秋であって、別人である。戦陣の疲れからか、秀長は病気がちとなり、天正十九年（一五九一）正月二十二日病死し、秀保は、その後を継いで大和郡山に在城した。文禄の役に際して、天正二十（一五九二）三月八日、大和郡山を出発して九州名護屋（佐賀県唐津市）に在陣した（戦六三八号）。しかし、病を得て大和十津川で療養し、文禄四年（一五九五）四月十六日病死した（「駒井日記」）。彼の死については、「横死」と伝える記録（『公卿補任』）もあり、十津川の断崖から飛び降りるように命じられた小姓が、命じた秀保を道づれにしたという話も伝わっている。しかし、「駒井日記」によれば、それは事実とは考えられない。さて、秀保が領主であった間の知行宛行状が残されている（岡山県赤磐市、平山家文書）。

紀伊国において、名草郡中郷の内五百石の事、これを遣わし訖《おわん》ぬ。すべて領知すべきの状、件のごとし。

天正十九
㊞八月廿二日　　秀保（花押）
（秀吉朱印）

伊藤忠兵衛尉とのへ

豊臣秀保領地判物　平山家文書（『熊野町史』参考史料編649頁）

この文書で注目されるのは、知行宛行者である秀保の花押があるにもかかわらず、日付の上に秀吉の朱印が捺されていることである。この時、秀保はわずか一三歳であり、政務は秀長の家臣横浜一晏《いちあん》法印に任されていたが、重要な紀伊国の知行宛行権を秀吉自身が掌握していたことを示していると考えられる。紀州における秀保時代の政治状況を示しているのであろう。秀保の死によって、大和・和泉・紀伊三国は没収され、紀州は秀吉の直轄領となった。このように、豊臣秀長・秀保の二代は、紀伊国にとって領主とはいえ、あまりにも疎遠であった。

城代から大名に

こうしたことを考えると、桑山氏が城代として紀伊一国を支配したとはいえ、大和郡山に在城することも多く、真の支配は吉川平介のような奉行にゆだねられていたのではなかろうか。しかし、秀長の死去した天正十九年（一五九一）正月から桑山重晴の大名化が進んだと思われる。翌同二十年の文禄の役に際しての軍役動員には、「千人　くハ山藤太（桑山一晴）、同小てん次（桑山貞晴）」と記されており、「八百五十人　堀内あわのかみ（堀内氏善）・六百五十人　杉若伝三郎（杉若氏宗）」も同様石高に応じて軍役が課せられているから、桑山・堀内・杉若が代官的な地位から自分の知行の軍役を負担する大名になっていたことを示すのであろう。

文禄四年（一五九五）四月、秀保が病死すると、紀州は秀吉の直轄領となり、桑山重晴は城代ではなく、城主となる。慶長三年（一五九八）の大名帳には、桑山重晴・一晴はそれぞれ一万六〇〇〇石の大名として記されている。桑山重晴・一晴の二代の間、和歌山がどう変貌したのか、明らかでない面が多い。和歌山城の築城、検地などについても例外ではない。

和歌山城と城下町

和歌山の地に築城することは、秀吉が雑賀の地に足を踏み入れたとき、すでにその胸中にあった。天正十三年（一五八五）三月二十五日付で小早川隆景にあてた書状に、「秀吉儀は紀湊に城を拵え、国中置目《おきもく》（法令のこと）等申し付くべく……」と、紀湊への築城の意志を明らかにしている（戦五七三号）。さらに、四月十三日付、惟任越前守長秀にあてた書状に、「爰元《ここもと》（紀湊）には美濃守（秀長）残し置くべくと存じ、普請申し付け候」と、城普請を命じたことを報じている（戦五七九号）。秀吉は、四月二十二日の太田城落城を見届けて、二十五日和歌山を出発し、大坂城へ帰還した。

和歌山の地には羽柴秀長が留まったが、落ち着くまもなく、秀吉の命によって四国攻めに出陣することになった。五月八日付の秀長あて秀吉朱印状では、六月三日に四国へ出陣するから、半分の人数を召しつれて参戦するように命じ、「随って、普請衆のこと、陣前につかえ候間、早々相返すべく候」「又、普請事、いか程でき候や。申し聞かすべく候」と述べている（戦五九六号）。

こうしたことから、和歌山城の城普請は、秀吉が雑賀に来陣した早々企図され、四月中旬から五月初旬に鍬初《くわぞめ》（普請初めの儀式）が行なわれたと考えられる。六月初旬には、すでに普請が始まっており、秀吉もそれを気遣っている様子が窺える。城普請にあたって、太田城水攻めの築堤に動員した紀伊・和泉両国の百姓一万人を再び動員していたのである。四国攻めにあたって普請を中断しているが、その後を示す史料は見当たらない。

和歌山城創建について、『紀伊続風土記』は、次のように記している。

> 天正十三年、豊臣太閤根来寺を滅ぼし、太田城を降し、国中を統一して羽柴美濃守秀長に賜ふ。此地の体勢城地に宜きを観察して、親しく自ら縄張を命じ、三月二十一日鍬初あり、藤堂和泉守羽田長門守一庵法印を普請奉行として、本丸、二の丸、其年の内、土功竣る。

また、『南紀徳川史』は、「祖公外記付録」に依拠して、

> 根来、雑賀、太田等の一揆退治のため進発これあり、其時、吹上嶺に新城を築き候様、秀長卿に命ぜられ、十一月二十三日鋤（鍬）初。

と記している。これら両書も天正十三年の築城を示しているが、鍬初の時期には疑問がある。つまり、『紀伊続風土記』の三月二十一日は、秀吉が大坂を出陣した日で、そうした日の鍬初はあり得ない。『南紀徳川史』の十一月二十三日も、前掲史料で見るかぎり遅すぎると言わざるを得ない。

また、普請奉行について、従来「藤堂和泉守高虎、羽田長門守一庵法印の二人を普請奉行となし」（『和歌山県誌』上巻）と考えられてきた。藤堂和泉守高虎は言うまでもないが、羽田長門守と一庵法印は同一人物ではない。「駒井日記」文禄二年（一五九三）十月二十七日の条によっても、「大和衆桑山法印、一庵法印、羽田長門、藤堂佐渡」（戦六三七号）とあり、羽田長門守正親と一庵法印が明らかに別人であることを示している。一庵法印とは、横浜一庵（晏）法印良（了）慶で、秀長の家老を勤めた人物である。大和郡山城には、一庵丸（法印郭）と名づけられた一郭がある。彼は、のち、秀吉に仕えたが、文禄五年（一五九六）伏見大地震の際に横死している。

それはともかくとして、桑山氏在城の間に、どの程度の城郭が営まれていたのであろうか。『紀伊続風土記』は、

「本丸、二ノ丸、其年の内、土功竣る」とのみ記している。浅野家の「済美録《せいびろく》」によると、浅野氏在城時は、徳川期以降「天守台」と称している部分を「本丸」、同じく「本丸」（現　水道配水池）と呼んでいる部分を「二ノ丸」と記しており、それから考えると、城地の最も高い部分（現　天守台・本丸）の普請（土木工事）が、天正十三年中に終わったということになろう。

　最近、石垣の石質、積み方から、城普請の変遷を究明しようという試みが進められているが、それらの研究によると、点紋塩基性岩（結晶片岩、緑色片岩、紀州の青石などとも呼ばれている）の「野面積《のづらつみ》」の部分が、創建当初の構築部分とされている。採石場所については、城地の南部に続く天妃山《てんぴざん》から芦辺丁付近と想定されている。岡公園内の池や、その南部芦辺丁の民家にある池で、割り石の矢跡が発見されている。城内にどの程度の殿館を営んだかを明らかにする記録はないが、『南紀徳川史』（第一七冊）に「一説に城内に天守閣二台あり、小なる方は、かの重晴が築造に係る。呼て古天守と称す。一城郭の中斯く相並んで存するもの、唯和歌山城あるのみと云々」と記している。「和歌山城絵図」（和歌山市中村努氏所蔵、年代不詳であるが、江戸中期をくだらない）には、乾《いぬい》櫓（天守台北西隅）と水ノ手櫓の中間に、「小天主」と記された建物があり、大天守の北に隣り合う現在の小天守の部分には、単に「櫓」と記されている。

　この絵図は、作事方が職務上使用していた絵図であることは、貼り紙の記述などから明らかなので、櫓の名称などを誤ることはまず考えられない。しかし、浅野家転封に当たっての引き継ぎ目録「御本丸御殿主所々矢蔵幷長屋帖」には、「同所（本丸天主）北之小天主六間ニ九間」と記載されていて、浅野氏によって、すでに現在の小天守は「小天主」と呼ばれていたことは明らかである。とすると、「和歌山城絵図」の「小天主」は、「古天主」の同音転化した呼称ではないかとも考えられる。「一城郭の中斯く相並んで存するもの、唯和歌山城あるのみ」という記述を、大天守・小天守の併立する連立式天守と理解すれば「唯和歌山城あるのみ」ではなく、全国各地に連立式天守を見ることができる。しかし、「古天主」と新造の天守が併立するとすれば、それは「唯和歌山城あるのみ」であって、「和歌山城絵図」の「小天主」＝古天主こそ「重晴が築造に係る」天守かも知れない。幕末の絵図では、その建物を「楯《たて》御蔵」と記しているが、もちろんその位置は当初からの位置を動かなかったというのではなく、移築された可能性もある。しかし、以上述べたことは『南紀徳川史』の一説を「和歌山城絵図」と関連づけた推測であって、今後の研究に待たねばならない。

享保二年（一七一七）十月「御天守起シ御絵図」（中村努氏所蔵）に描かれる天守閣は、嘉永・昭和再建天守閣のような白亜の天守閣ではなく、腰板張り（簓子部《ささらしとみ》）であり、最上階には廻縁高欄を持ち、石落しも現在見るような袋狭間《さま》でなく古式を示していたことが明らかになった。このことは、天守閣が桑山氏の時期に存在したと考えても、様式的におかしくないことになり、浅野期築城の確実な記録が発見されない現在、その可能性も捨て切れない。

桑山氏在城当時の城下町についても、明らかにする史料はなく、『紀伊続風土記』（巻之四）に「桑山氏のときは、若山の町は漸《ようやく》広瀬通町、細工町、三木町堀詰なりしといふ」と記されているにすぎない。その記述が、どれほどの真実を伝えているかはわからないが、大手が城の東部へ向けられ、「郭外東西に川を鑿《うがち》て、西は伝法より湊川に通じ、東は鈴丸川に至って広瀬より和歌川・湊川、潮汐相通し、城下を貫て運漕最便なり」と記されていることから、桑山氏は城の北部を守る目的と、和歌川水運を結びつける目的で外堀を掘ったと考えられる。従って、その結節点となった三木町堀詰付近と大手筋（広瀬通町）が、町らしい景観を示すようになった可能性が強い。その他にも、本願寺鷺森別院付近の門前町、紀伊湊に面する宇治付近も、以前からの町並みを示していたと推測される。しかし、桑山氏在城時代の城郭や城下町経営に関する史料は余りにも少なく、現時点では、これ以上言及することは困難である。

領主豊臣秀長・秀保ともに大和郡山に在城して、のち断絶し、紀州は城代桑山重晴・一晴にゆだねられたが、彼らとても代官支配であって、後に大名化を目指したとはいえ、和歌山城の築城、城下町・領国経営に徹底した施策をとり得なかったと考えられる。紀州における近世社会の確立は、慶長五年（一六〇〇）関ケ原の戦いの後に入国する浅野氏の時代を待たねばならなかった。

Ⅴ　豊臣氏の紀州支配

矢田俊文

一、四国攻めと船数調査

豊臣秀吉は紀州の平定が完了すると、雑賀・根来勢とむすび四国の大半を領していた土佐の長宗我部元親への攻撃をはかった。総大将は弟の秀長、出陣は天正十三年（一五八五）六月三日にきまった。五月八日、秀吉は秀長に対し、「来月三日に四国へ出馬する。ついては四国に渡る船の準備をしなければならない。堺についてはこちらで調査するが、堺より南の和泉・紀州の浦の船数を調査せよ。熊野衆をはじめとして、新宮の領主堀内の支配領域の浦まで漏らすことなく、ことごとく残らず調査せよ」と命令している（『宗国史』）。

この命令を受けて、秀長は翌九日、「泉州・紀州浦々中」に対し、「来月三日、四国に出陣する。堺浦より南の船数を調査する。調査にあたって、船を一艘も隠してはならない。もし隠せば処罰する。奉行を遣わすので、船数を申告せよ。来たる二十七・二十八日に紀ノ湊まで集合せよ」という通達を出している（『宗国史』）。紀州攻めの際に秀吉に服従した紀州の領主も動員された。五月八日、秀吉は有田郡の白樫氏に対し、「長宗我部攻めの準備をするように、船方には扶持を遣わすように」との命令を出している（「藩中古文書」）。同日、秀吉は、日高郡の玉置氏に対し、「来月三日、四国に出馬するので出陣の用意をするように、船のことは人数にしたがって秀長に渡すように」と命令している（『中世史料』二　玉置家文書）。このように、四国攻めにあたって秀長は、和泉・紀州の浦の船数を調査しているのである。

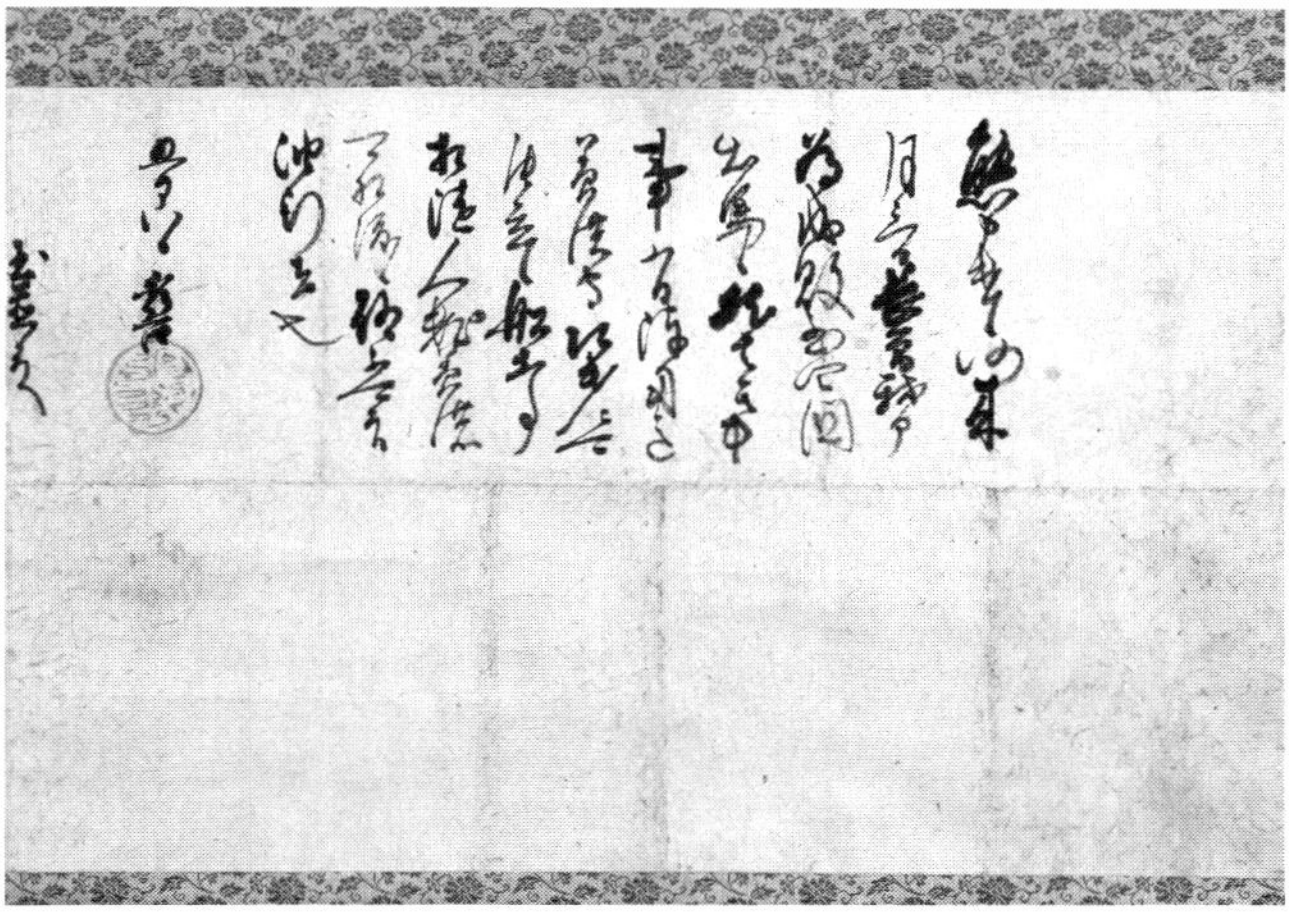
豊臣秀吉朱印状（天正13年、玉置家文書　大阪城天守閣蔵）

この調査の結果は、残念ながら同時代の史料には残っていないが、寛文四年（一六六四）五月鳥取浦浜争論につき口上書によると、鳥取浦（現大阪府阪南市）の住民は四国攻めに参加したという。その際、鳥取浦の浦役は、浦役銭四〇貫八〇〇文、水主役四〇人、船役一八艘で、この浦役の負担を巡って、小堀新介に訴えたと記されている（「石川義秀家文書」『阪南町史』下）。小堀新介は秀長の家臣で、和泉・紀州の検地の担当者である。よって、船役一八艘という船数は、先の五月九日の秀長の命令による調査の結果に基づく数字であると考えられる。このような厳密な船数調査が、おこなわれていたのである。四国攻めの意義は、秀吉権力の全国制覇の一環としての軍事行動にとどまるものではない。秀吉政権による和泉・紀州支配の、大きな画期であった。和泉・紀州全域を数量的に把握したという点で、重要な画期であった。秀長にとっての四国攻めは、このような意義があったのである。

二、豊臣秀長の政治

天正十三年（一五八五）の紀州攻めで勝利した豊臣秀吉は、同地を弟の秀長に与えた。秀長は名を小一郎といい、弟として、忠実な家臣として、秀吉をささえた。天正五年には但馬竹田城主（現兵庫県和田山町）、同八年には但馬出石城主（現兵庫県出石町）となっている。

秀長の支配地は紀伊と和泉であり、和泉には桑山重晴を岸和田城に、羽田忠兵衛を上二郡に、井上源五を下二郡に配した。天正十三年閏八月十九日には秀長は大和をも支配地として、大和郡山城に入城した。以後、秀長は郡山城を本拠として、紀伊・和泉・大和の三か国の領主として秀吉政権をささえた。秀長みずからは、大和郡山にいて、桑山重晴を和歌山城代に、杉若無心を田辺、堀内氏善を新宮に配した。

秀長の家臣には一万石もの知行地をもつ大身の者がいた。天正十七年七月八日、秀長の養子秀保が見物のため上洛する時、「大名衆・御近衆・少《（小）》姓衆」が供をしている。また同年九月一日、秀吉によって大名衆は在京、その妻も三年間の在京が命じられた時、「郡山大名衆」も一万石の知行地をもつ者については、妻も在京するように命じられている（「蓮成院記録」）。郡山大名衆が誰をさすのかは判然とはしないが、たぶん桑山や杉若などの家臣をさすのであろう。

天正十三年六月十六日、秀長は四国攻めの総大将をつとめ、八月六日には長宗我部元親を服属させ、勝利をおさめた。元親は阿波・讃岐・伊予をとりあげられ、土佐の支配のみを許される豊臣大名となった。

閏八月、秀長は筒井定次に代わって大和郡山城にはいった。入国するにあたっては、国中の諸寺社に指出を命じた。

同月二十五日には、多武峰（現奈良県桜井市）衆徒に対して、「弓・ヤリ・テッポウ・具足・甲・大小刀」の指出を命じている。

秀長は紀州で天正十三年、「紀伊国惣百姓」に対し、検地を指令し、天正十五年ごろから検地をはじめている。天正十四年六月、郡山に帰って、検地の指出を命じている。同年八月、検地に反対する熊野牢人衆が兵をあげたため、秀長はふたたび紀州へ出陣した。この合戦は厳しいもので、伊藤掃部ら秀長の家来の多くが戦死した。熊野の牢人衆を鎮圧し、郡山に帰ったのは九月二十三日のことであった。戦死した伊藤掃部は十月十五日、葬送のため高野山に送られた。送られた日付は戦死の日付からだいぶんたっている。そのため死骸の腹わたがぬきとられ、塩をして、皮子にいれて高野山に送られている。

天正十五年三月、根来寺の大門を郡山に移すため、奈良中の人夫を徴発して木挽につかった。この年、秀吉の九州平定にしたがい、五月、島津義久を降伏させている。

天正十六年には、北山地域で検地反対一揆がおこるが、家来の吉川平介らによって鎮圧した。ところが、同年十二月、この吉川平介が事件をおこした。吉川平介は秀長の命により、雑賀に城を構えていた秀長の家臣であった。吉川は熊野の木を売るように申しつけられており、二万本を大坂へ運んで販売したのだが、それを利用して私腹を肥やしていた。そのことが秀吉の耳に入り、召しとらえられ、五日、西大寺（現奈良市）で処刑された（播磨良紀「秀長執政期の紀州支配について」）。吉川が残した財は、金子七〇〇枚になるという。翌十七年正月になって、秀長は昨冬の材木の売りつけが秀吉の怒りに触れたため、わびを入れに秀吉のもとに行くのだが、会うこともならず、郡山に帰ることができないでいた。秀長は秀吉の弟とはいえ、秀吉の家来であることにかわりはなかった。秀長といえども失敗は許されなかった（『多聞院日記』）。

三、茶会記からみた秀長の家臣

秀長の家臣としては、桑山・杉若・藤堂・羽田・横浜・小堀らの名をあげることができるが、その他の家臣の名はただちにはでてこない。そこでここでは、いままであまり知られていなかった秀長の家臣を探しだしてみたいと思う。秀長の家臣については、『天正記』にその主だったものがみうけられる。同史料天正十六年九月六日条には、毛利輝元の上洛に際し、秀長が居城大和郡山城で催した茶会に出席した家臣の名前が列挙されている。ここでは茶会記から秀長の家臣を探しだしてみたい。「久政茶会記」は、奈良の町の転害郷で漆屋を営む茶人松屋久政が出席した茶会の記録である。「久政茶会記」から、たとえば天正十四年（一五八六）十月二十二日の記事をみてみると、

十月廿二日朝

一、郡山一庵法印へ　　宗治　　久政二人

と記されている。この記事から、一庵法印がみずからの茶会に宗治と久政を招いたことがわかる。一庵法印は秀長の家臣の横浜一庵のことである。宗治は奈良北のはしに住む町人と考えられている（『茶道古典全集』）。久政は松屋久政である。郡山は秀長の城のある大和郡山のことである。この郡山は茶会を開催する場所を示すものではない。この「郡山」という語は、郡山という地名と同時に、郡山城居住のとか、郡山城主豊臣秀長家臣のという意味で使用されていると考えられる。茶会の主催者は茶会を主催できる人物であることから考えれば、秀長の家臣の中でも上級の家臣か、もしくは秀長の側近で実力をもっている人物であることが推測される。

以上のように考えて、さきほどの横浜一庵と同様に、「久政茶会記」から郡山某主催の茶会を拾い出してみると、

次のような人物をあげることができる。

曲音・一庵法印・尾崎喜助・池田・桑山兵大夫・多賀新左衛門・多賀源介・多賀出雲・多羅尾玄蕃・フクチ三河・羽田忠右衛門

曲音はケイオンというルビがふられているし、「宗湛日記」では圭音とあり、「蓮成院記録」では慶音と記されているので、「けいおん」とよんだのであろう。曲音は、曲音の「御屋」で秀長に山上宗二が茶を進めていることや、郡山城に「曲音茶堂」があることから（「久政茶会記」）、秀長の茶頭と考えてよい。桑山兵大夫は「是ヲ後ニ左近ト云也」とあることから、桑山左近大夫貞晴のことだとわかる。

池田は、博多の神屋宗湛の茶会記に、「池田伊予殿、コヲリ山《（郡山）》ニテ御振舞、書院ニテ」とでてくる（「宗湛他会記」天正十五年正月九日条）。また、堺の商人天王寺屋津田宗凡の茶会記に、「こうり山《（郡山）》にて、池田伊予殿」とみえるので、池田は池田伊予守秀雄であることがわかる（「宗凡他会記」）。「久政茶会記」と同じ方法で、「宗凡他会記」から秀長の家臣を探すと、桑山修理、藤堂佐渡守高虎を追加することができる。

多賀出雲は多賀出雲守秀種のことで、堀秀重の次男、秀政の弟にあたる。近江の多賀貞能の息女と結婚をして、貞能の没後、多賀家の名跡を継いだ。この時に秀長の家臣になったと思われる。天正十六年四月十三日、従五位下に叙され、出雲守に任じられている（「多賀文書」、奥村哲「豊臣期一武将の軌跡」）。

秀長によって奈良の代官に任命されたとされる井上源吾は、茶会記には天正十三年十二月二十一日にはじめて登場するし、秀長が奈良で茶会を催す時は中坊でおこなっているので（「久政茶会記」）、茶会記からも確かに秀長によって政策的にとりたてられた人物であるということが確認できる。しかし、井上源吾は中坊源吾とよばれていること、また他の家臣のように「郡山中坊源吾」などとは記載されないことから、厳密にいえば、秀長の家臣とはみなさない方がよいであろう。

茶会記からみた秀長の家臣の考察でもう一つ述べておかねばならないことは、郡山で茶会を催した秀長の家臣の中には、紀州の出身者はいないということである。堀内・玉置・白樫は登場してこない。また、和泉・大和も同様である。紀州・和泉・大和出身の有力領主は、茶会記には登場してこない。秀長が一番信頼する家臣は、郡山入城以前から彼に仕える者たちであり、そういう者が茶会記に茶会の主催者として登場してくるのである。

天正十八年十月ごろから秀長の容体が悪化し、翌十九年正月二十二日、五十一才の生涯をとじた。秀長の死去の後、秀吉の使者長谷川藤五郎が秀長の残した金銀を調査したところ、金子が五万六〇〇〇枚余、銀子が二間四方の部屋にあふれるばかりにあって、その数は把握できないほどであった。使者の長谷川藤五郎はこれに封印をして帰っていった（『多聞院日記』）。

先述の天正十六年に熊野の材木二万本を大坂に運んで売って大もうけをした金は、秀長の懐に入った（永島福太郎『茶道文化論集』下巻）。また、秀長の金子五〇〇枚が、奈良代官井上源吾の手によって奈良の町人に強制的に貸付られている（「庁中漫録」、永島福太郎「豊臣秀吉の都市政策一斑」）。熊野の材木販売事件といい、この郡山城の蓄財といい、さらに奈良商人への強制貸付といい、豊臣秀長と金銀財宝とは切っても切り放せない関係にあったのである。

四、豊臣秀保の政治

秀長に代って紀伊・大和の支配者となったのは、十三歳の秀保であった。秀保は秀次の弟で、天正十六年（一五八八）正月、秀長の養子となっていた。秀長がまだ存命中の天正十八年十月二十日、秀長をみまった秀吉は、秀長没後の体制を横浜良慶に申しわたしている。その内容は、秀長がもっていた和泉と伊賀は別の者につかわすこと、紀伊・大和は引きつづき秀長の養子の秀保が支配すること、秀保を横浜良慶が代官としてもりたてることであった。

正式には秀長の没後の天正十九年正月二十七日、使者長谷川藤五郎が秀吉の朱印をもってきた。それには、秀長の跡は、与力・大名・小名の知行はいささかも変わらないこと、秀保をもりたてて万事横浜良慶の指示にしたがうことがしたためられていた（播磨良紀「一庵法印なる人物について」）。秀長の葬送は二十九日におこなわれた（『多聞院日記』）。

秀保の家臣は、秀長の家臣がそのまま引き継がれたと考えてよかろう。秀長の家臣を探した方法で、茶会記から秀保の家臣をあらためて点検しておこう。「久好茶会記」より、高林寺・小堀新介・横浜一庵が、「宗湛他会記」より、池田伊予守・羽田長門守が秀保の家臣であったことがわかる。高林寺は「駒井日記」にも大和衆の一人として登場するので、家臣と考えてよかろう。

朝鮮出兵には、秀保の家臣も動員された。紀南の小山氏もその一人である。秀保の家臣藤堂高虎は天正十九年九月十六日、小山助之丞に対し、「来春早々唐入りするので、秀長様の置目にしたがって、次のような出陣の準備をするように」と命令を伝えている（「小山文書」）。

のぼり　一本　　こさしもの　八人　　兜　一つ　　鑓　八本　　馬乗り　一騎

すでに、秀保の代になっているのだが、軍役の基準は秀長の時に定められたものにしたがわねばならなかった。天正二十年二月二十五日、池田・多賀らが出陣している。秀保が出陣したのは、同年三月八日である（『多聞院日記』）。「宗湛他会記」によれば、朝鮮出兵の出陣基地であった名護屋（現佐賀県鎮西町）において、池田伊予守が、文禄元年（一五九二）十二月二十六日、翌二年正月二十五日、十二月二十二日、茶会を催している。同じく羽田長門守も、文禄二年八月三日、茶会を開いている（「宗湛他会記」）。池田伊予守・羽田長門守は、朝鮮出兵のため名護屋に赴いていることが茶会記から知ることができる。

天正二十年の朝鮮出兵の陣立書では、藤堂・堀内・杉若・桑山の各氏が石高に応じて軍役を課されている。この時の動員数は、藤堂二〇〇〇人、堀内氏善八五〇人、杉若伝三郎六五〇人、桑山小藤太《（一晴）》・同小伝次《（貞晴）》一〇〇〇人であった。秀保が出兵から帰ったのは、文禄二年十月十五日のことである（『多聞院日記』）。

さて、秀保は紀州の支配者となったが、天正十九年八月二十二日、伊藤忠兵衛尉に名草郡中郷五〇〇石の地を宛行った文書には、秀保の判とともに、秀吉の朱印が押されており、秀保単独では知行宛行権を有さず、紀州支配は秀吉の後見を必要とした（「平松雪夫氏所蔵文書」、播磨良紀「秀吉期紀州における二つの史料」）。同じく、同年八月二十四日、奈良中へ割りあてて貸していた金銀米銭の破棄を命じた秀吉の文書の奥に、翌二十五日付で、秀保が「かくの如く仰せ出され候。なお、堅く申し付くべき由、御諚の間、その意をなさるべく候也」と記している。これも秀保権力が秀吉との二重権力的性格をもっていることを示す事例である（「多賀文書」）。

にもかかわらず、形式的には紀州の支配者は秀保であった。秀保は天正十九年九月二十六日、伊丹神大夫に新知行地六〇〇石を与え、本知行地と合わせて一〇〇〇石を安堵している（『黄薇古簡集』）。また、文禄二年には、藤堂高虎・桑山重晴に紀州の陰陽師の調査を命じている。

文禄三年三月二十八日、大和の算用の状況を聞きたいとの秀吉の意志が伝えられ、翌二十九日、秀保・桑山重晴・羽田正親は算用帳をたずさえて秀吉のもとに行っている。藤堂高虎はこの時、紀州へいっていたのだが、急いで駆けつけている。

秀保は文禄四年、病をえて大和の十津川（現奈良県十津川村）に療養に行くが、四月十六日、十七才の若さで没した。四月二十二日、大和衆といわれる秀保の家臣は牢人の身となった。その大和衆とは、高林寺・横浜良慶・福島兵部少輔・羽田長門守・藤堂佐渡守・渡辺豊前守・中島信濃守・横浜民部少輔・桑山式部大夫・小堀新介・小堀作介・藤堂内膳・富田源左衛門・野田半左衛門・高島半右衛門・安芸忠左衛門・野田右衛門九郎・堀田弥右衛門

である。小堀作介は新介の子で、のち政一と称し、遠江守に任じられる。茶道で有名な小堀遠州のことである。作介はこの時、父とともに大和衆の一員であり、秀保の家臣であった。葬礼は、四月二十八日におこなわれた。葬礼の役は、大和宿老衆がつとめた（「駒井日記」）。

五、秀次切腹

秀保の死につづいて、秀次が切腹した。文禄四年（一五九五）七月三日、秀次は前田玄以・富田一白・増田長盛・石田三成の四人に尋問をうけ、八日、高野山青巌寺にはいった。十三日には、秀次に与同した者の処罰が決定された。検使は、前田玄以・増田長盛・石田三成であった。秀長・秀保の重臣羽田正親は処罰の対象とされ、堀秀治に身柄を預けることが決定された。十五日には、検使福島正則・福原雅楽助・池田秀雄の立ち会いのもとに、まず小姓衆・相伴衆が切腹し、最後に秀次が青巌寺で切腹した（『大かうさまくんきのうち』）。

検使の池田秀雄は秀長・秀保の家臣であった。秀保亡き後、池田秀雄は、秀吉の直臣になっていたと思われる。池田氏とは反対に、この秀次事件で処罰された羽田正親は、秀次の家臣になっていたのではなかろうか。秀次事件は、秀長・秀保家中の解体を見せつけた事件でもあった。

秀次は秀吉の養子（姉の子）で、跡を継ぐべく天正十九年（一五九一）に関白に就任している。けれども、文禄二年、淀君に秀頼がうまれると、秀吉には関白秀次が邪魔になってきた。邪魔になったというのは、秀頼という跡継ぎが誕生したからだけではなく、関白という職務がもつ多くの権能を秀次が活用しはじめて、秀吉の権限と矛盾をきたすようになったのである。秀吉は個別領主の支配権は保持しているものの、個別領主をこえた案件については、関白秀次の権限にかかる事柄であった。その矛盾の解決、すなわち秀頼の誕生が、秀次の切腹をはやめたのである。

すでに述べたように、秀頼誕生の翌年の文禄三年、秀次のもっていた直轄地の調査がおこなわれている。秀吉は秀次の権力をそごうとした。秀吉にとって、秀次の関白職の解任と秀次家中権力の解体は急務の課題であった。文禄三年、秀次の直轄地調査につづいて、秀保の所領調査もおこなわれている。ねらわれたのは秀次だけではなく、秀保家中も同様であったのである。

秀保は秀次とは違って切腹にはいたらなかったが、急な死をとげている。それは秀吉の望んでいた秀保家中を解体するには、好都合であった。秀保の死によって、秀長・秀保がつくりあげていった家中は解体されていった。巨大な家中権力を許さず、直接権力を集中する秀吉の政策が進められていく。

六、増田長盛の政治

秀吉への権力集中策の一環として、大和・紀伊には、秀吉の直臣中の直臣増田長盛が配置された。長盛は尾張出身の秀吉の家来で、近江の検地奉行をつとめ、近江水口城主（現滋賀県水口町）となった秀吉の信任厚い人物である。文禄四年（一五九五）六月八日、増田長盛は大和郡山に入城する（『多聞院日記』）。大和・紀伊の領域支配は増田長盛にゆだねられ、紀州の直轄地は長盛の代官支配地になった。

秀長・秀保の家臣は、秀吉の直臣となっていく。伊予に所領を与えられた藤堂高虎・池田秀雄の二人は、その典型的な例である。

藤堂高虎は、文禄四年七月二十二日、伊予国宇和郡七万石を与えられている（「藤堂文書」）。高虎は慶長二年（一五九七）の朝鮮出兵の時には、二八〇〇人の動員が命じられている。池田伊予守秀雄も同じく慶長二年の出兵の時、二八〇〇人の軍事動員が命じられている（「近江水口加藤文書」）。しかし、秀雄は朝鮮安骨海で死去し、その跡を子秀氏が継いだ。

多賀秀種は、文禄四年九月二十一日、秀吉に二万六五九石一斗を宛行われている。この所領はすべて大和国宇陀郡にあり、多賀氏はこの時、秀吉によって大和国宇陀郡の大名に取り立てられたのである（「多賀文書」）。

増田長盛は、文禄四年八月十七日より、大和の惣国検地をはじめた。秀長入部による天正十四年（一五八六）の検地、秀保への代替わりによる天正十九年の検地、そして増田長盛の入部による検地と、大和では、一国の領主が代わるごとに検地が実施された。この文禄検地は豊臣期に実施されたものであるが、この時に作成された検地帳が、江戸時代を通じて基本的な検地帳として機能し、各村の庄屋によって保管されていった。

検地が完了し、文禄四年九月二十一日、大和の家臣・寺社に知行宛行状と知行目録が与えられ、秀吉家臣の知行が確定した。たとえば、福田牛介はこの日、大和五〇〇石と紀州一三八八石（那賀・名草・有田郡）、計二〇〇〇石（計算があわないが）の知行地を安堵されている（「福田文書」、播磨良紀「『豊臣秀吉福田牛介宛知行目録』について」）。

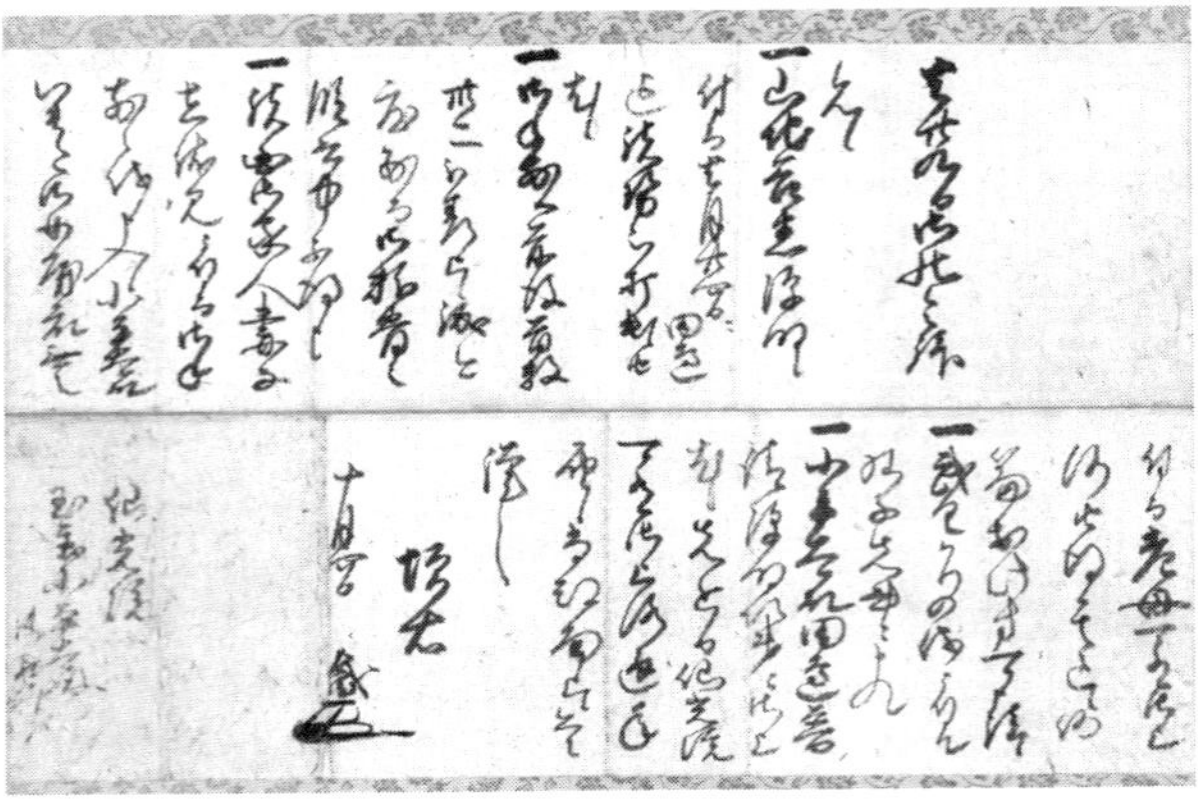

増田長盛書状（慶長３年、玉置家文書　大阪城天守閣蔵）

七、山地一揆

慶長三年（一五九八）八月十八日、豊臣秀吉が没した。その政治の空白をついて、同年九月、日高郡山地地域で一揆がおこった。紀州の支配者増田長盛の命令で、日高郡・牟婁郡の領主たちは山地一揆鎮圧に動員された。増田長盛は九月五日、牟婁郡の玉置山笹山坊に対し、「山地村の百姓が一揆を企てたので、軍隊を派遣した。そちらの地域に山地の百姓が逃げていくので、男・女・子供の区別なく、なで切りにせよ。首一つで、米一石を与える。十四日に攻め入る予定である。」という内容の文書を送っている（「十津川宝蔵文書」）。

九月十九日、牟婁郡の浄楽寺長訓は、山地村において「山さがし」をおこない、首二三を提出している。同じく、長訓は二十二日、山地の者が岩屋へ籠ったところをとりかかり、一人残らずうちとって首一九を提出している。この戦いで、長訓の弟が鉄砲でうたれ、戦死した（「牟婁郡古文書」）。日高郡の玉置仙光院・同小平も山地一揆鎮圧に動員され、首三二を伏見の増田に送っている（『中世史料』二　玉置家文書）。

一揆鎮圧には、田辺城の杉若主殿、新宮城の堀内安房守も参加した。九月二十二日、増田長盛の家臣と思われる武藤理兵衛・永原市左衛門から杉若主殿の家臣片山孫左衛門に、首の受取状がだされている。それによると、田中和泉守は首三つ（男一人、女二人）、福田牛介一つ（男）、周参見主馬頭二つ（男）、堀内安房守一つ（男）、上田次右衛門二つ（男）、杉若主殿六六（男二九、女三七）、杉若はほかに山地の者を一〇人生け捕りにしている（「野長瀬文書」）。二十三日、山地の山狩りが終了した。男女子供を問わず殺された悽惨な戦いは、こうしてようやく終わった。

山地一揆の状況を示す一連の文書に、「山地村の百姓」という表現がでてくるけれども、近世日高郡には山地村という村はない。「玉置家文書」には、「山地谷」と表現されている。山地村とは、山地地域とでも考えればよかろう。慶長六年の検地に基づいて作成された「紀伊州検地高目録写」によると、日高郡に広井村・西村・湯又村をまとめた地域名として山路谷村（現龍神村）がある。また、柳瀬村・丹生ノ川村・小俣川村・三又村・宮代村・竜神村・東村・安井村を総称する地域名として、山路組（現龍神村）がある（『近世史料』三　間藤家文書）。この山路谷村・山路組の範囲が、山地一揆をおこした「山地村」、もしくは「山地谷」の範囲にあたるのであろう。

この一揆をおこしたのは、増田長盛は百姓であるといっているが、この百姓とは武器をもたない農民ということを意味しているのではない。さきに述べたように、長訓の弟がこの一揆で鉄砲にうたれ戦死している。一揆側も鉄砲をもって戦っているのである。

また、後になってこの一揆について書かれた記録「山地陣」によると、この一揆の大将は小川与一であるという（立花秀浩「山地一揆について」）。この小川与一は、『紀伊続風土記』の編者によると、山地組の大庄屋を代々つとめる上広井原村の地士小川氏の先祖である。江戸期にそのような伝承があったのであろう。増田長盛が百姓といっているのは、増田長盛に領主として組織されていない者という意味である。よって山地谷の百姓といっているのは、山地谷のあらゆる階層の人々と考えてよい。この一揆鎮圧に対し、増田長盛は男・女・子供を問わず、なで切りにするという方針でのぞんだ。そして実際に殺された人をみると、女性の比率が高い。山地一揆の弾圧は、きわめて残忍なものであった。

八、慶長三年前後の紀伊・大和

すでに述べたように、豊臣秀長の支配は、紀伊・大和・和泉の三国からはじまった。その内、和泉は秀保が家督を継ぐ際に、秀吉からとりあげられた。そして、秀保の没後は増田長盛が大和郡山城に入城し、秀長家中は解体した。増田長盛治世期の紀州・大和の状況をみてみよう。

「日本国総目録」という史料は、慶長三年（一五九八）八月という日付をもち、一国ごとの石高を記した部分、一国ごとの蔵納め分を記した部分、金銀納高を記した部分、諸国の給人を記した部分からなる（以下、この部分を給人一覧とよぶ）。給人一覧には二五〇万二〇〇〇石の徳川家康から、四〇〇〇石の藤懸三河守まで、秀吉の直接の家臣の所領石高が記される。それとともに、所領の所在する国名が記される場合があるので、おおよその国ごとにどのような領主がいるのかがみてとれる。

はじめに、紀州とつながりの深い和泉の状況をみておこう。和泉の石高は一四万一五二二石七斗で、うち蔵入地は九万七四六三石六斗である。約六九％が蔵入地である。秀長の手から離れた段階で、和泉は秀吉の直轄地的な地域とされたのである。和泉と記載のある給人は、小出播磨守三万石だけである。

次に、大和をみてみよう。国名記載では、大和・紀伊・伊賀三か国で増田長盛は二〇万石の所領をもっていた。ただし、増田は三か国の支配者と考えるべきではなく、三か国二〇万石の所領をもつ大名と考えるべきであろう。増田は紀州の所領をみずからの知行地として所持するだけではなく、秀吉の直轄地を代官として支配していた（「書上古文書」）。

それまでの秀保の家臣は、秀吉の直臣となった。秀保の葬儀において重要な役をつとめた大和宿老衆の横浜一庵・藤堂佐渡守・杉若越後守・宇田下野守・本田因幡守は、この給人一覧に名を連ねる。秀保没後、秀吉の直臣になった。このうち藤堂佐渡守高虎は、給人一覧には伊予に八万石をもつと記されている。藤堂氏はこの時期、大和・紀州には所領をもたず、伊予に所領をもつ大名となっていることがわかる。

大和の石高は四四万八九四五石五斗、うち蔵入地は一〇万四六一石七斗。大和の国名記載のある給人は、増田長盛を除けば、多賀出雲守二万石、池田孫九郎二万石（ただし、伊予ともに）、横浜民部少輔一万七〇〇〇石、本田因幡守一万五〇〇〇石、宇田下野守一万二〇〇〇石、新庄駿河守一万二〇〇〇石、新庄越前守一万二〇〇〇石である。大和国の記載はないものの、大和に所領をもつと推定される給人に、桑山相模守八〇〇〇石、神保長三郎六〇〇〇石がいる。

多賀出雲守は、多賀秀種のことである。秀種は関ヶ原の合戦の際、西軍に味方したため、甥堀秀治の領地越後春日山（現新潟県上越市）に蟄居させられた。その後、加賀の前田利常に六〇〇〇石で召し抱えられ、多賀秀種の名は、加賀に残すこととなった（「多賀系図」、「多賀文書」）。

池田孫九郎は、池田伊予守秀雄の子息孫二郎秀氏のことであろう。池田孫二郎は、慶長三年五月二十三日に秀吉に二万石の所領を与えられているので、給人一覧の二万石と符合する。二万石の内訳は、大和国広瀬郡一万三〇〇〇石、紀伊国有田郡・那賀郡二〇〇〇石、伊予国宇麻郡・新居郡八〇〇〇石であった（「古文書集」、総計は二万石にはならないが、史料のまま紹介しておく）。池田秀氏は、関ヶ原の合戦で西軍につくが敗北し、高野山にのがれる。その後、元の同僚藤堂高虎のとりなしによって謝罪し、藤堂高虎の家臣となり、最後には幕臣にとりたてられた。

表1　伊丹甚太夫知行目録・軍役表（慶長3〈1598〉・2・8）

知行目録		
知行地	知行高（石 斗 升）	計
和州十市郡下の庄	416. 1. 1	本知合計 1016石
伊賀山田郡炊村	600. 0. 0	
那賀郡おさき村内畑上村	184. 1. 5	新知合計 850石 すべて増田右衛門代官所
同　伊坂（井坂）村内	91. 1. 5	
同　国府（国分）村内	74. 7. 4	
同　豊田古和田村内	43. 5. 6	
同　小倉村内	56. 5. 8	
同　岡崎村内	72. 1. 9	
同　小野田村内	71. 9. 5	
同　岩橋村内	88. 4. 0	
同　栗栖村内	31. 9. 6	
同　井坂村内	33. 3. 8	
同　わた（和田）村内	37. 7. 0	
同　はら（原）村内	37. 3. 6	
同　田しり（尻）村内	34. 3. 0	
総計		1866石

軍役		
軍役内容	·	高
弓20帳		1350
弓奉行・乗馬1人		200
無役		316
総計		1866石

本多因幡守は、年欠文書であるが、秀吉から藤堂高虎が紀州にもっていた五〇〇〇石を加増分として与えられ、本知行地と合わせて一万五〇〇〇石を安堵されている。藤堂氏は文禄四年（一五九五）に伊予七万石を与えられているので、本多氏が秀吉に紀州の所領を与えられたのは、文禄四年のことではないかと思う（「丸山保一氏所蔵文書」）。

秀長の有力家臣である羽田氏がここにみえないのは、すでに羽田家が断絶しているためである。

紀州の惣石高は一四万三五五〇石で、うち蔵入地は五万五四一七石九斗、金銀諸役運上高は高野炭金子一枚であった。紀州の国名記載のある給人は、増田長盛を除いて、堀内安房守二万七〇〇〇石、杉若越後守・主殿頭一万九〇〇〇〇石、桑山治部卿法印一万六〇〇〇石、桑山修理大夫一万六〇〇〇石、熊野八人衆一万石である。この給人の分布からみるかぎり、紀州においては、和歌山城に桑山、田辺城に杉若、新宮城に堀内という、秀長の時期と同様の領主による支配体制がつづいていたようである。個人名ではなく、熊野八人衆というような集団を一括して給人とするのは、給人一覧ではこの熊野八人衆のみである。熊野八人衆とは具体的に誰のことをいっているのかは、はっきりしない。

堀内・杉若・桑山・熊野八人衆以外にも、紀州に所領をもっていた領主はいた。伊丹氏は、慶長三年二月八日、新知行地として紀州那賀郡の増田長盛代官所である村々八五〇石を与えられている（表1）。伊丹甚大夫は、この時本知行地大和・伊賀の一〇一六石をあわせて一八六六石を秀吉に安堵された。一八六六石には軍役が賦課され、内訳は、一三五〇石について弓一七帳、二〇〇石について弓奉行・馬乗一人であり、三一六石は無役であった（『黄薇古簡集』）。同日付けで、福田牛介も秀吉に四二〇〇石の所領を安堵されている（『福田文書』）。

堀内安房守氏善は、関ヶ原の合戦では西軍につき、志摩の九鬼大隅守嘉隆と通じて志摩の鳥羽城（現三重県鳥羽市）をのっとり、東軍についた嘉隆の息子長門守守隆と戦った。関ヶ原の合戦の敗北を知るや逃亡し、肥後熊本（現熊本市）にのがれ、加藤清正につかえ、慶長二十年四月に没した。

杉若越後守・主殿頭父子は、はじめ西軍についたが、九月十五日の敗北で家康に降伏し、和歌山城の桑山一晴・貞晴とともに新宮の堀内攻めに参加している。しかし、はじめ西軍に参加したために、田辺城と所領は没収され、紀州を去った。

桑山治部卿法印重晴は、慶長五年七月二十九日、徳川家康より、紀州にある増田長盛の所領と増田が代官として預かっている豊臣家の直轄地をすべて与えるという条件による誘いに応じ、東軍につき、孫桑山修理大夫一晴と子貞晴とともに、和歌山城を守り、関ヶ原の合戦の勝利の後、新宮の堀内氏善を攻めている。

Ⅵ　羽柴秀保について

桑田忠親

一

秀吉の一族の中に、大和中納言と呼ばれた人物がある。これは秀吉の姉瑞龍院の第三子で、すなわち秀次、秀勝の弟に当たり、秀吉の弟大和大納言秀長の嗣子となった人である。中納言に任ぜられて大和国を領しておったから、かく呼ばれたのである。しかるにこの大和中納言に関しては、古来二、三の謬説が伝えられた。よって今ここに確実なる史料によってその謬説を正し、かたわら若干の文書を紹介し、大和中納言の事蹟を補ってみたいと思うのである。

二

まず大和中納言の本名を、大抵の記録には秀俊としてあるが、これは、恐らくは、小瀬甫庵の『太閤記』巻十六吉野花見の条の記事に拠ったものであろうと思う。すなわち文禄三年（一五九四）二月二十五日、秀吉は吉野の桜花を見んとし、大坂を発して吉野に向かった。それから次の如き記事がある。

二十七日、紀州六田の橋を打渡り、市之坂に至て上らせ給へば新宅有、大和中納言秀俊卿より立させ給へる御茶屋にて侍るよし申しければ、則立寄せ給ふ、饗膳など上られければ、御心よげにすゝみまゐらせられ、其より千本の桜、花園、桜田、ぬたの山、かくれがの松など御覧有て、秀吉公かくぞ詠じ給ふ、

　吉野山こずゑのはなのいろ〳〵におどろかれぬる雪のあけぼの

　　又関屋のはなの本にて

　芳野山誰とむるとはなけれどもこよひもはなのかげにやどらん

　木々ははなこけ路は雪とみよしの、分あかぬ山の春のそでかな　　関白秀次公

　さくらちる木々の梢のにしき著てよしの、山をわけかへるなり　　右大臣晴季

　ちりそふもよしやをしまじ芳野山はなを木かげの雪とながめて　　中納言秀俊

これで見れば、関屋に於いて秀吉、秀次、菊亭晴季と共に歌を詠んだ中納言秀俊というのは、大和中納言秀俊であるということになる。随って大和中納言の本名は秀俊であると伝えられた。これ以後に出来た『寛永諸家系図伝』、『武徳編年集成』、『豊臣秀吉譜』、『筒井家記』、野史などの記録はみなこの甫庵の説を遵奉したらしく、大和中納言を秀俊として、その事蹟を述べている。

　しかるに、このことについて早くより疑いを抱き、大和中納言を秀俊となすことの誤なるを主張した者がある。それは『高山公実録』の著者である。『高山公実録』は大和中納言の老臣藤堂高虎の一代の事蹟を記したものであるが、同書の天正十九年（一五九一）正月大和大納言秀長薨去の条に、謹按として左の文句がある。

　本文に要なけれと因にしるす、秀保は関白秀次公の弟、幼名鍋丸なる由、又城主記にあり、秀保の事を太閤記、豊臣譜をはしめ、何れの書にも秀俊としるせり、しかるに公卿補任の文左の如し。

天正十九辛卯年

参　議　従四位下　豊　秀　保　十一月八日任
故従二位行権大納言秀長卿男
同　秀　俊　十一月八日任
天正廿壬辰年
権中納言　従三位　豊　秀　保　六月七日任同日叙従三位同二十八日辞
同　秀　俊　七月十日任同日叙従三位九月二日辞
文録四乙未年
散　位
前権中納言　従三位　豊　秀　保　四月日薨　横死云々
同　秀　俊

既に秀保は秀長卿男の由明にしるし、又文禄四年四月横死の由しるすことも合へり、しかれは大和中納言は秀保にて秀俊にあらす、諸書秀俊とするものは皆誤なり、但秀俊といふ人秀保と同時に叙任したれと、慶長八年に至つて薨去の事補任に見ゆれは別人なること明なり、此人の御事も某考あれと、此処に要なけれはもらしぬ。

この如く『公卿補任』の記するところに拠って、大和中納言を秀保となし、さらに一歩進んで秀保のほかに秀俊という人物の存在せる事実を認め、その秀俊についても自説を有するということを述べている。この著者の秀俊に関する自説というのは不幸にして知ることが出来ないけれども、早くより『公卿補任』によって、かかる疑問を抱いたということは、蓋し卓見といわねばなるまいと思う。

『高山公実録』の著者は、『公卿補任』の記事のみによって、かかる発見をなしたのであるが、かかる疑問は、甫庵

『太閤記』巻十六所収、文禄三年二月二十九日の吉野花見歌会の和歌を見ても、当然生ずべきものではあるまいか。この歌は同題で秀吉以下十九名が各五首を詠じたものであって、その写しが京都高台寺に現存しているところを見れば、『公卿補任』の記事よりは遥かに確実な史料である筈であるが、その中に次の如き異れる二人の作がある。

権中納言秀保

花の願　年〳〵に来てもみねとも御芳野のはなに心を懸ぬ間もなき
不散花風　はるはたゝ風に心をつくすかな芳野の山の花をふくやと
滝の上の花　水上はいつく成らん御芳野の滝に落そふ花のしらなみ
神の前の花　みわたせは芳野の山は白妙に花の色こき神かきのうち
花の祝　天地のめくみもふかき君か代は花も幾春みよし野の山

権中納言秀俊

花のねかひ　み芳のゝ花の盛りをみぬ人にみせはやとのみ思ふはかりそ
不散花風　よし野山梢をわたる春かせもちらさぬ花をいかてたをらん
滝の上の花　水上に花やちるらんみよし野のたきの白たま色におちそふ
神前の花　芳野山奥の宮井に立つゝくかすみを花のいかきなりけり
花の祝　君か代はたゝしかりけりみよしのゝ花にをとせぬ峰の松かせ

甫庵は何らの疑問を抱くことなく、この権中納言秀俊を大和中納言と解釈しているが、しからば権中納言秀保は何《なに》人《びと》と解釈すべきか。この質問に対しては、甫庵は恐らくは答え得ないであろう。甫庵の解釈はかく如何にも不用意なものである。そしてかかる不用意な解釈が後世に誤を伝える結果となったのであって、その罪軽からずというべきであろうと思う。

三

大和中納言の本名が秀保であることを証明すべき確実な史料としては、『駒井日記』がある。『駒井日記』は当時関白秀次の奉行であった駒井中務少輔重勝の日記である。まずその文禄四年（一五九五）四月十日の条を見ると、

一大和中納言様とつ川（十津）にて御煩出被成由注進に付而、為御見廻上松隼人被遣、大かみ様（瑞龍院）へ和州通被成御越、御供西尾豊後、生駒内膳、従大閤様、増田右衛門尉（長盛）、孝蔵主被遣、

とあり、以下同月十一日・十二日・十三日・十六日・十七日の条に大和中納言の病気の記事が見え、十八日の条には薨去の記事があるが、同月二十二日の条を見ると、左の記事がある。

一大閤様為御意、秀保様御葬礼御中院之事、おしはれて被仰付候事御無用之由思召子細も候間、旁以隠密ニ而可被成由、木下大膳（吉隆）、孝蔵主より申来、関白様（秀次）者被仰出之通被成御心得旨、右両人方へ駒井返事仕、大上様より御理として被参殿、小少将、北政所様（秀吉正室杉原氏）迄被遣、あまり御隠密之様にも如何に御座候間、其御理被遣、木大膳、

孝蔵主書中之写

為御意申上候、秀保様御葬礼御中院事之外候て、世上之体如何候、思召子細も御座候条、御隠密に而可被仰出之由雖可被成御朱印、孝蔵主両人より悉可言上之由被仰出候、和州衆へも堅可被仰聞之旨御意候、此等之趣可預披露候、恐々、

四月廿二日　　木下大膳大夫

駒井中務少輔《重勝》殿

御意として申候、中なこん様御さうれい、おしはれては、かたく御むようにて御さ候、御しゆゐん《朱印》にて仰られ候はんすれとも、わたくしより申候へと仰られ候、御とふらひもおしはれて御むようと仰られ候、くはしく大せん《大膳》とのより御申上候へく候、此ふんこ少将《小少将》殿まて申入候、又やまと御としよりしゆへも申候、かしく、

廿二日　　かうさうす

こま井中つかさ殿

これは大和中納言薨去の記事の後に突然出てくる秀保という人の葬礼に関する記事の如く思われるのであるが、ここに引用せられた木下大膳太夫吉隆ならびに尼孝蔵主の二人が駒井重勝に与えた書状の文句を比較してみれば、秀保とはすなわち大和中納言のことであって、これまで大和中納言とのみ記してきたのを、この条に至って本名の秀保を用いただけのことなのである。そしてこうした秀保の葬式に関する記事は、なお同月二十三日の条にも見え、葬礼の有様も委しく記されている。

さらに大和中納言を秀保とすることの確かな証拠としては、秀保と署名した秀保自身の書状も伝わっているから、大和中納言の事蹟を補綴する意味をも含めて、それを左に二、三通紹介しておく。

為新知六百石、本知共に都合千石遣候、軍役之儀、弓相嗜、弥奉公肝要候也、

天正十九年九月廿六日　　秀　保（花押）

伊丹神大夫とのへ

これは『黄薇古簡集』六に収められた羽柴秀保の知行宛行状で、伊木長門家臣笹尾喜左衛門所蔵文書と伝えられるものである。ちなみに、笹尾の本姓は伊丹で、すなわち伊丹神大夫は笹尾喜左衛門の祖先に当たる人である。

御状披見仕候、其面之様子、一々預示候、令承知候、長々御辛労、度々如申候、無申計儀候、先度以使礼申候処ニ、御懇報喜悦候、其国之儀、追々被仰出子細候条、急度被明御隙、可有御帰朝候之条、其刻連々儀可申承候、猶羽田長門守可申入候、謹言、

五月十八日　　秀　保（花押）

筑前侍従殿

これは「小早川家文書」一に収めてある秀保の書状で、筑前侍従すなわち小早川隆景に宛ててその長陣を労ったものである。朝鮮役文禄の陣には、隆景は文禄元年（一五九二）四月肥前国名護屋を発してかの地に渡り、善戦すること一箇年余、同二年閏九月帰朝しているから、この書状が文禄二年のものたるや明らかである。そして『駒井日記』の文禄二年十月六日の条によれば、秀保は同二年閏九月二十五日に軍代たる藤堂佐渡守高虎と共に名護屋を引上げて下関まで帰著しているから、同年五月には秀保も名護屋におったことが明らかである。

返々、頓民法かたへ被仰出候様可申上候也、

其方隙明次第関白様へ罷出、直伝八事今度之御供可召連候、諸大夫之事可申上候、次ニ渡辺須右衛門両人をも諸大夫になしたく候間、此旨可申上候、謹言、

卯月五日　　秀　保（花押）

（端書）〆　藤堂佐渡守殿　　秀　保

これは保阪潤治氏所蔵文書にあるもので、年代について詳かなことは分からないが、藤堂佐渡守高虎に宛てて、近臣の任官を関白秀次に申請せんことを依頼したものである。秀次は文禄陣には京都聚楽第におったし、そこへ高虎が罷出るとあるからには、文禄二年閏九月上洛の後、すなわち文禄三年の書状ではあるまいかと思われるのである。そ

して近臣の任官はすなわち名護屋在陣の功に報いるためのものであったに違いあるまいと思う。

この三通の書状に見られる秀保の花押は秀次の花押の一つと同系統の、しかも酷似せるものであって、秀次の弟としてはもっともなことと思われるのである。

以上述べた如く、大和中納言の本名は秀保であって、秀俊とするのは誤伝であるとすれば、甫庵『太閤記』十六所収の文禄三年二月二十七日および二十九日の記事に花見の歌を詠んでいる中納言秀俊とは何人であろうかということも問題になってくる。そしてこの問題を解決しなければ治まりがつかなくなってくる。しかしこれについては、近く稿を改め、「小早川秀秋伝補遺」と題して卑見を述べるつもりであるから、詳細はその方に譲ることにし、次には大和中納言の病名、薨去の状態、および薨去の年月日について世伝の謬説を是正してみようと思う。

四

大抵の記録には、大和中納言の病名を癩疾とし、その薨去を横死としている。一例として『武徳編年集成』の記するところを左に掲げてみる。

文禄三年是年、大和、紀伊、和泉三州ノ牧権中納言従三位豊臣秀俊横死ス、是人ハ秀吉ノ舎弟権大納言秀長養子、実ハ三位法印一路ガ庶子ニテ、当関白秀次ノ連枝ト云々、無双ノ悪人ニテ、無科ノ士庶ヲ若干殺害スルノミナラス、南都猿沢ノ池、法隆寺堂前ノ池ハ、往古ヨリ殺生禁断勿論ノ処ニ、網ヲ下シ魚ヲ得テ、其所ニテ調味シ、暴悪至ラサルコトナシ、遂ニ癩疾ヲ患ヘテ、吉野十津川ノ温泉ニ浴シケル、折柄、吉野川ノ上西川ノ滝ニ逍遥シ、数十丈ノ岸壁ヨリ下ヘ、児小姓ニ飛ヘキ旨下知スル所ニ、彼者怺ヘス、飛蒐リテ秀俊ヲ抱キナカラ深流ヘ飛落テ、共ニ微塵ニナル、秀俊ニ未タ其子ナキユヘ、三ケ国ヲ収公セラレ、適々相従フ国侍ノ内、箸尾宮内少輔行春、十市常陸介、布施左京亮ノミ旧領ノ内懸命ノ地ヲ賜ハリ、秀吉へ直参シ、其余国士給人皆流浪ス、

とある。なお『公卿補任』にも横死としてあることは、既に掲げた如くである。しかしながら、これらはすべて後世の俗説であって、訂正すべきところが多いのである。以下『駒井日記』によって実情を究め、大和中納言のためにいささか弁護の労をとってみよう。

大和中納言の病気に関する記事の初見は、前掲の『駒井日記』文禄四年四月十日の条に見える通りであるが、同十一日の条には、

一大和中納言様御煩為御見廻、被成御書、幷大かみ様へ御書被遣、

とあり、同十二日の条には、

一大和中納言様為御見廻、十津川へ赤尾久助被遣、則被成御書、大かみ様も同前之事、

一中納言様御煩出候と清須建性院（三好一路）様為御諚、丑刻より早道遣、

とあり、大和中納言の発病した場所が大和の十津川であったことがわかる。なお日記の文中に建性院とあるのは大和中納言の父三好法印一路、大かみ様とあるのは同じく母瑞龍院木下氏ですなわち秀吉の姉に当たると伝えられている人である。

次にその病状については、同十二日の条に初めて、

一中納言様御煩之儀、ほうさう（疱瘡）にて無之由、去十一日申刻、藤堂佐渡（高虎）方より西尾豊後、生駒内膳方え書状、孝蔵主より為持御越、則返事子之刻に遣、

と見え、同十三日の条には、

一大和中納言様御煩、ほうさうにては無之、ゆほろしとやらんとのよし、去十一日十津川より注進有之、

と見え、病名は、疱瘡ではなくゆほろしとかであると記されている。ゆほろしという病気は、よくはわからないが、麻疹のことをのけほろしといい、またその一種にかさほろしというものもあったから、麻疹の一種であろうと思われる。が、同十六日の条を見ると、

一中納言様疱瘡、去十六（四カ）日夜半より養安（曲直瀬正琳）薬被聞召、御験之由、

一去八日之朝より同十二日之昼迄雲斎薬、昼より十三日夜半迄盛芳院（吉田浄慶）薬、同十三日夜半後より養安薬被聞召、十四日之巳刻より御験之由申来、

とあり、病名はまた疱瘡と記している。かくの如く病名は明らかでないが、疱瘡か麻疹に類した症状の現われる病気であったらしい。そして吉田浄慶および曲直瀬正琳の投薬に依って、十四日には少しく快くなったことはわかるのである。さらに同十七日の条を見ると、

一十津川より夜前注進状、盛芳院、養安書中に、中納言様御気色、去十五日暁より少御熱気撿、御息撿あらく成申由有之、兎角出物多、彼是気遣之由、重而医者竹田法印（定加）被遣、

とあり、その病状の大体がわかるのである。そしてこの病状を以て見れば、前掲記録の世説の癩病というのはむしろ当たっていないようである。かくして同十八日の条には、

一大和中納言様去十六日之暁被成御他界由、御使に被遣候太郎右衛門巳刻ニ伏見え罷帰申上、

と見え、十五日の暁から再び病が改まり、十六日の暁に薨じたことがわかるのである。故に大和中納言が十津川に於いて溺死したなどという横死説は、単なる俗説風評か、もしくは訛伝に過ぎないと思う。何となれば、中納言の病は薨去の前日すなわち十五日の朝より一層重態になったことが『駒井日記』の記事によって明らかである以上、薨去当

日の十六日に吉野河畔を逍遥して小姓の勇気を試みたというようなことは、事実として信じられないからである。

なお大和中納言薨去の年月についても俗説を是正し得るのであって、すなわち前掲の『武徳編年集成』には文禄三年とし、野史などは文禄三年四月二十五日としているが、『駒井日記』の記事を一読すれば、これらの記録の所記が誤りであって、大和中納言の薨去は文禄四年四月十六日とすべきであることが分かるのである。『言経卿記』文禄四年四月二十日の条には、

殿下へ参候、一昨日大和中納言（殿下御弟）御遠行由云々、不可説云々、十七歳也、見舞ニ登城了、御対顔了、

とあり、また興福寺の多聞院英俊の日記の文禄四年四月十二日の条には、

中納言トツ川え入、煩トテ方々祈禱在之、

と見え、同十五日の条に、

中納言死去必定也ト云々、

とあり、四月十八日説、四月十五日説もあるけれども、同じく日記でもこれらは恐らくは伝聞訛を生じたものであろうと思われる。そうして『高野山過去帳』にも、

瑞光院贈亜相花岳好春（大和中納言文禄四年卯月十六日卒十七歳）

とあるから、矢張り、『駒井日記』の四月十六日説が正しいと思うのである。

五

以上、主として『駒井日記』によって、大和中納言の事跡について世伝の謬説を是正したのであるが、要するに、

その本名は秀保とすべく、痘瘡か、もしくは麻疹の一種によって、文禄四年四月大和十津川に療養に赴いたが、病情次第に重くなり、薬石効なくして、四月十六日に至って病死したと見るべきであろうと思う。

【付記】　読む際の便宜を図るため、旧字体は常用漢字に直し、一部の旧仮名遣いも改めた（編集部）。

Ⅶ　『聚楽行幸記』の御虎侍従について

北堀光信

天正十六年（一五八八）四月十四日から十八日までの五日間にわたって、豊臣秀吉は京都、内野に建設した聚楽亭に後陽成天皇を招いた。秀吉の御伽衆の一人である大村由己が、この聚楽亭行幸の様子を、『聚楽行幸記』として記録している。

御虎侍従は『聚楽行幸記』行列の記述箇所に名があり、武家の公家成で構成されている行列（以下、武家公家成の行列と略す）の前から七番目、金吾侍従の次に位置している。

加賀少将利家朝臣（前田利家）。津侍従信兼朝臣（織田信兼、信長の弟、織田信包）。丹波少将秀勝朝臣（羽柴小吉秀勝）。三河少将秀康朝臣（徳川秀康）。三郎侍従秀信（織田秀信）。金吾侍従（秀吉養子期、羽柴秀俊、小早川隆景養子期、小早川秀秋）。御虎侍従。左衛門侍従義康朝臣（斯波義康(1)）。東郷侍従秀一朝臣（長谷川秀一）。北庄侍従秀政朝臣（堀秀政）。松加嶋侍従氏郷朝臣（蒲生氏郷）。丹波侍従忠興朝臣（細川忠興）。（後略）

聚楽亭行幸の武家公家成の行列は、羽柴小吉秀勝ら秀吉の一族が三人、織田信兼ら織田信長の一族が四人、前田利家ら織田政権の旧家臣が十五人、大友義統ら西国の服属大名が二人、徳川家康の子である徳川秀康、家康の家臣である井伊直政、御虎侍従という二十七人で構成されている。

これまでの聚楽亭行幸の行列の研究、武家官位制の研究により、武家の公家成で行幸に参加している者の名前は、ほとんどが明確になっている。御虎侍従についても、李啓煌氏が補注で加藤清正と述べている。(2) しかしその他の研究ではほとんど不詳とされており、いまだ定説をみていない。そこで本稿では、御虎侍従が誰に該当するのかを明らかにしてみたい。

加藤清正は御虎侍従に該当しない。なぜなら清正は行幸が行われている時、天正十五年八月に起こった肥後一揆の鎮圧に参加している。そのため清正は、行幸に参加していない。また肥後一揆鎮圧に関する文書では、清正は御虎侍従ではなく、「加藤主計頭」となっている。御虎という名前だけで、御虎侍従を明らかにするのは困難であると考えられる。

そこで『聚楽行幸記』の記述の特徴から、御虎侍従について考えてみたい。御虎侍従は、『聚楽行幸記』全体の記述のうち、行列以外に見られない。また金吾侍従と共に、武家公家成の行列の六番目、七番目に位置している。金吾、御虎の二人の後方には、少将の前田利家を除いた織田政権の旧家臣十四人など、計二十人が従っている。金吾は衛門府の唐名であり、当時秀吉の養子である羽柴秀俊のことである。秀俊の幼名は辰之助であるが、秀吉などからは金吾と呼ばれている。金吾は秀吉の一族である。このことから金吾と並んでいる御虎も、金吾同様秀吉の一族であると考えられる。金吾、御虎の二人が、前田利家を除く織田政権の旧家臣らの前に位置することが出来たのは、秀吉の一族という理由だからと考えられる。

そこで聚楽亭行幸が行われた時すでに生まれており、かつ『聚楽行幸記』に記述されていない秀吉の一族を調べてみると、天正十六年正月八日、羽柴秀長の養子になった羽柴秀保の名前が浮上してくる。(3)

武家公家成の行列は、『聚楽行幸記』の他に『当代記』にも記述されている。『聚楽行幸記』が武家公家成の行列の構成者二十七人全員を記述しているのと違い、『当代記』は十五人しか記述していない。また『聚楽行幸記』が武家公家成の行列を順番通り記述しているのに対し、『当代記』はばらばらに列挙している。しかし記述されている者については、「羽柴筑前守」＝「加賀少将利家朝臣（前田利家）」、「丹波少将」＝「丹波少将秀勝朝臣（羽柴小吉秀勝）」のように、基本的には『聚楽行幸記』と合致しており依拠することが出来るであろう。『当代記』には、「大和大納言養子馬」という記述がある。「大和大納言養子」は羽柴秀保のことであるが、『聚楽行幸記』に合致する者はいない。この『当代記』の「大和大納言養子」が、『聚楽行幸記』で名前が明確ではない御虎侍従であろう。

また金吾と御虎の並びは、聚楽亭行幸の武家公家成の行列以外、官位叙任でも見られる。両者が元服し秀俊、秀保となった後、天正十九年十一月八日、同時に参議、従四位下に叙任されている。また天正二十年正月二十九日、同時に中納言、従三位に叙任されている(4)。金吾、御虎の並びからも御虎侍従は羽柴秀保と考えられる(5)。

以上のように、武家公家成の行列の構成、御虎と同じく幼いながら行幸に参加している金吾との関係などから御虎侍従を秀吉の一族と推定した。そして『当代記』の「大和大納言養子」の記述を検討し、御虎侍従は羽柴秀保であると考えた。

註

（１）義康は従来、里見義康とされてきた。しかし里見義康の公家成叙任は、天正十九年三月一日である。義康は、天正十三年十月六日、公家成に叙任された斯波義近（康）と考えられる（下村效「豊臣氏官位制度の成立と発展」、『日本史研究』三七七、一九九四年を参照）。

（２）李啓煌「近世武家官位制の成立過程について」（『史林』七四―六、一九九一年）。

（３）『多聞院日記』天正十六年正月八日条。記述は「大納言殿（羽柴秀長）へ次兵衛殿（羽柴秀次）の弟為養子被越云々（後略）」である。

（4）官位叙任については、下村效「天正　文禄、慶長年間の公家成・諸大夫成一覧」（『栃木史学』七、一九九三年）、『公卿補任』などを参照。

（5）秀保が侍従であることを示す史料は、『多聞院日記』天正十八年六月七日条にある。秀吉などが熊野に鰐口を寄進した記述である。この寄進者の一人に、「豊臣朝臣侍従公　大納言養子也」とあり、秀保が侍従として記述されている。

Ⅷ　一庵法印なる人物について

播磨良紀

『紀伊続風土記』によると、和歌山城は天正十三年（一五八五）三月二十一日に鍬初めが行なわれ、その普請奉行として藤堂和泉守・羽田長門守・一庵法印の三名があたったという。この普請奉行のうち、藤堂和泉守は藤堂高虎、羽田長門守は羽田正親であり、ともに豊臣秀長の家臣である。さて、もう一人の一庵法印とはいかなる人物であろうか。

一庵法印は、秀長の居城である大和郡山城に、自らの名を付した「一庵丸（法印郭）」という郭を有するほどの秀長の有力家臣であった（『郡山町史』）。史料上にもその名が散見するが、従来その存在は明らかではない。小稿では、秀長、そしてその後秀保に仕えた一庵法印について考えてみたい。ただ、現在、関連史料を蒐集しえていない段階のため、中間報告の域を出ていないことをお断りしておく。

一、一庵法印と大蔵卿法印

天正十三年、羽柴（豊臣）秀長は、大和・紀伊・和泉、そして伊賀国の一部を領した。そのころから、史料に一庵とか、一庵法印、また一晏法印といった名前がみえる。この一庵とは、『戦国人名辞典』によれば、横浜一庵とあり、生年未詳で一五九六年に亡くなったとしている。以下その項では次のように記す。

　光慶と号したか。秀長つぎに秀保の臣、文禄三年秀保の死後秀吉に仕う。慶長元年閏七月十二日伏見の大地震のとき横死（伊藤文書・川角太閤記）。

これによると、一庵は、横浜一庵光慶という名になる。「伊藤文書」（東大史料編纂所蔵影写本）所収の年未群（天正十三年ヵ）九月日付の筒井地下中宛の書状では、横浜一庵と署名しており、苗字が横浜であったことがわかる。しかし、この史料以外では、横浜という名ではみえておらず、一庵（一晏）が通称されていたのであろう。

ところで、『多聞院日記』（以下『日記』と略す）天正十八年（一五九〇）二月十一日条では、次のような記載がある。

一晏法印署名・花押
（『郡山市史』所収）

大蔵法印署名・花押
（『郡山市史』所収）

　従一庵大蔵卿法印、於春日神前祈禱事以折帋申来、当年四十二才、
　誕生日八十一月三日ト使忠伝申

『戦国人名辞典』では生年を未詳としているが、この記事にみえるように、天正十八年で四十二才であることから、天文十九年（一五五〇）生まれということがわかる。ここで注目すべきは、「一庵大蔵卿法印」とみえていることである。読み方によれば、「従一庵、大蔵卿法印」と二人の人間とも思われるが、そのように読めば、この文章では使が大蔵卿法印と忠の二人となり、不自然である。したがって、一庵＝大蔵卿法印とみるべきである。

従来、この一庵と大蔵卿法印は、別人物として取り扱われてきた。確かに、『日記』などをみても、同一人物が一庵や大蔵卿法印と区別

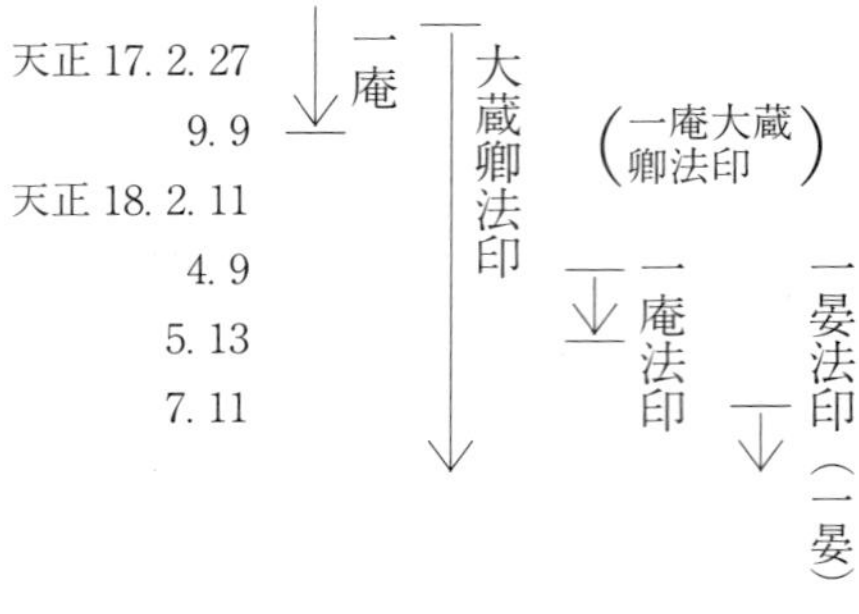

表１　『多聞院日記』にみえる一庵名前変遷表

なく記載されており、混乱しやすい。しかし、八月二十二日付の「一晏法印・小堀政次連署状」（春岳院文書）にみえる一晏の署名・花押、また前述の「伊藤文書」の一庵の署名・花押と、正月十一日付「大蔵法印書状」（『阪南町史』上巻所収、ただし、『同町史』では、「前田玄以書状」と誤まっている）の大蔵法印の署名・花押と比べても全く同一のものであり、一庵＝大蔵卿法印は間違いない（図版参照）。大蔵卿法印は官職名であるから、これは名乗り方の違いで、このように史料にあらわれるのは当然である。

それでは名前は何というのであろうか。『戦国人名辞典』では光慶としているがその根拠は明らかではない。先に引用した文書の署名部分をみても、名前は難解でわかりにくい。『大和古文書聚英』や『郡山町史』などでは、「良慶」と読んでいる。それでは、『日記』にはどのようにみえるのであろうか。『日記』天正十五年四月朔日条では、一庵が歌を詠み、そこで「良慶」という名がみえる。そしてその横に「一庵代ニ宗実（英）沙汰之也」とある。つまり、この歌は良慶の名でみえているが、代わりに宗英が詠んだものという注記がされているのであり、一庵＝良慶とわかる。さらに、『日記』天正十八年二月十一日条では、一庵が祈禱を行なっているが、同月二十一日条では、そのことについて「良慶法印祈禱」と記しており、一庵が良慶という名であったことは間違いない。

さて、一庵は、一晏とも記載されるが、どちらが正しいのであろうか。『日記』をみていくと、両方の名ともみえるが、一庵と称するのは天正十八年ごろまでで、それから後は、一晏法印、もしくは一晏とみえる。もう少しこの名前の変化を、『日記』で細かくみたものを表にしたのが表1である。

このように、剃髪をして法印号を名乗るのは、天正十七年二月ごろからで、一晏の名に変わるのは天正十八年七月以降である。したがって、一庵と一晏の名は、両方とも間違いではなく、名乗る時期の違いといえよう。

以上のことから、一庵という人物を正確に記すならば、横浜一晏（一庵）大蔵卿法印良慶となる。一晏を一庵としてもよいが、後年改めているので、通称するには一晏の方がよいであろう。

二、横浜一晏良慶の役割

それでは、この横浜一晏良慶はいかなる人物であろうか。その出自は全く不明である。父親は四郎三郎といい、天正十九年正月九日に喧嘩で亡くなっている（『日記』）。また、妹ムコは四木甚左衛門といい、これも同二十年五月二十九日紀州で死んでいる（『日記』）。どちらも他の史料にはほとんどみえず、重要な人物とは到底思われない。このことから考えるならば、おそらく出自も大名家クラスではなく、良慶自身が秀長にとりたてられ成長していったものであろう。また、私のみる限り、良慶が史料上にあらわれるのは、秀長が大和に入国してからであり、もともと大和出身ではなく、秀長とともに入ってきたものと思われる。

はじめに述べたように、良慶は『紀伊続風土記』に普請奉行として名前がみえるが、『日記』天正十四年二月二十四日条にも「普請ノ奉行一庵」とあらわれる。また、春日社の築垣の造成などにもかかわっており、入国当初ごろは普請奉行の役割を果たしていたものらしい。

さらに、『日記』をみると、秀長と興福寺との取りつぎ的役割を果たしている。この取りつぎ的役割は、高野山が検地を延ばすことを豊臣政権に述べているとき、「一法印へも重而被仰越候」（高野山文書）とみえていることからもわかる（藤本清二郎　井戸佳子「紀州における太閤検地と石高制の成立」）。「郡山城主記」（『大和郡山市史』史料編）では、良慶は秀長の三家老の一人で、そのトップの五万石を領したといわれる。秀長と一番に結びついた家老であったのであろう。

ここで、良慶の役割を示すのに注目すべき史料がある。秀長が亡くなる数ケ月前の『日記』天正十八年十月二十日条で、秀吉が秀長死後の事を述べている。

跡ノ様ハ一晏ニ具ニ被仰渡、和泉ト伊賀トハ余人ニ被遣、紀伊国・当国（大和）ハ不替侍従殿（秀保）被遣間、一晏法印代官トシテ養子之侍従ヲ守立ヘキ由被仰付了

また、秀長が亡くなった直後の翌十九年正月二十七日条でも、

跡之儀与力・大名・小名知行以下聊不可替、侍従殿守立テ、万事各一晏法印次第ニ可被相随トノ御儀也

とある。すなわち、秀長の病死後は、その跡目として養子の秀保が継承したが、万事は良慶がとりしきるのであった。秀長死後の良慶は、まさしく大和・紀伊などを領する秀保の最重要家臣であり、郡山城に「一庵丸」が設置されうるほどの人物となったのである。

以上、まとまりのないことを書きつらねたが、和歌山城の普請にあたった一庵法印という人物は、横浜一晏大蔵卿法印良慶といい、秀長・秀保の重要家臣であった。豊臣期の紀州を考えるうえでも重要人物であることは間違いない。今のところ、良慶の文書は、紀州でもいくつかみえるが、良慶のこういった地位を考えるならば、その文書のもつ意味も変わってくるのではないであろうか。良慶の位置づけについて論じるには、まだまだ不充分であるが、今後多くの史料を収集し、再検討を他日に期したい。

Ⅸ 大和郡山城代 横浜一庵について

寺沢光世

一、一庵の一族

横浜一庵正勝は豊臣秀長・秀保の筆頭家老である。天正十三年の秀長の大和入封直後に多武峰《とうのみね》へ宛てた文書には横浜一庵とあるが（『談山神社文書』）、後に大蔵卿法印に叙任されてからは、姓なしの一庵法印、一晏法印とも名乗り、名も良慶と改めた。

一庵は『宗国史』によると本国は近江で、その室は長越前守連久の女である。越前守は『長氏家系略伝』（大日本史料）によると、秀長の但馬時代に城崎郡林甫城主や逢谷城主を歴任し、長男の弥次郎は『多聞院日記』によると一庵の家臣とある。『多聞院日記』には一庵の継父の四郎三郎や妹聟で『竹生島奉加帳』（東浅井郡志）にも名が見え天正二十年に亡くなった四木甚左衛門などの事が記されている。

長越前守には『宗国史』によると、男二人女五人の子があり、長女は宮部継潤室であったが、後に再婚して藤堂高虎の後室となった。次女は一庵の室であるが、一旦藤堂高虎の養女になっている。この縁で一庵の女の一人は高虎の外孫の半井成近の室となった（『寛政重修諸家譜』）。又、もう一人の一庵の女は小堀新介正次の側室で正春の母である（森蘊『小堀遠州』）。

秀長の家中は横浜一庵・小堀新介・井上源五等の家老グループと藤堂佐渡守高虎・杉若越後守・羽田長門守正親等の与力グループに分かれていた。家老も与力も家中では大身であり、発言力も大きかったが、戦時における軍役のかかり方は全く異なっており、家老は留守居役、与力は従軍するように定められており、場合によって与力は秀吉の直属となる事もあった。

二、家老と与力

家老と与力の役が全く違う例として、天正十五年の島津征伐における一庵と藤堂高虎の差があげられる。この年の元日附の秀吉の軍令には秀長は二月十日に人数一万五〇〇〇で出陣とある。この時の一庵の行動については山城鳥羽の水陸運を司ってきた大沢家文書（『近世淀川水運史料集』）に次のようにある。

中納言様《（秀長）》御出陣渡舟事、関白様如レ此被二仰出一候。然者御人数可レ為二一・三万一候間、舟数を相催、来八日ニ橋本之渡へ舟をそろへ候へと、淀之与三郎・同孫次郎に其方□□《（よりカ）》急度可レ被二申付一候。聊不レ可レ有二油断一候。恐々謹言。

二月五日　一庵

良慶（花押無）

大沢殿　御宿所

この文書で大沢氏のいる鳥羽は鴨川の最下流（現京都市南区・伏見区）で、河村与三郎（与三右衛門）・木村孫次郎（宗右衛門）のいる淀は鴨川と合流した桂川の下流にあり、舟を揃えた橋本の渡は桂川・宇治川・木津川の合流点、即ち淀川の始点に当たる。一庵はこの辺りの事情に通じており、秀長の軍勢が無事に出陣できるように奔走していたのである。

　このように従軍せず郡山の留守居として出陣準備の裏方に徹していた一庵に対し、藤堂高虎の場合は秀長に従軍しながら、秀長の本隊とはかなり別行動をとっていた。

　例えばこの時、大村純忠が長崎をイエズス会に寄進していたのを知った秀吉は『長崎根元記』（海表叢書）によると、

　因レ茲御領に被二召上一、為二御使一藤堂佐渡守被二差下一。又翌年寺沢志摩守・藤堂佐渡守両人被二差下一、長崎見分有レ之。

とあるように長崎教会領没収の使者として藤堂高虎を派遣している。高虎が秀長の命ではなく、秀吉の直接の命令で動いた事は『増補長崎略史』（長崎叢書）の次の文書が示している。

　肥前国長崎津事、為二御奉行一両人被二仰付一候条、得二其意一、諸事如二有来一可二申付一候。諸商人・町人不レ謂儀於二申懸一者、可レ為二曲事一候条、下々入念可二申付一候也。

　　六月廿四日（秀吉朱印）

　　　寺沢志摩守殿

　　　藤堂佐渡守殿

　寺沢志摩守正成は天正二十年に初代長崎奉行になった人物で、秀長の家臣ではない。だから藤堂高虎は秀長の家臣でありながら、その一方では秀吉の命令を優先させており、秀長とは関係のないところでも活躍していたのである。これは与力の大きな特徴である。

三、一庵＝小堀体制の確立

先に述べた通り一庵は秀長出陣中の留守居として大きな役割を果たしたのであるが、戦時以外でも一庵の内政上の役割は大きなものがあった。その政治活動の基本姿勢となったのが一庵＝小堀体制の確立である。一庵と小堀新介の連署状は文禄二年五月二十九日附の花井・河合百姓中宛の置目写が『紀伊続風土記』に収められているが、ここでは秀長の城下町大和郡山の春岳院文書（秀長の菩提寺、『大和古文書聚英』）のものを紹介しておく。

以上

其町中地子之事、自㆓当年㆒可㆑被㆑成㆓御免㆒之旨被㆓仰出㆒候、可㆑成㆓其意㆒候。猶帰候て様子可㆓申聞㆒候。謹言。

八月廿三日　一晏法印

良慶（花押）

小堀新介

正次（花押）

郡山町中

この文書は郡山の地子を免除したものであるが、一庵＝小堀体制の確立はその後大きな力を発揮する事になる。天正十七年十二月、秀長が重病になると一庵はただちに興福寺に平癒祈願をした（『蓮成院記録』）。

秀長卿御煩早速御本腹之様、於㆓神前㆒可㆑有㆓御祈禱㆒候。為㆓御布施㆒八木二百石被㆑進之候。被㆓抽精㆒誠御礼目出可㆑有㆓進上㆒候。恐惶謹言。

十二月廿五日　　大蔵卿法印
良慶　判在
興福寺御中

しかし、秀長の病は一進一退を続け、翌十八年十月には秀吉は秀長の養子の侍従秀保（秀次の弟）の相続と実際の政務を一庵に任せる事を確認した。森蘊氏は『小堀遠州』の中で十月十九日附秀吉朱印状の「与力大名小名以下聊不レ可レ替、侍従殿守立テ、万事各一晏法印次第ニ可レ被二相随一」という部分を引用され、与力の語が当時から使われていた事と一庵が筆頭家老であった事を明らかにされている。そして天正十九年正月二十二日秀長が郡山城中で没すると、予定通り秀保が十三歳で相続した。この後も一庵＝小堀体制によって天正二十年六月十日に連署の禁制を出したりして内政の安定を図っている（春岳院文書）。

四、大仏造営と一庵

一庵が秀保の代にも陰の補佐役に徹した事は当時の方広寺大仏殿の造営においても確認できる。『大仏殿御造営目録請取申御米之事』（天理図書館善本叢書『古文書集』）の天正十九年分には十二月十二日に一晏法印と小堀新介が合わせて二一五〇石を出した事が見える。これは日本国の木奉行寺沢越中守弘政（長崎奉行寺沢志摩守の父）と河内若江郡の代官で実質上の大坂城代であった大宰帥法印歓仲とがそれぞれ八月二十七日に出した五〇〇〇石に次ぐもので、豊臣政権のナンバー2の面目を保っている。また翌年にも寺沢越中守が三〇〇〇石を納めた十月に、前年と同額を一晏法印と小堀新介の連名で秀保の代理として納めている。

この大仏造営についても藤堂高虎と比較してみると、藤堂の場合は与力であるから、次の『宗国史』の秀吉朱印状写に見られるように別行動をとっている。

急度被㆓仰出㆒候、大仏足代材木之事、長さ二間木・二間半木・三間木、二人持・三人持、合二万本、来月十日以前に可出候。材木共直なるを入㆑念可㆓申付㆒候。猶寺沢越中守可㆑申候也。

卯月二十二日　朱章

藤堂佐渡守とのへ

つまり一庵に対する命令は即ち秀長・秀保に対する命令を意味するが、藤堂に対する命令は必ずしも秀長・秀保に関係するものとは限らないのである。

五、一庵の最期

このようにひたすら陰に徹してきた一庵も秀保の朝鮮出陣中にはしばしば京・伏見に赴いており、文禄二年閏九月二十三日には伏見での秀吉の茶会に出席している（『駒井日記』）。ところが文禄四年四月十六日に秀保が急死するという不測の事態が起こった。『駒井日記』四月二十二日条には「大和衆大上様に牢人被㆓結居㆒候衆」として大蔵卿法印、横浜民部少輔、小堀新介、同作介、羽田長門守、藤堂佐渡、同内膳、桑山式部大輔等の名が見える。これ以後の『多聞院日記』に一庵の名が見えない事から、一庵は新しく郡山に入封した増田長盛の家臣とはならずに、大和高取城主で壱岐勝本の城代兼代官になったといわれる本多因幡守利久のような独立した大名になったと考えられる。

そして一庵の最期については『華頂要略門主伝』文禄五（慶長元）年閏七月十二日条に次のように記している。

夜半過大地震。（中略）伏見殿天守以下破損、女房数百人相果云云。和州大蔵卿法印一晏依二当番一矢倉詰不慮死去。

この青蓮院門跡は多武峰と本末関係にあったのでしばしば郡山に赴いており、一庵とも面識があった。和州大蔵卿法印としたのは京の大蔵卿法印（『大日本古文書』醍醐寺文書等参照）と区別するためである。伏見で慶長大地震によって没した一庵の生涯はひたすら陰に徹し主君の補佐に務めたものであった。

一庵の没後、子（一説に弟）の横浜民部少輔（茂勝、正行）が播磨の内で一万七〇〇〇石を領したというが、詳細については明らかではない。あるいは民部の領国は大和にあったともいう。関ケ原の役の時には一庵＝小堀体制によって共倒れにならないように、民部は西軍に、小堀は東軍にそれぞれ味方した。戦後、民部は所領を没収されたが、その子で山城笠置で生まれた横浜内記正幸は、藤堂高虎が伊予今治から伊勢津二二万石に加増転封された慶長十三年に、小堀新介の子遠江守政一の肝煎によって、藤堂藩に五〇〇石で召抱えられた（『宗国史』）。この時には一庵＝小堀体制のような政治的なものではなく、むしろ秀長時代以来の縁故が大きく関係している。

秀長の家老横浜一庵・小堀新介と与力藤堂高虎の三人は同じ近江出身者ということもあって固く結束していたが、特に一庵は一生を裏方として秀長や秀保を守立ててきた点で、真の筆頭家老として評価できるのではないだろうか。

X　紀州雑賀城主 吉川平助について

寺沢光世

一

紀伊雑賀城主吉川平助は、天正十三年から十六年まで秀長から紀伊一国の支配を任されていた人物である。しかし、平助の孫の庄兵衛は町人になり、その子は京都三条通菱屋町（現京都市中京区菱屋町付近）に住み松屋庄太夫と称している。『多聞院日記』に、

平介ト云人、大納言殿ヨリ紀伊国ノ大将トシテ、サイカニ城拵、富貴シテアリシ（天正十六年十二月七日条）

とまで記された平助の子孫がなぜ武士を棄てたのか。このことについて庄太夫は、

庄太夫曾祖父吉川平助与申者、信長御代伊勢大湊西紀州浦迄之船奉行致候。太閤御時代知行七千石被レ下、紀州湊ニ被レ置候処、其後致二浪人一候。（『譜牒余録』洛中洛外町方并寺社門前より出候書付）

と、平助が浪人したことを理由にしている。一方、『多聞院日記』では前の引用文に続いて、

熊野山ノ木ヲ売ヘキ由被二申付一、二万本ヱリ切テ大坂へ遣、ウリテ代金毎月過分ニ上レ之、関白殿へ被レ聞、曲事トテ被二召捕一、一昨日五日於二西大寺一被レ誅了。主ニハ一円無過事也。大納言殿天下ノ面目失儀也。跡ニ金子七百枚持テ上レ之云〻。女・子共ハ不レ苦云〻。不情不便ノ次第也。

と、熊野の木材流用の罪で処刑されたと記されている。この平助の処罰については当時在京中の島津義弘が確認しており、国元の伊地知重秀に宛てて、

大仏殿材木之儀付、紀州ニて山奉行吉川平介と申候ハ、不二相届一儀在レ之由候て、首をはねられ、於二洛中一さらされ候。是も材木不料簡之故候。彼御使被レ仕三人、そぶ江久内・たきの藤三・山しろ小三司暦〻の御衆にて、尤数日籠ニ被二入置一、被レ遂二御糺明一、いたりて無二其科一候由被二聞食一分、身命をハたすけをかれめし失候。漸九州之内ハ心安く有へき由、被二仰出一候なと、申散し候、是にてよく〳〵御分別有へく候。

（『鹿児島県史料』旧記雑録後編　天正十七年正月二十三日附書状）

と書き送っている。この史料からも、天正十六年十二月の平助の処罰が大名・寺社に大きな衝撃を与えていたことは明らかである。

二

吉川平助の古文書上の初見は『譜牒余録』所引の徳川家康書状である。

就二今度船之儀一、被二馳走一、大湊迄着岸、喜悦之至候。然者、当国迄無二異儀一渡着候、可二心安一候。恐惶謹言。

権現様

十一月十二日　御諱御判

吉河平助殿

この書状は本能寺の変で家康が伊賀を越えて伊勢から帰国しようとした際、平助が船の手配をしたことに対する礼

状である。

その後、平助は出石城主になった秀長附きとなり、但馬に移ったが、時には秀吉からの直接の命令で動くこともあった（『坂田郡志』）。

よし川平助、急之夫に遣候間、きの崎郡たか野の浜衆、平助申次第かこ《加子》に可二罷出一者也。

六月八日　　秀吉（花押）

きの崎郡

たかの浜

百姓中

この文書は、秀吉が吉川平助を通じて但馬城崎郡竹野浜から水夫を徴発した時のものであるが、命令系統から秀長がはずれている事から、平助は与力として秀長に仕えた事が確かめられる（なお与力に関しては、本書第2部の拙稿「大和郡山城代横浜一庵について」を参照されたい）。

そして天正十三年の秀長の大和郡山移封に従い、平助は紀州に移った。紀州時代の平助の史料は極めて少いが、秀長の家臣の藤堂佐渡守高虎と羽田長門守正親の連署状が『山内家史料』所収東浅井郡南部晋文書にあり、そこに平助の名が見える。

天正拾六年吉川平助書上申候長浜与六手前金子銀子料足悉相済申候間、其御心得可レ被レ成候。恐々謹言。

天正十八　　藤佐（花押）

正月八日　　羽長（花押）

山対州様

人々御中

また平助の権限については、熊野を中心とした山林を支配していたほか、雑賀に居城があった。庄太夫の書上は居処を紀州湊としているが、現在の湊は和歌山市の紀ノ川北岸に現存する地名で、架空のものではない。しかし、秀吉の紀州攻めの時に最も有力であった鈴木氏が熊野の出身で、雑賀を本拠としていたことから考えると（『名古屋叢書続編』士林泝洄　雑賀家譜）、平助の居城は『多聞院日記』通り雑賀と断定できるのである。

三

平助の略伝は右の通りであるが、天正十六年十二月の事件は平助の名を全国に広める結果となった。折しも同年十月より方広寺大仏普請の諸大名の月番が始まっており（『豊公遺文』）、京で平助の首がさらされたことは、島津義弘などを恐怖の淵に陥れたのである。ただし、この事件については疑問がいくつかあり、平助が個人の権力だけで大坂で材木を二万本も売却できたのかという点、義弘の書状にある祖父江久内・たきの藤三・山代小三司の三人が使者の責任を果たせなかったという点などは、平助の権限にかかわる重要な問題である。

ここで特に重要なことは、大仏用材の調達が秀長の命ではなく、秀吉が直接平助に命じたものであるということである。島津義弘のいう御使とは秀吉の使者であるから、平助が大坂で売却できたとすれば、使者も処刑されて当然である。ところが使者も秀長も無事であったという事は、さらし首になった平助の罪の重さと矛盾しているのである。つまり平助は謀略によって材木を流用させられたのではないかという疑問が出てくるのである。

実は庄太夫の書上には平助の子の名前が記されていない。ところが平助没後の天正十八年四月附で熊野那智大社に寄進された鰐口銘の写には、願主に秀吉、奉行秀長、奉行代吉川平助（史料纂集『熊野那智大社文書』）とあり、二代目平助が秀長に仕えていたのである。『多聞院日記』に「女・子共ハ不苦」とあるのも事実であった。とすれば庄太夫の書上で浪人した平助は二代目平助だったことになる。

天正十九年正月に秀長が没し、紀伊は大和同様に秀保が相続したが、二代目平助はもはや、かつての権力は持ち得ず、管見の限りでは秀保時代の平助の史料は見当らないのである。平助浪人の時期は秀保の死亡時であると推定されるが、多くの遺臣と違って平助が秀吉の直臣にならなかったのは、父の平助の事件が尾を引いていたからだと思われる。

四

秀保時代の紀伊の木材は事実上、秀吉の直轄になっていた。特に大工の支配については『東浅井郡志』に文書が残っている。

大仏殿大工並杣大鋸事。和州・紀州・江州・伊州・丹州五ヶ国、能々相改可㆓召仕㆒候。殊其身者不㆓罷出㆒、下手大工を為㆑代出候輩、可㆑為㆓曲事㆒候。若無沙汰族於㆑在㆑之者、為㆓見懲㆒候条、堅可㆑被㆓仰付㆒候。然者給人夫役事、最前如㆓仰出候㆒、諸役有㆑之間敷候条、猶以右之通申聞候。自然召仕諸役懸候者、給人名を可㆓書付上㆒候。入㆑念悉被㆓召寄㆒、可㆓指急㆒候者也。

六月廿一日（御朱印写）

木食上人

寺沢越中守殿

この文書は初代平助存命中に出されたものであるが、秀長領の大和・紀伊・伊賀の大工徴発権は秀長が持っていたのではなく、秀吉が直接握っていたことが証明されている。そして、秀長の没後はその旧領の木材の処分権まで秀吉が握ることになる。

ところが天正二十年になると、秀吉は直臣である木奉行の寺沢越中守も処罰してしまった。この事件について『多聞院日記』は、

今度西ヨリ太閤御上ノ時、大木共数多クサリ浮テアリ。日本国ノ木奉行ハ寺沢越中守也。六万石ノ知行取、太閤一段御目ヲカケ被㆓召遣㆒六人之由也。此材木如㆑此クチクサラセタル事曲事也。大仏以下材木大切ナルニ、如㆑此所行曲事トテ御堪当ト云〻。

是ハ下地、小出播磨守ト河州御代官所ニテ此夏水事ニ散〻及㆓喧嘩㆒、其ネタミニテ太閤ヘ悪ク取成ス故ニ如㆑此云〻。小出ハ大政所ノ妹ヲ女房ニ沙汰之、一段御意吉也ト被㆑語了。

又、高野ノ木食モ堪当ニテ行方不知云〻。非慥ノ説ニハ、子細根来ノ朱柱数多在之シヲ、用所在㆑之間不㆑可㆑遣㆑之旨、寺沢ニ御下知ヲ木食ヘトラセタリ。今度御尋ノ処、木食遣タル由申、其外職人共直訴故ニ逐電歟ト云〻。

以上識善坊雑談了。

（天正二十年九月五日条）

と記し、越中守勘当の理由は材木だけではないと見ている。実はこの年の十月に大仏造営が一旦中止され（『甲子夜話』所引文書）、材木を文禄の役用の造船に転用する方針転換が行われた。木奉行の勘当は転換のきっかけ作りのために行われたのであり、越中守の子の志摩守を長崎奉行とするための策略でもあったと考えられる。その証拠に、失脚した父の所領を継げない志摩守が地方官として再出発を余儀なくされたのに対し、木食の復権は翌年に行われている。

このように見てくると、大仏造営は当初から大きな無理があり、平助を処刑して諸大名を威嚇するなど、秀吉にとっても苦しいものであった。二代目平助が浪人した原因は豊臣政権のひずみそのものにあるのであり、江戸中期の『諜牒余録』に名を残すほどの大商人となったのは賢明な選択であったのではないだろうか。

【付記】　本稿公表後の所見の変化は以下の通り。まず、吉川平助は秀吉の鳥取攻めでは水軍を率いており、竹野浜にとどまる活動ではなかった。関係文書は、近江の長浜の有力商人吉川三左衛門に伝来したが、滋賀大学経済学部附属史料館所蔵吉川三左衛門家文書の系図では吉川平助は吉川三左衛門の別名と記載されている。

しかし、処罰の事実があることから、長浜の系図では一族の吉川平助の事績だけを本家に取り込んで処刑事件を消したと考えられる。また、松屋庄大夫家の文書も大湊に迎えに来たことが書かれているだけで、大湊の有力者とは読めない文書である。伊賀越えでの貢献は同姓の別人の事績を取り込んだものと思われる（「御當家諸御役人方御差上先祖書之写并寺領之写」吉川源五兵衛の項、桑名市立図書館歴史の蔵デジタル化資料）。

秀長の領国経営において但馬の水軍、熊野の水軍の指揮を、琵琶湖の湖上交通を熟知するものが担ったことも含め、詳細の検討は他日を期したい。

【初出一覧】

総　論

柴裕之「総論　羽柴（豊臣）秀長の研究」（新稿）

第1部　羽柴秀長の立場と活動

Ⅰ　小竹文生「羽柴秀長文書の基礎的研究」（『駒澤大学史学論集』二七、一九九七年）

Ⅱ　小竹文生「但馬・播磨領有期の羽柴秀長」（『駒澤大学史学論集』二八、一九九八年）

Ⅲ　小竹文生「羽柴秀長の丹波福知山経営―『上坂文書』所収羽柴秀長発給文書の検討を中心に―」（『駒澤大学史学論集』二九、一九九九年）

Ⅳ　播磨良紀「豊臣政権と豊臣秀長」（三鬼清一郎編『織豊期の政治構造』吉川弘文館、二〇〇〇年）

Ⅴ　戸谷穂高「豊臣政権の取次―天正年間対西国政策を対象として―」（『戦国史研究』四九、二〇〇五年）

Ⅵ　三浦宏之「豊臣秀長と徳川家康」（『温故叢誌』七五、二〇二一年）

Ⅶ　小竹文生「豊臣政権の九州国分に関する一考察―羽柴秀長の動向を中心に―」（『駒沢史学』五五、二〇〇〇年）

Ⅷ　中野等「豊臣政権と国郡制―天正の日向国知行割をめぐって―」（『宮崎県地域史研究』一二・一三、一九九九年）

第2部　豊臣一門大名秀長の領国支配と一族・家臣

Ⅰ　秋永政孝「豊臣秀長の築城と城下政策」（柳沢文庫専門委員会編『大和郡山市史』第三章第二節、一九六六年）

Ⅱ　黒田智「豊臣秀長と藤原鎌足」（『戦国史研究』四四、二〇〇二年）
Ⅲ　播磨良紀「秀長執政期の紀州支配について」（『和歌山地方史の研究』宇治書店、一九八七年）
Ⅳ　三尾功「近世社会への歩み」（『和歌山市史』第一巻　自然・原始・古代・中世、第三章第五節、一九九一年）
Ⅴ　矢田俊文「豊臣氏の紀州支配」（『和歌山県史』中世第四章第二節第四項、一九九四年）
Ⅵ　桑田忠親「羽柴秀保につきて」（『国史学』一九、一九三四年）
Ⅶ　北堀光信「『聚楽行幸記』の御虎侍従について」（『戦国史研究』四一、二〇〇一年）
Ⅷ　播磨良紀「一庵法印なる人物について」（『和歌山市史研究』一四、一九八六年）
Ⅸ　寺沢光世「大和郡山城代　横浜一庵について」（『歴史手帖』一九―三、一九九一年）
Ⅹ　寺沢光世「紀伊雑賀城主　吉川平助について」（『歴史手帖』二〇―八、一九九二年）

【執筆者一覧】

総論

柴　裕之　別掲

第1部

小竹文生　一九七〇年生。現在、会社員。
播磨良紀　一九五七年生。現在、中京大学名誉教授。
戸谷穂高　一九七六年生。現在、駒澤大学・立正大学非常勤講師。
三浦宏之　一九五四年生。元、浜松開誠館中学・高等学校長。現在、浜松史蹟調査顕彰会会員。
中野　等　一九五八年生。現在、九州大学名誉教授。福岡市博物館総館長。

第2部

秋永政孝　故人。
黒田　智　一九七〇年生。現在、早稲田大学社会科学総合学術院教授。
三尾　功　一九三一年生。故人。元、和歌山市立博物館館長。
矢田俊文　一九五四年生。現在、新潟大学名誉教授。
桑田忠親　一九〇二年生。故人。現在、國學院大學名誉教授。

北堀光信　一九七七年生。故人。元、奈良県立図書情報館職員。
寺沢光世　一九六四年生。現在、大阪府立三国丘高等学校講師。

【編著者紹介】

柴 裕之（しば・ひろゆき）

1973年生まれ。

東洋大学大学院文学研究科博士後期課程単位取得退学。

博士（文学）。

現在、東洋大学・駒澤大学非常勤講師。

著書に、『戦国・織豊期大名徳川氏の領国支配』（岩田書院）、『徳川家康―境界の領主から天下人へ』『織田信長―戦国時代の「正義」を貫く』（いずれも平凡社）、『青年家康―松平元康の実像』（KADOKAWA）、『清須会議』（戎光祥出版）など。

編著に『明智光秀』『徳川家康』『図説 徳川家康と家臣団』『図説 豊臣秀吉』『戦国武将列伝6 東海編』（いずれも戎光祥出版）など多数。

シリーズ装丁：辻　聡

シリーズ・織豊大名の研究　第一四巻

豊臣秀長《とよとみひでなが》

二〇二四年一一月八日　初版初刷発行

編著者　柴　裕之

発行者　伊藤光祥

発行所　戎光祥出版株式会社

東京都千代田区麹町一-七

相互半蔵門ビル八階

電　話　〇三-五二七五-三三六一(代)

ＦＡＸ　〇三-五二七五-三三六五

編集協力　株式会社イズシエ・コーポレーション

印刷・製本　モリモト印刷株式会社

https://www.ebisukosyo.co.jp

info@ebisukosyo.co.jp

ISBN978-4-86403-547-7